Microsoft OneNote

Die verständliche Anleitung

von
Jürgen Wolf

Liebe Leserin, lieber Leser,

egal, ob Sie eine Reise planen, ihre Finanzen organisieren, im Team Projekte koordinieren oder nur mal schnell eine Einkaufsliste schreiben wollen: Anlässe für Notizen gibt es wie Sand am Meer. Mit OneNote haben Sie sich den perfekten Partner für diese Aufgaben an die Seite geholt. Sorgen über verlorene Notizzettel und verstreute Dokumente gehören der Vergangenheit an. Mit OneNote sammeln Sie alles Wichtige an einem Ort und haben es stets zur Hand, ob am Rechner zu Hause, am Tablet oder unterwegs auf dem Smartphone. Wie dies leicht und strukturiert gelingt, erfahren Sie in diesem Buch.

Jürgen Wolf zeigt Ihnen, wie Sie Ihre Notizen von Anfang an sinnvoll anlegen und verwalten. Schritt für Schritt führt er Sie an die vielseitigen Funktionen des Programms heran, sodass Sie mit allen Werkzeugen ausgerüstet sind, um Ihr persönliches Ziel mit OneNote zu erreichen.

Aber auch wenn Sie bereits länger mit OneNote arbeiten und mit den Grundfunktionen vertraut sind, erhalten Sie in diesem Buch Tipps und Tricks, die Sie garantiert noch nicht kannten. Auch Nutzer der alten Version OneNote 2016 erfahren, wie sie mit ihren Notizbüchern ganz leicht auf die neue Version umziehen können. Dieses Buch hilft Ihnen anhand vieler Praxisbeispiele, hilfreicher Tipps und Ideen, das volle Potenzial von OneNote zu nutzen.

Dieses Buch wurde mit größter Sorgfalt geschrieben und hergestellt. Sollten Sie dennoch Fragen, Kritik oder inhaltliche Anregungen haben, freue ich mich, wenn Sie mit mir in Kontakt treten. Zunächst aber wünsche ich Ihnen viel Freude mit diesem Buch und OneNote.

Ihr Erik Lipperts
Lektorat Vierfarben
erik.lipperts@rheinwerk-verlag.de

Auf einen Blick

1	Einstieg in OneNote	11
2	Notizbücher verwalten	35
3	Abschnitte und Seiten	55
4	Texte jeder Art erstellen	91
5	Weitere Inhalte einfügen	129
6	Zeichnen mit OneNote	179
7	OneNote im täglichen Einsatz	197
8	Praxisbeispiele mit OneNote	225
9	Notizbücher freigeben und teilen	269

Impressum

Wir hoffen, dass Sie Freude an diesem Buch haben und sich Ihre Erwartungen erfüllen. Ihre Anregungen und Kommentare sind uns jederzeit willkommen. Bitte bewerten Sie doch das Buch auf unserer Website unter **www.rheinwerk-verlag.de/feedback**.

An diesem Buch haben viele mitgewirkt, insbesondere:

Lektorat Erik Lipperts, Patricia Schiewald
Korrektorat Annette Lennartz, Bonn
Herstellung Norbert Englert
Typografie und Layout Vera Brauner
Einbandgestaltung Bastian Illerhaus
Titelbilder iStock: 920406604 © nortonrsx, 640312968 © shapecharge
Satz III-Satz, Husby
Druck und Bindung mediaprint solutions, Paderborn

Dieses Buch wurde gesetzt aus der TheSans (10 pt/14,5 pt) in FrameMaker.
Gedruckt wurde es auf chlorfrei gebleichtem Offsetpapier (90 g/m²).
Hergestellt in Deutschland.

Das vorliegende Werk ist in all seinen Teilen urheberrechtlich geschützt. Alle Rechte vorbehalten, insbesondere das Recht der Übersetzung, des Vortrags, der Reproduktion, der Vervielfältigung auf fotomechanischen oder anderen Wegen und der Speicherung in elektronischen Medien.

Ungeachtet der Sorgfalt, die auf die Erstellung von Text, Abbildungen und Programmen verwendet wurde, können weder Verlag noch Autor, Herausgeber oder Übersetzer für mögliche Fehler und deren Folgen eine juristische Verantwortung oder irgendeine Haftung übernehmen.

Die in diesem Werk wiedergegebenen Gebrauchsnamen, Handelsnamen, Warenbezeichnungen usw. können auch ohne besondere Kennzeichnung Marken sein und als solche den gesetzlichen Bestimmungen unterliegen.

Bibliografische Information der Deutschen Nationalbibliothek:
Die Deutsche Nationalbibliothek verzeichnet diese Publikation in der Deutschen Nationalbibliografie; detaillierte bibliografische Daten sind im Internet über *http://dnb.d-nb.de* abrufbar.

978-3-8421-0680-2

1. Auflage 2019
© Rheinwerk Verlag, Bonn 2019

Vierfarben ist eine Marke des Rheinwerk Verlags. Der Name Vierfarben spielt an auf den Vierfarbdruck, eine Technik zur Erstellung farbiger Bücher. Der Name steht für die Kunst, die Dinge einfach zu machen, um aus dem Einfachen das Ganze lebendig zur Anschauung zu bringen.

Informationen zu unserem Verlag und Kontaktmöglichkeiten finden Sie auf unserer Verlagswebsite **www.rheinwerk-verlag.de**. Dort können Sie sich auch umfassend über unser aktuelles Programm informieren und unsere Bücher und E-Books bestellen.

Inhalt

Vorwort 9

Kapitel 1: Einstieg in OneNote 11

Was können Sie von diesem Buch erwarten? 11
Was ist und kann OneNote? 12
Finden Sie Ihren persönlichen Workflow 19
Woher bekommen Sie OneNote? 21
Das Menü mit den Funktionen von OneNote 25
Durch ein Notizbuch navigieren 27
Sicher in der Cloud? 30
Migration von OneNote 2016 zur aktuellen OneNote-Version 31

Kapitel 2: Notizbücher verwalten 35

Vorkehrungen treffen 36
Notizbuch erstellen 37
Notizbuch synchronisieren 40
Notizbucheigenschaften 44
Notizbuch öffnen und schließen 45
Reihenfolge ändern 50
Notizbücher auf OneDrive verwalten 52

Kapitel 3: Abschnitte und Seiten 55

Abschnitte erstellen 55
Abschnitte kopieren und verschieben 60
Abschnitte gruppieren 64
Eigenschaften und Kennwortschutz von Abschnitten ändern 68
Abschnitt löschen 72
Neue Seite erstellen 74

Seiten kopieren und verschieben	78
Unterseite erstellen	82
Seitenansicht anpassen	85
Seite löschen	89

Kapitel 4: Texte jeder Art erstellen — 91

Textcontainer hinzufügen und verwalten	91
Verlinken von Notizbüchern, Abschnitten, Seiten und Absätzen	99
Rechnen mit Text	102
Formatieren von Text	105
Formatvorlagen von OneNote verwenden	109
Aufgabenlisten und andere Markierungen	110
Die Formatierung auf mobilen Geräten	116
Kopieren und Einfügen von Text	118
Rechtschreibprüfung und Autokorrektur verwenden	121
Wörter mit OneNote nachschlagen	122
Text übersetzen	123
Zeitstempel einfügen	126
Datum und Uhrzeit der Seitenerstellung	127

Kapitel 5: Weitere Inhalte einfügen — 129

Tabellen in OneNote verwenden	129
Dateien anfügen	143
PDF-Dokumente einfügen	150
Bilder einfügen	156
Onlinevideo einbetten	164
Audio aufzeichnen	166
Alternativtext	169
Outlook-Besprechung protokollieren	170
Symbole und Aufkleber	172
Recherche erstellen	173
Barrierefreiheit prüfen	176

Kapitel 6: Zeichnen mit OneNote ... 179

Die Stifte von OneNote ... 179
Handschrift mit OneNote ... 181
Formen zeichnen ... 186
Objekte in OneNote markieren und sortieren ... 190
Mathematik mit dem Stift ... 192

Kapitel 7: OneNote im täglichen Einsatz ... 197

Nach Notizen suchen ... 197
Drucken mit OneNote ... 200
Informationen von anderen Anwendungen an OneNote weitergeben ... 202
Interaktive Wiedergabe (nur Windows) ... 215
Die OneNote-Lerntools ... 217

Kapitel 8: Praxisbeispiele mit OneNote ... 225

OneNote für die Arbeit ... 225
OneNote für die Schule ... 239
OneNote für die Finanzen ... 245
OneNote (nicht nur) für das Private ... 249
Allgemeine Tipps zur Verwendung von Notizbüchern ... 267

Kapitel 9: Notizbücher freigeben und teilen ... 269

Notizbücher teilen ... 269
Zusammen an einem Notizbuch arbeiten ... 274
Zugriffsrechte an einem Notizbuch anpassen ... 276

Anhang A: Einstellungen ... 281
Anhang B: Tastenkürzel ... 295

Stichwortverzeichnis ... 299

Vorwort

Ich muss gestehen, dass ich OneNote lange Zeit lediglich für ein einfaches Programm mit Notizzettel gehalten und verschmäht habe. Auf meiner Festplatte ist es nicht mehr als ein Platzfüller gewesen ist, den ich nicht groß beachtet habe. Erst als ich als Buchautor nach einem Werkzeug suchte, um den Entwurf, die Recherchen, die Planung und das Schreiben meiner Bücher zu vereinfachen, bin ich auf OneNote gestoßen und habe dabei schnell bemerkt, dass dieses Werkzeug ein wahrer Tausendsassa ist, der alle meine persönlichen Bedürfnisse erfüllt.

Mittlerweile nutze ich OneNote täglich – als Buchautor und Fotograf, aber auch sehr häufig als Privatmensch bei vielen verschiedenen Gelegenheiten, wie beispielsweise meinen Projekten, im Haushalt, für Finanzen, Reisen, ein Erfolgs- und Motivationstagebuch oder mein Aufgabenmanagement. Für mich hat sich diese Software zu einem unverzichtbaren Begleiter entwickelt, die meinen privaten Alltag einfacher und mein Berufsleben erheblich produktiver macht.

Mittlerweile wird OneNote auch sehr gerne von Dozenten, Lehrern und Schülern eingesetzt, ganz speziell zu einem Zeitpunkt, an dem der digitale Unterricht bzw. die Zuhilfenahme digitaler Geräte während des Unterrichts endlich massentauglich geworden ist und akzeptiert wird.

An dieser Stelle muss ich noch eine wichtige Anmerkung zur verwendeten OneNote-Version machen. In diesem Buch wird ausschließlich das aktuelle OneNote beschrieben, weil dies die Version für die Zukunft ist und weil auch Microsoft empfiehlt, es zu verwenden. Das alte OneNote 2016 kann zwar parallel zur neuen OneNote-Version weiterverwendet werden, aber es werden keine Features mehr aktualisiert, und der Mainstream-Support wird bis Oktober 2020 bzw. der erweiterte Support bis Oktober 2025 eingestellt. Das neue OneNote hingegen wird regelmäßig aktualisiert, und es vergeht kein Monat, in dem nicht neue und verbesserte Features bereitgestellt werden.

Zur Entstehung des Buches trugen wie immer viele Personen beim Rheinwerk Verlag bei. Meinen Lektoren Erik Lipperts und Patricia Schiewald möchte ich dabei ganz besonders danken. Sofern Sie Fragen oder Anregungen haben, freue ich mich sehr, von Ihnen zu hören. Schreiben Sie mir einfach eine E-Mail an *wolf@pronix.de* oder direkt an den Verlag.

Jetzt wünsche ich Ihnen viel Spaß beim Lesen des Buches und mit OneNote.

Jürgen Wolf

Kapitel 1
Einstieg in OneNote

In diesem ersten Kapitel finden Sie einen schnellen Überblick zu OneNote. Hierbei erfahren Sie zunächst was OneNote ist und alles kann. Auch ein paar Worte zum Workflow mit dem Programm dürfen nicht fehlen. Hier lernen Sie auch gleich die Oberfläche der Software etwas näher kennen und erfahren, wie Sie durch ein Notizbuch navigieren können. Nach einem Abschnitt zum Thema Sicherheit, zeige ich Ihnen noch, wie Sie mit den Notizbüchern vom alten OneNote 2016 auf das neue OneNote migrieren können.

Was können Sie von diesem Buch erwarten?

Das Ziel dieses Buches ist es zunächst, Ihnen, liebe(r) Leser(in), einen möglichst einfachen Einstieg in OneNote zu ermöglichen, damit auch Sie es als eine Erleichterung für Ihr tägliches Leben verwenden können. Es gibt unzählige Einsatzzwecke für das Programm, und vermutlich wissen Sie bereits, für welche Zwecke Sie OneNote verwenden wollen. Für das »Wie« haben Sie ja dieses Buch gekauft. Und auch wenn Sie sich im Augenblick noch nicht sicher sind, wofür Sie OneNote verwenden wollen, finden Sie in diesem Buch interessante Anregungen dafür.

Der Aufbau des Buches entspricht dem Aufbau und der logischen Verwendung von OneNote. Nach diesem Kapitel starten Sie in Kapitel 2 mit den Notizbüchern. Darauf folgen in Kapitel 3 die Abschnitte und Seiten. Nachdem Sie sich in Kapitel 2 und 3 mit dem Aufbau und der hierarchischen Struktur von OneNote vertraut gemacht haben, können Sie sich in Kapitel 4 dem Schreiben von Text und allem, was damit zu tun hat, widmen. Wie Sie weitere (multimediale) Inhalte oder andere Dateien hinzufügen können, erfahren Sie in Kapitel 5. OneNote hat auch eine sehr gute Stiftfunktion, worauf in Kapitel 6 etwas näher eingegangen werden soll. Kapitel 7 zeigt Ihnen dann noch ein paar sehr interessante Kniffe, die Ihnen das Leben mit OneNote vereinfachen können. Einige von unzähligen Anwendungsmöglichkeiten finden Sie zur Anregung in Kapitel 8 des Buches. Und dass OneNote auch im Team verwendet werden kann, wird in Kapitel 9 kurz gezeigt.

Da sich das Buch vorwiegend an Einsteiger richtet, empfehle ich Ihnen, es zunächst von vorn bis hinten durchzuarbeiten. Wenn Sie mit OneNote dann bereits vertraut sind, hilft Ihnen das Buch dank des strukturierten Aufbaus auch beim Nachschlagen einzelner Themen.

Welches Betriebssystem wird benötigt?

Als Basis für das Buch wurde die OneNote-App auf Windows 10 verwendet. Auch die Bildschirmfotos wurden vorwiegend mit dieser App und dem Betriebssystem erstellt, sofern es nicht anders erwähnt wird. Ziel war dabei, ein möglichst konsistentes und einheitliches Buch zu verfassen. Sollten Sie OneNote mit macOS oder einem mobilen Gerät wie Android oder iOS verwenden, dann funktioniert vieles in diesem Buch recht ähnlich. Trotzdem gibt es viele Funktionen, die es z. B. auf den mobilen Smartphone-Versionen nicht gibt. Auch unterscheidet sich die Version von macOS immer noch ein wenig von der Windows-Version. Allerdings denke ich mir, dass kaum jemand OneNote ausschließlich auf dem Smartphone verwenden wird. Für mich selbst gab es nie das eine Gerät, mit dem ich OneNote ausschließlich verwendet habe. Dank der Cloud-Anbindung verwende ich häufig das Gerät, welches eben in meiner unmittelbaren Nähe ist. Habe ich nur ein Smartphone bei mir, erstelle ich hiermit eine Notiz (oder Sprachaufzeichnung) und arbeite damit auf meinem Tablet wie dem iPad oder dem PC bzw. Mac weiter.

Was ist und kann OneNote?

Mit OneNote können Sie strukturierte digitale Notizbücher mit Text, Grafiken Bildern, Listen und anderen Dokumenten erstellen und verwalten. Natürlich lassen sich auch Inhalte wie Videos, Audioaufnahmen, Websites, E-Mails und noch vieles mehr den Notizbüchern hinzufügen. Auch Skizzen oder handgeschriebene Notizen sind kein Problem und in OneNote möglich.

In der Regel werden die digitalen Notizbücher online in der Cloud gespeichert, und es kann daher auch auf vielen anderen Geräten weitergearbeitet werden. Und steht einmal die OneNote-Anwendung nicht zur Verfügung, können Sie OneNote auch im Internet mit einem Webbrowser benutzen.

Wie es sich für eine moderne Software der heutigen Zeit gehört, können Sie die Notizbücher auch mit Freunden, der Familie oder Kollegen teilen. Hierbei können Sie festlegen, ob die eingeladenen Personen das Notizbuch nur lesen oder auch daran mitarbeiten dürfen. Ebenso ist die Weitergabe an den lokalen Drucker möglich, um alles auf Papier zu bringen.

Zugegeben, diese Beschreibung hört sich vielleicht zunächst recht bieder an, aber wenn Sie ernsthaft die vielen Dinge des Lebens mit OneNote verwalten, wie Angebote, Rechnungen, Projekte, Pläne, Ideen, Termine, Meetings, Wissen und noch vieles mehr, dann werden auch nach und nach die vielen Unterlagen in Papierform von Ihrem Schreibtisch verschwinden. OneNote hilft Ihnen, dieser Zettelwirtschaft zu entkommen, und Sie können anfangen, wirklich das digitale Zeitalter einzuläuten. Jeder spricht zwar vom digitalen Zeitalter, hat aber gleichzeitig tonnenweise Dokumente in Papierform vor sich. Bei mir liegt mittlerweile kein Blatt Papier mehr auf dem Tisch, wodurch ich wesentlich produktiver geworden bin. Auch das Durchsuchen von Aktenordnern entfällt bei mir, weil ich das gesuchte Dokument mit einem passenden Suchbegriff in OneNote gleich vor mir habe. Die hervorragende Texterkennung (OCR) von OneNote macht es möglich, dass Sie auch PDF-Dokumente oder abfotografierte Dokumente im Volltext durchsuchen können. Bei allen anderen Objekten wie Bildern, Grafiken oder eingebetteten Onlinevideos können Sie einen Alternativtext verwenden, um auch diese Objekte später bei der Suche mit einzuschließen.

Ich wiederhole mich nun, aber OneNote will Ihnen dabei helfen, das Leben einfacher zu machen. In Kapitel 8, »Praxisbeispiele mit OneNote«, finden Sie daher Anregungen dazu. Einige erste hilfreiche Beispiele, wie Sie mit OneNote Ihr Leben besser organisieren können und somit auch gleichzeitig produktiver werden, will ich Ihnen auf den folgenden Seiten bereits kurz auflisten.

Organisieren und Sammeln von Informationen und Wissen

Innerhalb von OneNote können Sie verschiedene Notizbücher für verschiedene Teile des Lebens anlegen und organisieren. Alle Notizbücher können Sie in Abschnitte und einzelne Seiten organisieren. Jedes Notizbuch kann dabei nach bestimmten Tags und Schlüsselwörtern durchsucht werden. Die Notizbücher von OneNote können auf eine Volltextsuche zurückgreifen. Dank einer tollen OCR-Funktion für die Texterkennung ist es mit OneNote auch möglich, eingescannte oder abfotografierte Dokumente oder PDF-Dateien nach Text zu durchsuchen. Die Ablagestruktur von OneNote macht es möglich, unzählige Notizen und Informationen mit diesen Anwendungen zu sammeln und zu organisieren. Auch die Inhalte können per Drag & Drop platziert und organisiert werden.

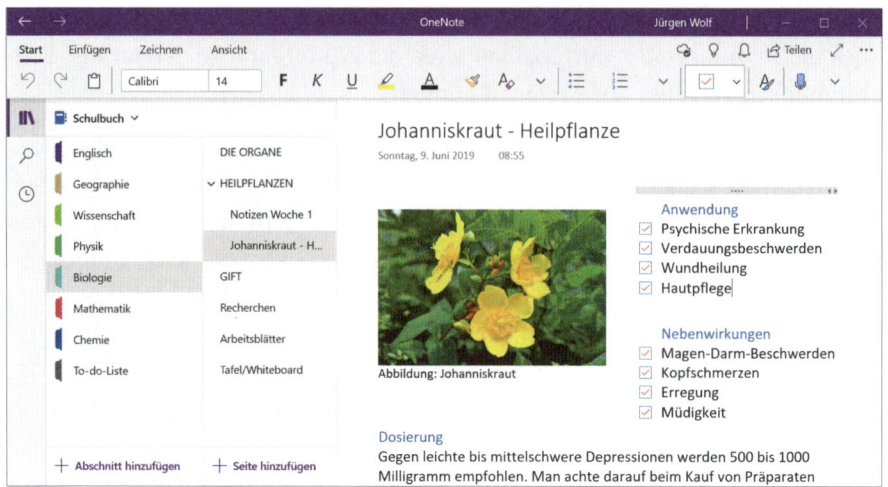

Abbildung 1.1 *Die einfache Ablagestruktur wie bei einem Ringordner macht das Sammeln von Informationen mithilfe von Abschnitten und Seiten zum Kinderspiel.*

Nichts mehr vergessen dank To-do-Listen

Auch zum Erstellen von To-do-Listen ist OneNote bestens geeignet. Hierzu bietet sich ein interaktives Häkchen an, mit dem Sie die abgearbeiteten Aufgaben abhaken können.

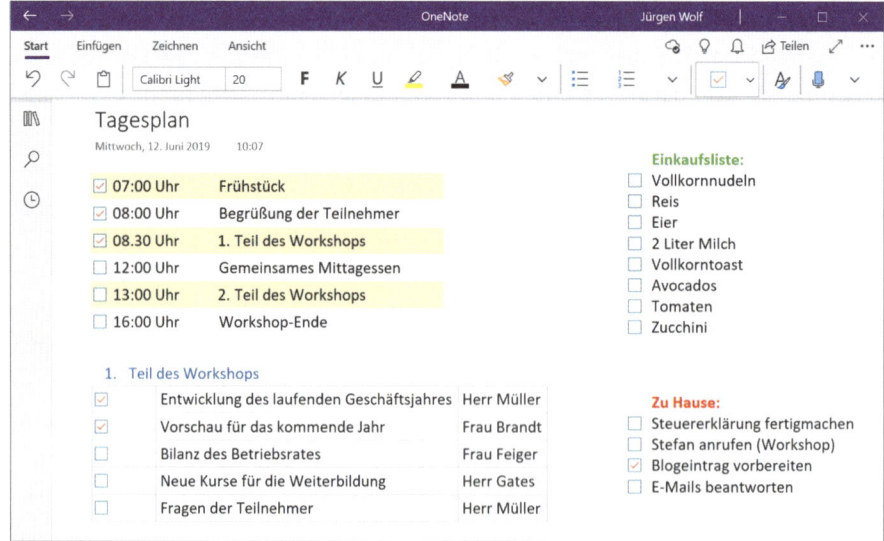

Abbildung 1.2 *Mit To-do- und Checklisten überwachen Sie Ihre Aufgaben oder Tagespläne und stellen sicher, dass Sie diese auch wirklich erledigen.*

Auch zum Erstellen von To-do-Listen ist OneNote bestens geeignet. Hierzu bietet sich ein interaktives Häkchen an, mit dem Sie die abgearbeiteten Aufgaben abhaken können.

Projektmanagement

OneNote kann vollständig als Projektmanagementwerkzeug verwendet werden. Abhängig vom Projekt können Sie hier für jedes Projekt ein eigenes Notizbuch anlegen oder für mehrere kleinere Projekte ein einzelnes Notizbuch mit mehreren Abschnitten verwenden. Als Buchautor, ambitionierter Fotograf und Leiter von Fotoreisen werden alle meine Projekte mit OneNote geplant und abgewickelt. Dank der Möglichkeit, die Notizbücher zu teilen, kann ich anderen Personen jederzeit einen Einblick in die Planungen gewähren oder sie gar an der Planung mitarbeiten lassen.

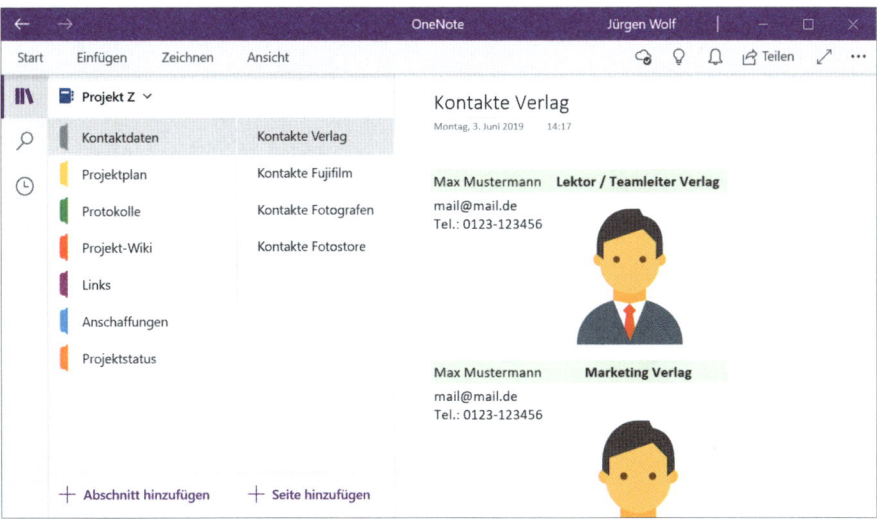

Abbildung 1.3 *Perfekt geeignet für die Organisation und Verwaltung von Projekten*

Verwalten Sie Ihre Finanzen

OneNote eignet sich auch prima, um die Finanzen im Überblick zu behalten. Ich verwende die Software beispielsweise, um meinen Haushaltsplan mit Dingen wie Versicherungen, Autoreparaturen, Haus, Wohnung, Garten, Ratenzahlungen oder Leasing im Überblick zu haben. Auch meine Einnahmen und Ausgaben für das Finanzamt verwalte ich hierbei. Dank der Texterkennung von OneNote kann ich auch nach abfotografierten Rechnungen oder PDF-Dokumenten im Volltext suchen. Wohlgemerkt verwende ich OneNote nicht, um meinen Kontostand zu ermitteln bzw. zu kontrollieren, sondern eben, um die vielen einzelnen Bereiche meiner Ausgaben im Blick und auch gleich zur Hand zu haben. Auf diese Weise finden Sie auch schnell unnötige Ausgaben, auf die Sie vielleicht verzichten können.

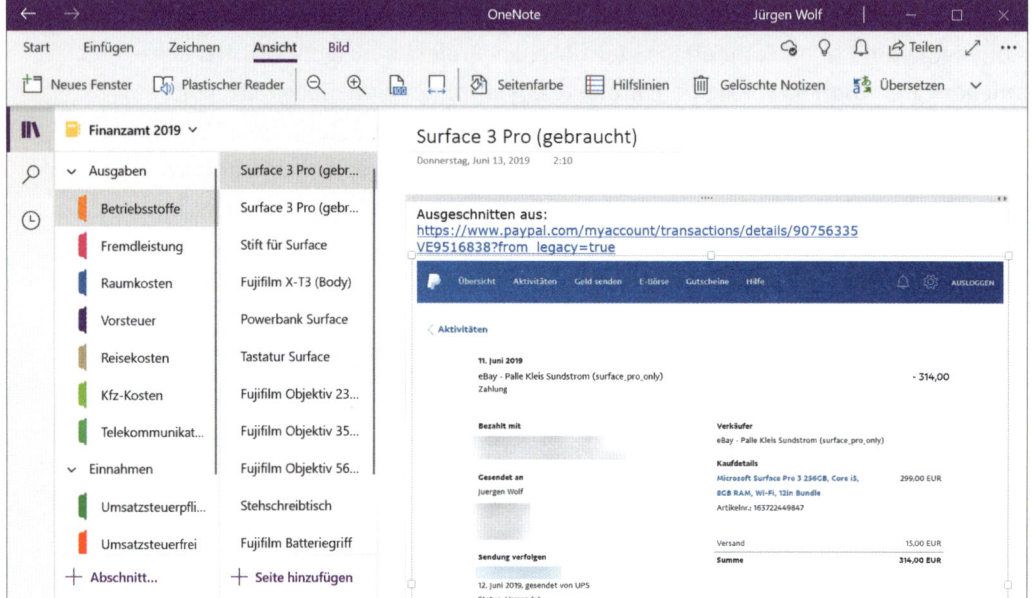

Abbildung 1.4 *Alle Ausgaben und Einnahmen immer parat – praktisch für das Finanzamt und auch, wenn etwas mit der gekauften Ware nicht in Ordnung ist*

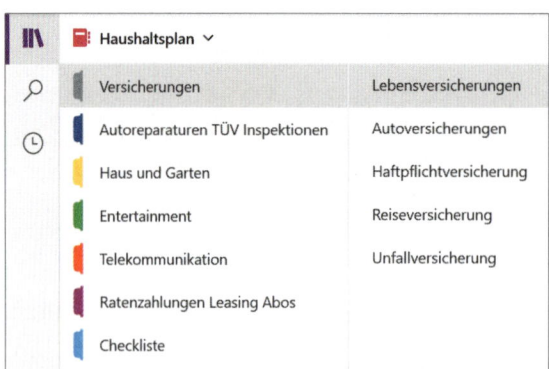

Abbildung 1.5 *Auch sehr gut eignet sich OneNote für einen einfachen Haushaltsplan, um die Übersicht über alle Ausgaben zu behalten.*

Ziele festlegen und erreichen

Wollen Sie 10 kg an Gewicht reduzieren oder Muskeln aufbauen, einen Marathon laufen oder andere Lebensziele erreichen, dann können Sie auch OneNote dafür verwenden. Hier können Sie Ihren Fortschritt protokollieren, bis Sie das gesetzte Ziel erreicht haben. Viele Ziele scheitern nämlich gar nicht am Willen der Person, sondern vielmehr daran, weil man keinen richtigen Plan hat, die Fortschritte nicht protokolliert und somit früher oder später das Ziel aus den Augen verliert. Es ist zudem sehr motivierend, wenn Sie Ihren Fortschritt mit OneNote notieren und sehen, dass Sie Ihren Zielen näher gekommen sind.

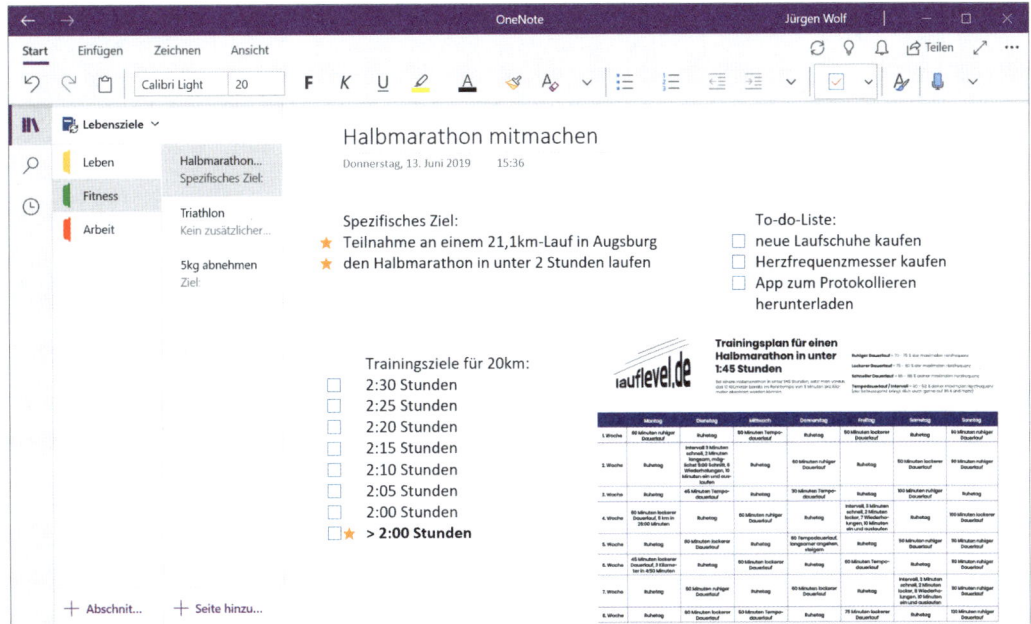

Abbildung 1.6 *Mit OneNote können Sie viele kleinere und größere Lebensziele planen und erreichen.*

Protokollieren Sie Ihr tägliches Leben

Ebenfalls sehr gerne verwendet wird OneNote als eine Art Tagebuch, um das tägliche Leben zu protokollieren. Dies kann ein persönliches Tagebuch sein oder eben ein Tagebuch, um sich selbst besser kennenzulernen oder Stress abzubauen. Ich verwende hierfür eine Art Erfolgstagebuch, in dem ich Dinge notiere, für die ich dankbar bin, Ziele, die ich verfolge, meinen Gemütszustand, meine Fortschritte und noch einiges mehr. Es hilft mir ungemein bei meiner

Persönlichkeitsentwicklung, um glücklicher und zufriedener durch das Leben zu laufen. Manchmal hilft es enorm, wenn man weiß, warum man eigentlich so negativ auf manche Dinge reagiert und wie man das vermeiden kann.

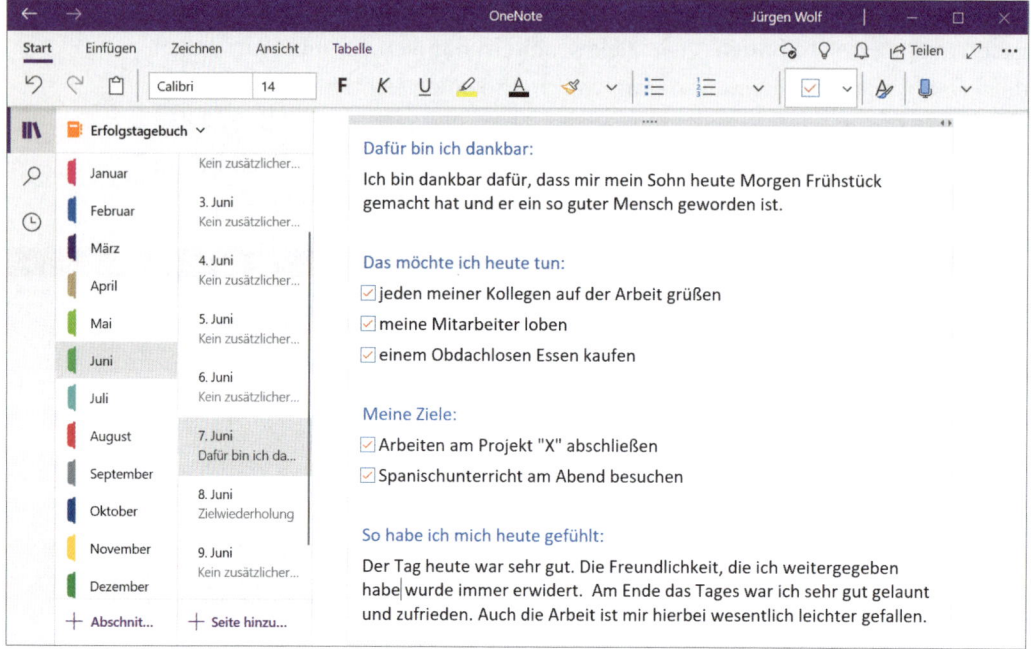

Abbildung 1.7 *Lernen Sie sich selbst besser kennen, und entwickeln Sie Ihre Persönlichkeit mit einem (Erfolgs-)Tagebuch.*

Schule, Recherchen und Studium

Dank der Möglichkeit, verschiedene Inhalte wie Onlinevideos, Bilder, Websites, Weblinks, Audio, Text, Tabellen oder handgeschriebene Notizen zu sammeln und zu organisieren, ist OneNote der perfekte Begleiter für Schule, Studium oder für Recherchen. Dank OneNote kann (oder könnte zumindest) komplett auf Papier und Stift verzichtet werden, und viele Schulen und Universitäten erlauben bereits heute, Informationen auch digital mitzuschreiben. Da sich die Notizbücher teilen lassen, eignet sich OneNote für gemeinsame Schulprojekte. Lehrer können hiermit den Unterricht vorbereiten oder mit anderen Lehrern zusammenarbeiten. Auch die Weitergabe an die Schüler für die nächste Unterrichtsstunde wäre denkbar. Für Journalisten ist OneNote eine tolle Option, um für einen Artikel zu recherchieren und diesen auch mit OneNote fertigzustellen. Und dank der Möglichkeit, das Notizbuch zu teilen, ist der Artikel auch schnell an die Redaktion gesendet.

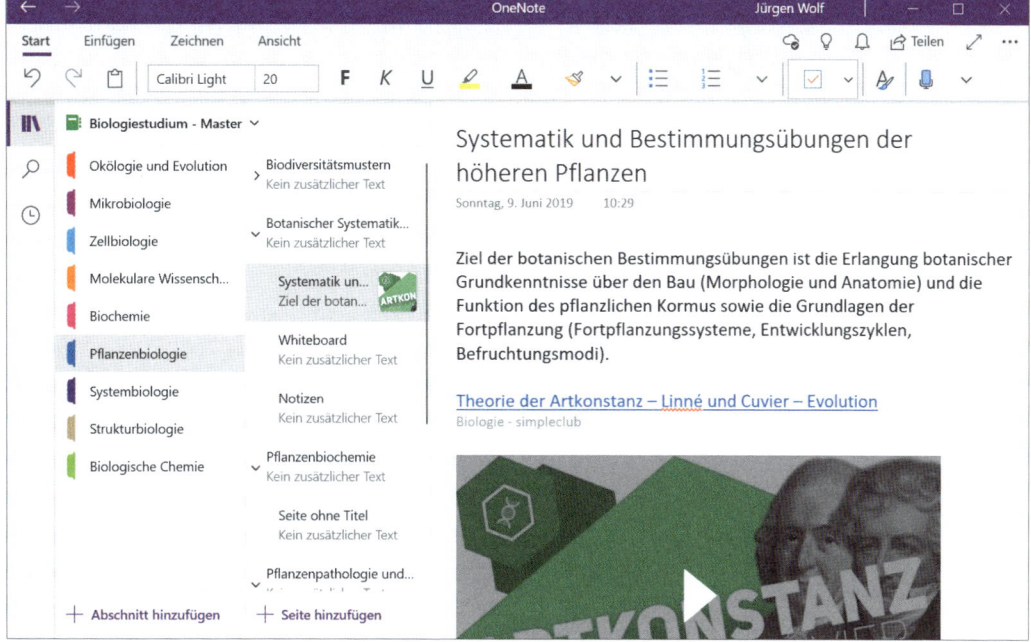

Abbildung 1.8 *Unter vielen Schülern, Studenten und Journalisten ist OneNote schon länger zu einem unverzichtbaren Bestandteil des täglichen Lebens geworden.*

Finden Sie Ihren persönlichen Workflow

Um OneNote möglichst effizient zu nutzen, ist zunächst auch ein wenig Eigendisziplin nötig, um sich einen passenden Workflow anzueignen. Voraussetzung dafür ist zunächst, dass Sie mit dem Umgang von OneNote vertraut sind. Den Umgang mit OneNote lernen Sie in diesem Buch kennen. Den persönlichen Workflow müssen Sie für sich selbst finden.

Wenn ich z. B. ein Buch plane und schreibe, fängt mein persönlicher Workflow zunächst damit an, dass ich ein Notizbuch für das Projekt anlege und auch gleich die einzelnen Abschnitte (Kapitel) erstelle. Dabei lege ich Abschnitte für Notizen, Ideen und Recherchezwecke an. Dann füge ich so nach und nach die einzelnen Kapitel mit Seiten für die Unterkapitel hinzu. Dadurch bekommt mein Buch eine erste Struktur und auch gleichzeitig ein Inhaltsverzeichnis. Erst jetzt beginne ich mit dem Erstellen von Inhalten für die einzelnen Seiten. Da ich OneNote auch auf meinen mobilen Geräten verwende, kann ich zudem immer wieder Notizen und Anmerkungen hinzufügen oder Änderungen an der Struktur vornehmen. Habe ich keine Lust zum Tippen, füge ich mit dem Smartphone eine Audionotiz hinzu.

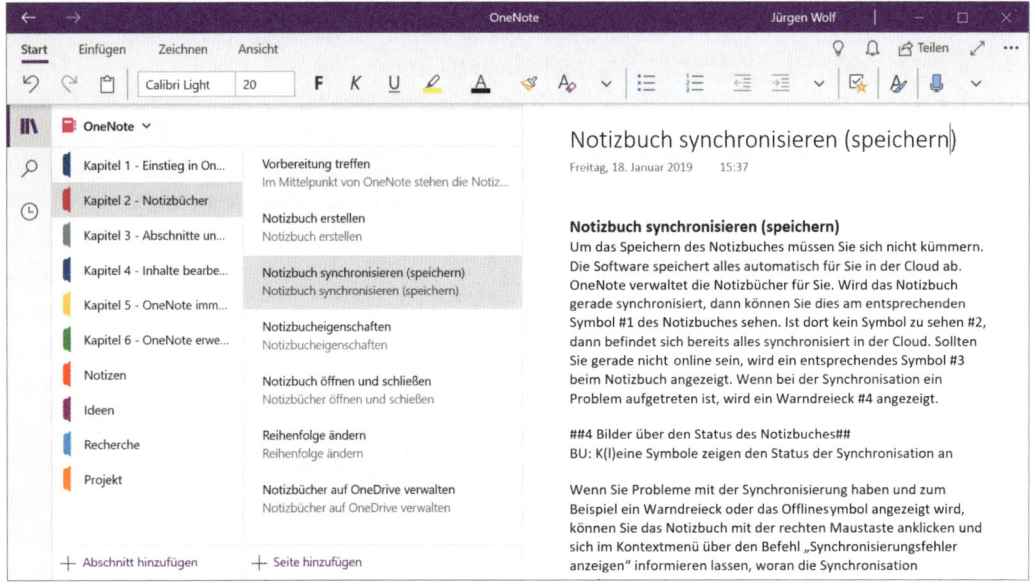

Abbildung 1.9 *Ein erster grober Entwurf des vorliegenden Buches mit OneNote als Notizbuch*

Dies ist allerdings nur eines von vielen möglichen Beispielen und hier ganz speziell bezogen auf meinen persönlichen Workflow zum Schreiben von Büchern. Der weitere Prozess hängt davon ab, wie das fertige Manuskript aufbereitet werden muss.

Für Projekte, Workshops, Unterrichtsplanungen, Urlaubsplanungen, Rechnungen, Ideensammlungen oder Kochrezepte könnten der Workflow und die Struktur auch recht ähnlich, aber auch ganz anders aussehen. Da in diesem Buch viele Schritt-für-Schritt-Anleitungen enthalten sind, finden Sie genügend Anregungen, die Sie für Ihren eigenen Workflow verwenden können. Generell kann ich persönlich sagen, dass bei mir selten ein Notizbuch gleich ist und sich häufig immer wieder mal ändert. So füge ich einen neuen Abschnitt dazwischen ein oder entferne auch mal einen Abschnitt. Es gibt also kein: »So ist es perfekt!«, weshalb Sie stets die Ablagestruktur eine Notizbuches verfeinern und Ihren Bedürfnissen anpassen werden.

Woher bekommen Sie OneNote?

Ganz klar, OneNote ist ein Produkt von Microsoft und findet daher auch verstärkt seinen Einsatz auf diesem System. Aber OneNote ist auch ein Office-Produkt, und Microsoft hat aus den Fehlern der Vergangenheit gelernt, nicht mehr nur Produkte für das eigene Betriebssystem zu entwickeln bzw. dieses bevorzugt zu behandeln. Daher ist OneNote neben Windows auch für macOS und mobile Android- und iOS-Geräte kostenlos erhältlich. Damit ist es möglich, dass Sie von überall Zugriff auf Ihre digitalen Notizen haben und damit arbeiten können.

Die OneNote-Version(en)

Bisher war es recht verwirrend, welche Version von OneNote denn nun installiert war. Unter Windows gab es mit der OneNote-App und OneNote 2016, als Teil von Office 2016 bzw. Office 365, zwei Versionen. Mit Einführung von Office 2019 hat Microsoft jetzt endlich für Klarheit gesorgt, und es gibt nur noch das eine OneNote. Mit Windows 10 ist diese OneNote-App bereits automatisch installiert. Haben Sie diese entfernt, oder verwenden Sie noch eine ältere Windows-Version, finden Sie OneNote im Microsoft Store zum Herunterladen vor. Auch in Office 2019 und Office 365 ist OneNote enthalten.

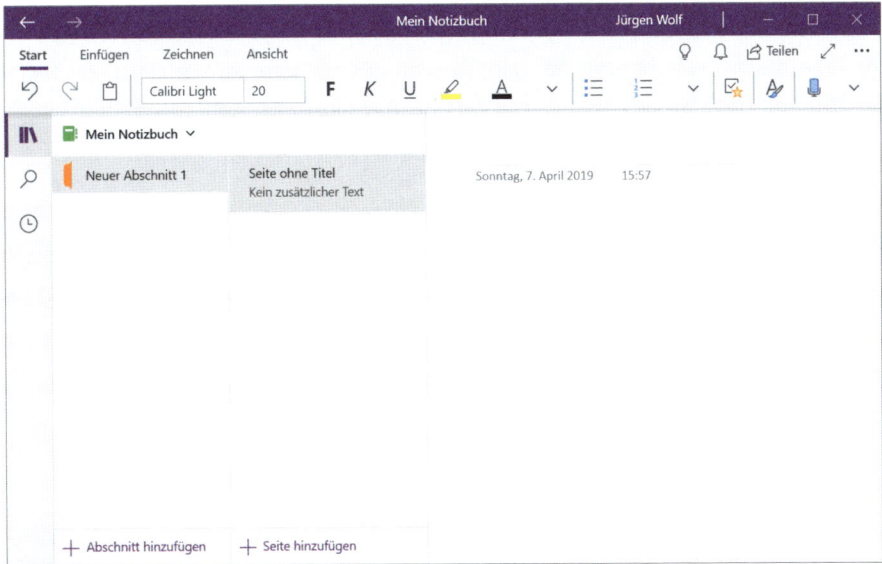

Abbildung 1.10 *Die Windows-Version der OneNote-App*

Für macOS kann OneNote vom App Store geladen werden. Dasselbe gilt auch für die mobilen Versionen mit dem Google Play Store für Android und dem App Store für iOS. Dank der Verteilung von OneNote über die verschiedenen Stores wird sichergestellt, dass Sie alle Updates und Neuerungen automatisch erhalten.

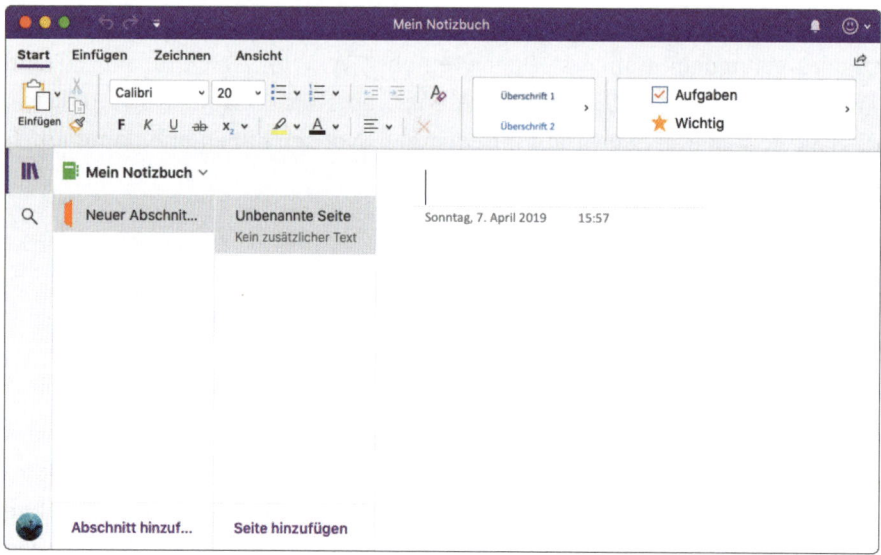

Abbildung 1.11 *Die OneNote-Version von macOS*

Auch wenn der Marktanteil von Windows 10 Mobile recht bescheiden ist, sollte auch noch erwähnt werden, dass auch hier OneNote vorinstalliert ist. Technisch entspricht diese Version der Version der OneNote-App von Windows 10, nur eben auf den mobilen Bildschirm angepasst.

OneNote in der Weiterentwicklung

An dieser Stelle muss ich auch gleich noch anfügen, dass sich OneNote in ständiger Weiterentwicklung befindet. Zunächst gab es ja Befürchtungen, dass mit dem geplanten Schnitt von OneNote 2016 hin zum neuen OneNote die Software nur noch ein Nischendasein führen oder gar komplett »sterben« würde. Das Gegenteil ist der Fall. Es vergeht kein Monat, in dem es nicht wieder eine kleinere Neuerung zur Software gibt. Das ist natürlich auch zum Leidwesen für uns Autoren. So wurden z. B. einige Teile der grafischen Oberfläche geändert, sodass viele Screenshots und auch Texte neu erstellt werden mussten. Auch kam während des Schreibens dieses Buches wieder die eine oder andere neue Funktion dazu. Im Augenblick, wenn Sie dieses Buch lesen, sind vermutlich bereits wieder neue Funktionen dazugekommen. Ich wollte dies hier erwähnen, für den Fall, dass Sie sich wundern, warum die eine oder andere Funktion im Buch nicht erläutert wurde.

Altes OneNote 2016

Zur Drucklegung war das alte OneNote 2016 zwar als letzte Desktop-Version noch nutzbar, und es bekommt noch Sicherheits-Updates, aber es wird nicht mehr weiterentwickelt. Gerade langjährige Nutzer bemängeln hierbei, dass die neue (Standard-)Version etwas weniger Funktionen habe als OneNote 2016. So konnte man z. B. mit OneNote 2016 die Notizbücher auch lokal auf dem Rechner speichern. Mit dem aktuellen OneNote geht dies nur noch in der Cloud. Einsteigern empfiehlt Microsoft allerdings, gleich die OneNote-App zu verwenden, weil nur diese Version konsistent mit den anderen OneNote-Versionen für macOS, iOS und Android sowie OneNote Online (die Webversion von OneNote) zusammenarbeitet. Daher wird auch in diesem Buch die allgegenwärtige OneNote-App verwendet und beschrieben und nicht mehr das alte OneNote 2016.

Hierbei sollte vielleicht noch erwähnt werden, dass es möglich ist, beide Versionen gleichzeitig auf dem Rechner zu verwenden.

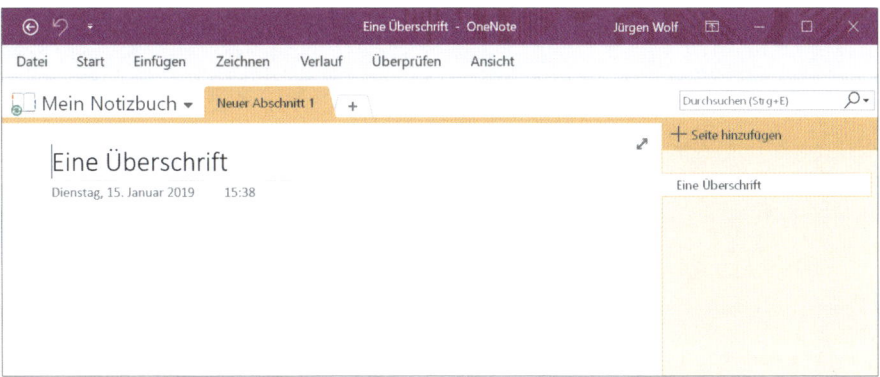

Abbildung 1.12 *Das alte OneNote 2016 kann zwar noch bezogen und verwendet werden, wird aber nicht mehr weiterentwickelt und ist daher auch nicht Bestandteil des Buches.*

Unterschiede zwischen den Systemen

Die OneNote-App ist mittlerweile auf allen wichtigen Systemen und Geräten mit (fast) denselben Funktionen ausgestattet. Auch visuell findet man sich recht schnell zurecht, wenn man OneNote auf unterschiedlichen Systemen bzw. Geräten verwendet. Dass sich die Oberfläche entsprechend dem Look & Feel des Systems unterscheidet, sollte allerdings selbsterklärend sein.

Nicht unerwähnt bleiben sollte noch OneNote Online, womit Sie OneNote ohne Installation verwenden können. Hierzu benötigen Sie nur einen Webbrowser und ein Microsoft-Konto, womit Sie sich auf der offiziellen Website *www.onenote.com* einloggen können. Die Oberfläche ist recht ähnlich zur OneNote-App gehalten.

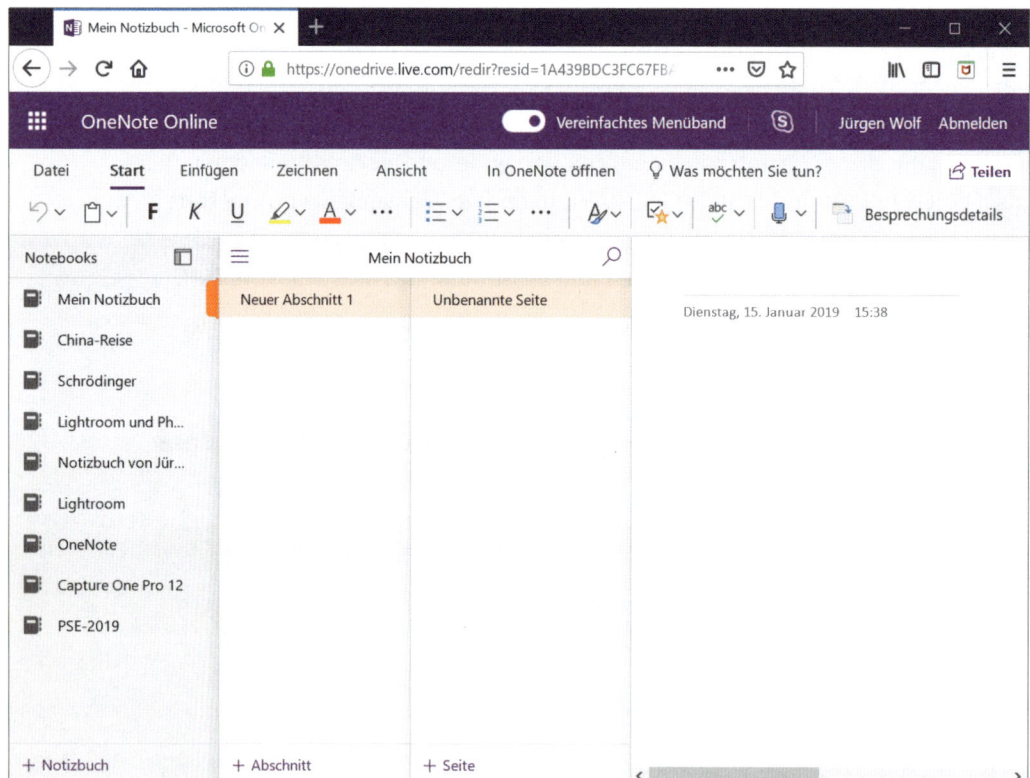

Abbildung 1.13 *Für die Onlineversion von OneNote wird lediglich ein moderner Webbrowser benötigt (hier Mozilla Firefox).*

OneNote starten

Die OneNote-App können Sie starten wie jede gewöhnliche Anwendung. Unter Windows drücken Sie z. B. die ⊞-Taste, geben im Suchfeld »onenote« ein und bestätigen mit ⏎. Bei macOS drücken Sie hingegen cmd +Leertaste und geben auch hier »onenote« ein und drücken ⏎. Häufig wird das Programm bereits bei der Eingabe von »one« aufgelistet, und Sie können es so auch gleich zum Starten auswählen. Dies sind allerdings nur ein paar Möglichkeiten, die App zu starten. Bei den mobilen Geräten müssen Sie lediglich das App-Symbol antippen, um sie zu starten.

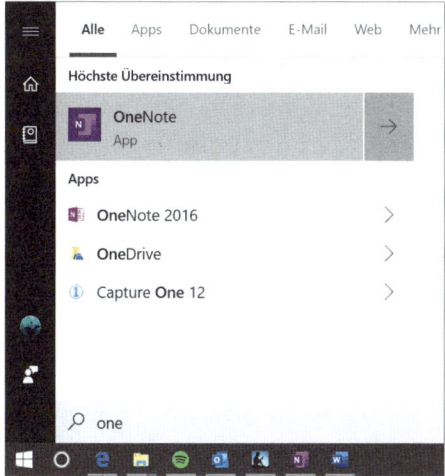

Abbildung 1.14 *OneNote über das Startmenü von Windows starten*

Das Menü mit den Funktionen von OneNote

In der Menüleiste finden Sie bei allen Versionen die Einträge **Start**, **Einfügen**, **Zeichnen** und **Ansicht** mit den Funktionen von OneNote. Der Eintrag **Start** enthält Befehle für die Zwischenablage, für die Formatierungen und das Strukturieren von Text und Kategorien, um bestimmte Inhalte zu markieren. Unter **Einfügen** finden Sie Befehle zum Hinzufügen verschiedener Inhalte, wie beispielsweise Tabellen, Dateien, Bilder, PDF oder Audioaufzeichnungen. Innerhalb von **Zeichnen** befinden sich die Funktionen zum Zeichnen, Schreiben oder

Markieren von Inhalten. Und **Ansicht** enthält vorwiegend Befehle, die der Darstellung der Inhalte von OneNote dienen. Die Funktionen der Menüleiste können Sie durch Anklicken bzw. Antippen der Einträge **Start**, **Einfügen**, **Zeichnen** und **Ansicht** jederzeit ein- und ausklappen.

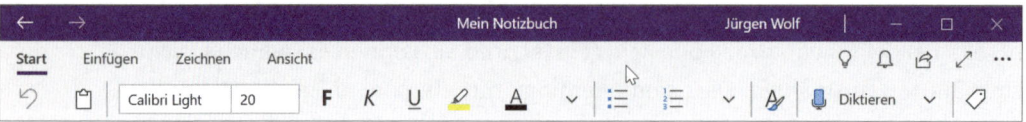

Abbildung 1.15 *Die Menüleiste der Windows-Version*

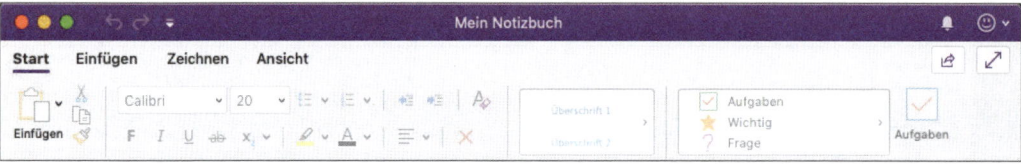

Abbildung 1.16 *Die Menüleiste der macOS-Version*

Im Gegensatz zu den anderen OneNote-Versionen finden Sie bei der macOS-Version zusätzlich noch die klassische Menüleiste vor, über die Sie sämtliche Befehle der Anwendung ausführen können.

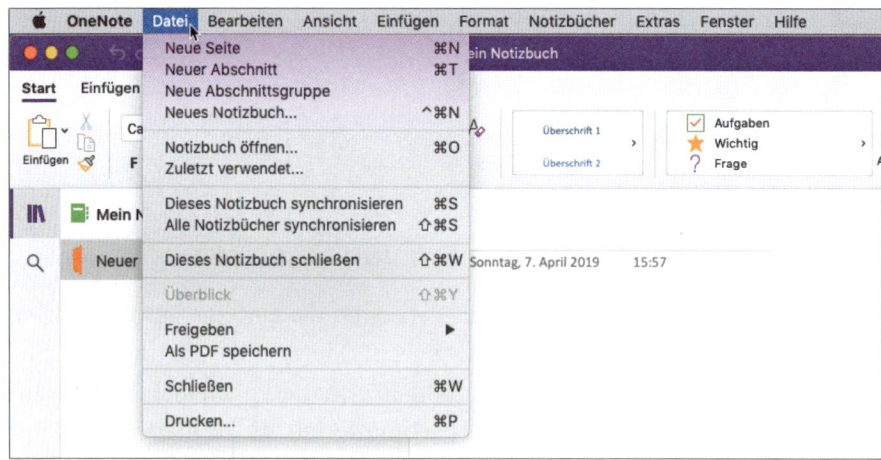

Abbildung 1.17 *Die macOS-Version hat auch noch die klassische Menüleiste.*

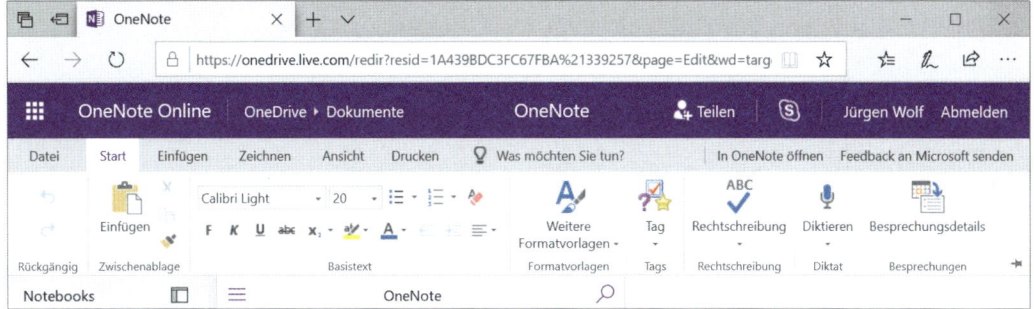

Abbildung 1.18 *Die Menüleiste von OneNote Online. Hier finden Sie in der Menüleiste zusätzlich noch die Einträge »Datei« und »Drucken«.*

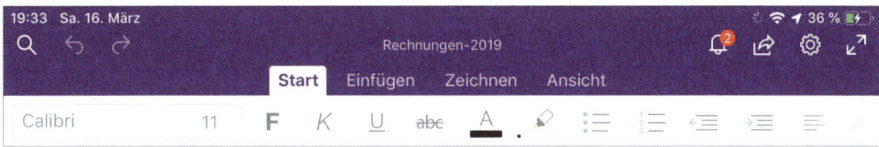

Abbildung 1.19 *Die Menüleiste von OneNote auf dem iPad*

Durch ein Notizbuch navigieren

Wenn Sie OneNote zum ersten Mal starten, finden Sie gewöhnlich bereits ein Notizbuch **Mein Notizbuch** vor, in dem Sie sofort anfangen können, Notizen zu verfassen. Bevor Sie erfahren, wie Sie eigene Notizbücher anlegen und damit arbeiten können, will ich Ihnen zeigen, wie Sie mit OneNote durch die Notizbücher navigieren können. Die Arbeitsoberfläche von OneNote ist sehr übersichtlich und einfach aufgebaut.

Navigieren in OneNote bei Windows und macOS

In OneNote finden Sie auf der linken Seite eine Schaltfläche **Navigation anzeigen** bzw. **Navigation ausblenden** vor, über die Sie die Navigation von Notizbüchern, Abschnitten und Seiten ein- und ausblenden können.

Abbildung 1.20 *Ist die Navigation mit den Notizbüchern, Abschnitten und Seiten ausgeblendet, müssen Sie auf die Schaltfläche »Navigation anzeigen« klicken.*

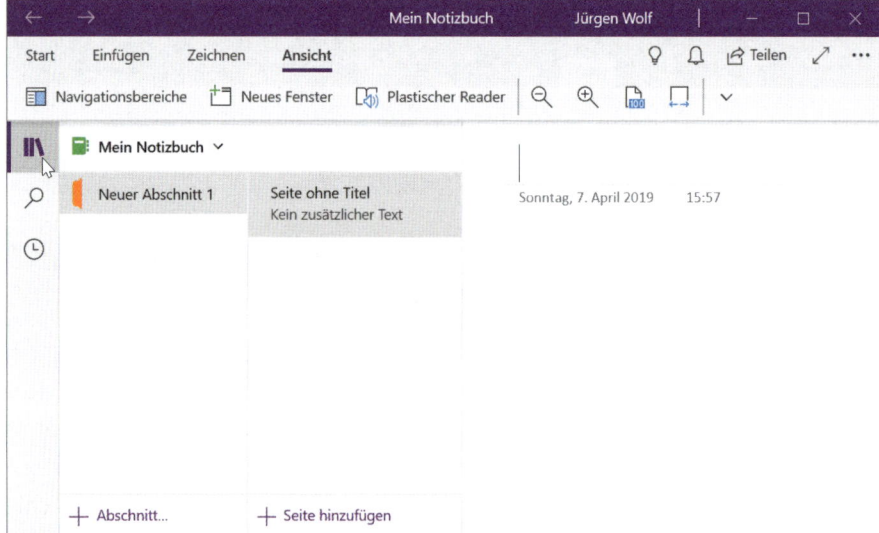

Abbildung 1.21 *Wollen Sie sich ausschließlich auf den Inhalt einer (ausgewählten) Seite konzentrieren, können Sie die Navigation mit dem Notizbuch, mit Abschnitten und Seiten über »Navigation ausblenden« schließen.*

Wenn Sie die Navigation eingeblendet haben, finden Sie die typische Struktur von OneNote vor sich. Hier wird das aktuell geöffnete Notizbuch (hier **Mein Notizbuch**) angezeigt. Über die kleine Dropdown-Liste beim Notizbuchnamen können Sie weitere Notizbücher laden oder anlegen. Darunter finden Sie den oder die Abschnitte (hier **Neuer Abschnitt 1**) vom ausgewählten Notizbuch und rechts davon die einzelnen Seiten (hier nur **Seite ohne Titel**) in diesem Abschnitt. Im noch leeren Beispiel sind zwar nur ein Abschnitt und eine Seite vorhanden, aber auf diese Weise können Sie ganz bequem durch die Notizbücher mit den Abschnitten und Seiten navigieren. Auf der rechten Seite finden Sie dann den Inhalt der ausgewählten Seite vor sich, die hier leer ist. Das hierarchische Prinzip von OneNote entspricht im Grunde einem Ringordner (Notizbuch) mit seinen (farbigen) Trennblättern (Abschnitten), unter denen die einzelnen Dokumente (Seiten) abgeheftet werden.

Abbildung 1.22 *Ein klassischer Ringordner mit den farbigen Trennblättern*

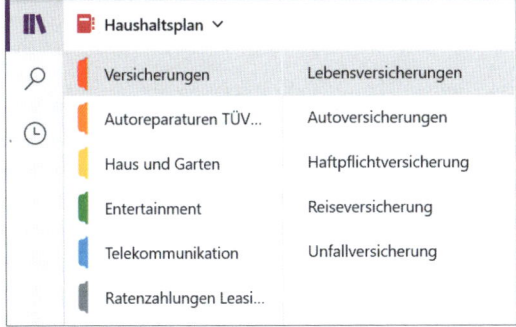

Abbildung 1.23 *Und hier das digitale Gegenstück zum klassischen Ringordner mit OneNote*

Navigieren auf dem Smartphone

Die Navigation von OneNote ist in Windows, macOS sowie der Onlineversion mit dem Webbrowser (fast) identisch. Auch auf dem Tablet darf man sich über eine ähnliche Navigation freuen. Bei mobilen Smartphones mit Android oder iOS stehen allerdings aus Platzgründen nicht mehrere Spalten für Notizbücher, Abschnitte und Seiten auf einmal zur Verfügung. Hier haben Sie immer nur eine Spalte, in der Sie entweder in der Hierarchie von oben (Notizbuch) nach unten (Seite mit Inhalt) bzw. von unten nach oben navigieren können. Hierfür wählen Sie zunächst das Notizbuch aus, dann denn Abschnitt, gefolgt von den Seiten, auf denen Sie dann den Inhalt bearbeiten können. In die umgekehrte Richtung gelangen Sie auch hier wieder in der Hierarchie nach oben, indem Sie links oben die Schaltfläche mit dem geöffneten Dreieck nach links antippen. Auf diesem Weg gelangen Sie dann wieder vom Inhalt, hoch zur Seitenübersicht, gefolgt von den Abschnitten zu den Notizbüchern.

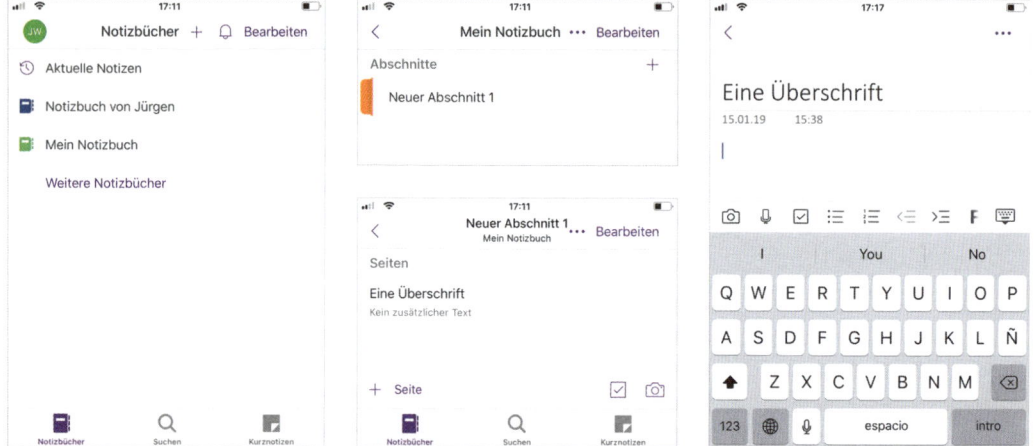

Abbildung 1.24 *Die Navigation auf Smartphones erfolgt spaltenweise (hier: iPhone).*

Sicher in der Cloud?

Die Notizbücher von OneNote können mit der aktuellen Version nur noch ausschließlich in der Cloud (genauer dem OneDrive) gespeichert werden. Der Vorteil, die Daten in der Cloud zu speichern, liegt ganz klar darin, dass Sie die Notizbücher auf verschiedenen Computern und Geräten jederzeit verwenden können. Zudem werden die Daten automatisch auf allen Geräten synchronisiert. Sie können ein Notizbuch am Computer, einem Tablet oder auf dem Smartphone bearbeiten. Auch das Thema Sicherheitskopie der Notizbücher ist damit gelöst. Sie haben daher immer ein »Backup« in der Cloud, auch wenn Ihre Festplatte mal defekt ist oder der Computer gestohlen wurde. Wenn Sie sich mit Ihrem Microsoft-Konto anmelden, stehen Ihnen 5 GB Speicherplatz kostenlos zur Verfügung. Das dürfte in der Regel für die meisten Zwecke zunächst ausreichen.

Bei dieser Art, Daten in einer Cloud zu speichern, gibt es allerdings auch immer eine »Schattenseite«, weswegen man sich seine Gedanken zum Datenschutz macht. Schließlich vertraut man ja eigene Daten der Firma Microsoft an. Zwar gelten die Server von Microsoft als sicher, trotzdem handelt es sich um eine US-amerikanische Firma, die eben andere Datenschutzbestimmungen hat. An der Stelle will ich Ihnen jetzt nicht die Software madig machen, aber dennoch muss ich Sie für das Thema sensibilisieren.

Das gehört nicht in die Cloud
Ich denke mir allerdings, es liegt auf der Hand, dass man keine allzu privaten Informationen, Passwörter, PIN-Nummern oder Kreditkartendaten in eine fremde Hand gibt.

Migration von OneNote 2016 zur aktuellen OneNote-Version

Wie bereits eingangs im Buch erwähnt, ist es aktuell mit dem neuen OneNote nicht mehr möglich, Notizbücher offline auf dem Rechner zu speichern. Haben Sie vorher mit OneNote 2016 gearbeitet und dabei Ihre Notizbücher ausschließlich auf dem lokalen Rechner gespeichert, dann wollen Sie vielleicht diese Notizbücher von OneNote 2016 mit dem neuen OneNote verwenden. Die folgende Anleitung zeigt Ihnen, wie Sie lokale OneNote-Notizbücher von OneNote 2016 zur aktuellen OneNote-Version migrieren:

SCHRITT FÜR SCHRITT
So migrieren Sie von OneNote 2016 zum aktuellen OneNote

1. **Notizbuch auswählen**

   Starten Sie die Desktop-Version von OneNote 2016, und achten Sie darauf, dass die Notizbücher, mit denen Sie in die Cloud umziehen wollen, geöffnet sind. Klicken Sie auf **Datei • Informationen**. Wo das Notizbuch gespeichert ist, können Sie jeweils unterhalb des Notizbuchnamens sehen. Klicken Sie beim entsprechenden Notizbuch, das Sie in die Cloud verschieben wollen, auf **Einstellungen**, und wählen Sie dort **Freigeben oder verschieben** aus.

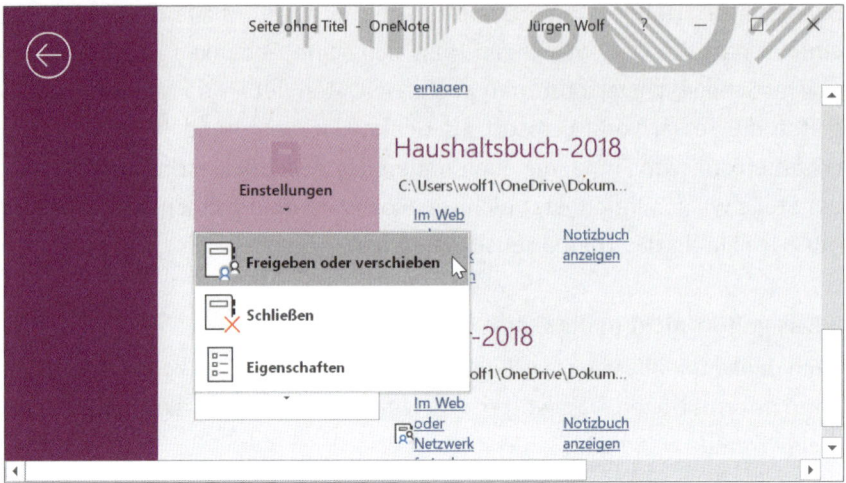

2. **Notizbuch verschieben**

   Jetzt können Sie **OneDrive** als Verzeichnis auswählen und bei Bedarf auch noch einen neuen Namen für das Notizbuch bei **Notizbuchname** verwenden. Klicken Sie jetzt auf **Notizbuch verschieben**, wird das Notizbuch vom lokalen Rechner nach OneDrive verschoben.

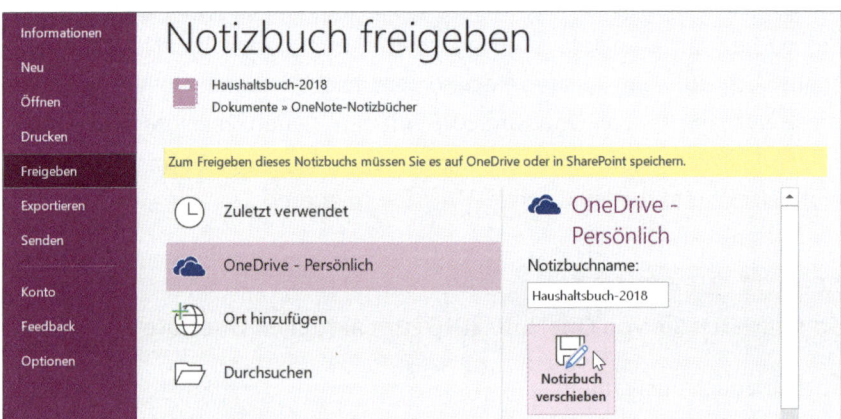

3. **Notizbuch von der Cloud laden**

   Vermutlich müssen Sie ein wenig warten, bis das alte Notizbuch komplett mit der Cloud synchronisiert wurde. Ist dies geschehen, können Sie das Notizbuch mit dem neuen OneNote öffnen und damit weiterarbeiten. Öffnen

Sie hierzu gegebenenfalls die Navigation, und klicken Sie auf das kleine Dreieck neben dem aktuell geöffneten Notizbuchnamen. Wählen Sie dort **Weitere Notizbücher** aus. Im sich öffnenden Dialog setzen Sie ein Häkchen vor dem Notizbuch, das Sie laden wollen, und klicken Sie dann auf die Schaltfläche **Öffnen**.

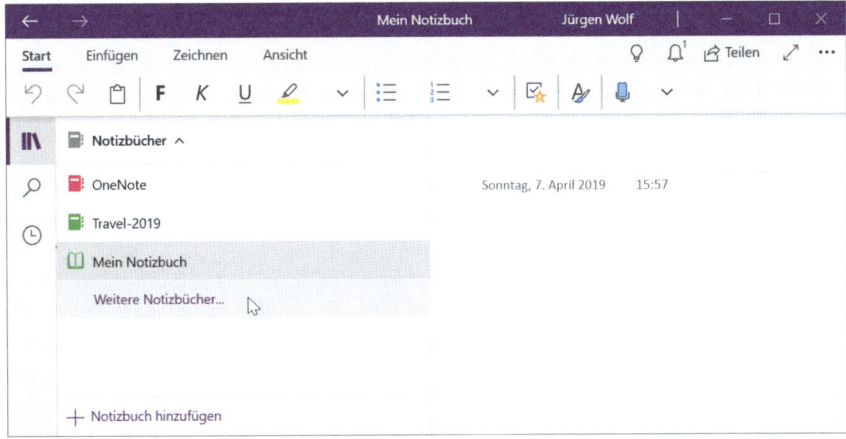

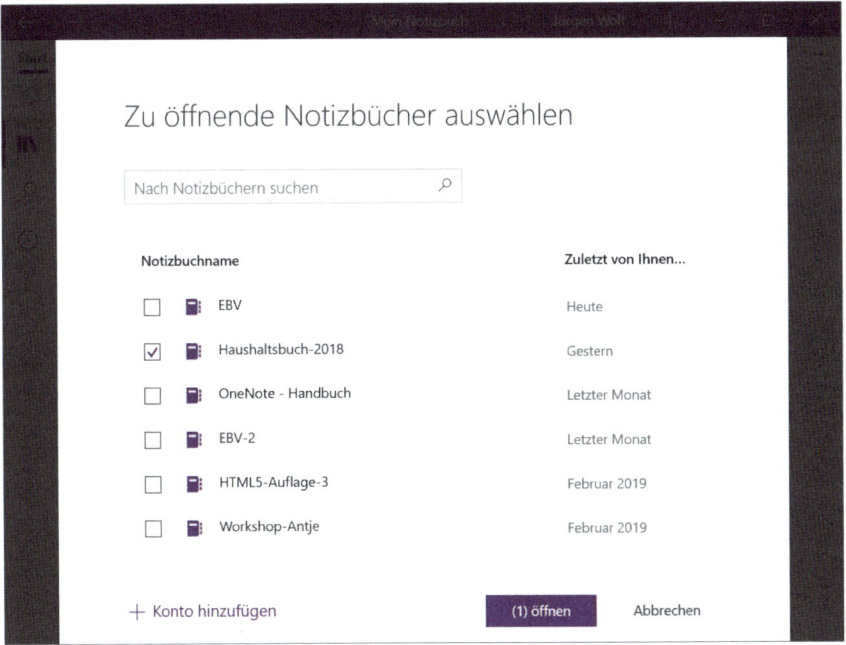

Kapitel 1 Einstieg in OneNote

Jetzt steht das von OneNote 2016 migrierte Notizbuch in der neuen OneNote-App zur Verfügung, und es kann damit weitergearbeitet werden.

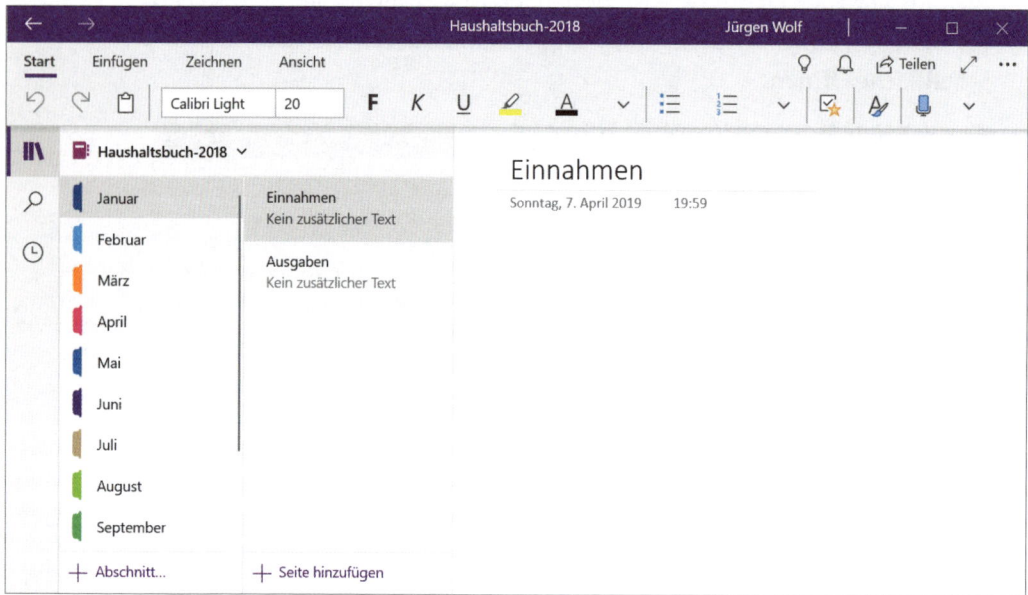

Kapitel 2
Notizbücher verwalten

Im Mittelpunkt von OneNote stehen die Notizbücher, die in der Cloud erstellt, dort gespeichert und synchronisiert werden. Microsoft stellt Ihnen hierfür nach einer Registrierung kostenlosen Speicherplatz beim Onlinedienst OneDrive zur Verfügung. Der Onlinespeicherdienst wird allgemein auch als die Cloud bezeichnet. Derzeit sind es 5 GB, was in der Regel zunächst völlig ausreichen dürfte. Bei Bedarf können Sie diesen Speicherplatz für ein wenig Geld erweitern. Wenn Sie zudem ein Abo haben, wie beispielsweise Office 365 Home oder Office 365 Personal, dann haben Sie automatisch (erheblich) mehr Speicherplatz zur Verfügung. Bei Home sind es derzeit 6 TB und bei Personal 1 TB. Hier empfehle ich Ihnen, sich auf der Website von Microsoft über die Pläne zu informieren.

Der Einstieg in OneNote fällt dank der Notizbuchstruktur relativ leicht, wenn man das Prinzip auf die reale Welt überträgt. Hier haben Sie den Ringordner als das Notizbuch, die Trennblätter für die Abschnitte und für die einzelnen Dokumente die Seiten. Wie bei einem Ringordner in der realen Welt macht es sich auch hier bezahlt, wenn Sie eine ordentliche und sinnvolle Notizbuchstruktur anlegen.

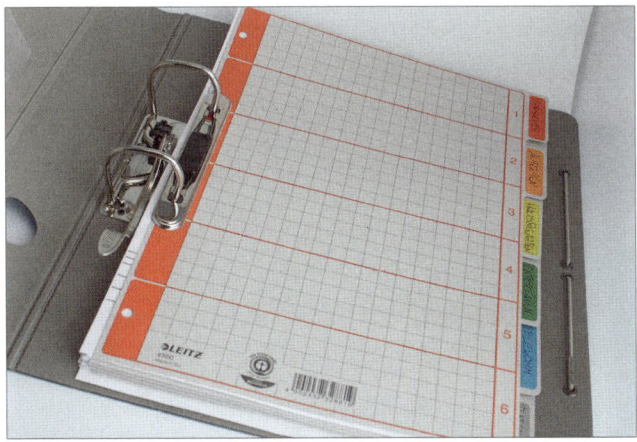

Abbildung 2.1 *Die Ablagestruktur eines Ringordners können Sie mit der Ablagestruktur von OneNote vergleichen.*

Im Gegensatz zum Ringordner der realen Welt ist es allerdings beim virtuellen Gegenstück wesentlich einfacher, Informationen einzufügen, diese umzusortieren oder ganz gezielt danach zu suchen.

Vorkehrungen treffen

Wenn Sie OneNote zum ersten Mal starten, finden Sie für gewöhnlich bereits ein Notizbuch mit dem Namen **Mein Notizbuch** oder ähnlich vor, womit Sie sofort anfangen könnten, Ihre Notizen zu verfassen. Um sich allerdings gleich grundlegend in OneNote einzuarbeiten, empfehle ich Ihnen, zunächst das Notizbuch zu schließen, um hier mit einem neuen, leeren Notizbuch anzufangen. Öffnen Sie hierzu gegebenenfalls die Navigation über die Schaltfläche **Navigation einblenden**.

Klicken Sie mit der rechten Maustaste auf den Namen des Notizbuches (hier: **Mein Notizbuch**), und wählen Sie im Kontextmenü den Befehl **Notizbuch schließen** aus. Sie müssen sich hierbei keine Sorgen machen, Sie löschen das Notizbuch damit nicht. Es wird für Sie automatisch in der Cloud gespeichert.

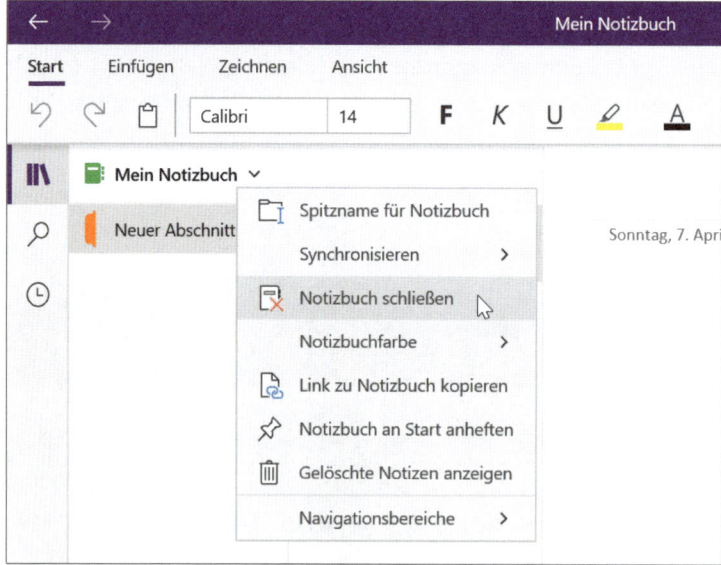

Abbildung 2.2 Das Notizbuch schließen

Auf mobilen Geräten können Sie ein Notizbuch schließen, indem Sie länger mit dem Finger auf dem Namen des Notizbuches bleiben, es abhaken und es dann über das entsprechende Symbol links unten schließen. Es folgt noch eine Sicherheitsabfrage, ob Sie das Notizbuch wirklich schließen wollen.

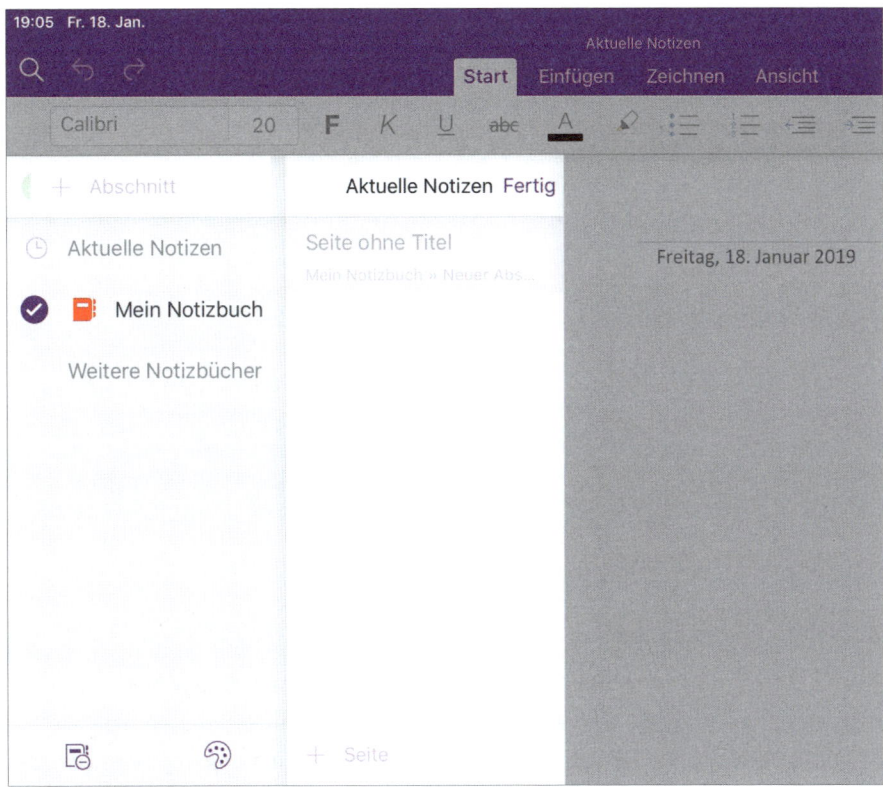

Abbildung 2.3 *Notizbuch auf dem mobilen Gerät schließen (hier: iPad)*

Notizbuch erstellen

Ein neues Notizbuch ist relativ schnell und einfach erstellt. In der folgenden Schritt-für-Schritt-Anleitung will ich Ihnen zeigen, wie Sie dabei vorgehen können. Hierbei sollte auch gleich erwähnt werden, dass Sie fast alle Eigenschaften jederzeit nachträglich ändern können.

SCHRITT FÜR SCHRITT
Notizbuch erstellen

1. **Notizbuch anlegen**

   Öffnen Sie gegebenenfalls die Navigation, und klicken Sie den Bereich mit den Notizbüchern (hier **Notizbücher**) an. Wählen Sie in der sich öffnenden Spalte unten den Befehl **Notizbuch hinzufügen** aus.

   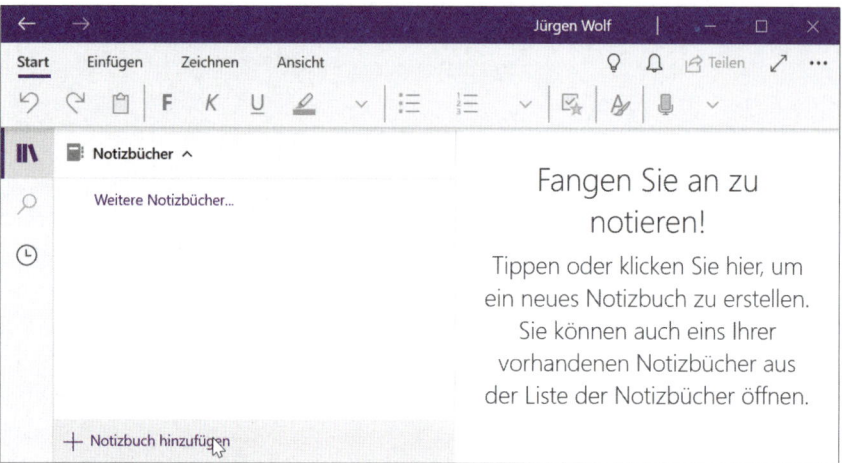

2. **Notizbuch benennen**

   Im sich öffnenden Dialog können Sie jetzt den Namen für das Notizbuch angeben (hier »EBV-2019«). Wenn Sie mehrere Konten verwenden, können Sie außerdem angeben, für welches Konto das Notizbuch angelegt werden soll. OneNote unter Windows bietet hierbei auch gleich mehrere Vorlagen mit **Arbeit**, **Lernen**, **Start** und **Veranstaltungsplanung** an, womit bereits einige Abschnitte angelegt werden können. Dies können Sie aber auch bei **Leer** machen, indem Sie einfach bei **Neuen Abschnitt hinzufügen** anfangen zu tippen. Auf die Abschnitte wird noch gesondert eingegangen, weshalb hier zunächst mit einem leeren Notizbuch (**Leer**) ohne Abschnitte angefangen werden soll. Klicken Sie auf die Schaltfläche **Notizbuch erstellen**, um das Notizbuch anzulegen.

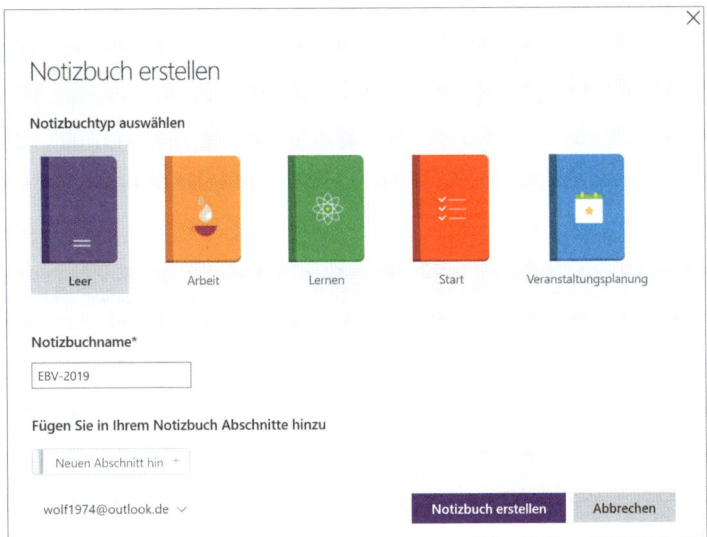

Auf den mobilen Versionen und der macOS-Version steht Ihnen die Option mit den Abschnitten nicht zur Verfügung, aber hier können Sie die Farbe für das Notizbuch wählen. Die macOS-Version unterscheidet sich hier ein wenig, indem Sie hier vorher noch auf eine Schaltfläche **Neu** auf der linken Seite klicken müssen.

3. **Notizbuch verwenden**

   Kurz drauf wird das Notizbuch erstellt, und Sie können anfangen, weitere Anpassungen daran vorzunehmen oder neue Abschnitte und Seiten hinzuzufügen. Standardmäßig werden mit jedem neuen Notizbuch auch gleich ein Abschnitt **Neuer Abschnitt 1** und darin eine Seite **Seite ohne Titel** mit angelegt.

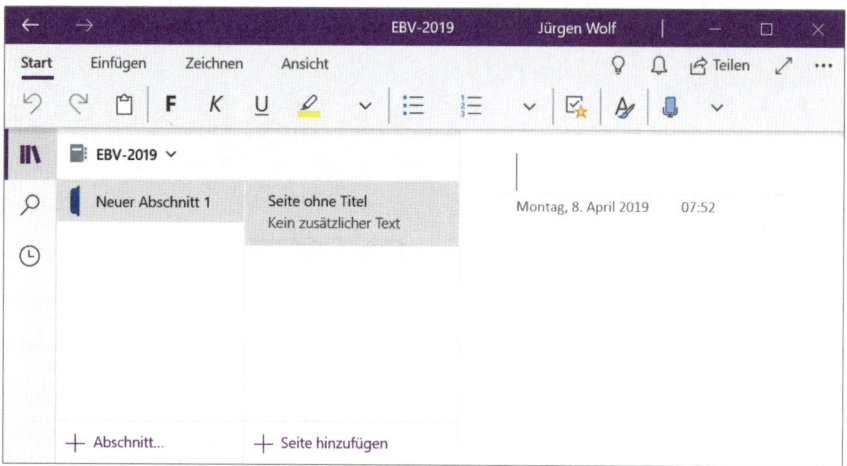

Notizbuch synchronisieren

Um das Speichern des Notizbuches müssen Sie sich nicht selbst kümmern. Die Software speichert alles automatisch für Sie in der Cloud ab. OneNote verwaltet die Notizbücher für Sie. Wird das Notizbuch gerade synchronisiert, dann können Sie dies am sich drehenden Symbol beim Notizbuch erkennen. Ist dort kein Symbol zu sehen, dann befindet sich bereits alles synchronisiert in der Cloud. Sollten Sie gerade nicht online sein, wird ein kleiner Kreis mit einem x beim Notizbuch angezeigt. Wenn bei der Synchronisation ein Problem aufgetreten ist, wird dies mit einem Warndreieck beim Notizbuch wiedergegeben.

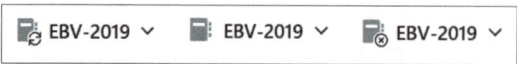

Abbildung 2.4 *K(l)eine Symbole zeigen den Status der Synchronisation an.*

Wenn Sie Probleme mit der Synchronisierung haben und z. B. ein Warndreieck angezeigt wird, können Sie das Notizbuch mit der rechten Maustaste anklicken und sich im Kontextmenü über den Befehl **Synchronisierungsfehler anzeigen** informieren lassen, woran die Synchronisation gescheitert ist. Bei mobilen Geräten hingegen reicht es aus, das Notizbuch mit dem Warndreieck anzutippen, und im nächsten Abschnitt finden Sie oberhalb des Bildschirms einen Bereich, wo Sie mehr Informationen zum Fehler erhalten.

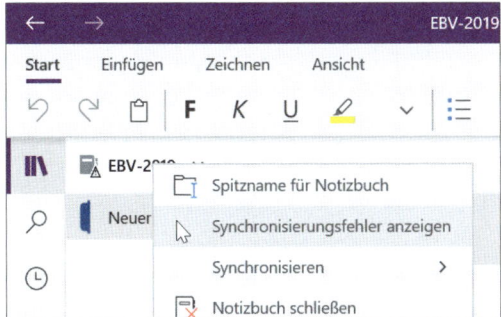

Abbildung 2.5 *Hier erhalten Sie Informationen bei Synchronisationsproblemen.*

Sie müssen übrigens nicht permanent online sein und können auch offline mit OneNote arbeiten. Die Änderungen werden in dem Fall offline gespeichert. Sobald Sie dann wieder eine Internetverbindung haben, synchronisiert OneNote die gemachten Änderungen im Notizbuch mit der Cloud.

Wollen Sie die Synchronisation manuell anstoßen, können Sie dies ebenfalls tun, mit einem rechten Mausklick auf dem Notizbuch über den Befehl **Synchronisieren**, dann **Dieses Notizbuch synchronisieren** oder **Alle Notizbücher synchronisieren** auswählen, wenn Sie mit mehreren Notizbüchern gleichzeitig arbeiten bzw. mehrere geöffnet haben.

Bei der macOS-Version erreichen Sie diesen Befehl direkt via rechten Mausklick, allerdings ohne die Möglichkeit, alle Notizbücher zu synchronisieren. Diesen Befehl finden Sie bei der macOS-Version hingegen über das **Datei**-Menü oder mit der Tastenkombination ⇧+cmd+S. Ebenso können Sie mit der Tastenkombination Strg/cmd+S das aktuelle Notizbuch manuell synchronisieren. Die manuelle Synchronisation ist z. B. hilfreich, wenn Sie den Computer herunterfahren müssen, aber vorher noch sicherstellen wollen, dass alles abgeglichen wurde. Bei mobilen Geräten müssen Sie hingegen die Spalte mit den geöffneten Notizbüchern mit dem Finger nach unten ziehen, um das Synchronisieren manuell anzustoßen.

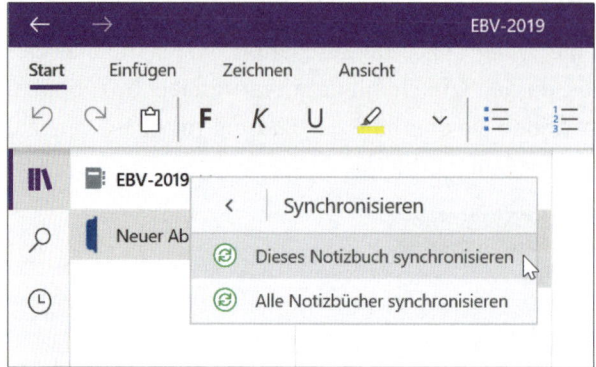

Abbildung 2.6 *Die Synchronisation kann auch manuell angestoßen werden.*

Wurde ein Notizbuch bereits synchronisiert?

Wenn Sie sich nicht ganz sicher sind, ob das Notizbuch, mit dem Sie im Augenblick arbeiten, bereits mit der Cloud synchronisiert wurde, finden Sie oberhalb des Fensters ein Wolkensymbol, das den Status anzeigt. Sehen Sie hier ein Häkchen am Wolkensymbol, dann wurde das Notizbuch bereits mit der Cloud synchronisiert. Finden Sie hier ein kreisendes Symbol, dann wird das Notizbuch gerade synchronisiert. Besteht im Augenblick keine Verbindung mit der Cloud, werden die Änderungen des Notizbuches offline gespeichert, wie es dann auch angezeigt wird. Für mehr Informationen können Sie das Statussymbol auch anklicken.

Abbildung 2.7 *Der drehende Kreis wird angezeigt, wenn die Seite gerade mit der Cloud synchronisiert wird.*

Bei der macOS-Version hingegen wird in der Titelleiste des Fensters mit einem Text darüber informiert, ob ein Notizbuch bereits synchronisiert wurde. Steht hier nur der Name des Notizbuches, dann wurde bereits alles synchronisiert. Wird gerade synchronisiert, steht neben dem Notizbuchnamen noch der Text **Wird synchronisiert**. Besteht keine Internetverbindung, wird **Offlinebetrieb** angezeigt.

Notizbuch synchronisieren

Abbildung 2.8 *Das Wolkensymbol mit dem Häkchen zeigt an, dass die aktuelle Seite bereits mit der Cloud synchronisiert wurde.*

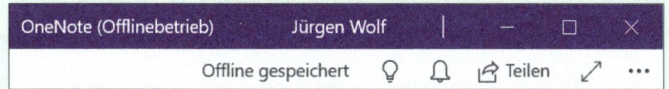

Abbildung 2.9 *Besteht keine Internetverbindung, wird die Seite offline gespeichert und sobald eine Internetverbindung besteht, mit der Cloud synchronisiert. Zudem zeigt OneNote in der Titelleiste an, wenn Sie keine Internetverbindung haben.*

Automatische Synchronisation deaktivieren (nur Windows)

Bei der Windows-Version können Sie die automatische Synchronisation über die **Einstellungen** deaktivieren. Die **Einstellungen** erreichen Sie hierbei über die drei Punkte rechts oben vom Anwendungsfenster. Wählen Sie hier die **Optionen** aus, finden Sie die entsprechende Option mit dem ersten Eintrag **Ihre Notizbücher synchronisieren** vor. Wenn Sie diese Option deaktivieren, dann müssen Sie die Synchronisation, wie eben beschrieben, manuell anstoßen. Die Option zu deaktivieren kann sinnvoll sein, wenn Sie unterwegs mit teurem mobilem Datentarif im Internet surfen und nicht wollen, dass ständig im Hintergrund synchronisiert und damit auch Daten-Traffic verbraucht wird.

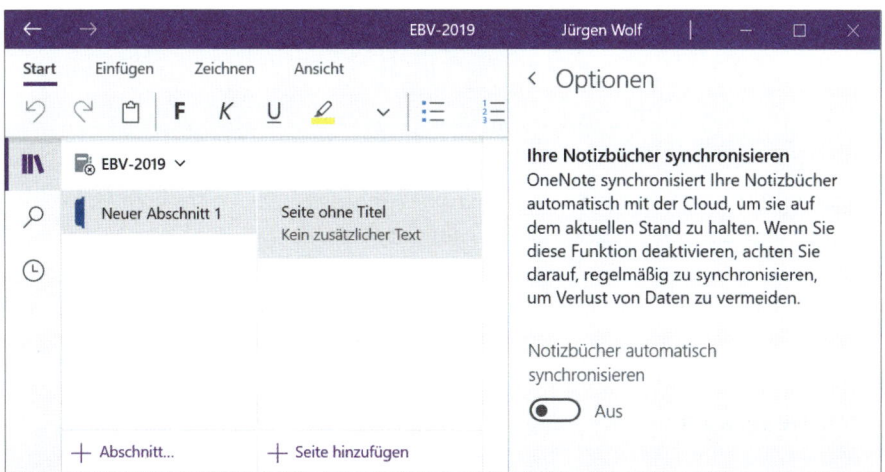

Abbildung 2.10 *Die Synchronisation kann auch deaktiviert werden (nur Windows-Version).*

Notizbucheigenschaften

Ein Notizbuch hat mit dem Namen und der Farbe zwei grundlegende Eigenschaften, die Sie jederzeit nachträglich ändern können. Während Sie die Farbe via rechten Mausklick auf das Notizbuch über das Untermenü **Notizbuchfarbe** auswählen können, ist es bei Umbenennen eines Notizbuches (noch) nicht so einheitlich. Wohingegen Sie unter Windows auch hier gleich via rechten Mausklick auf das Notizbuch die Umbenennung mit dem Befehl **Spitzname für Notizbuch** durchführen können, müssen Sie dies für alle anderen Geräte und Systeme noch manuell in der Cloud auf dem OneDrive tun. Hierzu können Sie sich entweder direkt mit einem Webbrowser auf *www.onedrive.com* einloggen, oder Sie laden die OneDrive-App für das Gerät bzw. System herunter und machen es hiermit über den Dateimanager, wie beispielsweise den Finder bei macOS. Die Notizbücher finden Sie auf der Cloud gewöhnlich im *Dokumente*-Ordner vor.

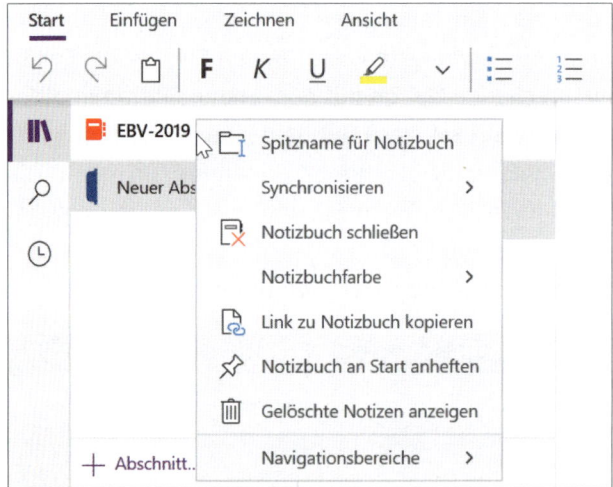

Abbildung 2.11 *Farbe und Name (nur Windows) können ebenfalls via rechten Mausklick auf das Notizbuch über das Kontextmenü geändert werden.*

Wenn Sie ein Notizbuch in der Cloud direkt umbenannt haben, sollten Sie das Notizbuch in OneNote schließen und erneut öffnen. Etwas mehr über die Verwendung der Cloud erfahren Sie in Kapitel 2 im Abschnitt »Notizbücher auf OneDrive verwalten«.

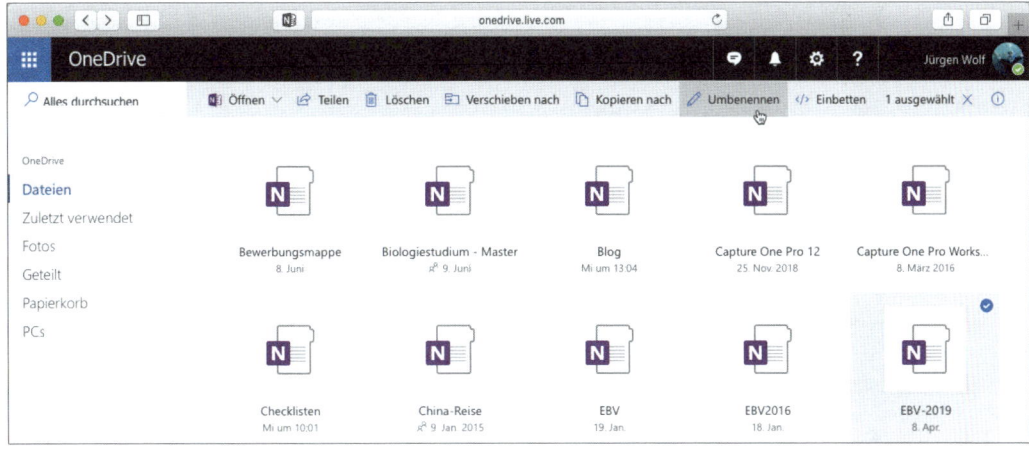

Abbildung 2.12 *Die Notizbücher können auch auf »onedrive.com« direkt umbenannt werden.*

Notizbuch öffnen und schließen

Es ist in OneNote problemlos möglich, mit mehreren offenen Notizbüchern gleichzeitig zu arbeiten. Hierzu klicken Sie auf den Namen des geöffneten Notizbuches, um die Notizbuchspalte auszuklappen. Zum Öffnen von Notizbüchern finden Sie in der Notizbuchspalte einen Eintrag **Weitere Notizbücher** vor. Wenn Sie diesen Eintrag auswählen, öffnet sich ein Dialog, in dem alle vorhandenen Notizbücher auf dem OneDrive zum Öffnen aufgelistet werden. Setzen Sie ein Häkchen vor das oder die gewünschten Notizbücher, die Sie öffnen wollen, und klicken Sie dann auf die Schaltfläche **Öffnen**.

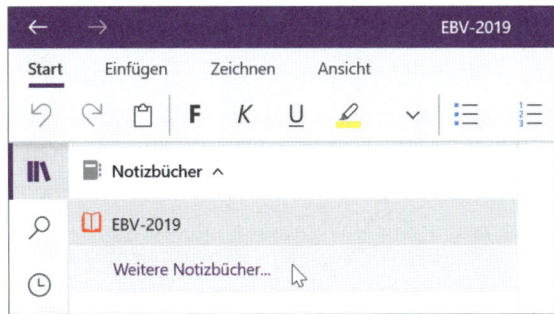

Abbildung 2.13 *Weitere Notizbücher öffnen*

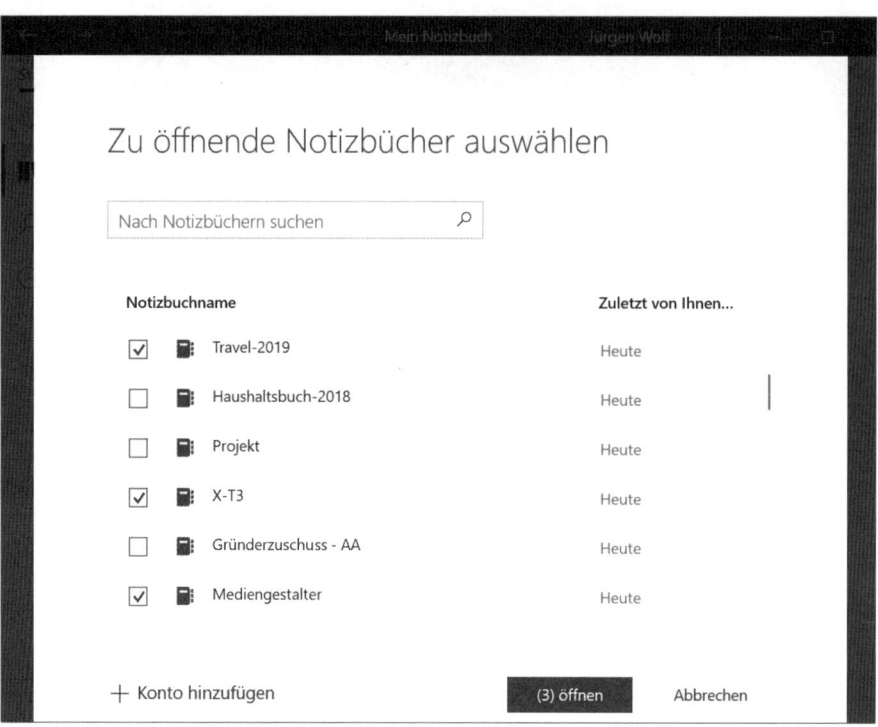

Abbildung 2.14 *Notizbücher zum Öffnen auswählen*

Für das Öffnen von Notizbüchern können Sie auch ein Tastenkürzel mit [Strg]/[cmd]+[O] nutzen. Alternativ finden Sie denselben Befehl **Notizbücher öffnen** auch über einen rechten Mausklick in der Notizbuchspalte vor. Diese beiden Möglichkeiten gelten natürlich nicht für die mobilen Versionen von OneNote.

Notizbuch wechseln

Wenn Sie mehrere Notizbücher geöffnet haben, können Sie diese ganz einfach in der Notizbuchspalte auswählen und wechseln. Das aktive Notizbuch ist grau markiert, und es wird ein aufgeschlagenes Buch als Symbol angezeigt. Nach der Auswahl des Notizbuches wird die Notizbuchspalte wieder geschlossen und das aktive Notizbuch oben mit dem Namen in der Navigation eingeblendet.

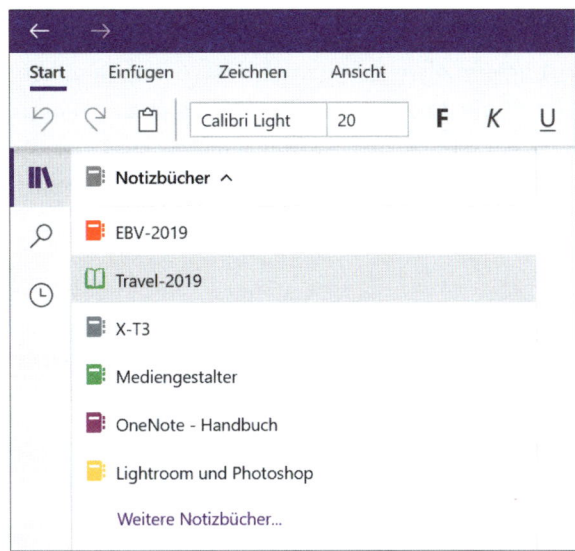

Abbildung 2.15 *Geöffnete Notizbücher in der Notizbuchspalte können Sie jederzeit durch Anklicken wechseln.*

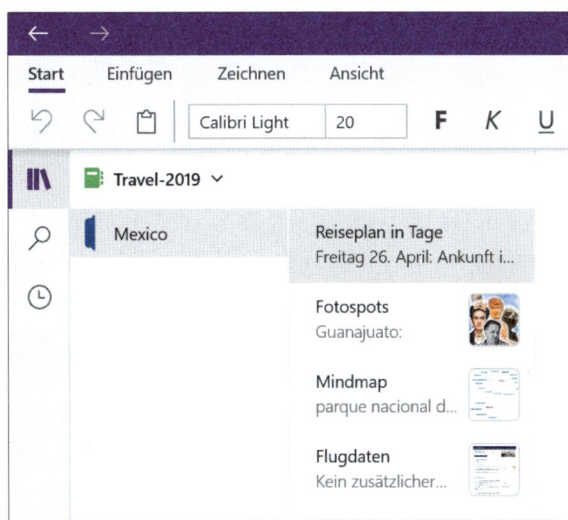

Abbildung 2.16 *Nach der Wahl des Notizbuches (hier: »Travel-2019«) wird die Spalte mit den Notizbüchern geschlossen, und das aktive Notizbuch wird über den Abschnitten und Seiten angezeigt.*

Mehrere Notizbücher gleichzeitig verwenden

Sollten Sie an mehreren Notizbüchern gleichzeitig arbeiten wollen, dann können Sie dies tun, indem Sie im Menü **Ansicht** die Schaltfläche **Neues Fenster** auswählen. Jetzt wird zunächst ein identisches zweites Fenster von OneNote geöffnet, in dem Sie aber nun in der Notizbuchspalte in ein anderes Notizbuch wechseln können.

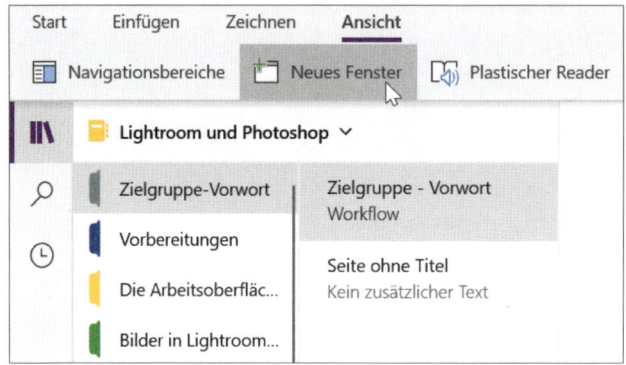

Abbildung 2.17 *Mehrere Notizbücher gleichzeitig bearbeiten können Sie mit einem weiteren Fenster.*

Notizbuch schließen

Es wurde bereits kurz erwähnt, wie Sie ein Notizbuch schließen können. Öffnen Sie die Notizbuchspalte, klicken Sie das Notizbuch zum Schließen mit der rechten Maustaste an, und wählen Sie den Befehl **Notizbuch schließen** aus. Wollen Sie nur das aktuelle Notizbuch schließen, müssen Sie nicht den Umweg über die Notizbuchspalte gehen, sondern können hier gleich mit der rechten Maustaste klicken und den entsprechenden Befehl zum Schließen auswählen. Auch geschlossen wird ein Notizbuch, wenn Sie das geöffnete OneNote-Fenster schließen. Dank der Synchronisation ist hierbei sichergestellt, dass alle gemachten Arbeiten gesichert sind. Sie müssen sich also keine Sorgen machen, dass nicht gespeicherte Daten hier verloren gehen. Bei der macOS-Version können Sie das aktive Notizbuch auch mit der Tastenkombination ⇧ + cmd + S schließen.

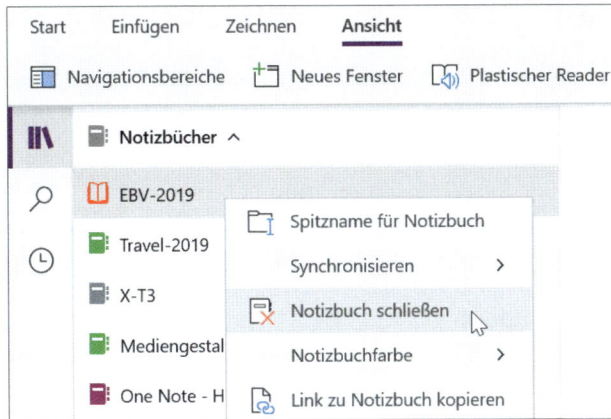

Abbildung 2.18 *Notizbuch schließen*

Auf mobilen Geräten können Sie ein Notizbuch schließen, indem Sie länger mit dem Finger auf dem Namen des Notizbuches bleiben, es abhaken, um es dann über das entsprechende Symbol links unten zu schließen.

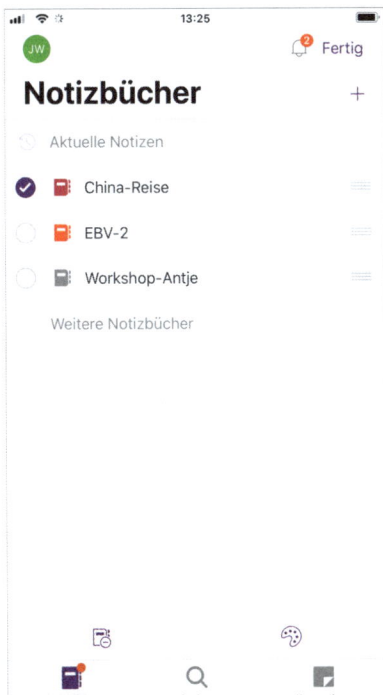

Abbildung 2.19 *Notizbuch auf mobilen Geräten schließen*

Reihenfolge ändern

Die Notizbücher werden in der Reihenfolge, in der Sie sie erstellen bzw. öffnen, nacheinander aufgelistet. Hätten Sie hier gerne eine andere Reihenfolge, können Sie diese ohne großen Aufwand ändern. Die gleich folgende Schritt-für-Schritt-Anleitung zeigt Ihnen wie Sie dies machen können.

SCHRITT FÜR SCHRITT
Reihenfolge der Notizbücher ändern

1. Notizbuchspalte öffnen

Klappen Sie die Spalte mit den Notizbüchern auf, und wählen Sie das Notizbuch aus, das Sie umsortieren wollen. Wird die Spalte mit den Notizbüchern nicht angezeigt, müssen Sie diese zuvor noch über **Navigation einblenden** anzeigen lassen.

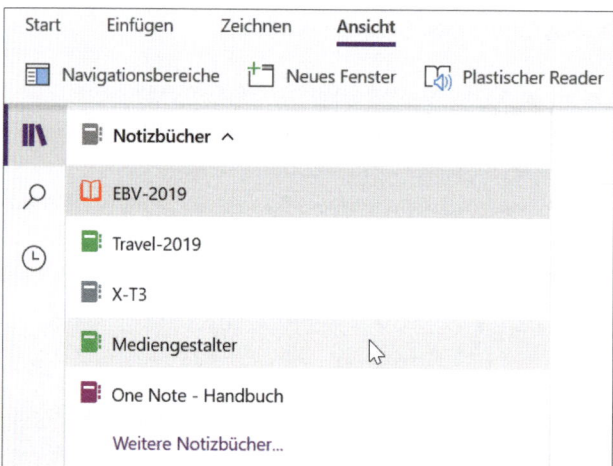

2. Notizbuch umsortieren

Ziehen Sie jetzt mit gedrückt gehaltener Maustaste das ausgewählte Notizbuch an die Stelle, an die Sie es verschieben wollen, und lassen Sie die Maustaste los. In diesem Beispiel habe ich das Notizbuch **Mediengestalter** hinter das Notizbuch **EBV-2019** gezogen und fallen gelassen.

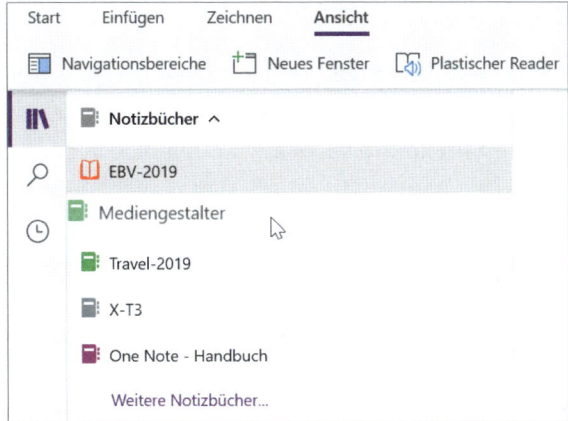

3. **Weitere Notizbücher verschieben**

Wiederholen Sie den Vorgang ab Schritt 1, bis Sie mit der Reihenfolge der Notizbücher zufrieden sind.

Wenn Sie hierbei jedoch ein Notizbuch schließen und später wieder öffnen, wird es am Ende als letztes Notizbuch geöffnet. Die manuelle Sortierung gilt nur für die im Augenblick geöffneten Notizbücher in der Spalte.

Das Anpassen der Reihenfolge funktioniert auch auf den mobilen Geräten, indem Sie in der Notizbuchspalte rechts oben auf **Bearbeiten** tippen und dann rechts vom Namen des Albums bei der Fläche mit den drei Querbalken den Finger auflegen und dann das Notizbuch an die gewünschte Position verschieben.

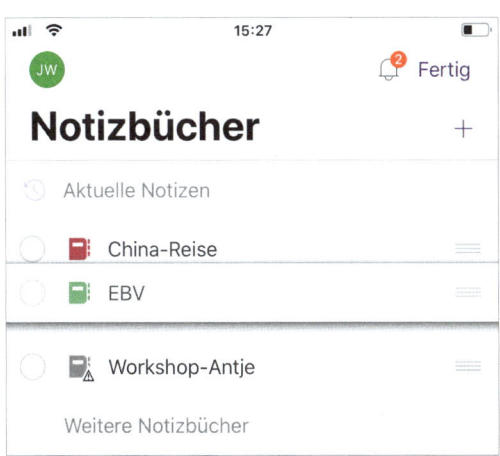

Notizbücher auf OneDrive verwalten

Wenn Sie ein Notizbuch nicht mehr benötigen und komplett löschen wollen, müssen Sie dies über OneDrive tun. Für alle Geräte gibt es hier eine entsprechende Anwendung, mit der Sie ganz komfortabel auf alle Dateien in der Cloud über den Dateimanager zugreifen können. Es ist allerdings nicht unbedingt nötig, extra eine Anwendung zu installieren. Sie können dies auch mit jedem modernen Webbrowser tun.

SCHRITT FÜR SCHRITT
Notizbücher mit dem Webbrowser verwalten

1. **OneDrive im Webbrowser öffnen**

   Öffnen Sie den Webbrowser, und geben Sie als Adresse *www.onedrive.com* ein. Wenn Sie noch nicht eingeloggt sind, müssen Sie jetzt den Benutzernamen und das Passwort für Ihr Microsoft-Konto eingeben. Die Notizbücher werden im Verzeichnis *Dokumente* auf der Cloud gespeichert. Wechseln Sie daher in dieses Verzeichnis.

   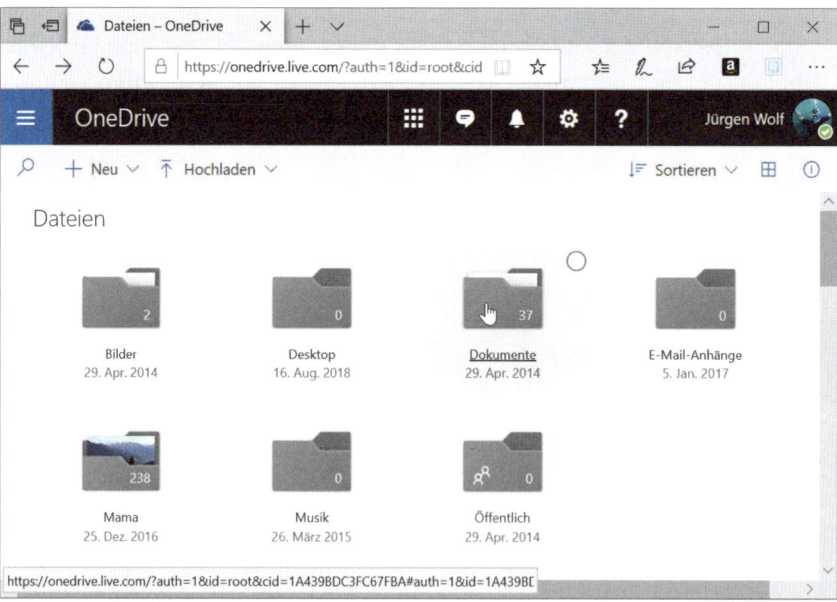

2. **Notizbuch löschen (oder umbenennen)**

   Anhand der Symbole dürften Sie hier auch gleich die Notizbücher von One-Note erkennen. Setzen Sie hier nun ein Häkchen bei dem Notizbuch, das Sie löschen wollen, und klicken Sie auf die Schaltfläche **Löschen**. Das Notizbuch wird in den Papierkorb von OneDrive verschoben und kann daher von dort wiederhergestellt werden, solange dieser nicht entleert wurde.

   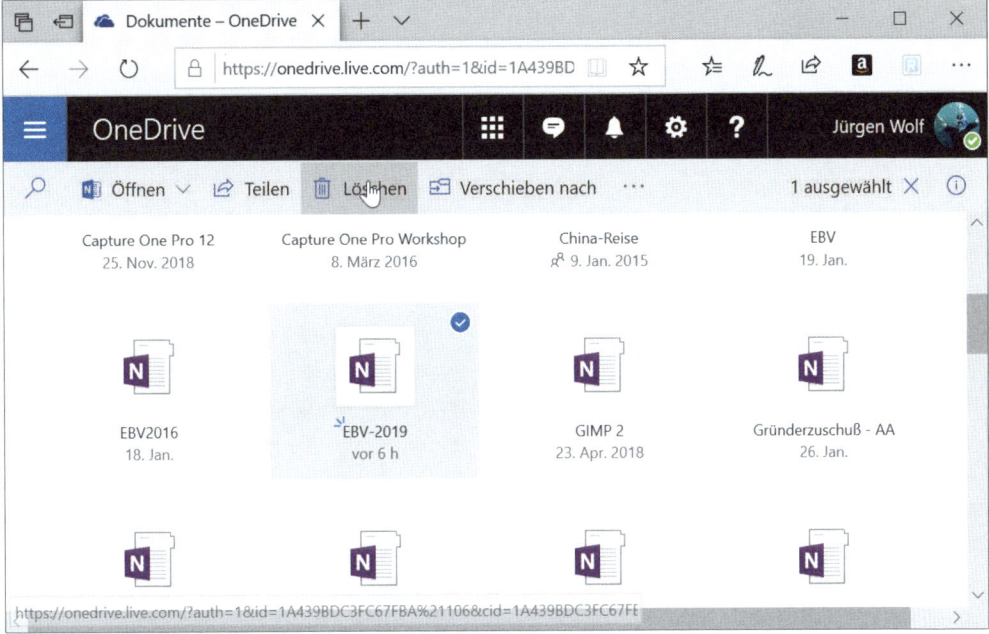

3. **Notizbuch schließen**

   Kehren Sie zu OneNote zurück, und schließen Sie bei Bedarf das Notizbuch dort in der Notizbuchspalte. Das Schließen ist daher wichtig, da OneNote sonst versucht zu synchronisieren und dann logischerweise ein Fehler auftreten wird, weil das Notizbuch nicht mehr in der Cloud existiert.

Neben dem Löschen von Notizbüchern können Sie auf diese Weise auch Notizbücher in der Cloud umbenennen, kopieren, verschieben oder herunterladen. Allerdings sollte klar sein, dass sich diese heruntergeladenen Dateien nicht offline verwenden lassen.

Kapitel 3
Abschnitte und Seiten

Wenn Sie das Notizbuch erstellt haben, können Sie loslegen, die Abschnitte und Seiten zu erstellen. Wie Sie das Notizbuch nun strukturieren und gestalten, bleibt Ihnen selbst überlassen, und dies hängt selbstverständlich auch vom Anwendungsfall ab, für den Sie das Notizbuch verwenden wollen. In diesem Kapitel geht es allerdings nicht um die Strategie der Strukturierung eines Notizbuches, sondern vielmehr um die Erstellung und Verwaltung von Abschnitten und Seiten im Allgemeinen.

Abschnitte erstellen

Ein Notizbuch in sinnvolle Abschnitte zu unterteilen ist enorm hilfreich für eine übersichtlichere und ordentliche Ablagestruktur und ein effizientes und produktives Arbeiten damit. Im Folgenden wird beschrieben, wie Sie neue Abschnitte einem Notizbuch hinzufügen können und somit die Basis für Ihr Notizbuch erstellen.

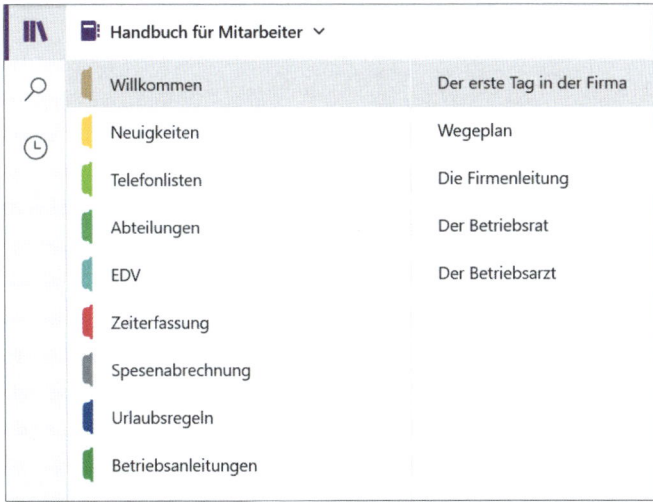

Abbildung 3.1 *Hier wurde ein Notizbuch »Handbuch für Mitarbeiter« in verschiedene Abschnitte von »Willkommen« bis zu »Betriebsanleitungen« aufgeteilt.*

SCHRITT FÜR SCHRITT

Neuen Abschnitt zum Notizbuch hinzufügen

1. **Notizbuch auswählen**

   Wählen Sie zunächst das Notizbuch aus, in dem Sie einen neuen Abschnitt hinzufügen wollen.

2. **Abschnitt umbenennen**

   Da beim Anlegen des Notizbuches automatisch auch ein neuer Abschnitt mit angelegt wird, können Sie diesen auch gleich als ersten Abschnitt im Notizbuch verwenden. Um diesem Abschnitt einen neuen Namen zu vergeben, klicken Sie ihn mit der rechten Maustaste an, und wählen Sie im Kontextmenü **Abschnitt umbenennen** bzw. **Umbenennen** (bei der macOS-Version). Geben Sie dann den Namen für den Abschnitt ein, und bestätigen Sie mit ⏎.

   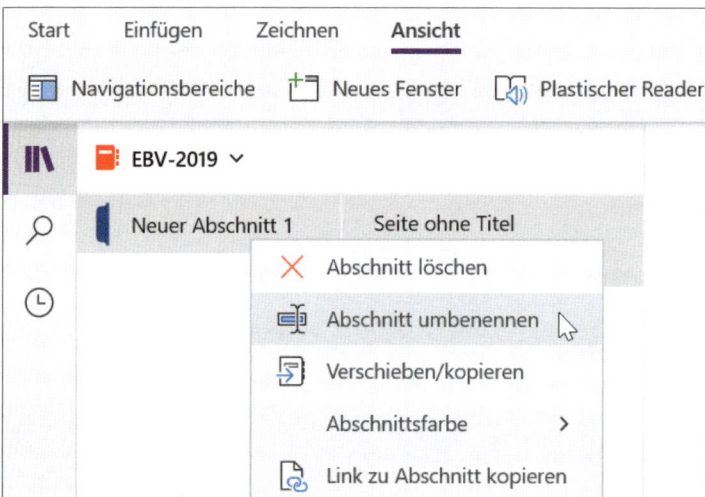

3. **Neuen Abschnitt hinzufügen**

   Einen neuen Abschnitt in Form eines Registers können Sie hinzufügen, entweder in der Navigation in der Abschnittsspalte über **Abschnitt hinzufügen** oder mit einem rechten Mausklick in einen freien Bereich der Abschnittsspalte mit dem Befehl **Neuer Abschnitt**. Auch ein Tastenkürzel mit Strg/cmd + T existiert hierfür. Geben Sie hier nun den Namen für den neuen Abschnitt ein, und bestätigen Sie mit ⏎.

Abschnitte erstellen

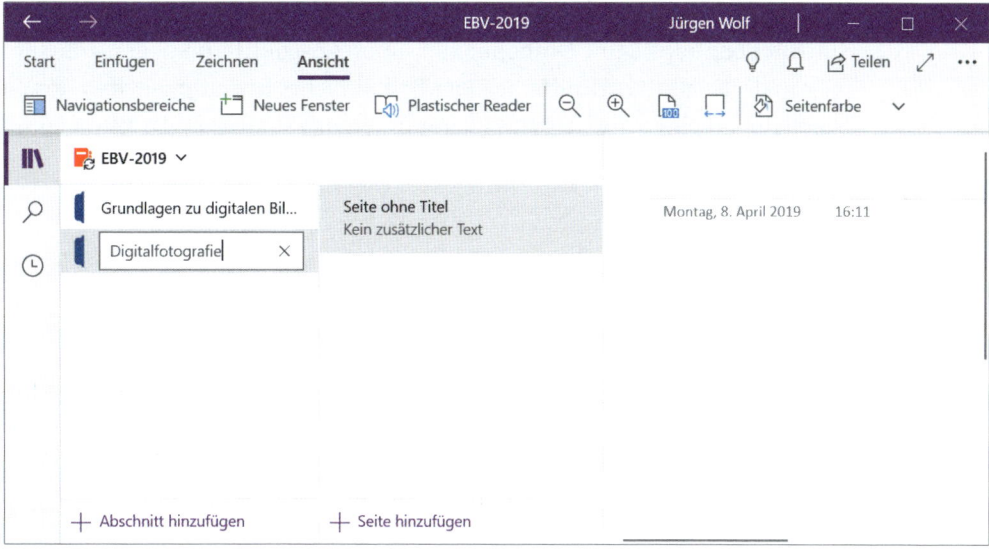

4. **Weitere Abschnitte hinzufügen**

Wiederholen Sie Schritt 3, wenn Sie noch weitere Abschnitte hinzufügen wollen. Es ist jederzeit möglich, nachträglich Abschnitte hinzuzufügen, zu entfernen bzw. diese umzusortieren.

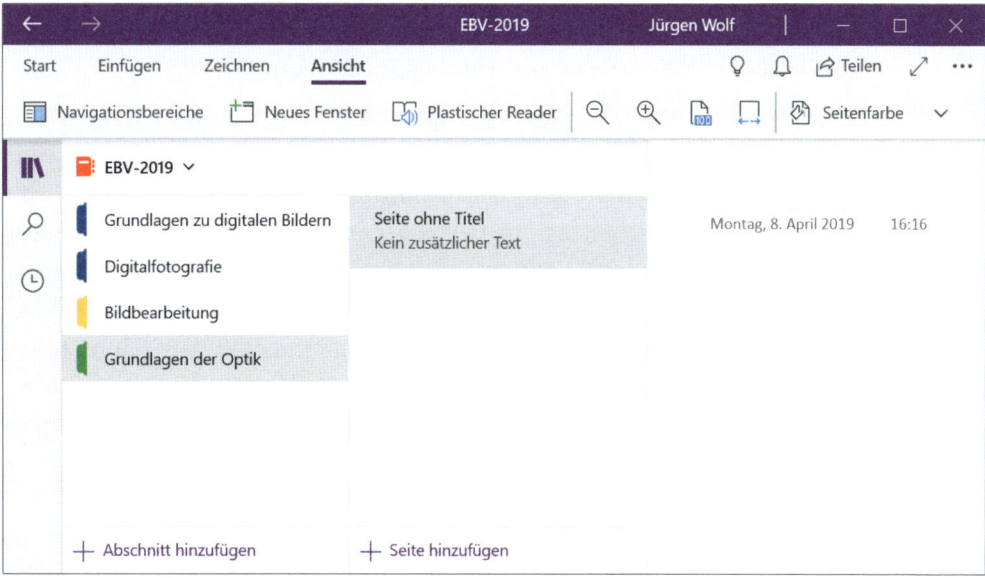

Bei mobilen Geräten legen Sie einen neuen Abschnitt über das Plussymbol (rechts oben) an. Beim Umbenennen eines Abschnitts hingegen müssen Sie hier in der Spalte **Abschnitte** auf **Bearbeiten** rechts oben tippen, den Abschnitt zum Umbenennen abhaken und dann unten das Symbol in der Mitte zum Editieren antippen.

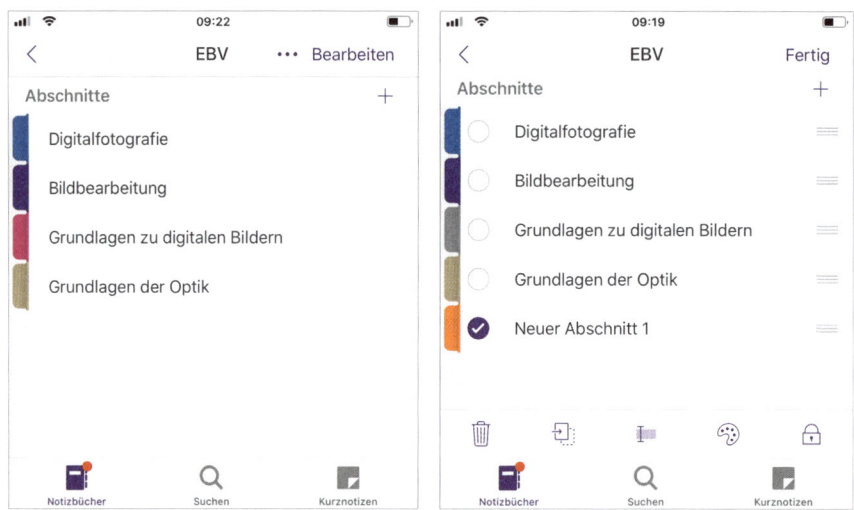

Abbildung 3.2 *Abschnitte erstellen und umbenennen bei mobilen Geräten (hier: iPhone)*

Notizbuch inklusive Abschnitte anlegen (nur Windows)

Die Windows-App bietet beim Anlegen eines neuen Notizbuches auch gleich die Option an, Abschnitte hinzuzufügen. Entweder wählen Sie hierbei eine der Vorlagen **Arbeit**, **Lernen**, **Start** oder **Veranstaltungsplanung** aus und passen die vordefinierten Abschnitte Ihren persönlichen Bedürfnissen an, oder Sie wählen das Notizbuch **Leer** und fügen manuell über **Neuen Abschnitt hinzufügen** entsprechende Abschnitte ein. Die vorhandenen Abschnitte können Sie über das x-Symbol rechts neben dem Namen des Abschnitts entfernen. Zum Umbenennen klicken Sie einfach den Namen des Abschnitts an und geben einen neuen Namen ein, oder Sie klicken auf das Stiftsymbol neben dem Abschnittnamen. Klicken Sie auf die Schaltfläche **Notizbuch erstellen**, wird das Notizbuch mitsamt den vorgegebenen Abschnitten angelegt.

Abschnitte erstellen

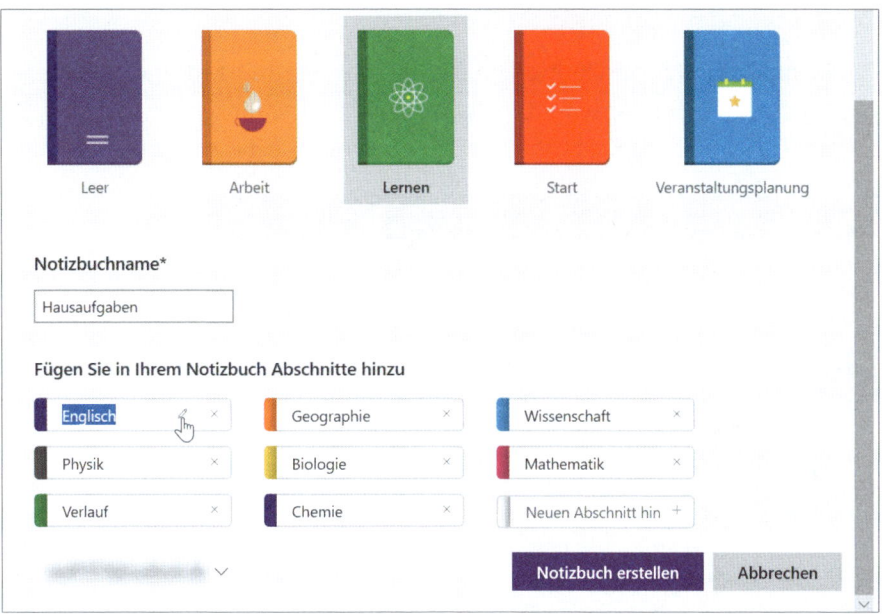

Abbildung 3.3 *Die Windows-Version bietet bereits beim Anlegen des Notizbuches eine Möglichkeit und Vorlagen an, das Notizbuch gleich mit neuen Abschnitten anzulegen.*

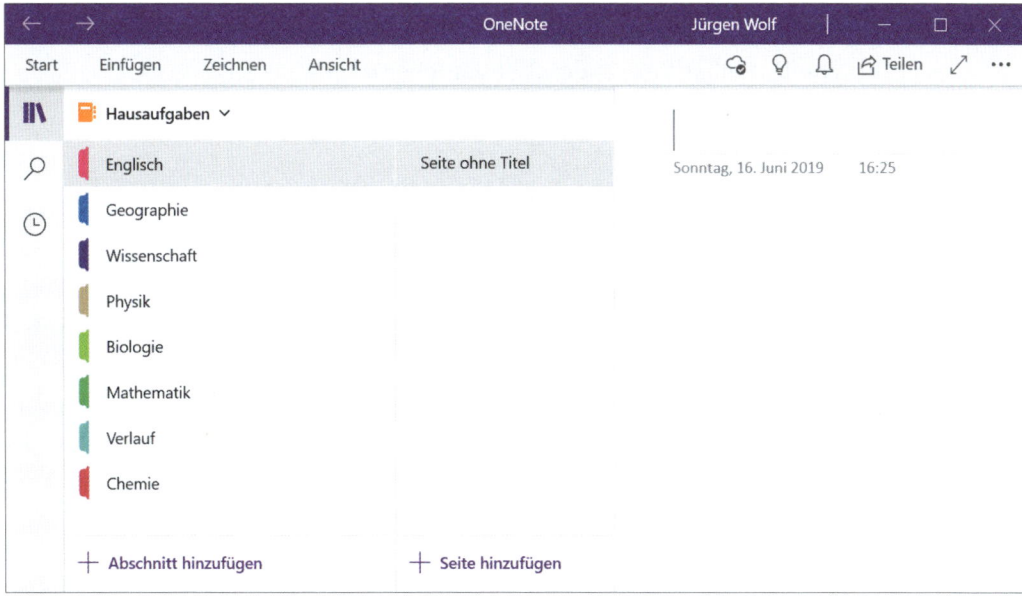

Abbildung 3.4 *Das neue Notizbuch wurde gleich mit Abschnitten angelegt.*

Reihenfolge der Abschnitte ändern

Die Reihenfolge der Abschnitte können Sie jederzeit mit gedrückt gehaltener Maustaste auf einem Abschnitt in der Abschnittspalte umsortieren. Ziehen Sie den Abschnitt an die gewünschte Stelle, und lassen Sie diesen dort fallen.

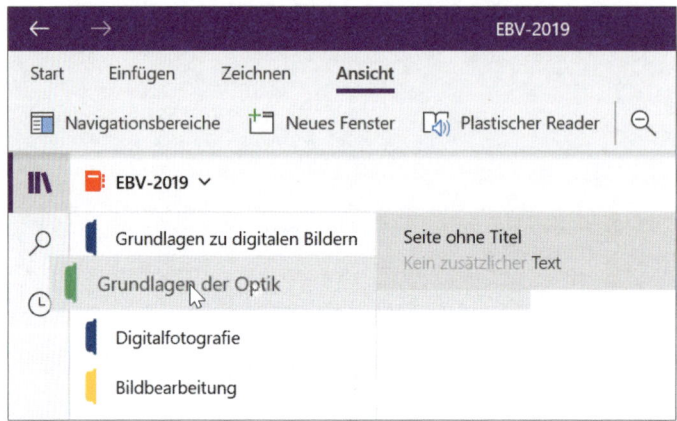

Abbildung 3.5 *Das Umsortieren von Abschnitten lässt sich per Drag & Drop realisieren.*

Das Umsortieren von Abschnitten auf mobilen Geräten hingegen funktioniert genauso wie schon das Ändern der Reihenfolge von Notizbüchern, wie es im Abschnitt »Reihenfolge ändern« beschrieben wurde.

Abschnitte kopieren und verschieben

Es ist jederzeit möglich, einen Abschnitt mitsamt den Seiten und Inhalten in ein anderes Notizbuch zu kopieren oder zu verschieben. Das Kopieren ist recht praktisch, wenn Sie denselben Abschnitt für ein anderes Projekt oder Arbeiten in einem anderen Notizbuch verwenden wollen. Auch können Sie so praktisch einen ausgearbeiteten Abschnitt kopieren und als Vorlage wiederverwenden. Im Gegensatz zum Kopieren, wird beim Verschieben der Abschnitt vom Notizbuch entfernt und beim anderen Notizbuch eingefügt. Sie können Abschnitte nur in Notizbüchern kopieren oder verschieben, die Sie im Augenblick geöffnet haben.

Abschnitte kopieren und verschieben

SCHRITT FÜR SCHRITT

Abschnitt kopieren bzw. verschieben

1. **Notizbücher öffnen**

   Öffnen Sie das (Quell-)Notizbuch, von wo Sie einen Abschnitt kopieren oder verschieben wollen, und auch gleich das (Ziel-)Notizbuch dazu. Im Beispiel will ich einen Abschnitt **Bildbearbeitung** aus dem Notizbuch **EBV-2019** in das Notizbuch **Mediengestalter** kopieren und dort ebenfalls verwenden.

2. **Abschnitt kopieren oder verschieben**

   Klicken Sie den zu kopierenden bzw. zu verschiebenden Abschnitt (hier: **Bildbearbeitung** im Quellnotizbuch) mit der rechten Maustaste an, und wählen Sie im Kontextmenü den entsprechenden Befehl zum Verschieben bzw. Kopieren aus. Bei der macOS-Version finden Sie hier bereits den entsprechenden Befehl für das Kopieren oder Verschieben vor. Unter Windows müssen Sie erst in Schritt 3 darüber entscheiden.

   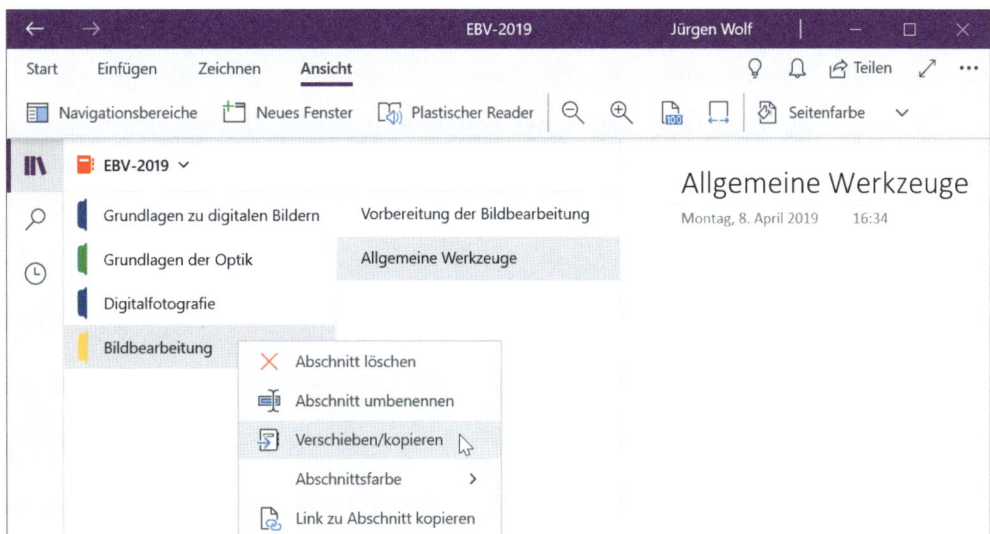

3. **Zielnotizbuch auswählen**

   Im sich öffnenden Dialog wählen Sie jetzt das Zielnotizbuch aus, wohin Sie den Abschnitt kopieren oder verschieben wollen. Bei der Windows-Version klicken Sie dann auf die entsprechenden Schaltfläche **Verschieben** oder **Kopieren**.

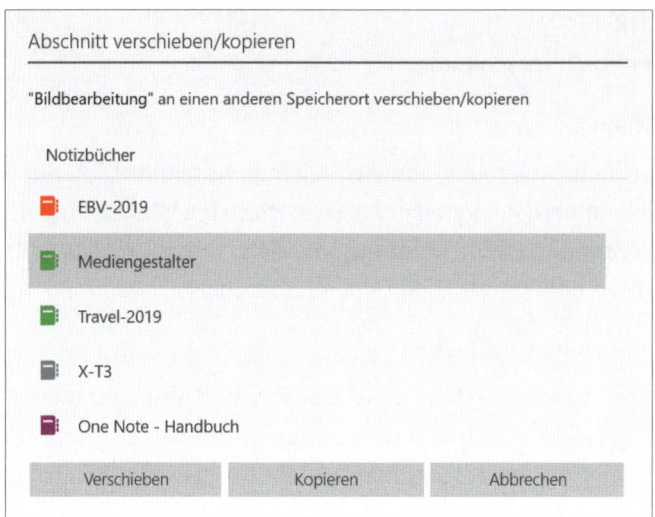

4. **Abschnitt verwenden**

   Wenn der Abschnitt mitsamt seinen Seiten und Inhalten in das Zielnotizbuch kopiert oder verschoben wurde, steht dieser dort bereit für die weitere Verwendung.

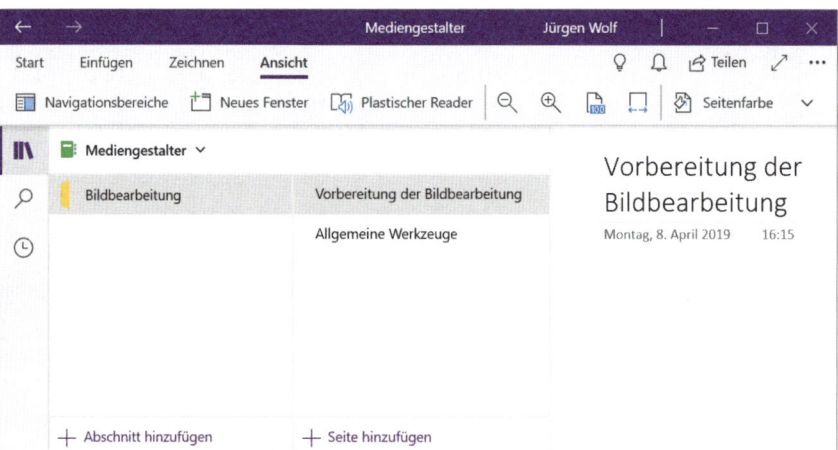

Existiert beim Kopieren oder Verschieben bereits ein Abschnitt mit demselben Namen, wird dieser nicht überschrieben, sondern es wird eine weitere Kopie des Abschnitts mitsamt den Seiten und Inhalten mit der Erweiterung »2« beim Abschnittsnamen hinzufügt. Beim Verschieben von Abschnitten im selben Notizbuch hingegen passiert gar nichts.

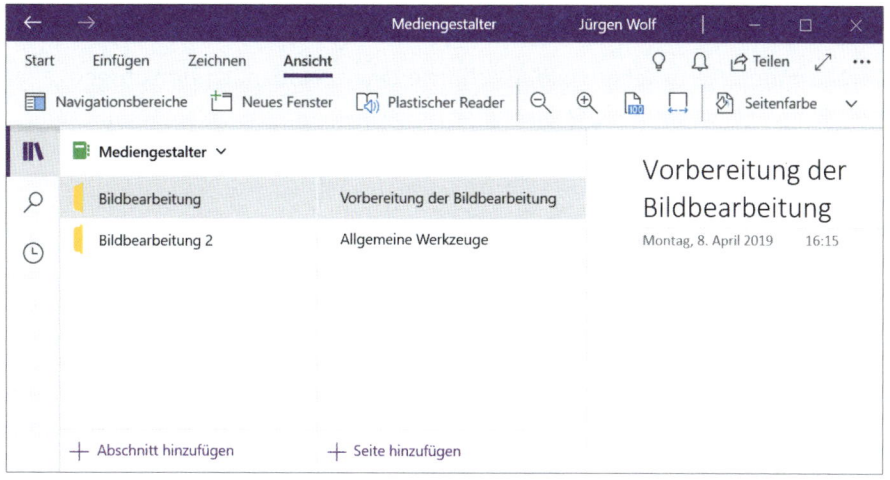

Abbildung 3.6 *Kopieren Sie Abschnitte mit demselben Namen, hängt OneNote zur Sicherheit eine »2« an den Bezeichner.*

Das Kopieren oder Verschieben von Abschnitten auf den mobilen Geräten ist ähnlich einfach gehalten. Tippen Sie hier in der Spalte **Abschnitte** rechts oben auf **Bearbeiten**, setzen Sie einen Haken vor dem Abschnitt, den Sie verschieben wollen, und tippen Sie dann unten auf das Verschieben/Kopieren-Symbol. Daraufhin öffnet sich eine Abfrage, ob Sie den Abschnitt **Verschieben** oder **Kopieren** wollen, gefolgt von der Übersicht der aktuell geöffneten Notizbücher, wohin Sie den Abschnitt mit allen Seiten und Inhalten kopieren bzw. verschieben können.

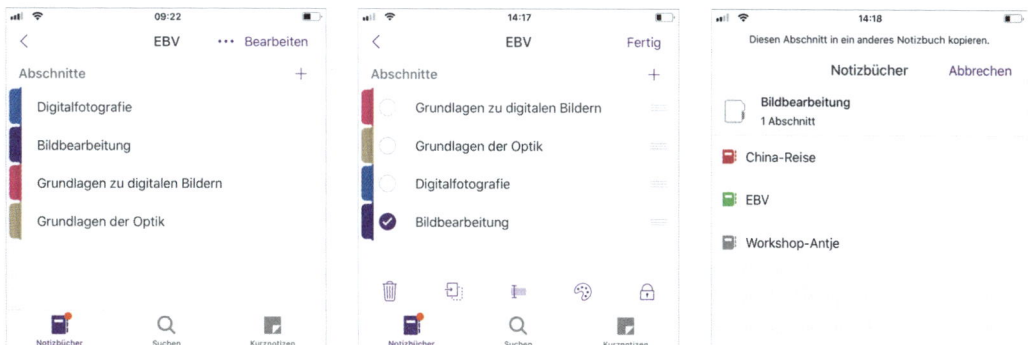

Abbildung 3.7 *Auch auf mobilen Geräten (hier: iPhone) lassen sich einzelne Abschnitte verschieben bzw. kopieren.*

Abschnitte gruppieren

Zwar können Sie beliebig viele Abschnitte einem Notizbuch hinzufügen, aber dies kann irgendwann recht unübersichtlich werden. Hier können Sie Abhilfe schaffen, indem Sie die Abschnitte gruppieren.

SCHRITT FÜR SCHRITT
Abschnitte gruppieren

1. **Neue Abschnittsgruppe anlegen**

   Klicken Sie in der Abschnittsspalte mit der rechten Maustaste auf einen freien Bereich. Im Kontextmenü wählen Sie nun den Befehl **Neue Abschnittsgruppe** aus.

   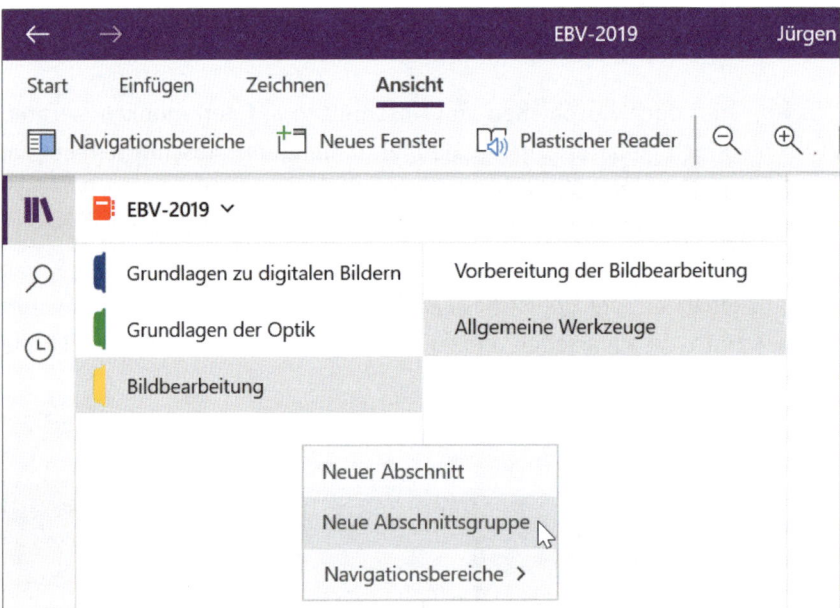

2. **Name der Abschnittsgruppe eingeben**

   Geben Sie hier den Namen der neuen Abschnittsgruppe ein (hier: **Digitalfotografie**), und bestätigen Sie mit ⏎. Mit einem rechten Mausklick auf einer Abschnittsgruppe können Sie diese jederzeit umbenennen, löschen oder verschieben.

Abschnitte gruppieren

3. Abschnitt der Abschnittsgruppe hinzufügen

Nun stehen Ihnen zwei Möglichkeiten zur Verfügung, neue Abschnitte der Gruppe hinzuzufügen. Entweder Sie ziehen mit gedrückt gehaltener Maustaste bereits vorhandene Abschnitte auf die Abschnittsgruppe und lassen diese dort fallen, oder Sie klicken die Abschnittsgruppe mit der rechten Maustaste an, und wählen Neuer Abschnitt, um eben einen neuen Abschnitt zu erstellen und diesen gleich der Abschnittsgruppe hinzufügen.

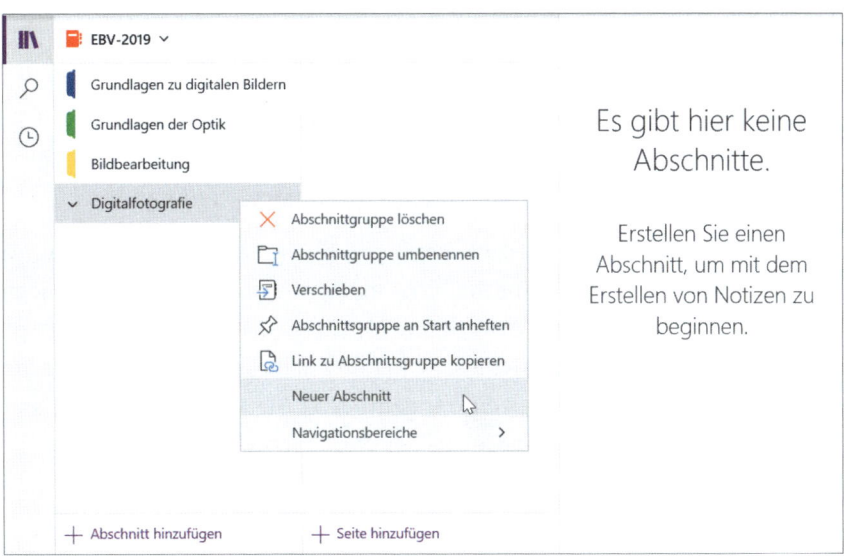

4. **Abschnitte umsortieren**

   Haben Sie aus Versehen einen Abschnitt der Abschnittsgruppe hinzugefügt, können Sie diesen jederzeit mit gedrückt gehaltener Maustaste aus diesem Bereich herausziehen und an einer gewünschten Position außerhalb der Gruppe fallen lassen. Dasselbe funktioniert natürlich auch in umgekehrter Reihenfolge, wenn Sie einen Abschnitt außerhalb einer Gruppe mit gedrückt gehaltener Maustaste in eine Gruppe einfügen wollen. Das Umsortieren der Reihenfolge innerhalb der Gruppe funktioniert ebenso, wie dies bereits im Abschnitt »Abschnitte erstellen« beschrieben wurde.

   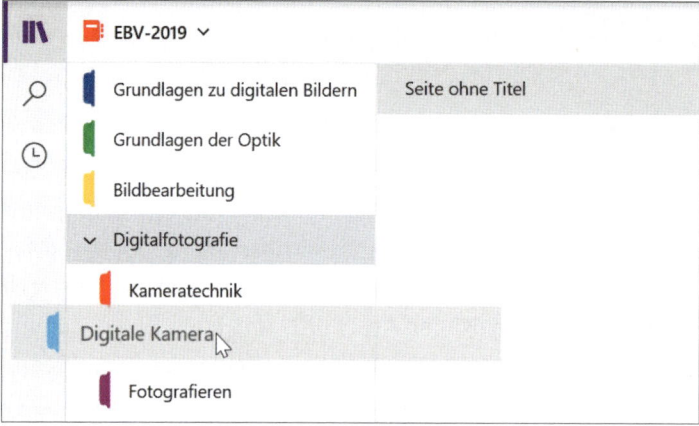

Den Inhalt einer Abschnittsgruppe können Sie durch Anklicken des Gruppennamens jederzeit auf- und zuklappen. Dies ist besonders praktisch, weil Sie so immer schön die Übersicht behalten können, wenn Sie bei Notizbüchern mit sehr vielen Abschnitten diese ordentlich in Gruppen sortiert haben.

Wenn Sie bei einer aktivierten Abschnittsgruppe eine neue Abschnittsgruppe erstellen, dann wird diese innerhalb der aktiven Abschnittsgruppe verschachtelt. Es ist hiermit also auch eine tiefere Verschachtelung der Abschnittsgruppen möglich (sofern dies sinnvoll sein sollte). Auch hier können Sie verschachtelte Abschnittsgruppen jederzeit mit gedrückter Maustaste herausziehen und außerhalb fallen lassen, um diese aus der Verschachtelung zu lösen.

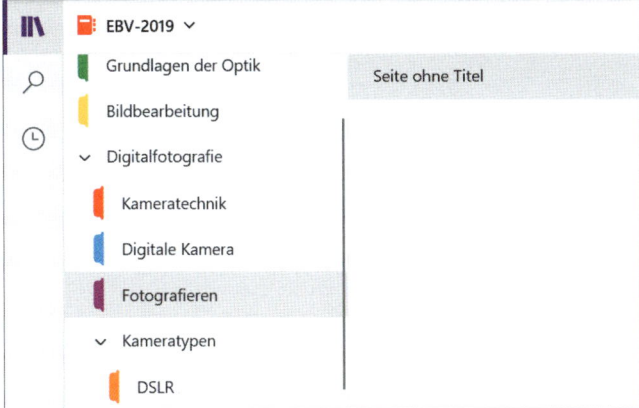

Abbildung 3.8 *Abschnittsgruppen können auch tiefer verschachtelt werden.*

Abschnittsgruppen werden auch beim Kopieren und Verschieben von Abschnitten gesondert angezeigt, sodass Sie neben den Notizbüchern auch Abschnittsgruppen zur Auswahl haben.

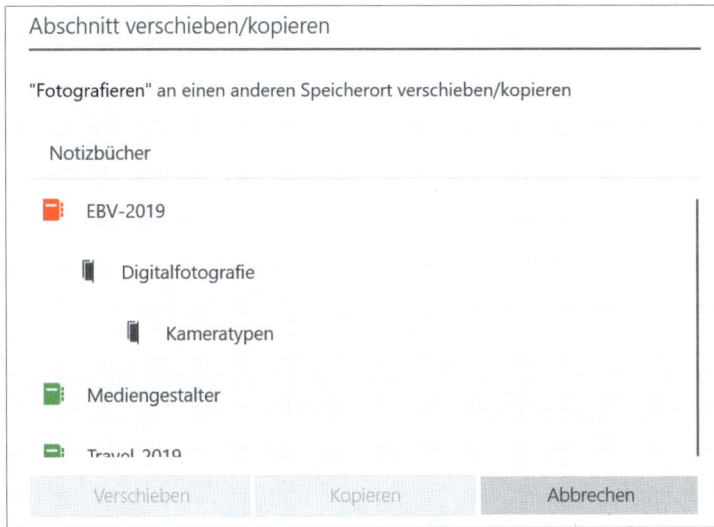

Abbildung 3.9 *Abschnittsgruppen werden auch beim Verschieben und Kopieren von Abschnitten (und auch Seiten) zur Auswahl mit angezeigt.*

Zwar können Sie bei der mobilen Version von OneNote Abschnitte in Abschnittsgruppen verschieben und auch umgekehrt, aber dort ist es noch nicht möglich, Abschnittsgruppen anzulegen.

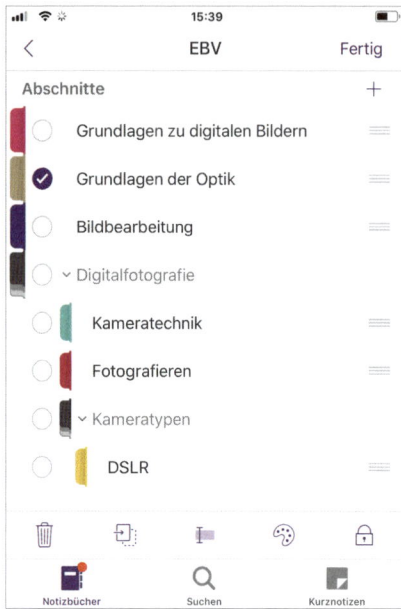

Abbildung 3.10 *Abschnittsgruppen auf der mobilen Version (hier: iPhone)*

Eigenschaften und Kennwortschutz von Abschnitten ändern

Wenn Sie einen Abschnitt mit der rechten Maustaste anklicken, finden Sie ein Kontextmenü, um die Eigenschaften des Abschnitts zu ändern. Neben der Möglichkeit, den Abschnitt umzubenennen oder die Abschnittsfarbe zu ändern, dürfte hier auch der Kennwortschutz von Interesse sein. Gerade wenn mehrere Personen Zugriff auf ein Notizbuch haben, können Sie so bestimmte Bereiche mit einem Passwort schützen.

> **Merken Sie sich das Passwort**
> Wenn Sie das Kennwort vergessen, können Sie den Abschnitt mitsamt den darin enthaltenen Seiten und Inhalten nicht wiederherstellen.

Im Folgenden wird beschrieben, wie Sie einen Abschnitt mit einem Kennwortschutz versehen können.

Eigenschaften und Kennwortschutz von Abschnitten ändern

SCHRITT FÜR SCHRITT

Einen Abschnitt mit einem Passwort schützen

1. **Abschnitt für Kennwortschutz auswählen**

   Klicken Sie den Abschnitt, den Sie mit einem Passwort schützen wollen, mit der rechten Maustaste an, und wählen Sie im Kontextmenü **Kennwortschutz • Kennwort hinzufügen** bzw. **Diesen Abschnitt schützen** (bei macOS).

   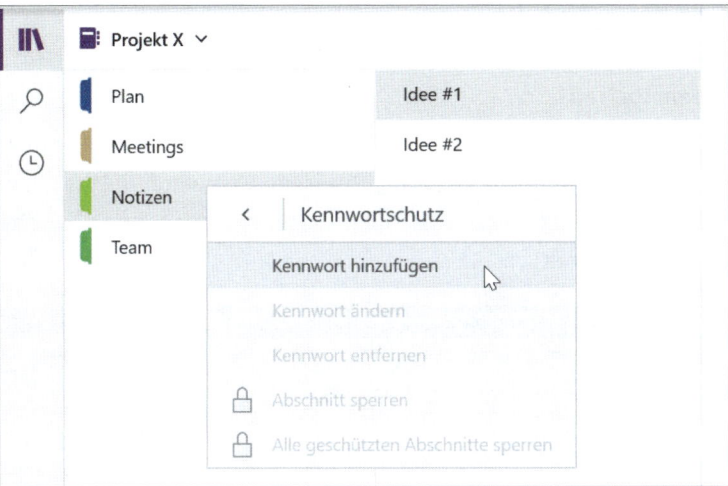

2. **Passwort eingeben**

   Es folgt ein Dialog, in dem Sie zweimal das neue Kennwort eingeben müssen und dann mit der Schaltfläche **OK** bestätigen.

   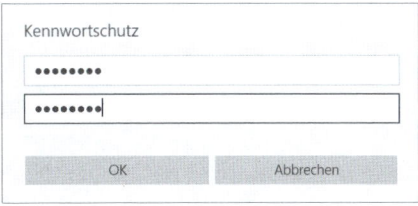

3. **Kennwortschutz aktivieren**

   Ein offenes Schlosssymbol zeigt jetzt an, dass Sie einen Abschnitt mit einem Kennwort versehen, aber noch nicht gesperrt haben. Dies können Sie tun, indem Sie auf das Schlosssymbol klicken.

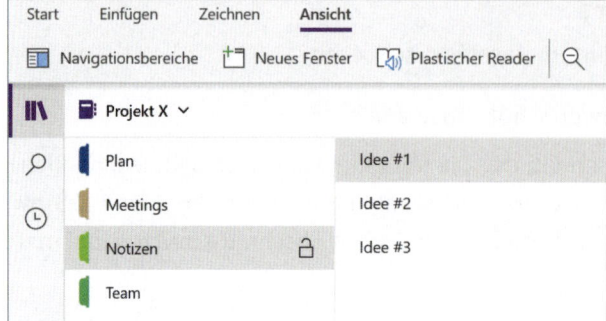

4. Abschnitt entsperren

Wenn das Schlosssymbol neben dem Abschnitt geschlossen ist, kann dieser Abschnitt nur noch mit einem Kennwort ausgewählt werden. Erst nach der Eingabe des Kennwortes ist der Abschnitt wieder entsperrt (und das Schlosssymbol wieder geöffnet).

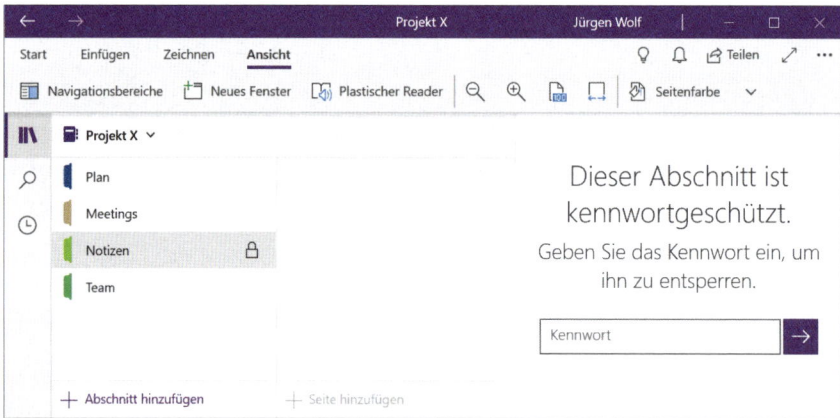

Mehrere Abschnitte auf einmal sperren

Alle mit einem Kennwortschutz versehenen Abschnitte eines Notizbuches können Sie auf einmal mit der Tastenkombination [Strg]/[cmd]+[Alt]+[L] sperren.

Kennwortschutz aufheben

Um den Kennwortschutz von einem Abschnitt wieder aufzuheben, müssen Sie diesen vorher entsperren. Ist der Abschnitt entsperrt, heben Sie den Kennwortschutz auf, indem Sie darauf mit der rechten Maustaste klicken und im Kontextmenü **Kennwortschutz • Kennwort entfernen** wählen. Bei Bedarf finden Sie hier auch den Befehl **Kennwort ändern**, um das Kennwort zu ändern.

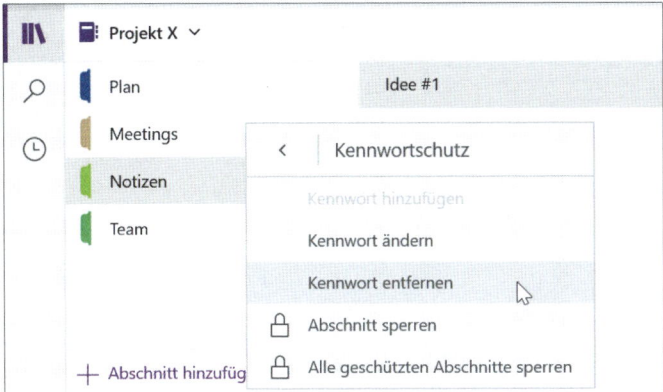

Abbildung 3.11 *Kennwortschutz wieder entfernen*

Bei mobilen Geräten können Sie den Kennwortschutz hinzufügen/entfernen, indem Sie den Text **Bearbeiten** antippen, den gewünschten Abschnitt abhaken, dann unten auf das Schlosssymbol klicken und den Anweisungen auf dem Bildschirm folgen. Beim iPad finden Sie die entsprechenden Befehle dafür im Menü **Ansicht**.

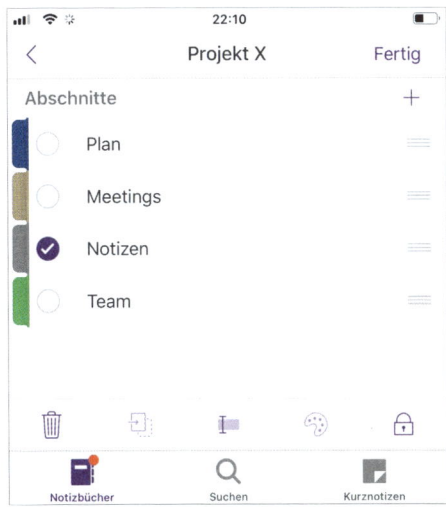

Abbildung 3.12 *Kennwortschutz auf mobilen Geräten aufheben*

Abschnitt löschen

Einen Abschnitt mitsamt den enthaltenen Seiten löschen können Sie, indem Sie diesen mit der rechten Maustaste anklicken und im Kontextmenü den Befehl **Abschnitt löschen** auswählen.

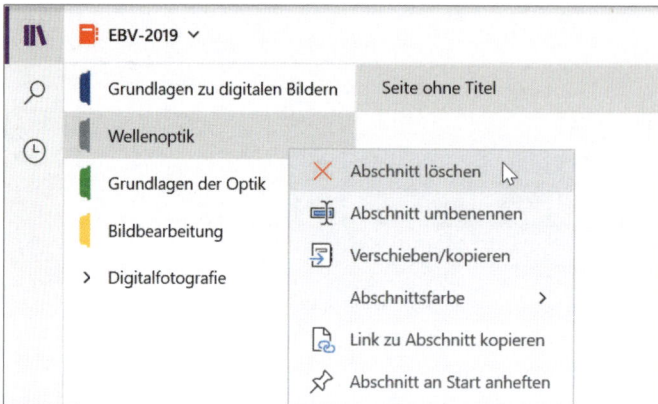

Abbildung 3.13 *Einen Abschnitt mitsamt seinem Inhalt löschen*

Hierbei erfolgt eine Sicherheitsabfrage mit Rückbestätigung mit dem Hinweis, dass dieser Abschnitt in den Bereich **Gelöschte Notizen** verschoben wird.

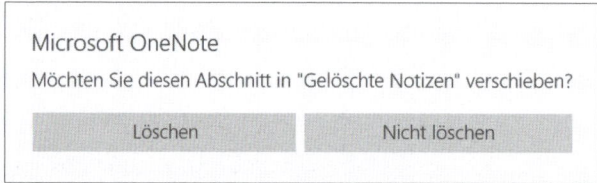

Abbildung 3.14 *Eine Sicherheitsabfrage mit einem Hinweis, was mit dem gelöschten Abschnitt passiert*

Das Löschen von Abschnitten auf den mobilen Geräten lässt sich über die Navigation mit der Abschnittsspalte realisieren, indem Sie auf **Bearbeiten** tippen und ein Häkchen vor die Abschnitte setzen, die Sie löschen wollen. Dann müssen Sie nur noch das Papierkorbsymbol antippen.

Gelöschte Notizen

Gelöschte Abschnitte von einem Notizbuch werden nicht sofort komplett gelöscht und erst mal nach **Gelöschte Notizen** verschoben. Dort bleiben die Elemente noch 60 Tage, ehe diese automatisch gelöscht werden. Sie erreichen **Gelöschte Notizen** über das Menü **Ansicht** mit der entsprechenden Schaltfläche.

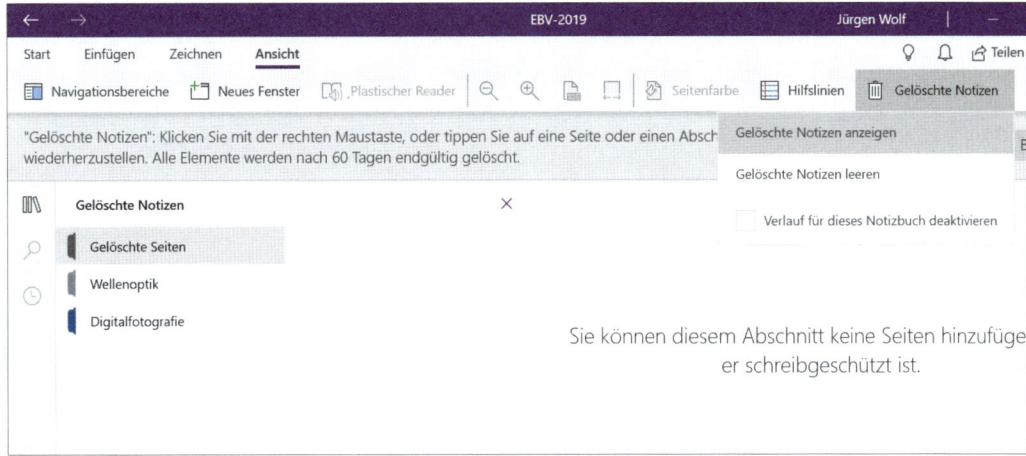

Abbildung 3.15 *Entfernte Abschnitte werden für 60 Tage in »Gelöschte Notizen« gehalten.*

Wenn Sie einen der Abschnitte wiederherstellen wollen, können Sie dies mit einem rechten Mausklick darauf machen, und hierbei den Befehl **Wiederherstellen in** auswählen. Darauf hin öffnet sich ein Dialog, in dem Sie das Notizbuch (oder auch die Abschnittsgruppe) auswählen können, in dem (oder der) Sie den Abschnitt wiederherstellen wollen.

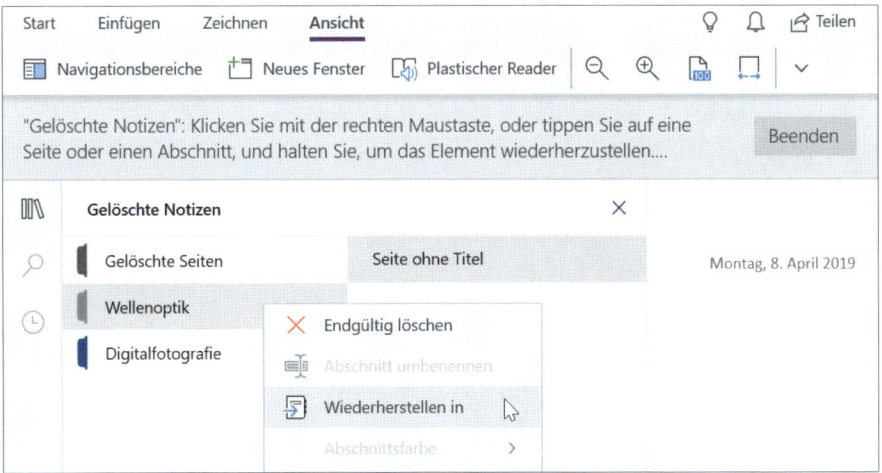

Abbildung 3.16 *Gelöschte Abschnitte in »Gelöschte Notizen« lassen sich wiederherstellen.*

Klicken Sie einen Abschnitt im Bereich **Gelöschte Notizen** mit der rechten Maustaste an, können Sie mit dem Befehl **Endgültig löschen** den Abschnitt sofort und unwiderruflich löschen. Nach dieser Löschung besteht allerdings keine Möglichkeit mehr, den Abschnitt und die darin enthaltenen Inhalte wiederherzustellen. Alle Abschnitte in **Gelöschte Notizen** können Sie auch löschen, indem Sie im Menü **Ansicht** bei **Gelöschte Notizen** auf das kleine Dreieck bei der Schaltfläche drücken und hier **Gelöschte Notizen leeren** wählen.

Leider ist es derzeit mit den mobilen Geräten noch nicht möglich, auf den Bereich **Gelöschte Notizen** zuzugreifen.

Neue Seite erstellen

Für den eigentlichen Inhalt von Notizen müssen Sie einzelne Seiten den Abschnitten hinzufügen. Mit jedem neuen Abschnitt wird automatisch eine neue leere Seite mit der Bezeichnung **Seite ohne Titel** angelegt. Diese Bezeichnung ist auch gleich der Seitentitel. Diese Bezeichnung wird bei jeder neuen Seite vergeben und kann ganz einfach (um)benannt werden, indem Sie einen Namen als Seitentitel bei der Notiz eingeben bzw. den ursprünglichen Namen entfernen und einen neuen Seitentitel eintippen. Dieser Seitentitel wird dann auch gleich als Name für die Seite im Seitenregister verwendet. Dieser Titel kann jederzeit auf diese Art und Weise wieder geändert werden.

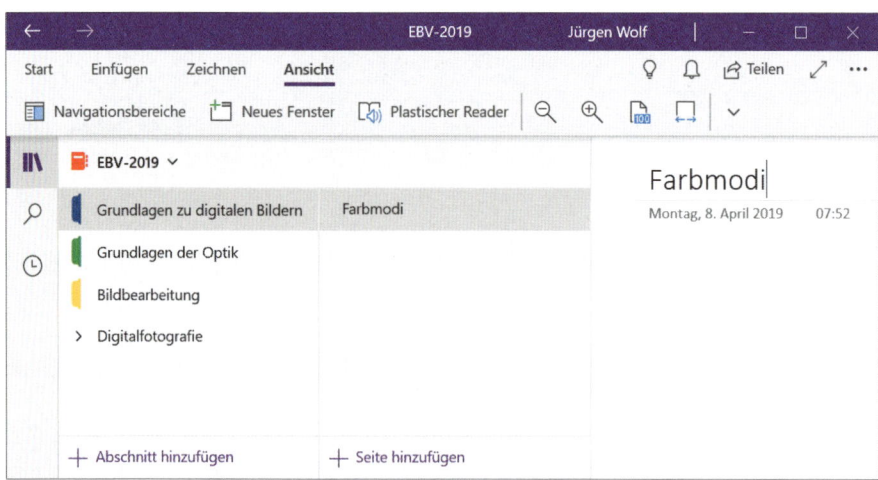

Abbildung 3.17 *Einen Seitentitel vergeben (hier: »Farbmodi«)*

Im Folgenden wird beschrieben, wie Sie neue Seiten einem Abschnitt hinzufügen können.

SCHRITT FÜR SCHRITT
Neue Seiten einem Abschnitt hinzufügen

1. **Abschnitt auswählen**

Wählen Sie zunächst den Abschnitt aus, dem Sie eine neue Seite hinzufügen wollen.

2. **Position der Seite festlegen**

Als Nächstes wählen Sie die Position, an der Sie die Seite hinzufügen wollen. Wählen Sie hierzu die Seite im Seitenregister aus, hinter der die neue Seite erstellt werden soll, sofern bereits mehrere Seiten in diesem Abschnitt vorhanden sind.

3. **Neue Seite hinzufügen**

Zum Erstellen einer neuen Seite klicken Sie auf **Seite hinzufügen**, oder bestätigen Sie [Strg]/[cmd]+[N]. Schon wird eine neue Seite hinter der ausgewählten Position hinzugefügt. Der Mauszeiger blinkt bereits beim Seitentitel, den Sie hier auch gleich vergeben können, wenn Sie nicht wollen, dass **Seite ohne Titel** im Seitenregister angezeigt wird.

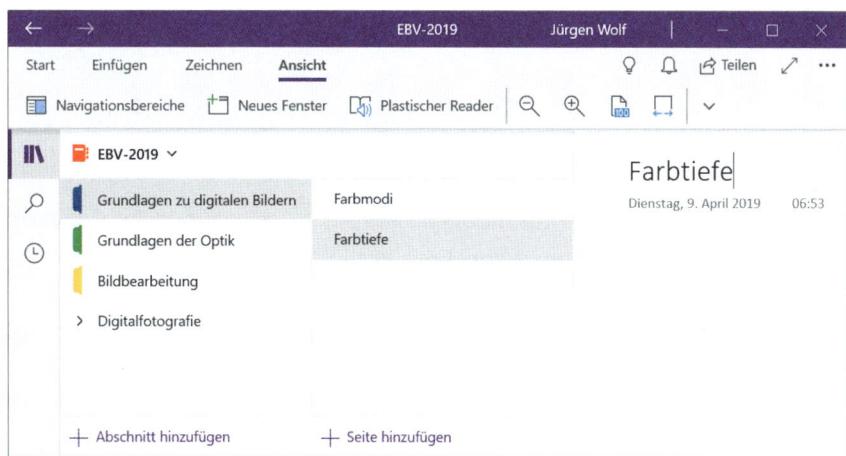

Neue Seite am Anfang oder am Ende der Seitenliste hinzufügen
Standardmäßig wird eine neue Seite immer hinter der aktuell ausgewählten Seite in der Seitenliste hinzugefügt. Diese Einstellung können Sie bei der Windows-App über die drei Punkte im Fenster rechts oben mit **Einstellungen** ändern. Hier finden Sie unterhalb von **Navigation** eine Dropdown-Liste, wo Sie neben der Standardeinstellung **Unterhalb der ausgewählten Seite** noch **Ganz oben in der Seitenliste** und **Ganz unten in der Seitenliste** wählen könne. Damit wird dann eine neue Seite immer ganz oben oder ganz unten in der Seitenliste hinzugefügt. Diese Option finden Sie auch bei der macOS-App über das Menü **OneNote • Einstellungen • Navigation** wieder.

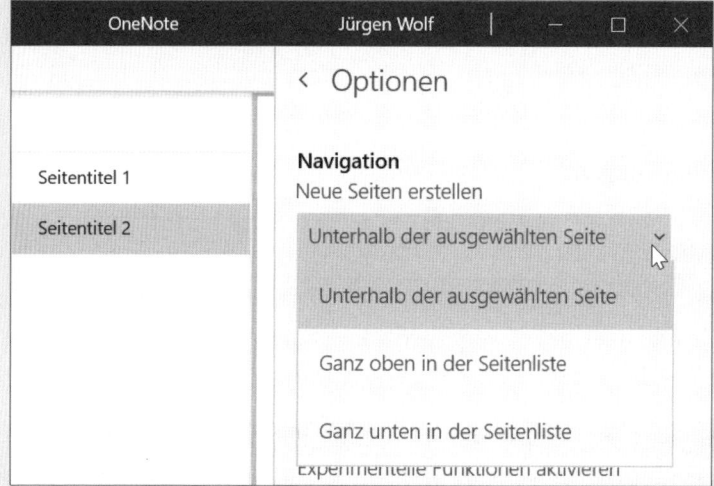

Abbildung 3.18 *Hier legen Sie fest, wo eine neue Seite in der Seitenliste hinzugefügt werden soll.*

Das Anlegen neuer Seiten auf mobilen Geräten funktioniert in der Seitenspalte recht ähnlich, indem Sie auch dort links unten auf das Plussymbol tippen. Daraufhin wird die Seite mit blinkendem Cursor geöffnet, wo Sie auch gleich den Seitentitel vergeben können. Standardmäßig wird auf dem mobilen Gerät die neue Seite immer am Ende der Seitenliste hinzugefügt. Aber auch hier können Sie diese Einstellung über die drei Punkte rechts oben mit **Einstellungen • Navigation** ändern, indem jede neue Seite stattdessen am Anfang hinzugefügt wird.

Neue Seite erstellen

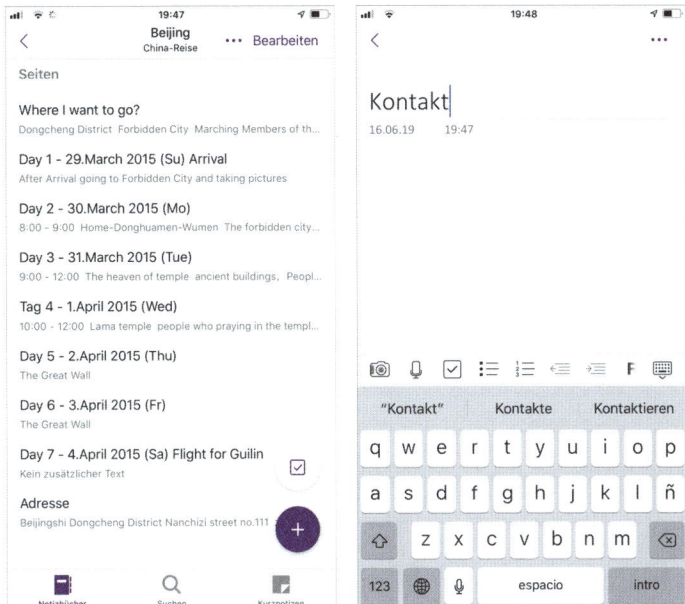

Abbildung 3.19 *Eine neue Seite auf dem mobilen Gerät anlegen (hier: iPhone)*

Die Reihenfolge der Seiten in der Seitenliste ändern

Die Reihenfolge der Seiten in der Seitenliste können Sie jederzeit mit gedrückt gehaltener Maustaste auf einer Seite umsortieren. Ziehen Sie die Seite an die gewünschte Stelle, und lassen Sie diese dort fallen.

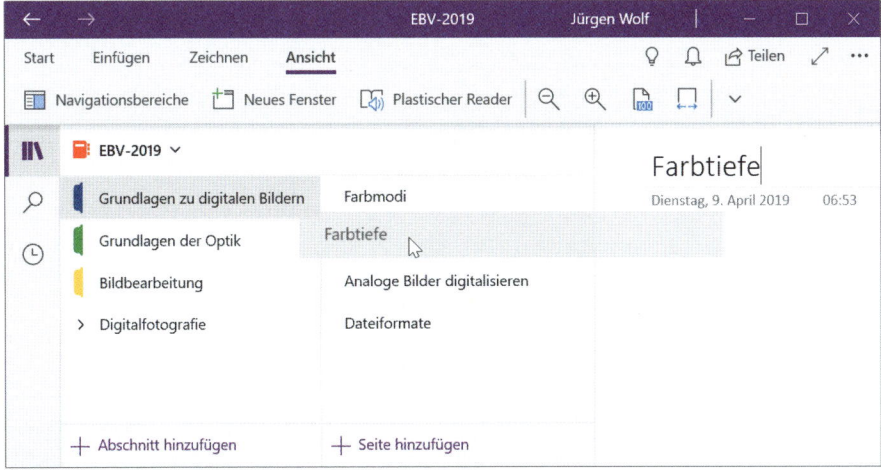

Abbildung 3.20 *Das Umsortieren von Seiten ist jederzeit per Drag & Drop möglich.*

Das Umsortieren von Seiten auf mobilen Geräten funktioniert genauso wie schon das Ändern der Reihenfolge von Notizbüchern, wie es im Abschnitt »Reihenfolge ändern« in Kapitel 2 beschrieben wurde.

Seiten kopieren und verschieben

Auch das Kopieren oder Verschieben von Seiten von einem Abschnitt in einen anderen Abschnitt desselben oder eines anderen Notizbuches ist problemlos möglich. Wenn Sie z. B. die Navigation mit den Abschnitten und Seiten geöffnet haben, können Sie mit gedrückt gehaltener Maustaste eine Seite aus der Seitenliste auf einen anderen Abschnitt ziehen und dort fallen lassen, um diesen dorthin zu verschieben.

Dasselbe funktioniert auch, wenn Sie die Seite auf den Namen des aktuell geöffneten Notizbuches ziehen, wodurch alle geöffneten Notizbücher aufgeklappt werden und Sie die Seite auf das gewünschte Notizbuch ziehen können, wohin Sie diese verschieben wollen. Lassen Sie die Maustaste dabei nicht los, öffnen sich die Abschnitte des Notizbuches, wo Sie die Seite dann in einem entsprechenden Abschnitt fallen lassen können. Dies funktioniert übrigens nicht nur mit einzelnen Seiten, sondern Sie können das auch mit einem Abschnitt mitsamt den darin enthaltenen Seiten durchführen, sofern dies sinnvoll erscheint.

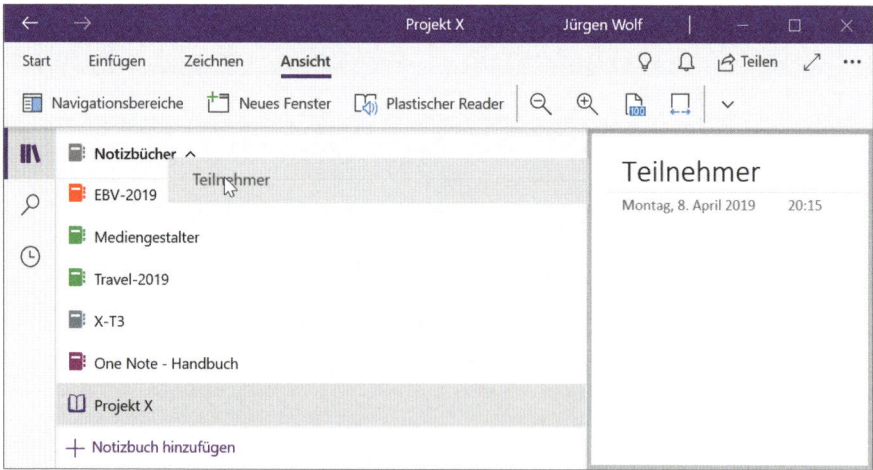

Abbildung 3.21 *Seiten zwischen Abschnitte oder Notizbücher zu verschieben ist ebenfalls per Drag & Drop möglich.*

Alternativ können Sie auch hier Seiten im Seitenregister mit einem rechten Mausklick auswählen und im Kontextmenü **Verschieben/Kopieren** auswählen. Dies funktioniert dann genauso, wie dies bereits im Abschnitt »Abschnitte kopieren und verschieben« beschrieben wurde. Auch hier können allerdings Seiten nur in Abschnitte von gerade geöffneten Notizbüchern kopiert bzw. verschoben werden. Hierzu finden Sie nun einen einfachen Vorgang, wie Sie eine Seite von einem Abschnitt in einen anderen Abschnitt eines anderen Notizbuches kopieren können. Analog funktioniert dies auch mit dem Verschieben.

SCHRITT FÜR SCHRITT
Einzelne Seite verschieben bzw. kopieren

1. **Seite auswählen**

   Klicken Sie die Seite im Seitenregister, die Sie kopieren bzw. verschieben wollen, mit der rechten Maustaste an, und wählen Sie im Kontextmenü **Verschieben/Kopieren** aus. Bei der macOS-Version finden Sie hier gleich jeweils einen Befehl für das Verschieben und Kopieren vor. Bei der Windows-Version müssen Sie diese Entscheidung beim nächsten Schritt treffen. Im Beispiel will ich die Seite **Teilnehmer** im Abschnitt **Team** vom Notizbuch **Projekt X** zum Notizbuch **Projekt Z** verschieben, wo dieselben Teilnehmer arbeiten.

   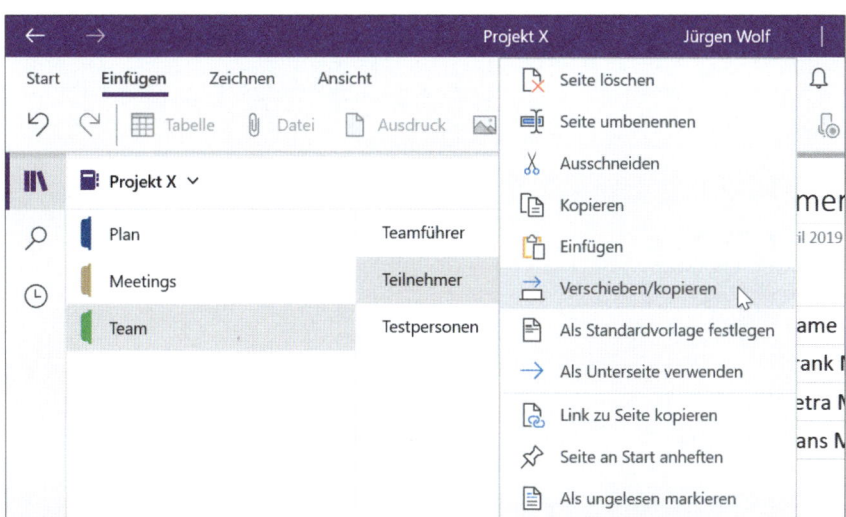

2. **Notizbuch auswählen**

   Wählen Sie im sich öffnenden Dialog den Abschnitt aus, wohin Sie diese Seite kopieren wollen. Um eine Seite in ein anderes Notizbuch zu kopieren, müssen Sie links oben auf den Pfeil klicken, um zur Notizbuchauswahl zu gelangen.

   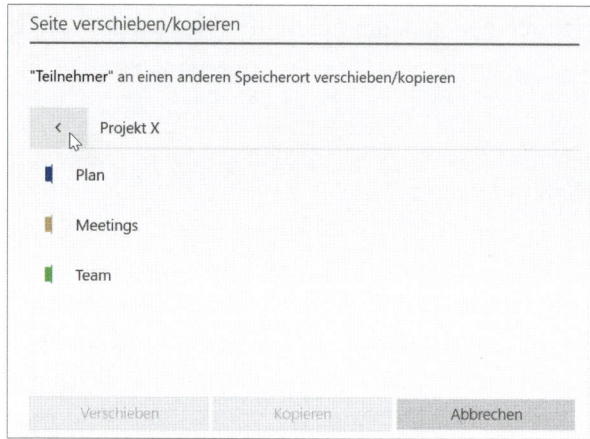

3. **Seite kopieren bzw. verschieben**

   Haben Sie das entsprechende Notizbuch und den Abschnitt für die Seite ausgewählt, können Sie diese über die entsprechende Schaltfläche kopieren (bzw. verschieben).

   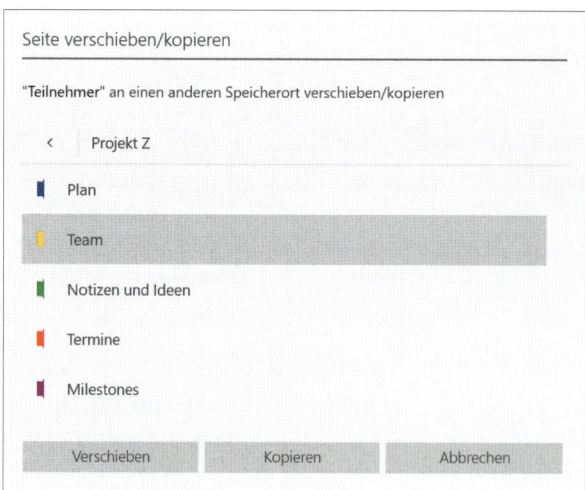

Verwenden Sie beim Kopieren denselben Abschnitt als Ziel wie die Quelle, wird eine weitere Kopie der Seite mitsamt Seiten und Inhalt hinzufügt. Beim Verschieben hingegen passiert nichts, wenn das Ziel und die Quelle identisch sind.

Ebenso gibt es noch das klassische **Kopieren**, **Ausschneiden** und **Einfügen** von Seiten, wenn Sie in der Seitenliste eine Seite mit der rechten Maustaste anklicken. Hierbei können Sie eine ganze Seite von einem Abschnitt kopieren oder ausschneiden und in einem anderen Abschnitt, was auch in einem anderen Notizbuch sein darf, wieder einfügen.

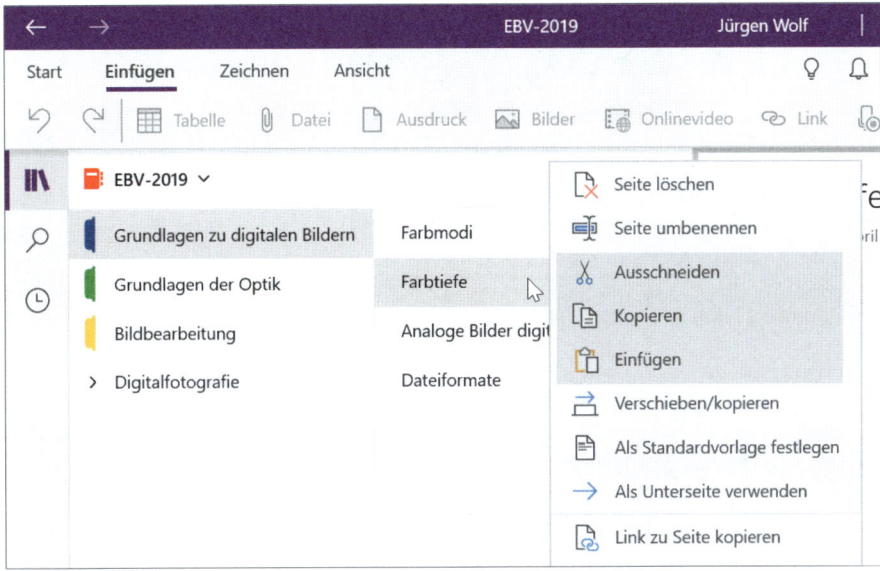

Abbildung 3.22 *Klassisches Copy & Paste für ganze Seiten gibt es auch.*

Das Kopieren oder Verschieben von Seiten auf den mobilen Geräten ist ähnlich einfach gehalten. Tippen Sie hier in der Seitenspalte rechts oben auf **Bearbeiten**, setzen Sie einen Haken vor der Seite, die Sie verschieben wollen, und tippen Sie dann unten auf das Verschieben/Kopieren-Symbol. Daraufhin öffnet sich eine Abfrage, ob Sie den Abschnitt **Verschieben** oder **Kopieren** wollen, gefolgt von der Übersicht der Abschnitte im Notizbuch, wo Sie ebenfalls links oben höher zu den geöffneten Notizbüchern navigieren können, wenn Sie eine Seite dorthin kopieren/verschieben wollen.

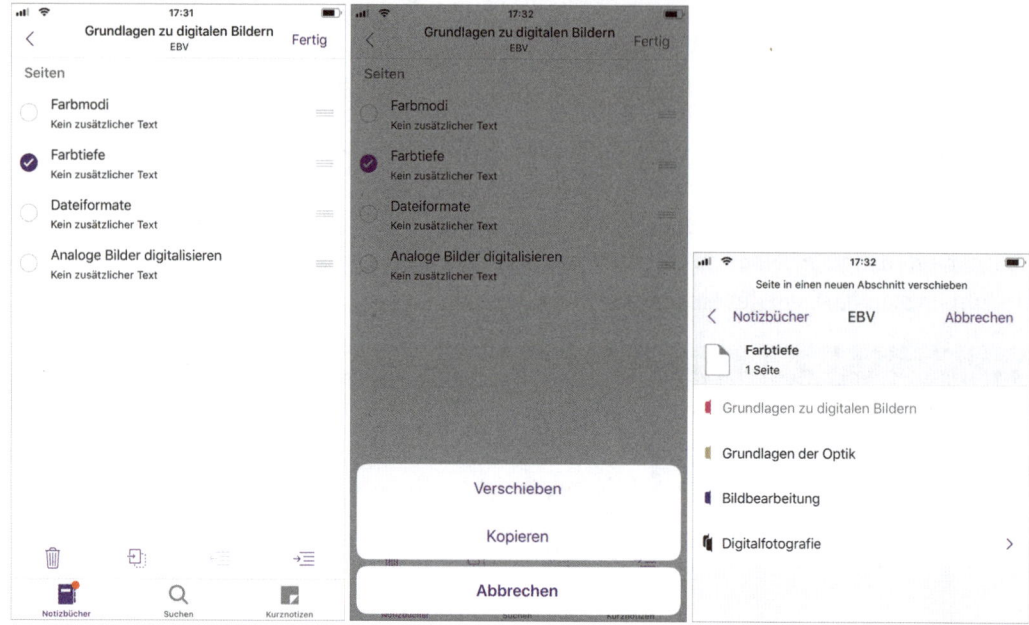

Abbildung 3.23 *Kopieren bzw. Verschieben von Seiten auf dem mobilen Gerät (hier: iPhone)*

Unterseite erstellen

Wie schon Abschnitte können Sie auch Seiten in Gruppen einteilen. Das kann z. B. hilfreich sein, wenn Sie eine oder mehrere Seiten erstellt haben, die eigentlich zusammengehören. Gerade bei sehr vielen vorhandenen Seiten können Sie Informationen durch passende Unterseiten gruppieren und so für eine bessere Übersicht sorgen, weil Sie solche Unterseiten nur bei Bedarf ausklappen. Im Folgenden soll beschrieben werden, wie Sie solche Unterseiten erstellen können.

SCHRITT FÜR SCHRITT
Mehrere Seiten gruppieren

1. **Hauptseite der Gruppe auswählen**

    Zunächst müssen Sie festlegen, unter welcher Seite Sie die Unterseite(n) gruppieren wollen. Dafür sollten Sie zunächst die Seite(n) mit gedrückter

Maustaste unterhalb dieser (Haupt-)Seite verschieben und fallen lassen. Im Beispiel platziere ich die Seiten **Farbmodus RGB**, **Farbmodus CMYK** und **Farbmodus Lab** unterhalb der Seite **Farbmodi**.

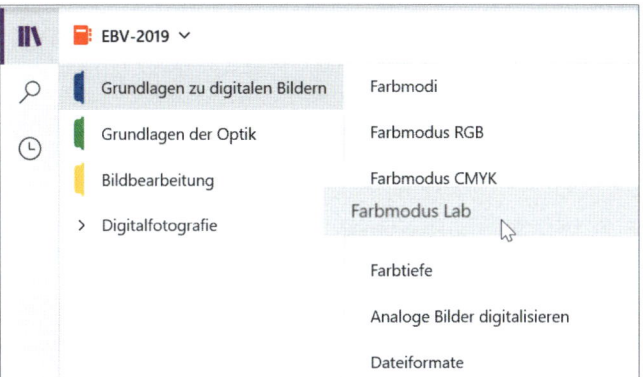

2. **Seiten zum Gruppieren auswählen**

   Markieren Sie dann die Seite oder, mit gehaltener ⌊Strg⌋/⌊cmd⌋-Taste, die Seiten, die Sie in Unterseiten gruppieren wollen, und klicken Sie diese mit der rechten Maustaste an. Wählen Sie im Kontextmenü den Befehl **Als Unterseite verwenden**.

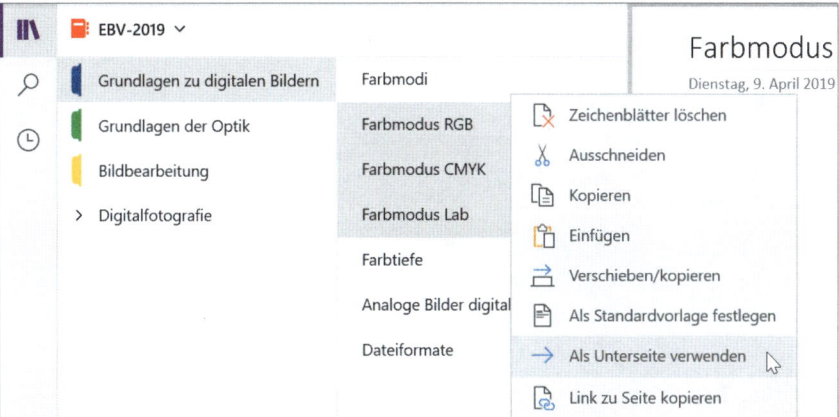

3. **Gruppierte Seiten verwenden**

   Jetzt wurden die markierten Seiten mit der darüberliegenden Seite (hier: **Farbmodi**) gruppiert. Eine solche Gruppe lässt sich jetzt jederzeit über das kleine Dreieck links beim Gruppennamen auf- und wieder zuklappen.

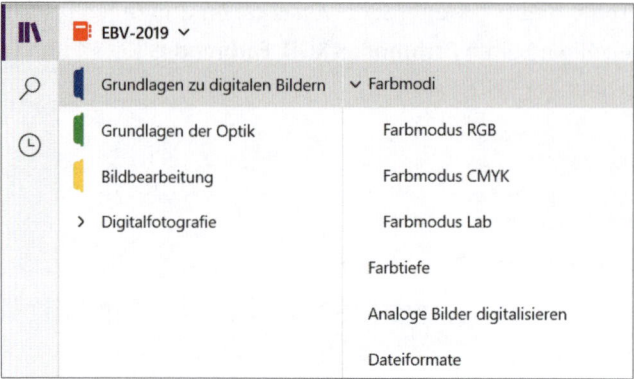

Die Hauptseite, die weitere Unterseiten enthält, können Sie bei Bedarf per Drag & Drop innerhalb der Seitenliste umsortieren. Wollen Sie hingegen einzelne Seiten aus den Unterseiten herauslösen, können Sie dies ebenso mit gedrückter Maustaste durch Herausziehen und Fallenlassen außerhalb der Unterseiten tun. Oder aber Sie klicken die Unterseite mit der rechten Maustaste an und wählen **Unterseite höherstufen**. Auch können Sie bei Bedarf Unterseiten mit erneutem **Als Unterseite verwenden** noch tiefer verschachteln (bis zu drei Ebenen).

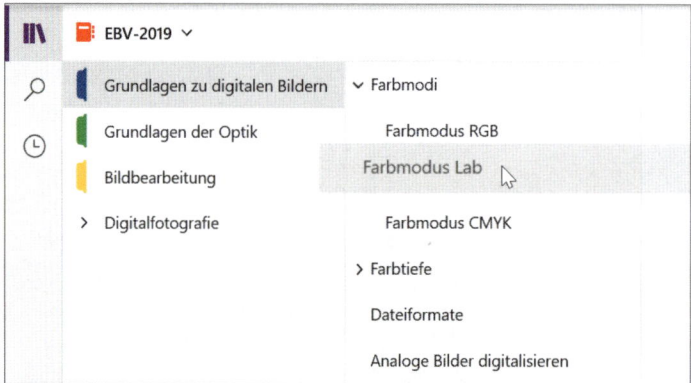

Abbildung 3.24 *Unterseiten können per Drag & Drop umsortiert werden.*

Haben Sie außerdem erst mal eine Unterseite erstellt und wollen Sie weitere Seiten hinzufügen, können Sie dies jetzt auch mit gedrückter Maustaste tun, indem Sie eine Seite im Seitenregister auf die Hauptseite der Unterseite oder gleich sortiert innerhalb der Unterseiten fallen lassen.

Auf mobilen Geräten können Sie ebenfalls Seiten in der Seitenspalte in Unterseiten gruppieren bzw. wieder höherstufen, indem Sie auf **Bearbeiten** und unten rechts auf eines der entsprechenden Symbole tippen.

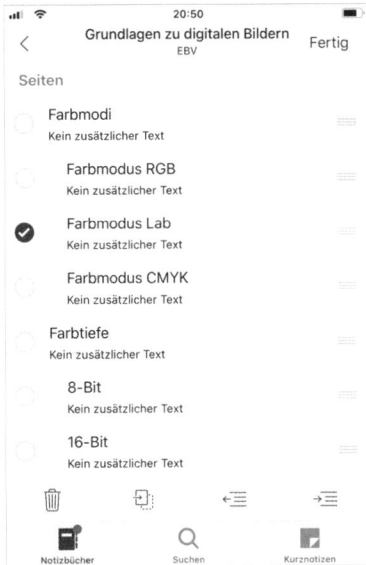

Abbildung 3.25 *Seiten in Unterseiten zu gruppieren funktioniert auch auf mobilen Geräten.*

Seitenansicht anpassen

Im Menü **Ansicht** gibt es einige Optionen, mit denen Sie die Seitenansicht anpassen können. Diese Einstellungen sind recht hilfreich für ein ordentliches und konzentriertes Arbeiten und Schreiben von Inhalten.

Die beiden Lupen mit dem Plus- und Minussymbol sprechen im Grunde für sich selbst. Hiermit können Sie schrittweise in den Inhalt hinein- bzw. aus ihm herauszoomen. Auf die Standardeinstellung von 100 % können Sie den dargestellten Inhalt mit der nächsten Schaltfläche setzen. Mit der vierten Schaltfläche setzen Sie die Zoomstufe auf die maximal mögliche Breite, damit alles komplett in der Breite angezeigt werden kann. Den kompletten Bildschirm bzw. den Vollbildmodus können Sie mit der Schaltfläche rechts oben neben den drei Punkten nutzen.

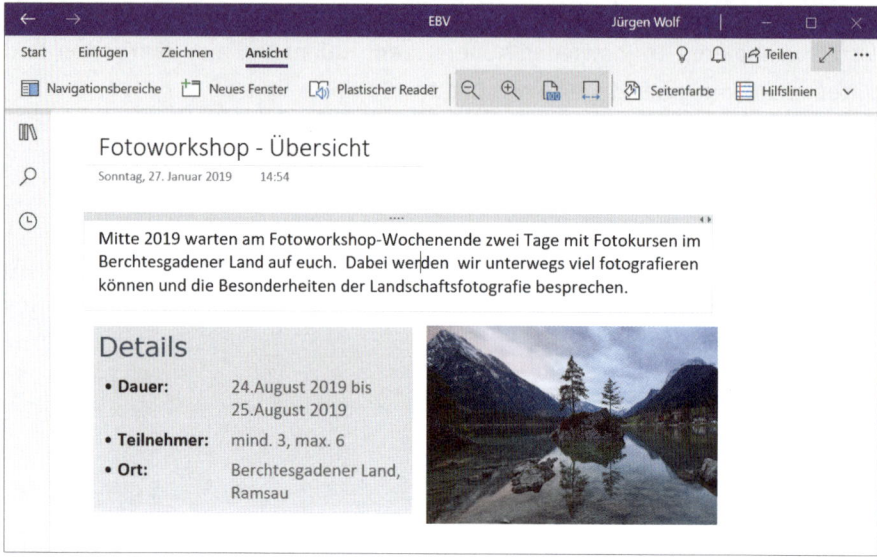

Abbildung 3.26 *Steuerelemente, um die Seitenansicht anzupassen*

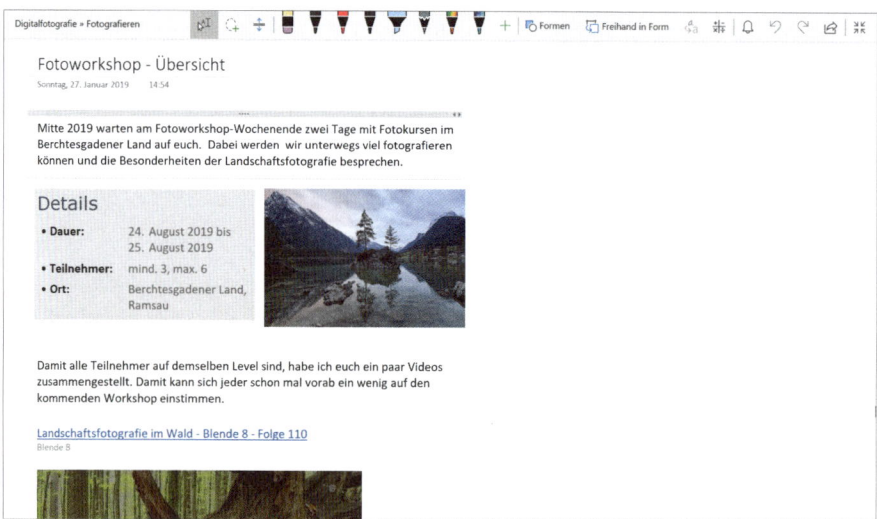

Abbildung 3.27 *Im Vollbildmodus von OneNote können Sie sich komplett auf das Erstellen des Inhalts konzentrieren.*

Seitenfarbe und Hilfslinien

Wenn Sie gerne eine andere Hintergrundfarbe für eine Seite verwenden wollen, finden Sie über **Seitenfarbe** eine entsprechende Option. Hier können Sie aus vordefinierten Farben auswählen oder aber auch eine benutzerdefinierte Farbe erstellen. Die Seitenfarbe gilt nur für die aktuelle Seite. Bei der macOS-Version heißt dieser Befehl **Papierfarbe**.

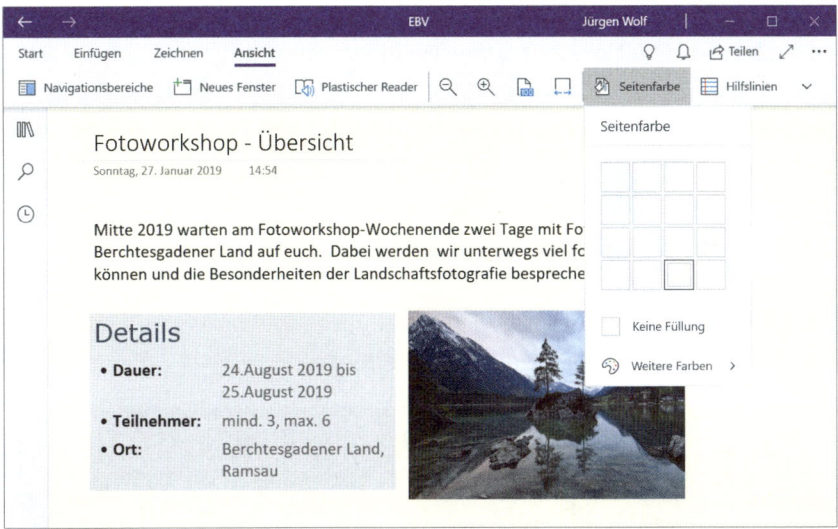

Abbildung 3.28 *Die Seitenfarbe ändern*

Wenn Sie ein Tablet oder Grafiktablett verwenden und beispielsweise handschriftliche Notizen oder Zeichnungen erstellen wollen, dann sind hierzu **Hilfslinien** sehr nützlich. Bei der macOS-Version lautet diese Schaltfläche **Papierformatvorlage**. OneNote bietet Ihnen hier verschiedene Hilfslinien zu Auswahl an.

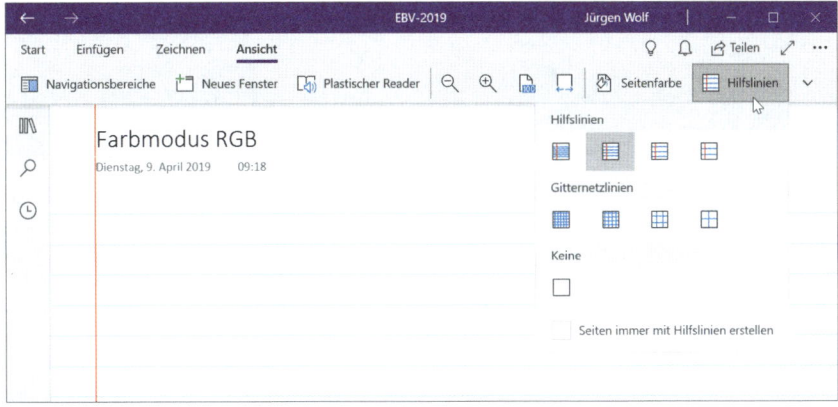

Abbildung 3.29 *Hilfslinien sind praktisch für handgeschriebene Notizen oder zum Zeichnen.*

Dunkelmodus verwenden (nur Windows)

Alle großen Betriebssysteme bieten mittlerweile einen dunklen Modus, der die Augen schonen soll und hilft, sich mehr auf die Text zu konzentrieren. Der Modus verspricht, weniger ermüdend für die Augen zu sein. Derzeit können Sie diesen Modus für OneNote nur unter Windows verwenden. Sie finden diese Einstellung über die drei Punkte rechts oben im Fenster bei den **Einstellungen • Optionen** mit **Farbe**. Die Standardeinstellung hierbei ist **Meinen Windows-Modus verwenden**. In dem Fall richtet sich OneNote an den eingestellten Windows-Modus. Die beiden anderen Optionen **Hell** und **Dunkel** sprechen dann für sich. Hier können Sie selbst zwischen dem hellen und dunklen Modus umschalten, egal, welcher Modus beim System eingestellt ist. Beim Mac gibt es das dunkle Erscheinungsbild noch nicht, auch nicht, wenn man den Mac komplett in den sogenannten Darkmodus geschaltet hat.

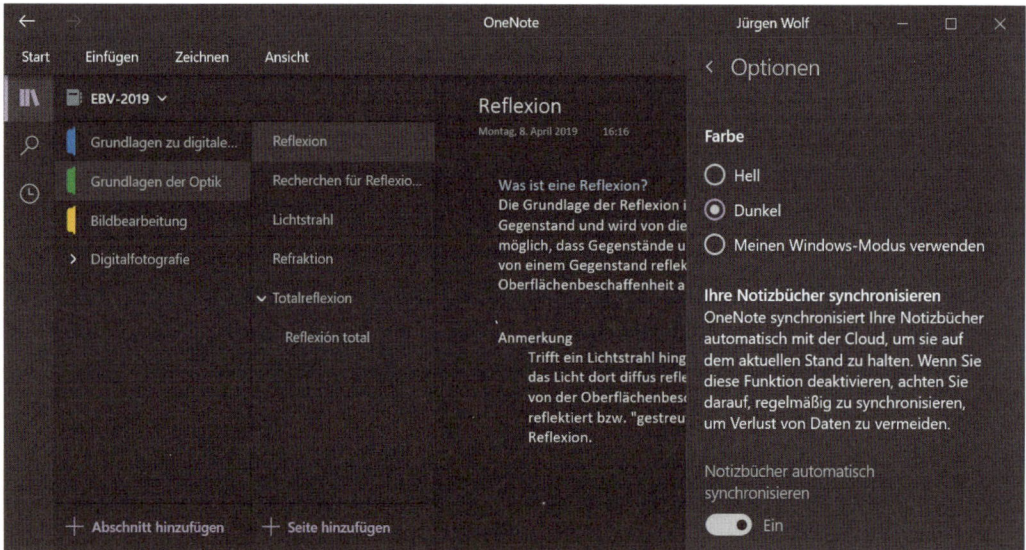

Abbildung 3.30 *Derzeit nur unter Windows kann OneNote auch in einem dunklen Modus betrieben werden.*

Seite löschen

Eine Seite können Sie löschen, indem Sie diese im Seitenregister markieren, mit der rechten Maustaste anklicken und im Kontextmenü den Befehl **Seite löschen** auswählen. Schneller geht dies noch mit der Entf/←-Taste. Gelöschte Seiten finden Sie, wie schon im Abschnitt »Abschnitt löschen« beschrieben, bei **Gelöschte Notizen** wieder. Nur finden Sie die Seiten in einem gesonderten Abschnitt **Gelöschte Seiten** vor, von wo Sie diese bei Bedarf auch wiederherstellen können.

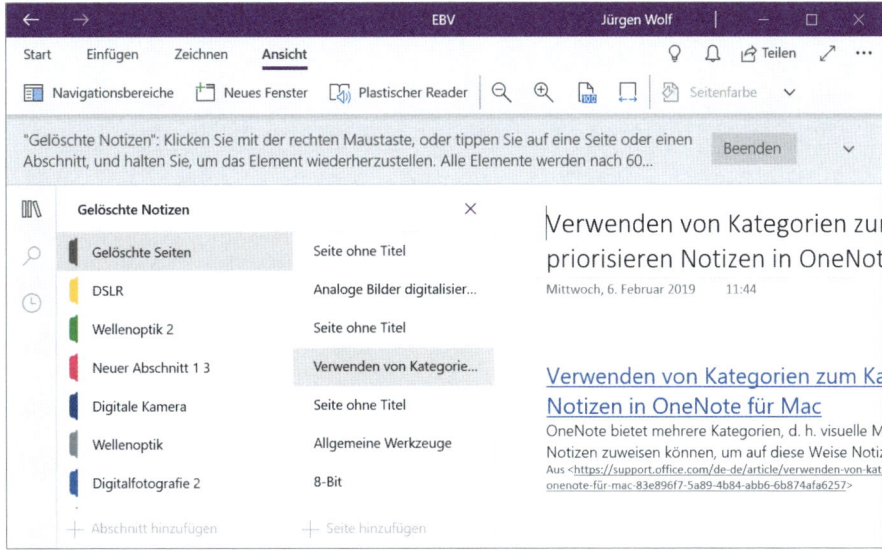

Abbildung 3.31 *Gelöschte Seiten werden gesondert bei »Gelöschte Notizen« einsortiert.*

Kapitel 4
Texte jeder Art erstellen

Nachdem Sie die grundlegenden Techniken und Möglichkeiten eines Notizbuches, der Abschnitte und deren Seiten näher kennengelernt haben, können Sie sich dem Erstellen von Inhalten widmen. Ein Großteil der Erstellung von Inhalten macht in der Regel das Schreiben von Texten aus. OneNote bietet Ihnen hierbei viele Möglichkeiten an, den geschriebenen Text zu formatieren und strukturieren. In diesem Kapitel dreht sich nun alles um den Text und was damit direkt bzw. indirekt zusammenhängt.

Textcontainer hinzufügen und verwalten

Zum Hinzufügen von Texten innerhalb einer Seite müssen Sie lediglich mit der Maus an die gewünschte Stelle klicken, und schon können Sie anfangen zu tippen. Zeilenumbrüche können Sie hierbei, wie dies bei Textverarbeitungsprogrammen üblich ist, mit ⏎ einfügen. Beim Eintippen werden Sie sicherlich auch gleich den Textrahmen bzw. Textcontainer bemerkt haben, worin der geschriebene Text platziert wurde.

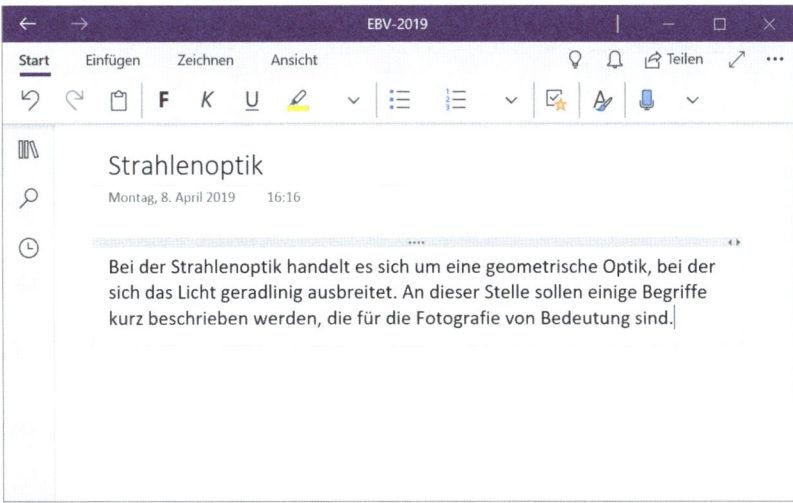

Abbildung 4.1 *Texte werden in Textcontainern platziert.*

Mit den Textcontainern haben Sie den Vorteil, dass Sie diese jederzeit nachträglich anpassen können. So können Sie die Breite über den Ziehpfeil am rechten Rand anpassen. Passend dazu wird automatisch der beinhaltete Text entsprechend der Breite des Textcontainers angepasst.

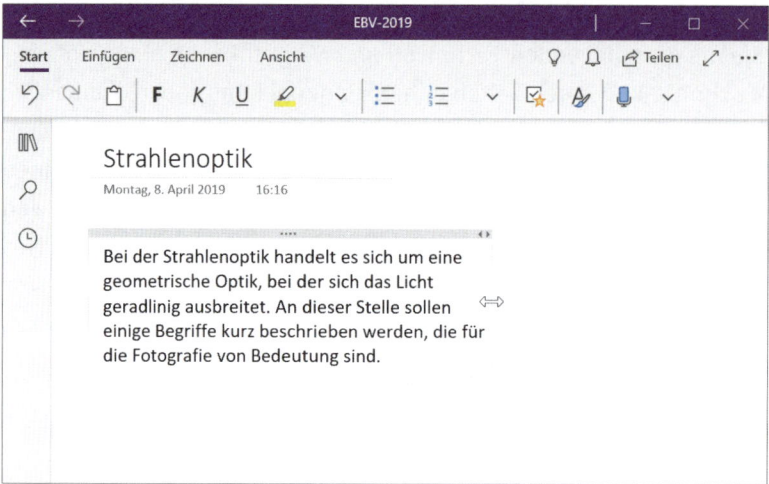

Abbildung 4.2 *Die Breite des Textcontainers anpassen*

Wenn Sie den Textcontainer verschieben und woanders platzieren wollen, dann können Sie dies mit gedrückter Maustaste auf dem oberen grauen Rand des Textcontainers tun.

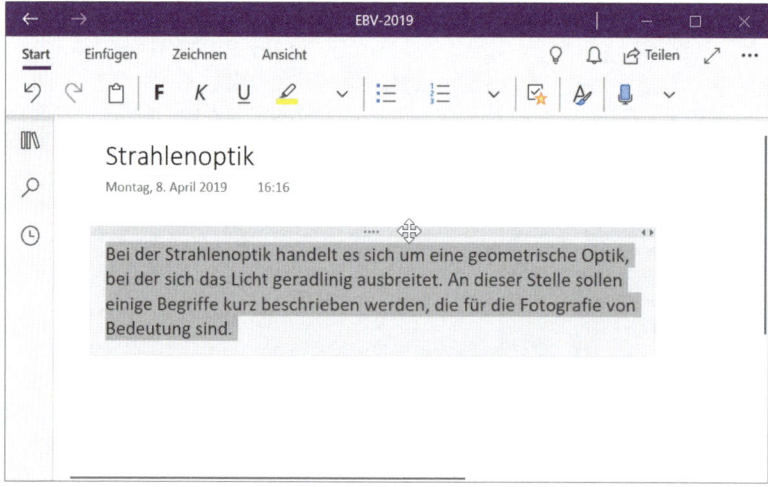

Abbildung 4.3 *Jeder Textcontainer kann jederzeit verschoben werden.*

Auf diese Weise ist es z. B. problemlos möglich, zwei Textcontainer nebeneinander in zwei Spalten zu platzieren. An der Stelle werden Sie vermutlich auch verstehen, warum hier der Text in Container verpackt wird. Damit können Sie später auch andere Dokumente wie Bilder, Tabellen usw. neben dem Text platzieren. Alles, was Sie in OneNote einfügen können, kann dank eines solchen Containers in der Größe angepasst und verschoben werden. Damit steht Ihnen eine komfortable und einfache Gestaltungsfreiheit zur Verfügung.

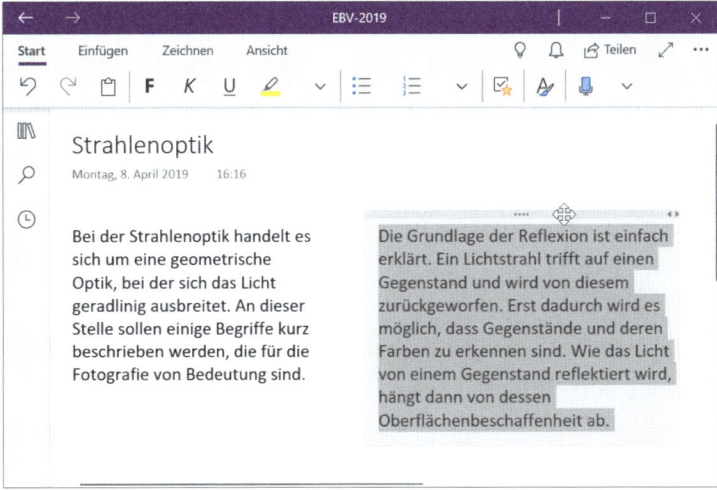

Abbildung 4.4 *Hier wurden zwei Textcontainer nebeneinander platziert.*

Sie können auch mehrere Textcontainer verschieben, indem Sie mit gedrückter Maustaste einen Rahmen um die gewünschten Container ziehen. Die so gemeinsam markierten Textcontainer lassen sich dann gleichzeitig verschieben oder auch deren Eigenschaften, wie beispielsweise die Formatierung, gleichzeitig ändern.

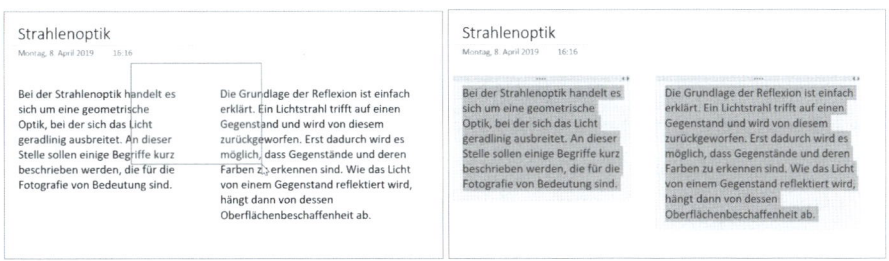

Abbildung 4.5 *Ziehen Sie einen Rahmen um mehrere Textcontainer auf, können Sie mehrere Textcontainer gleichzeitig ändern.*

Dank eines Rastersystems werden die Container ordentlich eingerastet, und es ist so problemlos möglich, zwei oder mehrere Container auf gleicher Höhe zu platzieren. Es ist auch möglich, das Raster vorübergehend zu deaktivieren, indem Sie während des Verschiebens die [Alt]-Taste gedrückt halten.

Haben Sie versehentlich einen Textcontainer erstellt oder wollen Sie diesen löschen, dann können Sie dies tun, indem Sie oben auf den grauen Rand klicken, womit der komplette Text markiert wird, und dann die Taste [Entf] bzw. [←] betätigen. Versehentlich gelöschte Textcontainer können Sie mit [Strg]+[Z] wiederherstellen. Allerdings werden gelöschte Textcontainer nicht zu **Gelöschte Notizen** verschoben.

Textcontainer zusammenführen

Wollen Sie zwei Textcontainer zusammenführen, können Sie dies tun, indem Sie den oberen grauen Balken eines Textcontainers wie beim Verschieben anfassen und ihn auf den anderen Textcontainer ziehen, mit dem Sie diesen Textcontainer vereinen wollen. Halten Sie dabei die [⇧]-Taste gedrückt, können Sie den kompletten Text an einer gewünschten Stelle zusammenführen. Mögliche Positionen für die Zusammenführung eines Textcontainers sind am Anfang, am Ende oder hinter einem jedem Zeilenumbruch.

Abbildung 4.6 *Zwei Textcontainer zusammenfügen*

Sie können aber auch den umgekehrten Weg gehen und innerhalb eines Textcontainers einen Text markieren und diesen dann mit gedrückt gehaltener Maustaste aus dem Textcontainer herausziehen, um so einen separaten Textcontainer aus dem markierten Text zu erstellen.

Abbildung 4.7 *Es kann aus einem markierten Text in einem Textcontainer jederzeit ein weiterer Textcontainer gemacht werden.*

Reihenfolge der Absätze ändern

Auch die Reihenfolge der einzelnen Absätze innerhalb eines Textcontainers lässt sich ändern. Wenn Sie mit dem Mauszeiger über einem Absatz stehen bleiben, wird auf der linken Seite ein kleiner Markierungspfeil angezeigt. Gehen Sie mit dem Mauszeiger auf diesen Markierungspfeil und klicken diesen an, wird der Absatz markiert, und Sie können diesen mit gedrückter Maustaste (auf dem Markierungspfeil) verschieben und an der gewünschten Position fallen lassen. Hierbei können Sie den Absatz sowohl innerhalb des Textcontainers verschieben als auch in einem anderen Textcontainer fallen lassen oder gar einen eigenen Textcontainer daraus machen.

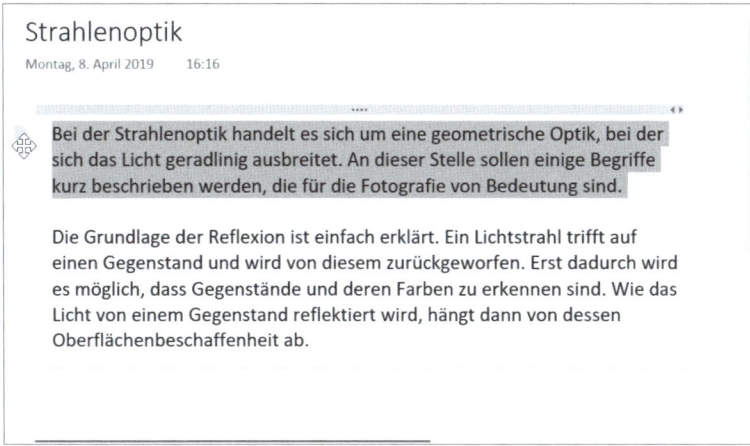

Abbildung 4.8 *Reihenfolge der Absätze über den Markierungspfeil ändern*

Einen ein-/ausklappbaren Text erstellen

Recht hilfreich ist auch die Möglichkeit, einen Text ein-/ausklappbar zu machen. Damit können Sie einen Teil eines Textes ausblenden und bei Bedarf durch einen Doppelklick wieder einblenden. In der folgenden Anleitung erfahren Sie, wie Sie einen solchen ein-/ausklappbaren Text erstellen können.

SCHRITT FÜR SCHRITT
Ein-/Ausklappbaren Absatztext erstellen

1. **Textcontainer erstellen**

   Klicken Sie auf einen freien Bereich, und erstellen Sie einen neuen Textcontainer. Alternativ können Sie auch einen vorhandenen Textcontainer verwenden.

2. **Überschrift für Absatztext erstellen**

   Schreiben Sie einen Text, hinter dem Sie anschließend weiteren Text verstecken wollen. Im Beispiel verwende ich einfach **Anmerkung**. Betätigen Sie ⏎.

3. **Absatztext eingeben**

   Betätigen Sie in der nächsten Zeile die ⇥-Taste, um den Text einzurücken. Geben Sie dann den Text ein, der beim Auswählen von **Anmerkung** zu- und wieder aufgeklappt werden soll.

   > Bei der Strahlenoptik handelt es sich um eine geometrische Optik, bei der sich das Licht geradlinig ausbreitet. An dieser Stelle sollen einige Begriffe kurz beschrieben werden, die für die Fotografie von Bedeutung sind.
   >
   > Anmerkung
   >   Trifft ein Lichtstrahl hingegen auf eine nicht spiegelnde Wand, wird das Licht dort diffus reflektiert, und die Lichtstrahlen werden abhängig von der Oberflächenbeschaffenheit in verschiedene Richtungen reflektiert bzw. "gestreut". Das nennt man folgerichtig diffuse Reflexion.

4. Text auf- und zuklappbar machen

Gehen Sie jetzt mit dem Mauszeiger auf den Text **Anmerkung**, wodurch links der Markierungspfeil angezeigt wird. Doppelklicken Sie diesen Markierungspfeil, wird der darunter eingerückt geschriebene Text zugeklappt.

> Bei der Strahlenoptik handelt es sich um eine geometrische Optik, bei der sich das Licht geradlinig ausbreitet. An dieser Stelle sollen einige Begriffe kurz beschrieben werden, die für die Fotografie von Bedeutung sind.
>
> Anmerkung
> Trifft ein Lichtstrahl hingegen auf eine nicht spiegelnde Wand, wird das Licht dort diffus reflektiert, und die Lichtstrahlen werden abhängig von der Oberflächenbeschaffenheit in verschiedene Richtungen reflektiert bzw. "gestreut". Das nennt man folgerichtig diffuse Reflexion.

5. Text auf- und zuklappen

Den so zugeklappten Text können Sie wieder durch Anklicken des Plussymbols neben **Anmerkung** aufklappen. Das Plussymbol zeigt an, dass hier Informationen ausgeblendet wurden.

> Bei der Strahlenoptik handelt es sich um eine geometrische Optik, bei der sich das Licht geradlinig ausbreitet. An dieser Stelle sollen einige Begriffe kurz beschrieben werden, die für die Fotografie von Bedeutung sind.
>
> [+] Anmerkung

Auf diese Weise lassen sich zugeklappte Texte bei Bedarf auch verschachteln. Dieses Auf- und Zuklappen von Informationen sowie das Erstellen davon funktioniert allerdings nicht auf mobilen Geräten.

Textcontainer auf mobilen Geräten

Textcontainer können Sie auch auf den mobilen Geräten erstellen und verschieben. Tippen Sie hier auf die gewünschte Stelle, und fangen Sie an, den

Text einzugeben. Um den Textcontainer zu verschieben, bleiben Sie mit dem Finger auf dem grauen Balken, bis dieser verschwindet, und dann können Sie den Textcontainer auf dem Bildschirm verschieben.

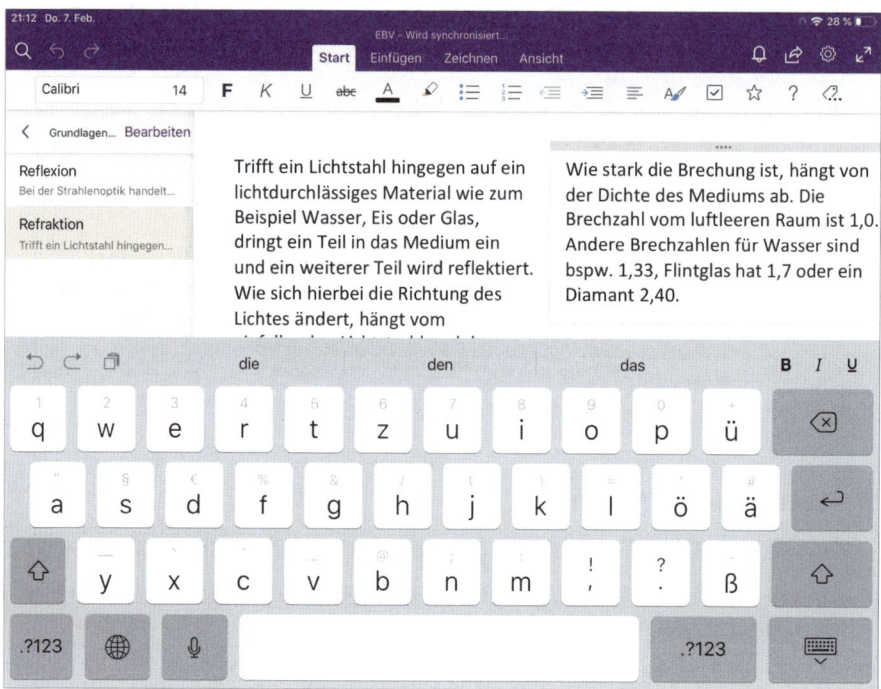

Abbildung 4.9 *Auch auf mobilen Geräten lassen sich Textcontainer verwenden (hier: iPad).*

Bei den Smartphone-Versionen lassen sich die vorhandenen Textcontainer auch verschieben, aber beim Erstellen scheint dies nur auf einen Textcontainer begrenzt zu sein. Derzeit war es noch nicht möglich, durch Tippen außerhalb eines Textcontainers einen weiteren anzulegen.

Eine wirkliche Hilfe beim Erstellen und Verschieben von Textcontainern und später auch bei anderen Inhalten auf dem Smartphone ist die Zoomfunktion mit den Fingern. Ziehen Sie die Finger auseinander, wird eingezoomt. Und beim Zusammenziehen der Finger wird wieder ausgezoomt.

Verlinken von Notizbüchern, Abschnitten, Seiten und Absätzen

Wollen Sie einen Querverweis auf einen anderen Absatz, eine andere Seite, einen anderen Abschnitt oder gar ein anderes Notizbuch hinzufügen, dann wird dies, wie es im Internet üblich ist, mit Links realisiert. Eine solche Verknüpfung funktioniert mit einzelnen Absätzen, Seiten, Abschnitten und auch über verschiedene Notizbücher. Daher eignet sich diese Funktion unter anderem auch zur Erstellung eines Inhaltsverzeichnisses für Notizbücher, Anleitungen, Schulungsunterlagen oder ein Firmenhandbuch. Im Folgenden erfahren Sie, wie Sie Inhalte miteinander verlinken können.

SCHRITT FÜR SCHRITT
Einen Absatz verlinken

1. **Text zum Verlinken auswählen und kopieren**

   Markieren Sie einen Text, zu dem Sie einen Querverweis erstellen wollen. Klicken Sie den markierten Text mit der rechten Maustaste an, und wählen Sie im Kontextmenü **Link zu Absatz kopieren** aus.

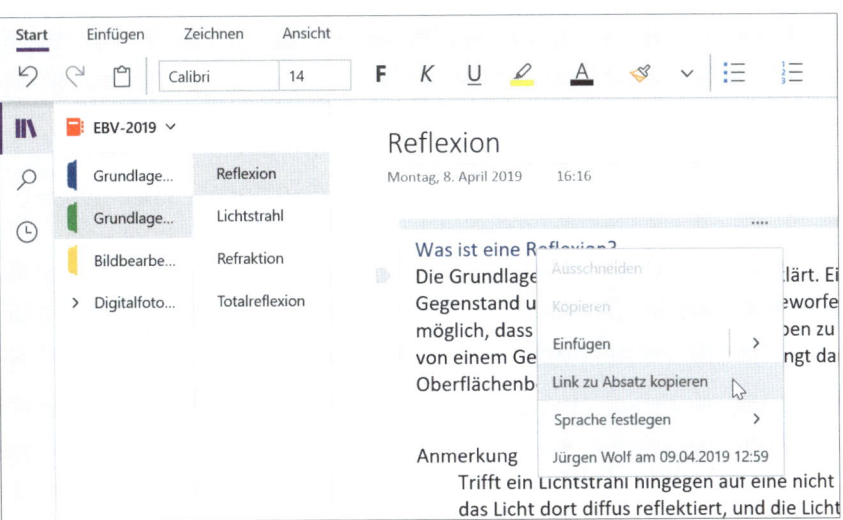

2. **Link in einem anderen Abschnitt einfügen**

    Wählen Sie jetzt den Inhalt aus, wo Sie den Querverweis einfügen wollen. Hier sind Sie frei, dies auf derselben Seite, in einem anderen Abschnitt oder auch in einem anderen Notizbuch zu tun. Zum Einfügen reicht es aus, wenn Sie [Strg]/[cmd] + [V] betätigen.

    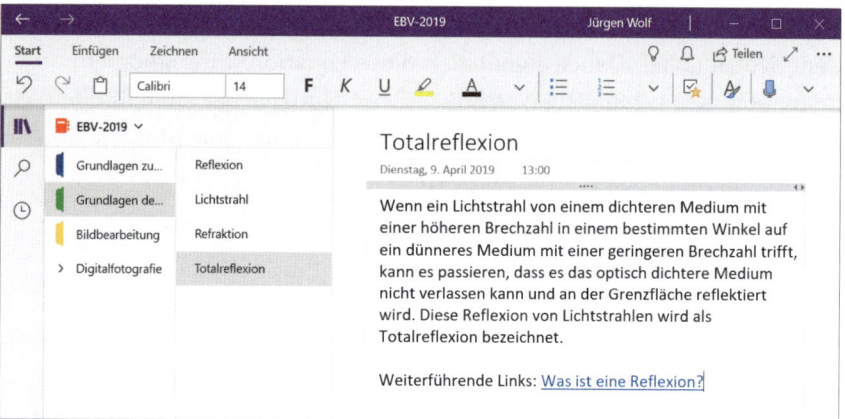

3. **Link anklicken**

    Um dem Querverweis eines Links zu folgen, müssen Sie diesen lediglich anklicken. Schon wird zum entsprechenden Absatz, der Seite, dem Abschnitt oder Notizbuch gesprungen.

Solche Querverweise sind, wie bereits erwähnt, nicht nur auf markierte Textinhalte beschränkt. Sie finden per rechten Mausklick auch bei den Seiten in der Seitenliste, den Abschnitten sowie den Notizbüchern einen entsprechenden Befehl, wie **Link zu Seite kopieren**, **Link zu Abschnitt kopieren** bzw. **Link zu Notizbuch kopieren**, womit Sie einen Querverweis als Text entsprechend der Bezeichnung des Seitentitels, Abschnitts oder Notizbuches einfügen können.

Sie können einen Link auch direkt im Text erstellen, indem Sie den Namen der zu verlinkenden Seiten zwischen zwei doppelte eckige Klammern schreiben. Existiert diese Seite nicht, wird sie angelegt. Leider ist diese Funktion (noch) inkonsequent implementiert und funktioniert (zur Drucklegung) nur unter Windows auf diesem Weg. Auf dem Mac und den mobilen Geräten wird hierbei zum Link immer eine neue Seite mit dem Namen des Links zwischen den eckigen Klammern angelegt, auch wenn die Seite bereits existiert.

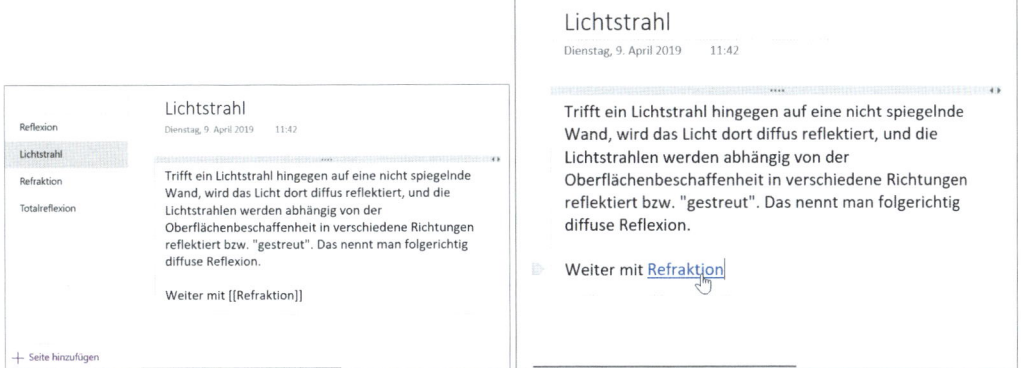

Abbildung 4.10 *Link direkt als Text zwischen doppelten eckigen Klammern eintippen*

Verweist der Link des Querverweises ins Leere, weil beispielsweise die Seite gelöscht wurde, aber sich noch in **Gelöschte Notizen** befindet, dann wird automatisch zur Seite in **Gelöschte Notizen** gesprungen. Existiert kein Ziel mehr zum Querverweis, weil dieses endgültig gelöscht oder entfernt wurde, erhalten Sie eine entsprechende Fehlermeldung.

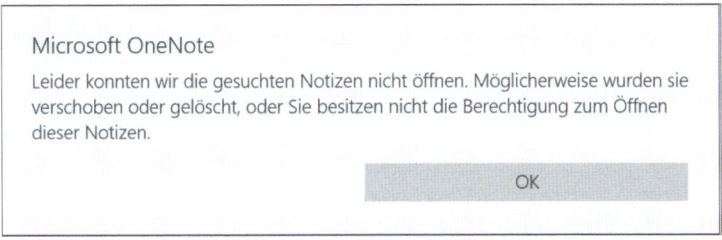

Abbildung 4.11 *Dieser Fehler wird angezeigt, wenn der Link zu einer Notiz nicht mehr existiert.*

Einen Link nachträglich bearbeiten oder entfernen können Sie, wenn Sie diesen mit der rechten Maustaste anklicken und im Kontextmenü über das Untermenü **Link** einen entsprechenden Eintrag wählen. Sie können hier den Link öffnen, bearbeiten, kopieren und entfernen.

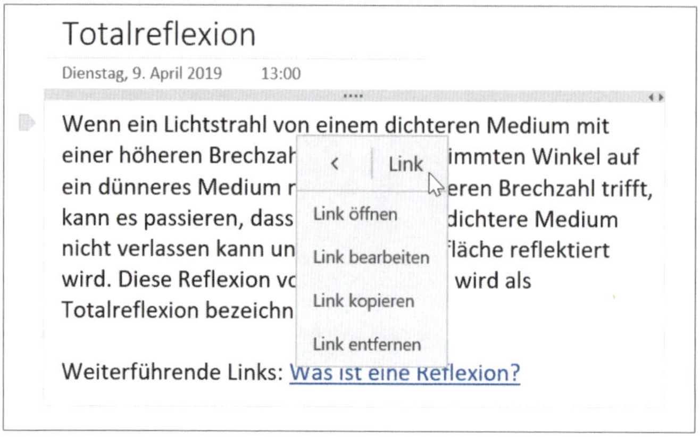

Totalreflexion

[Abbildung: Kontextmenü mit Link öffnen, Link bearbeiten, Link kopieren, Link entfernen im Textabschnitt "Totalreflexion"]

Abbildung 4.12 Links können nachträglich verarbeitet werden.

Rechnen mit Text

Recht nützlich kann es auch sein, mit OneNote direkt einen zu berechnenden mathematischen Ausdruck einzugeben, der dann auch gleich die Berechnung des Ergebnisses für Sie übernimmt. Wollen Sie z. B. schnell ermitteln, was 3,75 % von 2.325 € sind, dann müssen Sie nur Folgendes eintippen:

    2325 / 100 * 3,75 =

Nach dem Drücken der Leertaste hinter dem =-Zeichen, wird dann gleich das Ergebnis ausgegeben. Das Beispiel geht natürlich noch einfacher mit:

    2325 * 3,75% =

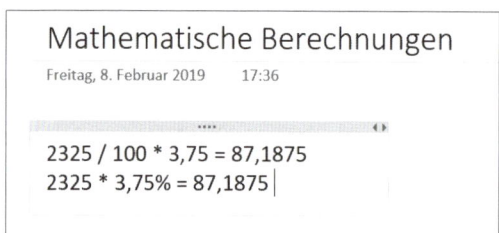

Abbildung 4.13 Auch mathematische Berechnungen lassen sich im Textcontainer durchführen.

Hierbei können Sie alle Grundrechenarten wie die Addition, Subtraktion, Multiplikation und Division verwenden. Auch das Prozentzeichen, eine Potenzierung oder Fakultätsberechnungen sind möglich.

Operator	Bedeutung	Beispiel
+	Addition	5+10=15
-	Subtraktion; Negation	100-50=50 -1
* × (Multiplikationszeichen) x (Buchstabe)	Multiplikation	5*5=25 5×5=25 5x5=25
/ ÷	Division	20/5=4 20÷5=4
%	Prozent	523*3,5%=18,305
^	Potenzierung	3^2=9
!	Fakultätsberechnung	4!=24

Tabelle 4.1 *OneNote unterstützt alle gängigen arithmetischen Operatoren.*

Ebenso gibt es einige mathematische und trigonometrische Funktionen, wie z. B. das Ziehen einer Wurzel, den Rest einer Division, den Absolutwert einer Zahl oder Darlehensrückzahlungen.

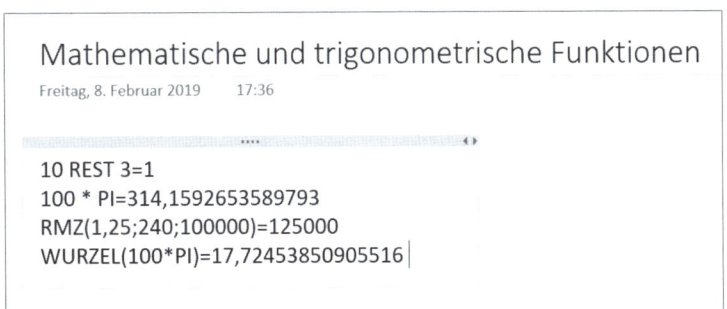

Abbildung 4.14 *Auch einige mathematische und trigonometrischen Funktionen sind an Bord.*

Funktion	Beschreibung	Beispiel
ABS	Gibt den Absolutwert zurück.	ABS(zahl)=
ARCCOS	Gibt den Arkuskosinus zurück.	ARCCOS(zahl)=
ARCSIN	Gibt den Arkussinus zurück.	ARCSIN(zahl)=
ARCTAN	Gibt den Arkustangens zurück.	ARCTAN(zahl)=
COS	Gibt den Kosinus einer Zahl zurück	COS(zahl)=
DEG	Wandelt einen Winkel im Bogenmaß (Radiant) in Grad um.	DEG(winkel)=
LN	Gibt den Logarithmus zurück.	LN(zahl)=
LOG	Gibt den natürlichen Logarithmus zurück.	LOG(zahl)=
LOG2	Gibt den Logarithmus zur Basis 2 zurück.	LOG2(zahl)=
LOG10	Gibt den Logarithmus zur Basis 10 zurück.	LOG10(zahl)=
REST	Gibt den Rest einer Division zurück.	zahl REST zahl=
PI	Gibt den Wert PI als Konstante zurück.	100 * PI =
PHI	Gibt den »Goldenen Schnitt« zurück.	100 * PHI=
RMZ	Berechnet Darlehensrückzahlung mit einem festen Zinssatz, der Anzahl der Zahlungen und dem Gesamtbetrag.	RMZ(zins,raten,ges)=
RAD	Wandelt einen Winkel (in Grad) in Bogenmaß (Radiant) um.	RAD(Winkel)=
SIN	Gibt den Sinus eines angegebenen Winkels zurück.	SIN(Winkel)=
WURZEL	Gibt die Quadratwurzel zurück.	WURZEL(zahl)=
TAN	Gibt den Tangens zurück.	TAN(zahl)=

Tabelle 4.2 *Übersicht zu den mathematischen und trigonometrischen Funktionen*

Natürlich können Sie auch Klammern für umfangreichere mathematische Formeln z. B. wie folgt verwenden:

(5343 + 2342) * (2*WURZEL(5))=34368,36481417177

Formatieren von Text

Das grundlegende Formatieren von Texten in OneNote funktioniert recht ähnlich wie in Word und anderen Office-Programmen. Mit einer ordentlichen Formatierung wird gewöhnlich der Text besser lesbar gemacht, und es fällt einfacher, die Übersicht zu behalten.

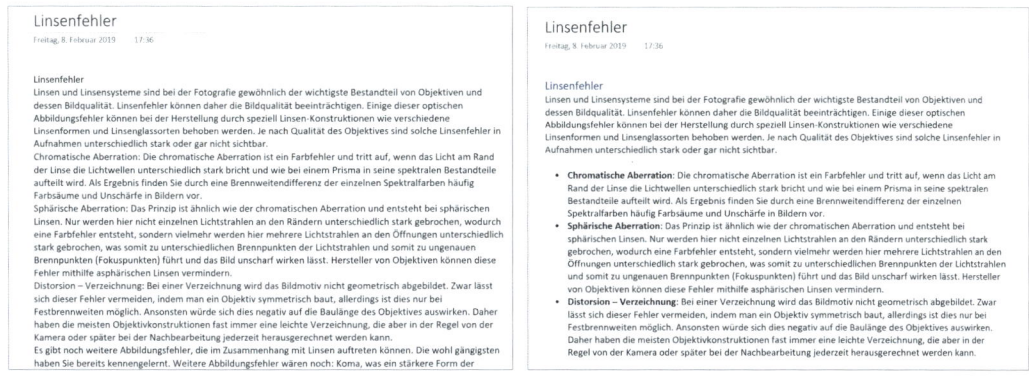

Abbildung 4.15 *Links der Text unformatiert und rechts mit einer Formatierung*

Die Formatierung von Text finden Sie im **Start**-Menü vor. Hierbei finden Sie die typischen Elemente zum Anpassen der Schriftart, des Schriftgrades und um Text hervorzuheben (Fett, Kursiv und Unterstreichen). Daneben haben Sie einen Marker, um die Hintergrundfarbe festzulegen, gefolgt von dem Anpassen der Schriftfarbe. Die nächsten beiden Schaltflächen sind interessant, wenn Sie ein Format übertragen oder komplett entfernen wollen.

Diese Formatierung funktioniert wie bei jedem gewöhnlichen Office-Programm, indem Sie den zu formatierenden Text, ein Wort oder einen Buchstaben mit gedrückt gehaltener Maustaste markieren und dann die entsprechende Formatierung auswählen. Ohne eine selektive Auswahl wird nur das Wort mit der ausgewählten Formatierung formatiert, wo sich der blinkende Mauszeiger im Augenblick befindet.

An dieser Stelle dürfte auch ein weiterer Vorteil des Textcontainers hervortreten, bei dem Sie lediglich die graue Leiste des Textcontainers anklicken müssen, um den kompletten Text darin zu markieren und diesen dann mit einem der Befehle im Menü **Start** zu formatieren. Damit können Sie alle Elemente im Text einheitlich formatieren.

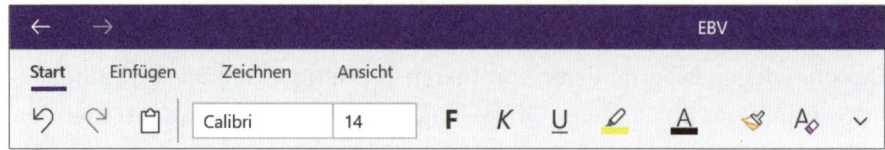

Abbildung 4.16 *Einfache Standardformatierungswerkzeuge von OneNote*

> **Rückgängig machen/Wiederholen**
> Ganz rechts finden Sie Funktionen zum **Rückgängig machen** [Strg]/[cmd] + [Z] und **Wiederholen** [Strg]/[cmd] + [Y] der letzten Arbeitsschritte und die klassischen Zwischenablagefunktionen zum **Ausschneiden** [Strg]/[cmd] + [X], **Kopieren** [Strg]/[cmd] + [C] und **Einfügen** [Strg]/[cmd] + [V] vor.

SCHRITT FÜR SCHRITT
Formatierung auf einen anderen Text übertragen

1. **Text mit Formatierung auswählen**

   Positionieren Sie den Mauszeiger an der Stelle, an der Sie die Formatierung auf einen anderen Text übertragen wollen.

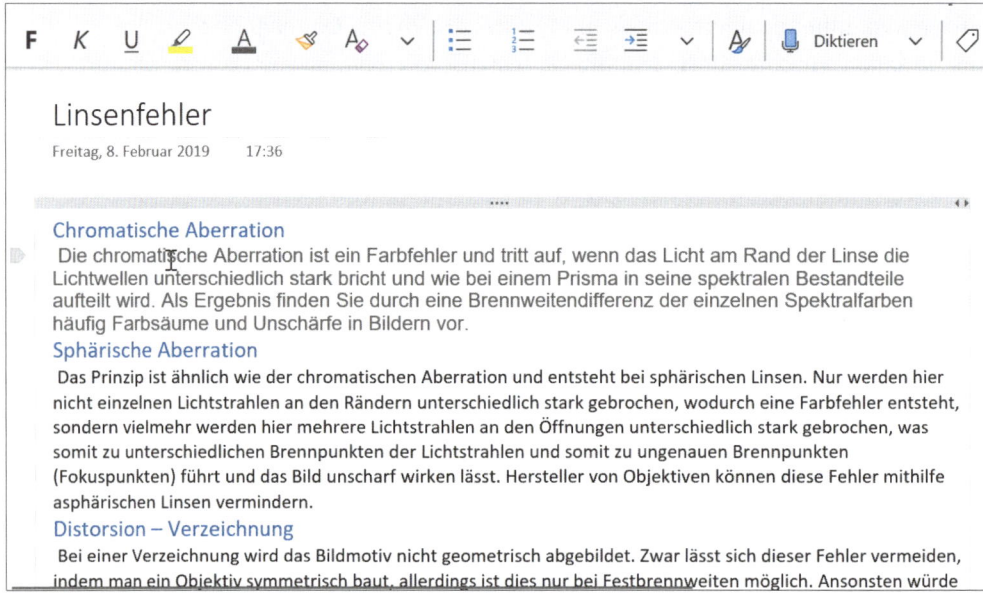

2. **Formatierung übertragen**

Klicken Sie im **Start**-Menü auf die Schaltfläche mit dem Pinsel zum Übertragen der Formatierung. Wollen Sie das Format vom in Arbeitsschritt 1 ausgewählten Text auf ein einzelnes Wort übertragen, dann reicht ein Mausklick auf dieses Wort. Einzelne Buchstaben oder ganze Textabschnitte hingegen müssen Sie markieren, um das Format zu übertragen.

In der Abbildung wurde die Formatierung des ersten Absatzes auf den zweiten Absatz übertragen.

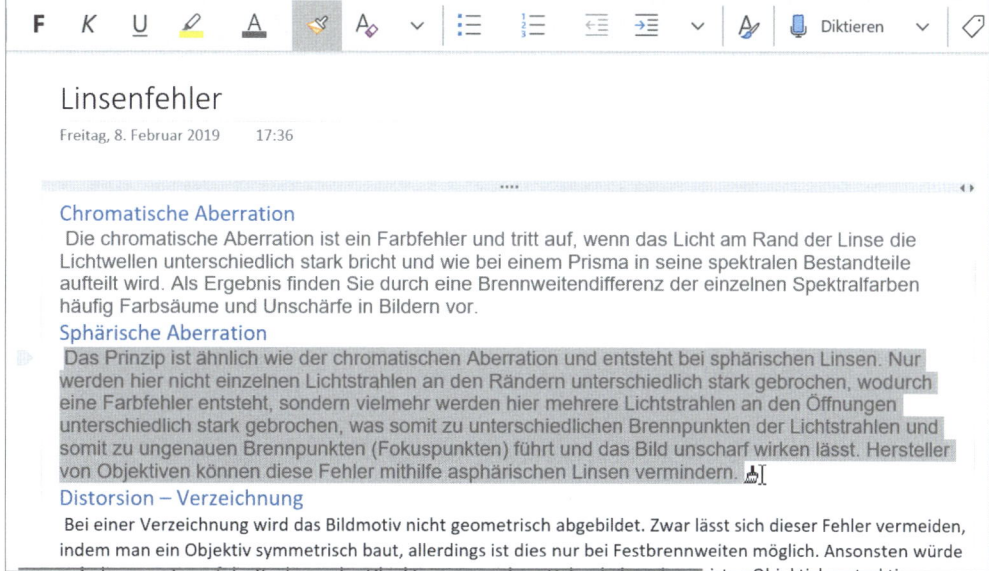

Die Funktion zum **Format entfernen** hingegen wirkt sich auf den kompletten Absatz aus, wenn Sie keinen Text markiert haben. Wurde ein Text markiert, dann wird nur dessen Format entfernt. Den kompletten Textcontainer markieren können Sie wie gehabt, indem Sie auf den grauen Balken des Textcontainers klicken. Diese Funktion ist hilfreich, wenn Sie formatierten Text per Kopieren und Einfügen aus anderen Dokumenten oder einer Website eingefügt haben. Damit können Sie sämtliche Formatierungen entfernen und anfangen, den Abschnitt neu zu formatieren.

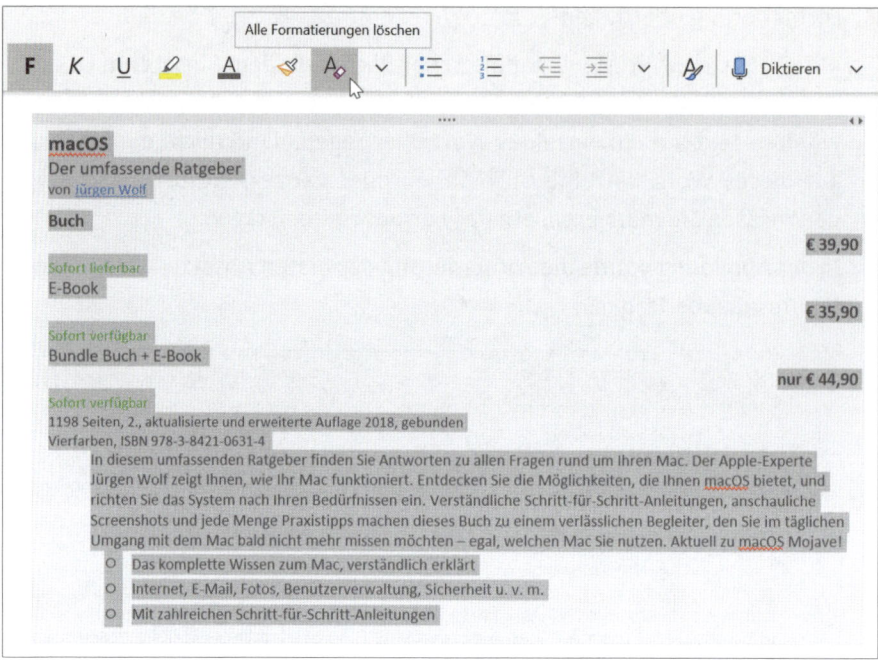

Abbildung 4.17 *Die Formatierung eines in HTML formatierten Textes einer Website lässt sich bei Bedarf mit einem Mausklick entfernen.*

Weitere Formatierungen, wie den Text höher oder tiefer stellen, durchstreichen, verschiedene Aufzählungslisten, Nummerierungen sowie das Hinzufügen von Einrückungen oder die Ausrichtung des Textes im Blocksatz, mittig oder rechtsbündig, finden Sie hier ebenfalls.

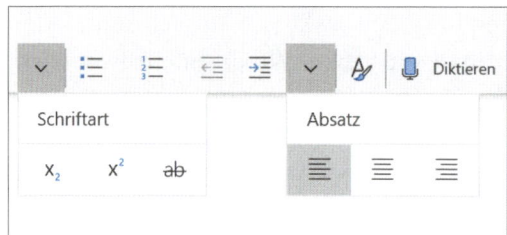

Abbildung 4.18 *Weitere bekannte Formatierungsmöglichkeiten gibt es auch in OneNote.*

Die Standardschriftart ändern

Wenn Sie einen neuen Textcontainer erstellen und anfangen, Text einzutippen, wird die Standardschriftart und ein Standardschriftgrad verwendet.

Die Schriftart und den Schriftgrad können Sie zwar über das Menü **Start** nachträglich anpassen, aber es kann auch lästig sein, auf Dauer jeden Text nachträglich noch mit der Schriftart anzupassen. Zudem kommt hinzu, dass Sie eventuell einen Text mit der Windows-App, der Mac-App oder einer mobilen App hinzufügen. Zwar wird überall die Schriftart **Calibri** verwendet, aber der Schriftgrad ist unterschiedlich. Hierbei ist es möglich, die Standardeinstellungen der Schriftart und des Schriftgrades zu ändern. Bei Windows erreichen Sie diese Einstellung über die drei Punkte oben rechts im OneNote-Fenster mit **Einstellungen • Optionen**, wo Sie den Eintrag **Standardschriftart** vorfinden. Bei der Mac-App finden Sie diese Option über das Menü **OneNote • Einstellungen • Bearbeiten und Anzeigen**, und auf mobilen Geräten erreichen Sie diese Einstellung über die drei Punkte oben, und dann ebenfalls **Einstellungen • Bearbeiten und Anzeigen**.

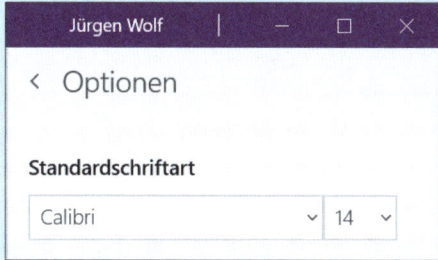

Abbildung 4.19 *Bei allen Systemen ist es möglich, die Standardschriftart einzustellen.*

Formatvorlagen von OneNote verwenden

Unverzichtbar für eine einheitliche Formatierung und vor allem auch Strukturierung sind die Formatvorlagen. Hierbei handelt es sich um fertige Vorlagen für Überschriften verschiedener Ordnung, **Seitentitel**, **Zitate**, **Zitieren**, **Code** und normalen Text. **Normal** ist hier übrigens auch die Standardformatierung, wenn Sie einen neuen Textcontainer erstellen und anfangen zu tippen. Die Verwendung der Formatvorlage ist ähnlich wie schon bei den Formatierungen zuvor. Entweder Sie wählen das Format bereits vor dem Tippen des Textes, oder Sie markieren den Text nachträglich bzw. positionieren den Mauszeiger an der gewünschten Stelle und wählen dann das gewünschte Format aus.

Kapitel 4 Texte jeder Art erstellen

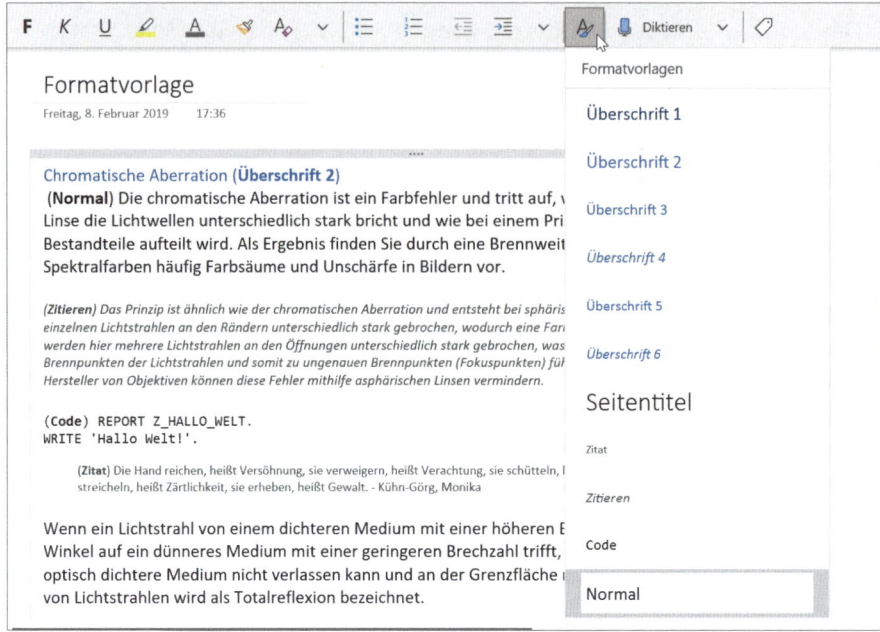

Abbildung 4.20 *Strukturierung und Formatierung mithilfe der Formatvorlage*

Im Gegensatz zu den anderen Formatierungsmöglichkeiten im Menü **Start** handelt es sich aber bei den Formatvorlagen um Formate für einen ganzen Absatz, und diese wirken sich immer auf den kompletten Text bis zum nächsten Zeilenumbruch aus. Das macht ja auch Sinn, wenn Sie z. B. eine Überschrift auswählen oder Zitate damit formatieren wollen. Generell sollten Sie daher die Formatvorlagen zum Gliedern von Text verwenden. Für allgemeine Formatierungen haben Sie die anderen Optionen im Menü **Start** zur Verfügung.

Aufgabenlisten und andere Markierungen

OneNote bietet visuelle Markierungen (auch Tags bzw. Stichworttags genannt) an, die Sie bei beliebigen Teilen einer Notiz hinzufügen können. Diese Markierungen finden Sie im **Start**-Menü rechts oben mit dem Aufgabenlistensymbol mit Stern vor. Beim Mac hingegen liegen diese Markierungen auch im **Start**-Menü, allerdings sind hier mehrere auf einmal sichtbar. Jede dieser Markierungen ist eine eigene Kategorie und dient dazu, eine Notiz zu priorisieren oder zu kategorisieren. So listet Windows zunächst nur die wichtigsten Kategorien

Aufgaben, **Wichtig**, **Kritisch** und **Frage** auf. Diese Liste kann aber jederzeit erweitert werden. Beim Mac hingegen, werden gleich alle Kategorien auf einmal zur Auswahl angeboten. Der Vorteil dieser Kategorisierung liegt zunächst darin, dass bei den Notizen die Wichtigkeit sofort ins Auge fällt, wenn Sie einen Blick auf die Seite werfen. Des Weiteren können Sie jederzeit nach solchen Markierungen in allen Notizbüchern suchen lassen.

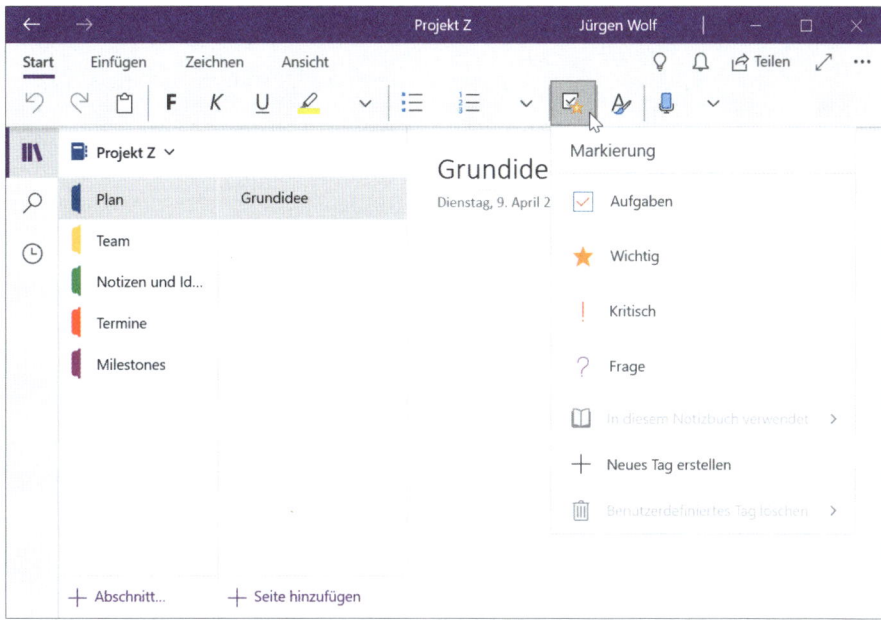

Abbildung 4.21 Mit Markierungen können Sie Notizen priorisieren und kategorisieren.

SCHRITT FÜR SCHRITT
Text mit Markierung kategorisieren

1. **Text auswählen**

   Klicken Sie den Text an, den Sie kategorisieren wollen, oder markieren Sie diesen.

2. **Kategorie auswählen**

   Wählen Sie dann über das **Start**-Menü im entsprechenden Bereich das Symbol für die Kategorie (hier **Wichtig**) aus, das Sie dem Text zuweisen wollen. Beachten Sie hierbei, dass eine Kategorie bis zum nächsten Zeilenumbruch gilt. Wenn Sie also einen Text mit mehreren Zeilenumbrüchen markieren, wird für jeden mit einem Zeilenumbruch markierten Text die gewählte Kategorie zugewiesen.

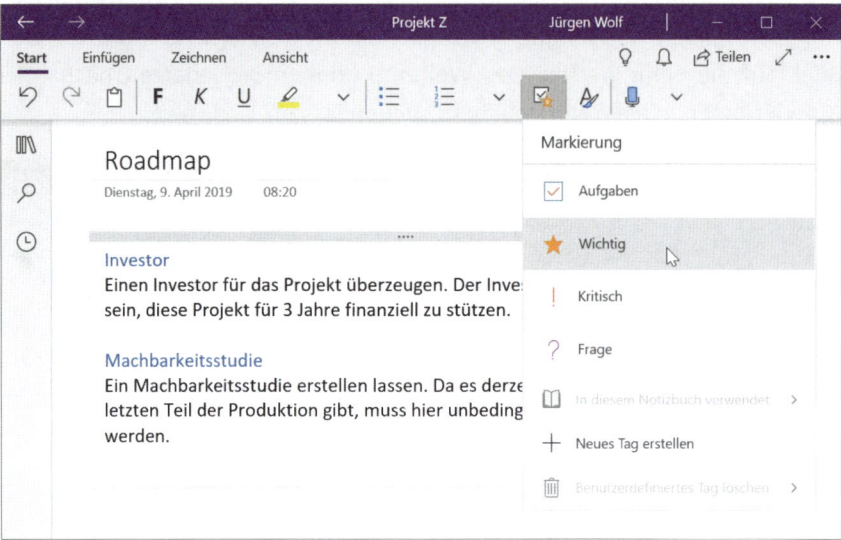

Schon haben Sie einen Text kategorisiert, und der Absatz sticht sofort ins Auge, wenn man es nicht mit zu vielen Markierungen auf einer Seite übertreibt. Es ist übrigens auch möglich, einem Absatz mehrere Kategorien zuzuweisen.

Eine Kategorie entfernen können Sie auf umgekehrtem Weg, indem Sie den Text mit der Kategorie auswählen und hier erneut über das **Start**-Menü das gleiche Symbol für die Kategorie auswählen. Schneller geht dies allerdings, wenn Sie den Mauszeiger an den Anfang des Textes vor dem Symbol für die Kategorie setzen, und dann die ←-Taste betätigen.

Reichen Ihnen die vorhandenen Markierungen bei Windows nicht aus, können Sie jederzeit weitere hinzufügen bzw. erstellen.

SCHRITT FÜR SCHRITT
Neue Markierungen erstellen

1. Neues Tag erstellen

   Wählen Sie im **Start**-Menü die Schaltfläche mit den Markierungen, und wählen Sie **Neues Tag erstellen**.

Aufgabenlisten und andere Markierungen

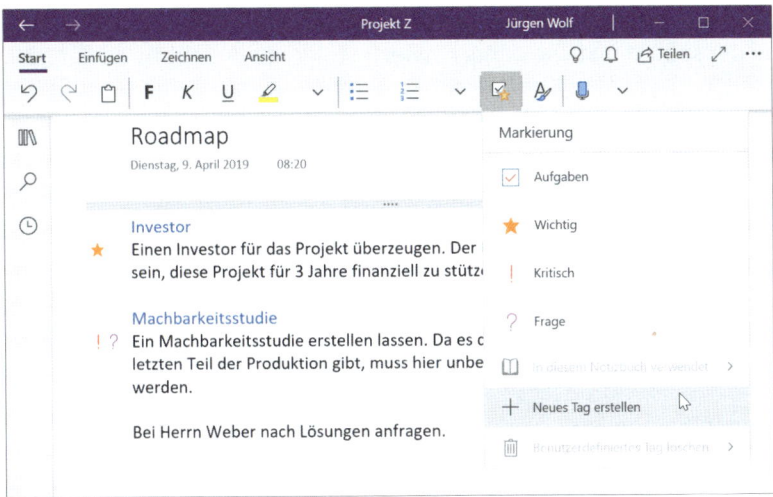

2. **Symbol und Namen der Kategorie auswählen**

   Hier können Sie nun aus einer Liste von Symbolen wählen und auch gleich einen benutzerdefinierten Namen für die Kategorie verwenden. Klicken Sie dann auf die Schaltfläche **Erstellen**.

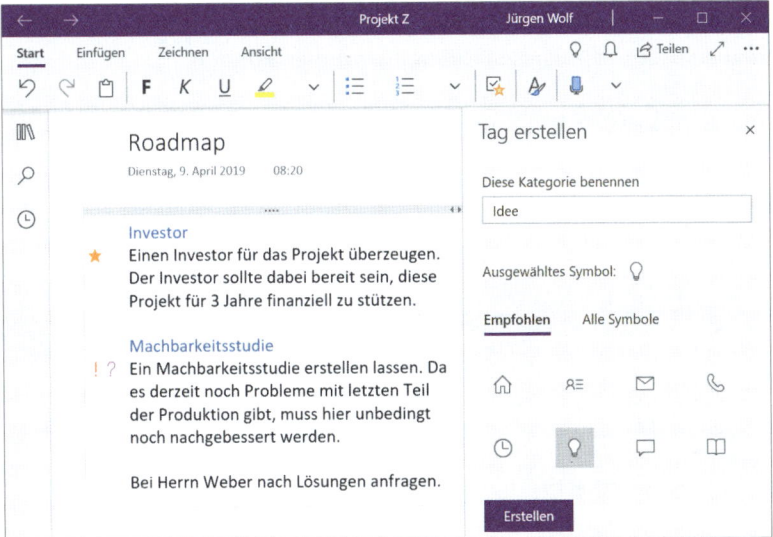

3. **Neue Kategorie verwenden**

   Jetzt können Sie die so neu erstellte Kategorie wie üblich verwenden.

Neben einer visuellen Markierung hilft Ihnen die Verwendung von Kategorien auch bei der späteren Suche danach, wie die folgende Anleitung zeigen soll.

SCHRITT FÜR SCHRITT
In Notizbüchern nach Kategorien suchen

1. Suchfunktion aufrufen

Die Suchfunktion können Sie bei OneNote über das Lupensymbol auf der linken Seite des Fensters einblenden. Alternativ können Sie die Funktion auch mit der Tastenkombination `Strg`/`cmd` + `F` aktivieren.

2. Suchbegriff eingeben

Wählen Sie im Suchfeld die Registerkarte **Kategorie** aus, und geben Sie im oberen Textfeld den Namen der Kategorie bzw. des Tags ein (hier »Idee«). Darunter wählen Sie aus, wie weit Sie diese Suche eingrenzen wollen. Zur Auswahl stehen alle geöffneten Notizbücher, das aktuell verwendete Notizbuch, der aktuelle Abschnitt oder nur die aktuelle Seite.

3. Suchtreffer auswählen

Passend zur Suchanfrage werden die einzelnen Treffer darunter nun aufgelistet, die Sie durch Anklicken direkt anspringen können.

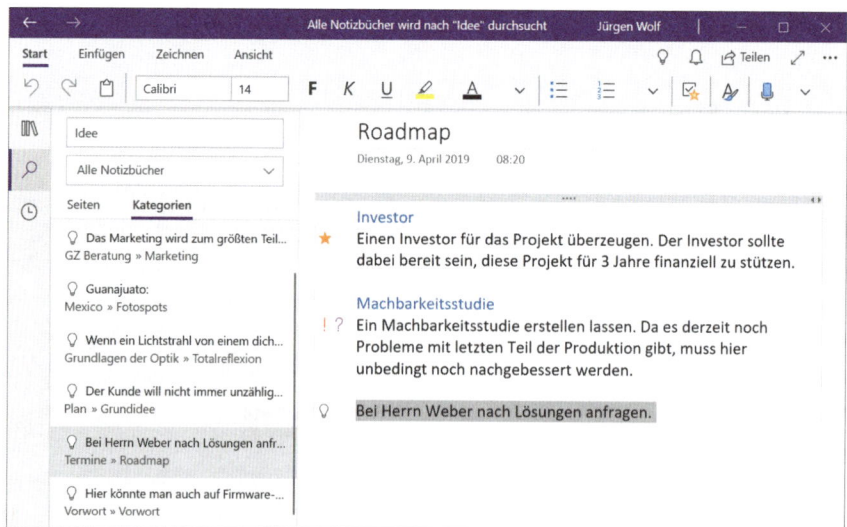

Aufgabenlisten und andere Markierungen

Gerade wer sehr intensiv und viel mit OneNote organisiert und plant, wird diese Kategorisierungen und die Suche danach sehr zu schätzen wissen.

Aufgabenlisten – die interaktive Kategorie

Eine spezielle Kategorie von Tags sind die **Aufgaben**. Zwar können Sie diese genauso wie die anderen Kategorien zuweisen, aber diese sind zudem noch interaktiv. Die Kategorie **Aufgaben** wird als leeres Kästchen angezeigt. Sie können dieses Kästchen anklicken, dann wird ein rotes Häkchen darin gesetzt. Diese Markierung ist praktisch für To-do-Listen, um etwas als (un-)erledigt zu kennzeichnen. Hierbei lassen sich sehr schön die Fortschritte von Aufgaben visuell verfolgen.

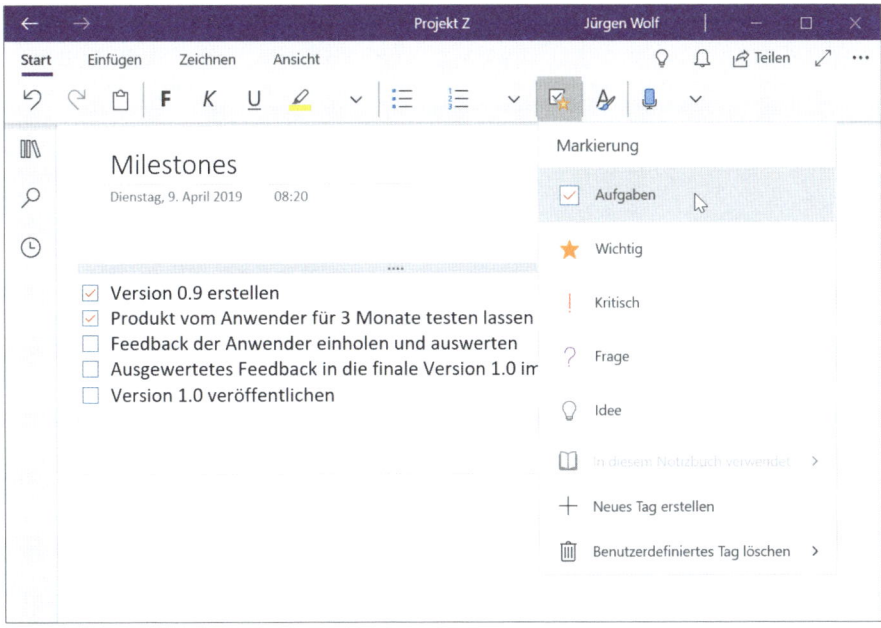

Abbildung 4.22 *Die Kategorie »Aufgaben« ist interaktiv.*

Beim Mac und den mobilen Geräten finden Sie das Symbol für die Aufgaben als Kategorie gesondert vor.

Die Formatierung auf mobilen Geräten

Die Textformatierung auf dem Tablet enthält ähnliche Optionen wie auf dem PC und Mac. Bei der Smartphone-Version sind diese Optionen allerdings deutlich weniger, aber dennoch ausreichend für das Erstellen von Texten. Sie finden hier die Kategorie **Aufgaben**, Aufzählungspunkte, Nummerierungen, Einrückungen und die Anpassungen der Schrift nach Fett, Kursiv und Unterstrichen vor. Die Verwendung ist dabei ähnlich wie auf dem PC oder Mac.

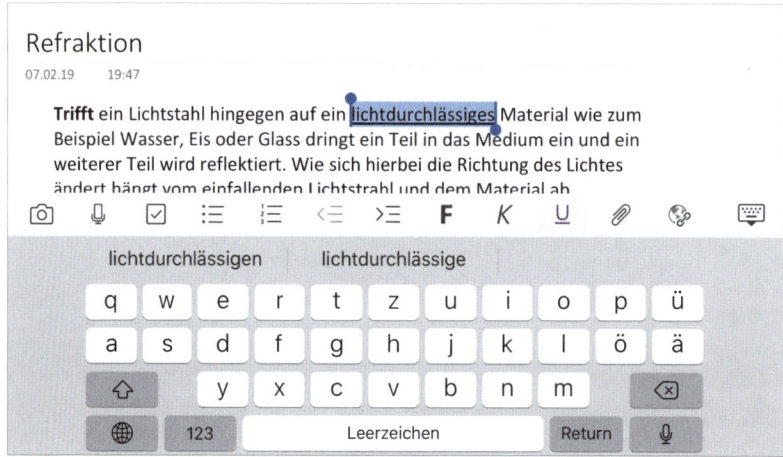

Abbildung 4.23 *Formatierungsmöglichkeiten von Text beim Smartphone (hier: iPhone)*

Die Kategorie »Aufgaben« auf dem Smartphone verwenden

Auch auf dem Tablet sind die Kategorien über das **Start**-Menü zu erreichen. Auf dem Smartphone hingegen sind lediglich die **Aufgaben** als Kategorie vorhanden. Die Verwendung hierbei ist allerdings sehr intuitiv, wie Sie im Folgenden selbst sehen können.

SCHRITT FÜR SCHRITT
Aufgabenliste auf dem Smartphone erstellen

1. Text auswählen oder Eingabecursor setzen

Markieren Sie den Text, oder setzen Sie den Cursor an eine Position, wo Sie den ersten Punkt der Aufgabenliste haben wollen.

2. Aufgabenlisten-Symbol antippen

Tippen Sie nun das entsprechende Symbol für die Aufgabenliste an, und geben Sie bei Bedarf den Text für die Aufgaben ein. Betätigen Sie ⏎, wird eine neue Aufgabe zur Liste in der nächsten Zeile angelegt, wo Sie bei Bedarf wiederum einen Text für die Aufgabe eingeben können. Im Beispiel wird eine klassische Einkaufsliste erstellt. Betätigen Sie hingegen erneut ⏎, ohne einen weiteren Text eingegeben zu haben, wird die Aufgabenliste beendet.

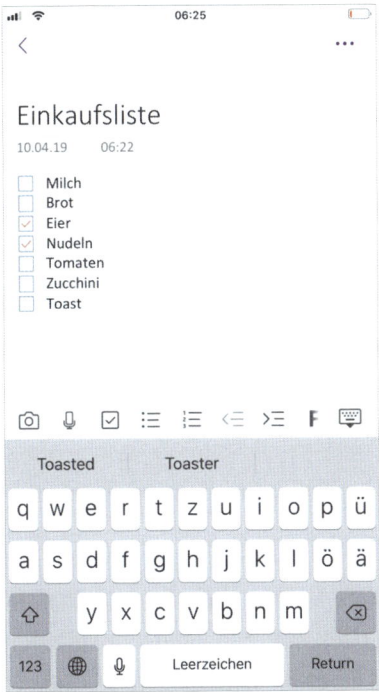

3. Als Liste anzeigen

Optional gibt es hier noch eine Listenversion, die Sie aktivieren können, wenn Sie rechts oben auf die drei Punkte tippen und dort **Als Liste anzeigen** auswählen. Hier können Sie alle Elemente auf einer Seite als Liste behandeln, als erledigt abhaken oder weitere Elemente hinzufügen. Zurück zur normalen Ansicht gelangen Sie erneut über die drei Punkte rechts oben, mit dem Befehl **Als Notiz anzeigen**. Diese Option macht allerdings mehr auf einzelnen Seiten Sinn, die nur Aufgabenlisten enthalten. In der Listenform werden gewöhnlich nur die noch nicht erledigten Aufgaben aufgelistet, und die erledigten Elemente sind ausgeblendet. Diese können aber über entsprechenden Befehl jederzeit ein- und wieder ausgeblendet werden.

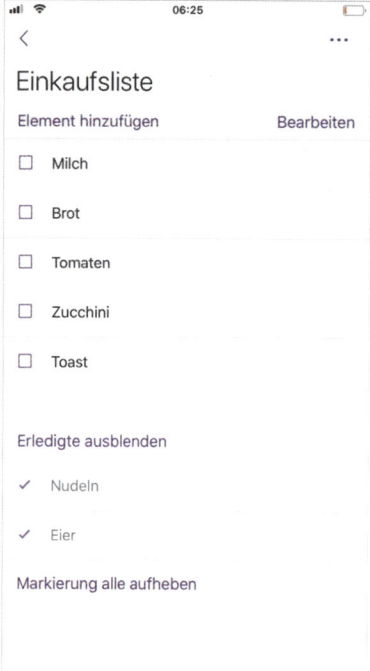

Kopieren und Einfügen von Text

Ein häufiger Schritt wird es wohl auch sein, einen Text von einer anderen Quelle wie dem Internet oder einem Office-Dokument in OneNote einzufügen. Neben dem gewöhnlichen Einfügen bietet OneNote auch weitere Möglichkeiten, die im Folgenden kurz erläutert werden sollen.

SCHRITT FÜR SCHRITT
Text formatiert oder unformatiert einfügen

1. Text kopieren

Im Beispiel soll ein Text von einer Website kopiert und in OneNote eingefügt werden. Markieren Sie hierfür den entsprechenden Text im Webbrowser, und betätigen Sie dann [Strg]/[cmd]+[C], womit der Text in die Zwischenablage kopiert wurde.

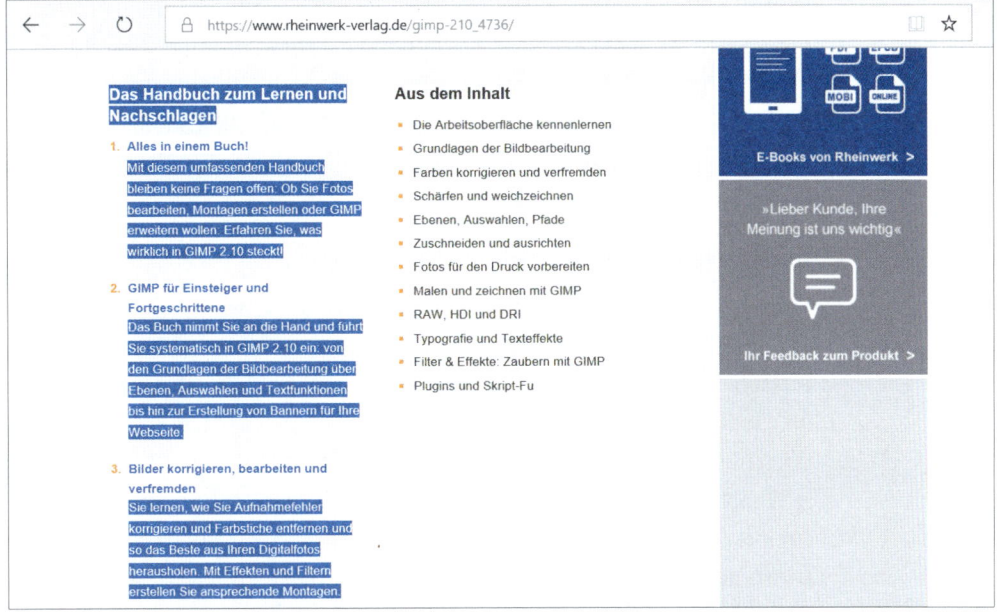

2. Text in OneNote formatiert einfügen

Positionieren Sie nun den Cursor in OneNote an der Position, wo Sie den eben kopierten Text einfügen wollen. Wenn Sie diesen Text in der Zwischenablage mit ⌈Strg⌉/⌈cmd⌉+⌈V⌉ oder über die Schaltfläche der Zwischenablage im **Start**-Menü oder dem Kontextmenü via rechten Mausklick einfügen wollen, wird die ursprüngliche Formatierung beim Einfügen, wenn möglich, beibehalten.

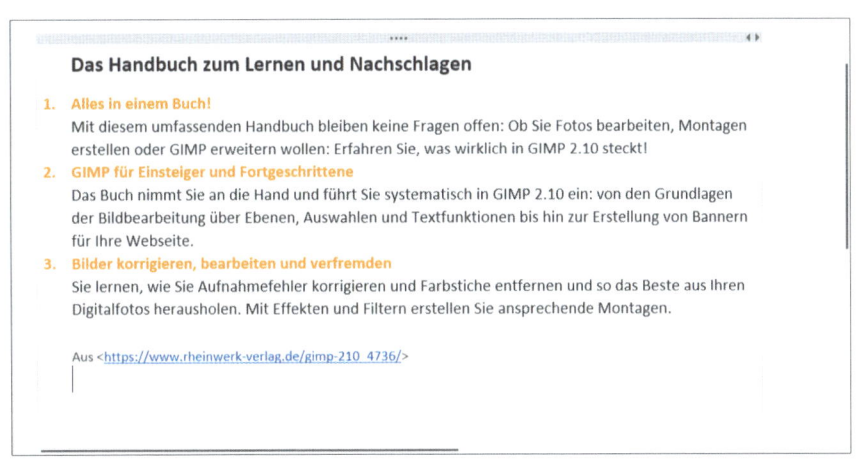

Es gibt allerdings auch Dokumente, wo die ursprüngliche Formatierung beim Einfügen nicht erhalten bleiben kann. Diese Funktion ist außerdem die einzige Option für das Einfügen der Zwischenablage auf mobilen Geräten. Bei Websites wird hier zudem am Ende auch noch die Quelle des einfügten Textes mitsamt dem Link hinzufügt. Großartige Sache, weil hiermit auch gleich die Quelle genannt wird.

3. **Formatierung zusammenführen**

Es ist allerdings auch möglich, die Formatierung zusammenzuführen. Hierbei werden Formatierungen wie Nummerierungen, Aufzählungspunkte, Fettschrift, Absätze oder die Textfarbe berücksichtigt, aber es wird hierbei die OneNote-Standardschrift und Formatvorlagen verwendet. Für diese Option müssen Sie den Mauszeiger an der gewünschten Stelle zum Einfügen in OneNote positionieren, rechts klicken, und im Menü **Einfügen** über das Dreieck ein Untermenü öffnen, wo Sie dann den entsprechenden Befehl **Formatierung zusammenführen** vorfinden. Diese Funktion muss beim Mac über das **Start**-Menü in der Dropdown-Liste von **Einfügen** mit **Formatierung anpassen** ausgeführt werden.

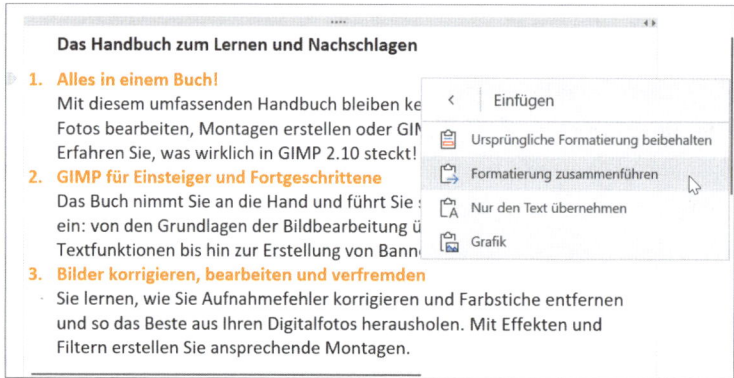

4. **Ohne Formatierung einfügen**

Im Kontextmenü von Arbeitsschritt 3 haben Sie sicherlich auch den Befehl **Nur den Text übernehmen** entdeckt, womit Sie eben genau dies tun. Damit wird der Text in der Standardschrift in OneNote eingefügt. Hierbei werden nur noch vorhandene Zeilenumbrüche beim Einfügen berücksichtigt. Die letzte Option von **Einfügen** mit **Grafik** kann dazu verwendet werden, damit der Text unter Beibehaltung des optischen Erscheinungsbildes der Quelle als Bild eingefügt wird. Allerdings funktioniert diese Funktion nicht mit allen Anwendungen. Beim Mac muss diese Funktion über das **Start**-Menü in der Dropdown-Liste von **Einfügen** ausgeführt werden. Die Funktion **Grafik** hingegen gibt es nicht beim Mac.

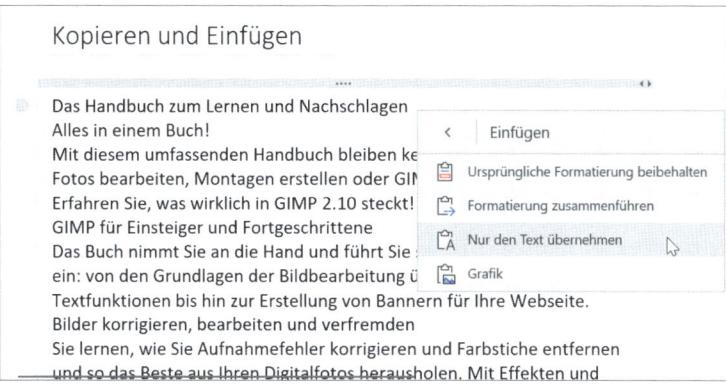

Rechtschreibprüfung und Autokorrektur verwenden

Wenn Sie einen Text in OneNote eintippen und die Rechtschreibung nicht stimmt, haben Sie vermutlich bereits die rote Linie unterhalb des Textes bemerkt. Hiermit markiert OneNote die Wörter, die nicht der Rechtschreibung entsprechen. Um diesen Fehler zu korrigieren, müssen Sie das Wort lediglich mit der rechten Maustaste anklicken und im sich öffnenden Kontextmenü das richtige geschriebene Wort wählen. Gibt es mehre Lösungen, listet OneNote diese mit auf.

Abbildung 4.24 *Rechtschreibfehler verbessern*

Sind Sie der Meinung oder sich sicher, dass ein Wort trotzdem richtig geschrieben ist, können Sie im Kontextmenü auf **Ignorieren** klicken. Handelt es sich hingegen um einen Eigennamen oder Fachbegriff, können Sie das Wort durch Anklicken des Eintrags mit dem Pluszeichen in das Wörterbuch mit aufnehmen. Beim Mac heißt dieser Befehl auch gleich **Zum Wörterbuch hinzufügen**.

Eine zweite hilfreiche Funktion ist die Autokorrektur, die z. B. bei der Großschreibung am Anfang einer Zeile hilft. Sobald Sie beispielsweise einen Satz anfangen und der erste Buchstabe kein Großbuchstabe war, macht die Autokorrektur daraus automatisch einen Großbuchstaben, wenn Sie das Wort mit der Leertaste abgeschlossen haben. War dies hingegen beabsichtigt, können Sie diese Autokorrektur mit [Strg]/[cmd]+[Z] rückgängig machen.

> **Rechtschreibkorrektur bzw. Autokorrektur (de-)aktivieren**
> Die Rechtschreibfehler können auch ausgeblendet und die Autokorrektur deaktiviert werden. Bei Windows finden Sie diese Einstellungen rechts oben über die drei Punkte mit **Einstellungen • Optionen • Korrekturhilfe** bzw. **Autokorrektur**. Beim Mac lassen sich diese Einstellungen bei Bedarf über das Menü **OneNote • Einstellungen • Rechtschreibung** (de-)aktivieren. Bei den mobilen Geräten finden Sie diese Optionen über **Einstellungen • Bearbeiten und Anzeigen** wieder.

Wörter mit OneNote nachschlagen

Auch ein Nachschlagen nach markierten Wörtern ist möglich, ohne OneNote verlassen zu müssen. Markieren Sie ein Wort, das Sie nachschlagen wollen, klicken Sie die rechte Maustaste, und wählen Sie im Kontextmenü **Intelligentes Nachschlagen** (Windows) bzw. **Intelligente Suche** (macOS). Beim ersten Mal müssen Sie hier den Datenschutzbestimmungen einwilligen. Zum ausgewählten Wort werden dann entsprechende Suchen in Wikipedia, einer Websuche oder die Definition des Wortes in einem Onlinewörterbuch angezeigt. Wenn Sie den Eintrag in Wikipedia bzw. der Websuche anklicken, dann wird die entsprechende Seite im Webbrowser geöffnet.

Text übersetzen

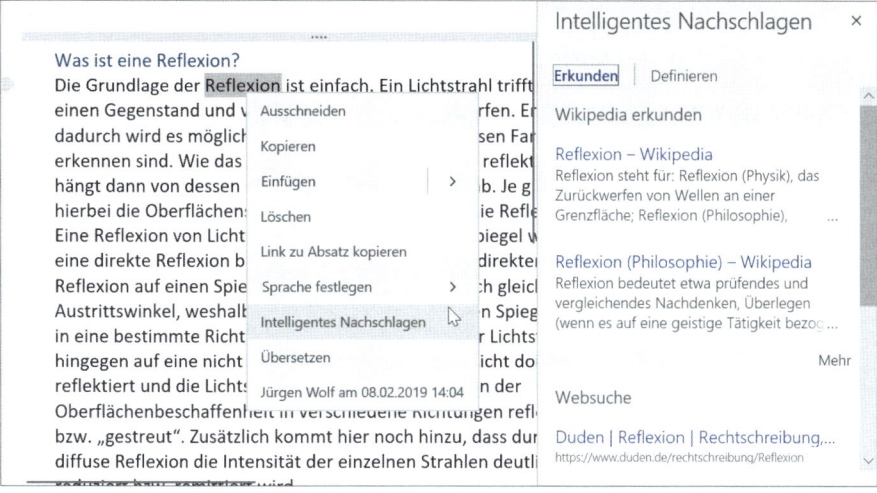

Abbildung 4.25 *Auch ein komfortables Nachschlagen nach Wörtern ist möglich.*

Text übersetzen

In der Windows-Version finden Sie im **Ansicht**-Menü eine Funktion zum Übersetzen von Inhalten. Dies kann hilfreich sein, wenn Sie einen Text in fremder Sprache zu Ihren Recherchen eingefügt haben und diesen übersetzen lassen wollen. Natürlich geht es auch andersherum, indem Sie einen Text in deutscher Sprache in eine andere Sprache übersetzen lassen. Für die persönliche Verwendung ist diese Übersetzung zum Teil auch in Ordnung, aber ich würde diese nicht wirklich für öffentliche Arbeiten weiterempfehlen, weil eine solche Textübersetzung nicht grammatisch korrekt ist und in manchen Fällen auch überhaupt keinen Sinn ergibt. Wenn Sie aber einen aus einer anderen Sprache übersetzten Text als Basis für weitere Nacharbeiten nehmen, dann ist es eine interessante Möglichkeit. Im folgenden Beispiel soll etwas näher auf die Verwendung dieser Funktion eingegangen werden.

SCHRITT FÜR SCHRITT
Einen Text mit OneNote übersetzen

1. **Text zum Übersetzen auswählen**

Wechseln Sie zu einer Seite oder einem Abschnitt in OneNote, dessen Text Sie in eine andere Sprache übersetzen wollen.

2. **Funktion zum Übersetzen aufrufen**

   Wählen Sie dann im **Ansicht**-Menü **Übersetzen** und dann **Sprache festlegen**.

   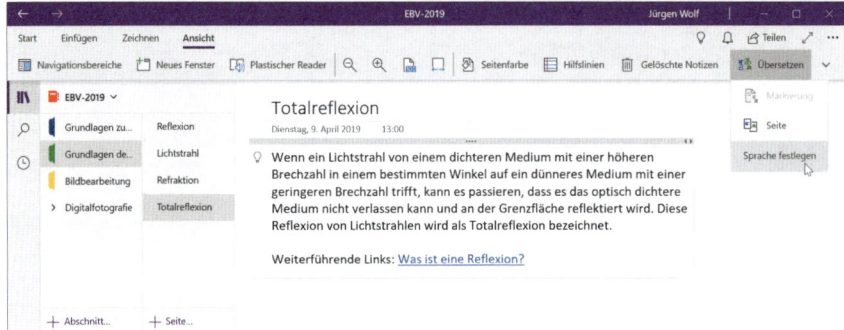

3. **Sprache zum Übersetzen festlegen**

   Hier können Sie bei **Aus** die Sprache des vorliegenden Textes wählen und mit **In** wählen, in welche Sprache Sie den Text übersetzen wollen. Ich habe hier von **Deutsch** nach **Spanisch** gewählt. Die Einstellung bleibt erhalten und wird auch für die künftigen Übersetzungen verwendet, bis Sie diese wieder ändern.

   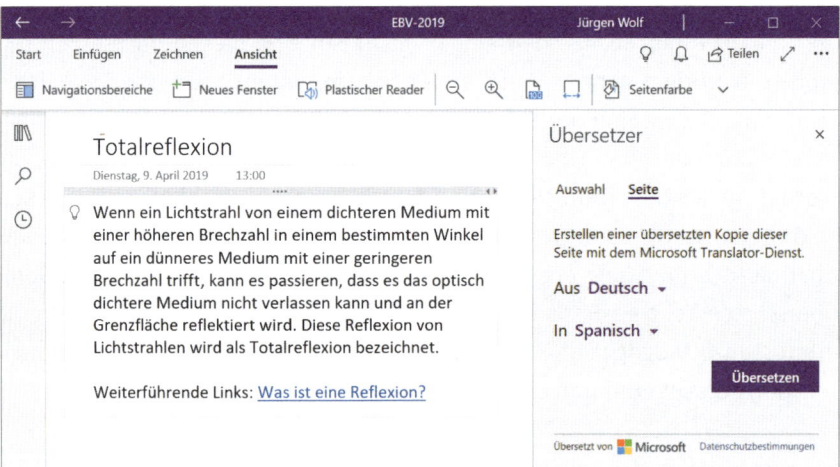

4. **Text übersetzen lassen**

   Da hier die Registerkarte **Seite** gleich ausgewählt ist, können Sie mit der Schaltfläche **Übersetzen** gleich die komplette Seite übersetzen lassen.

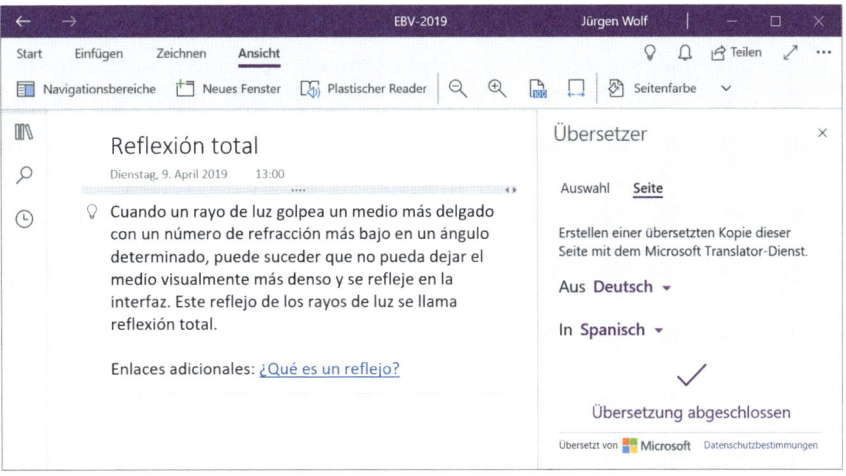

5. Ausgewählten Text übersetzen lassen

Wollen Sie nur einen ausgewählten Text übersetzen lassen, wechseln Sie auf die Registerkarte **Auswahl**, und markieren Sie einen Text für die Übersetzung. OneNote versucht, die Sprache des ausgewählten Textes automatisch zu erkennen und übersetzt diesen dann gleich in der unter **In** angegebenen Sprache. Wird der ausgewählte Text nicht erkannt, können Sie diesen auch hier mit **Aus** vorgeben. Klicken Sie hier auf die Schaltfläche **Einfügen**, wird der ausgewählte Text der Seite durch den übersetzten Text ersetzt.

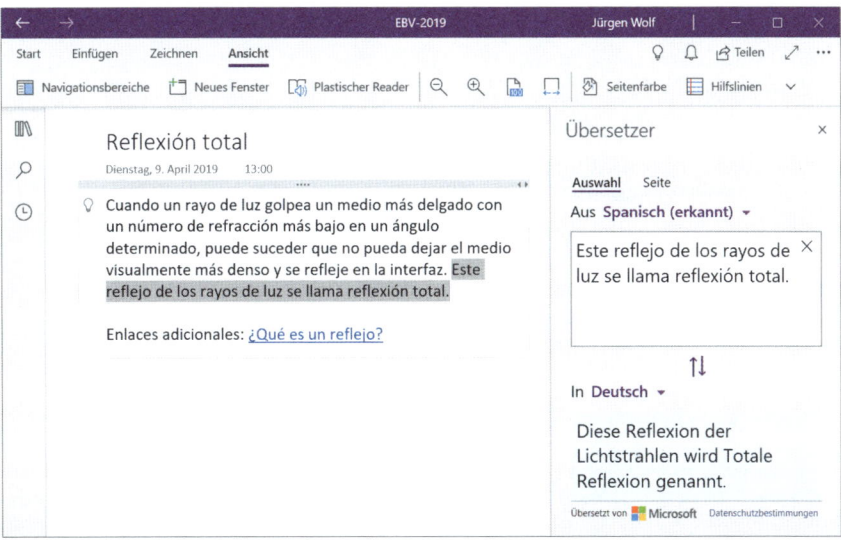

6. Text zum Übersetzen eintippen

Sie können aber auch manuell einen Text auf der Registerkarte **Auswahl** in das Textfeld **Aus** tippen, diesen in die Sprache von **In** übersetzen lassen und den Text dann an einer beliebigen Position des Mauszeiger auf der Seite über die Schaltfläche **Einfügen** hinzufügen.

Die Funktion, eine komplette Seite zu übersetzen, können Sie auch über das **Ansicht**-Menü mit **Übersetzen • Seite** direkt aufrufen. Gleiches gilt für die Übersetzung eines markierten Textes mit **Übersetzen • Markierung**.

Zeitstempel einfügen

Eine weitere hilfreiche Funktion, die ich sehr gerne häufiger verwende, ist das Hinzufügen eines Zeitstempels. Dieser lässt sich sehr gut dazu verwenden, um hinzugefügte oder zuletzt angepasste Änderungen zu dokumentieren. Da hierbei auch gleich der Name mit hinzugefügt wird, ist diese Funktion auch sehr praktisch, wenn mehrere Personen an einem Notizbuch arbeiten. Einfügen können Sie einen solchen Zeitstempel jederzeit und sooft Sie wollen, indem Sie an der gewünschten Position die rechte Maustaste klicken, und den letzten Eintrag im Kontextmenü wählen. Der Zeitstempel wird als änderbarer Text eingefügt und passt somit hervorragend zum Gegenstück unterhalb des Seitentitels, wo Sie das nicht zu verändernde Datum für die Seite vorfinden.

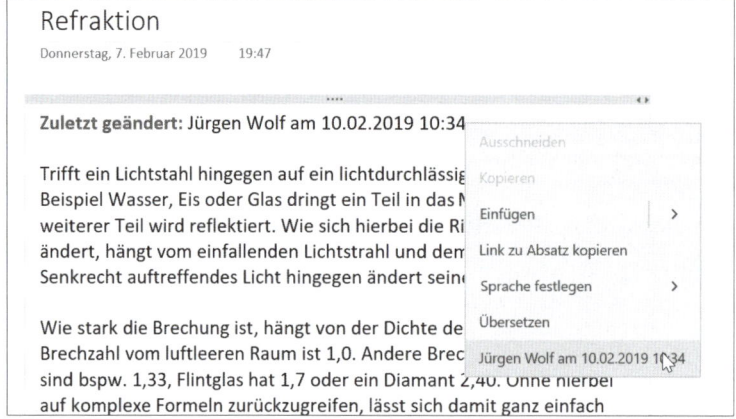

Abbildung 4.26 *Mit einem Zeitstempel wissen Sie, wer wann den Text zuletzt bearbeitet hat.*

Datum und Uhrzeit der Seitenerstellung

Das Datum und die Uhrzeit, direkt unter dem Seitentitel, stehen für die Seitenerstellung. Diese beiden Angaben können Sie nicht mehr verändern. Allerdings ist es möglich, diese Angaben zu entfernen. Hierzu müssen Sie lediglich das Datum oder die Uhrzeit markieren und mit der `Entf`- bzw. `←`-Taste löschen. Dies funktioniert unabhängig sowohl mit dem Datum, als auch mit der Uhrzeit. Klicken Sie außerdem eine dieser Angaben mit der rechten Maustaste an, können Sie das Datum oder die Uhrzeit auch kopieren bzw. ausschneiden.

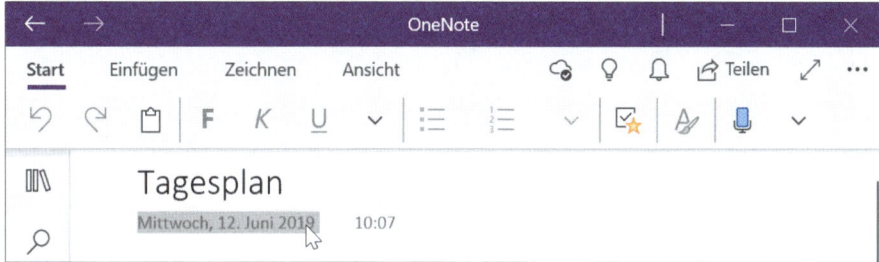

Abbildung 4.27 *Das Datum und die Uhrzeit der Seitenerstellung*

Kapitel 5
Weitere Inhalte einfügen

Natürlich beschränkt sich OneNote nicht nur auf Text, und Sie können jederzeit weitere Informationen, wie beispielsweise Tabellen, Dateien, PDF-Dokumente, Bilder oder Audio- und Videodateien Ihren Notizen hinzufügen. Dieses Kapitel zeigt Ihnen, was Sie noch so alles in OneNote einfügen können.

Tabellen in OneNote verwenden

Um Texte und Daten geordnet zusammenzustellen und visuell aufzubereiten, sind Tabellen bestens geeignet. Auch OneNote bietet hierbei eine einfache Tabellenfunktion an, die sich auch optisch gestalten lässt. Zum Erstellen von Tabellen gibt es zwei Möglichkeiten. Zunächst zeige ich Ihnen den Vorgang über das **Einfügen**-Menü.

SCHRITT FÜR SCHRITT
Tabelle anlegen und mit Daten füllen

1. **Tabelle anlegen**

    Wählen Sie das Menü **Einfügen**, und klicken Sie auf die Schaltfläche **Tabelle**.

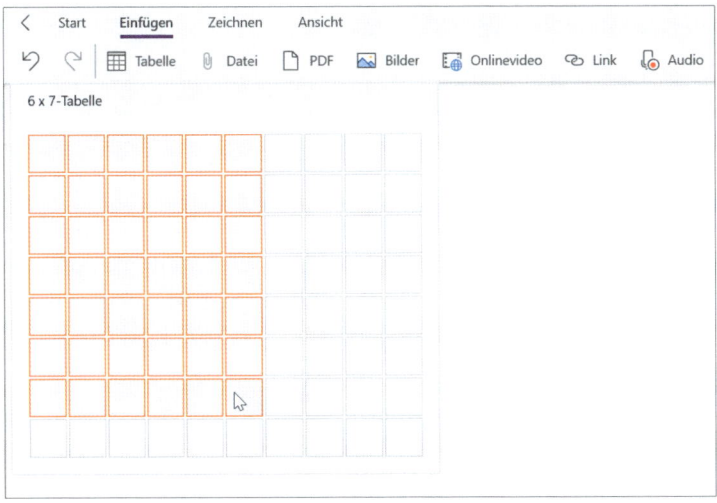

Ziehen Sie den Mauszeiger über den Tabellenraster, und markieren Sie die gewünschte Anzahl von Spalten und Zeilen (hier: **6x7-Tabelle**). Klicken Sie, um die Tabelle zu erstellen.

2. **Zellen mit Daten füllen**

Wenn Sie die Tabelle erstellt haben, können Sie mit der Eingabe der Daten beginnen (hier einen Stundenplan). Mit der ⇥-Taste können Sie zur nächsten Zelle springen. Beliebig ansteuern können Sie einzelne Zellen mit den Pfeiltasten.

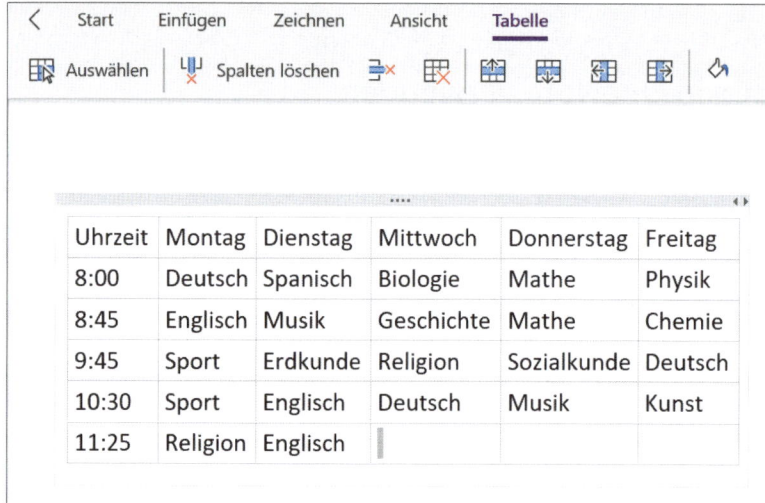

Neben dieser Möglichkeit, eine Tabelle zu erstellen, gibt es noch eine zweite, die in der folgenden Anleitung gezeigt wird.

SCHRITT FÜR SCHRITT
Tabelle mit der Tastatur anlegen

1. **Tabelle mit erster Zeile erstellen**

Beginnen Sie eine neue Tabelle, indem Sie zunächst den Titel der ersten Zelle in der Tabelle eingeben (hier: **Absatzzahlen**). Drücken Sie jetzt die ⇥-Taste, und die zuvor gemachte Eingabe wird als Zelle eingerahmt, und es wird auch gleich die nächste Spalte hinzufügt.

Tabellen in OneNote verwenden

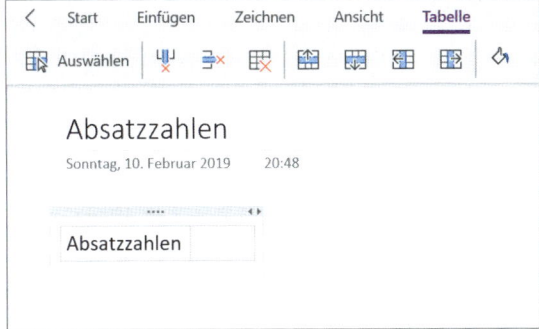

2. **Weitere Spalten hinzufügen**

Geben Sie einen zweiten Eintrag in der zweiten Zelle ein, und betätigen Sie erneut die ⇆-Taste, wird eine weitere Spalte erstellt. So können Sie fortfahren, bis alle Spalten erstellt wurden.

3. **Neue Zeile hinzufügen**

Wenn Sie jetzt eine neue Zeile der Tabelle hinzufügen wollen, müssen Sie ↵ in der letzten Spalte der ersten Zeile betätigen. Daraufhin befindet sich der Mauszeiger in der ersten Spalte der nächsten Zeile der Tabelle, und Sie können wieder Ihre Daten durch Eintippen hinzufügen. Würden Sie statt der Eingabe des Textes für die erste Spalte in einer neuen Zeile erneut ↵ drücken, dann würde die Bearbeitung der Tabelle beendet und Sie könnten wieder einen normalen Absatztext eingeben.

4. Weitere Zeilen hinzufügen

So können Sie jetzt fortfahren, die Tabelle via Tastatur mit Daten zu füllen. Ab der zweiten Zeile in der letzten Spalte müssen Sie nicht unbedingt ⏎ drücken. Hier wird danach auch mit der ⇥-Taste eine neue leere Zeile angelegt.

Absatzzahlen	2015	2016	2017	2018	2019
Produkt A	121	231	335	546	698
Produkt B		102	142	213	302
Produkt C			203	223	310

Zeile oder Spalte hinzufügen bzw. entfernen

Wenn Sie eine weitere Zeile oder Spalte hinzufügen wollen, muss die Tabelle aktiv sein. Hierfür reicht es aus, wenn sich der Eingabecursor in einer Zelle der Tabelle befindet. In dem Fall wird das Menü oberhalb um den Eintrag **Tabelle** erweitert, wo Sie alle nötigen Funktionen vorfinden, die Tabelle nachträglich anzupassen und zu layouten. Auf die wichtigsten Funktionen soll hier kurz eingegangen werden.

SCHRITT FÜR SCHRITT
Zeilen und Spalten einer Tabelle hinzufügen bzw. entfernen

1. Position für neue Spalte auswählen

Im folgenden Beispiel soll eine weitere Spalte hinzugefügt werden. Hierzu müssen Sie lediglich den Mauszeiger in der Spalte platzieren, wo Sie rechts oder links eine neue Spalte hinzufügen wollen.

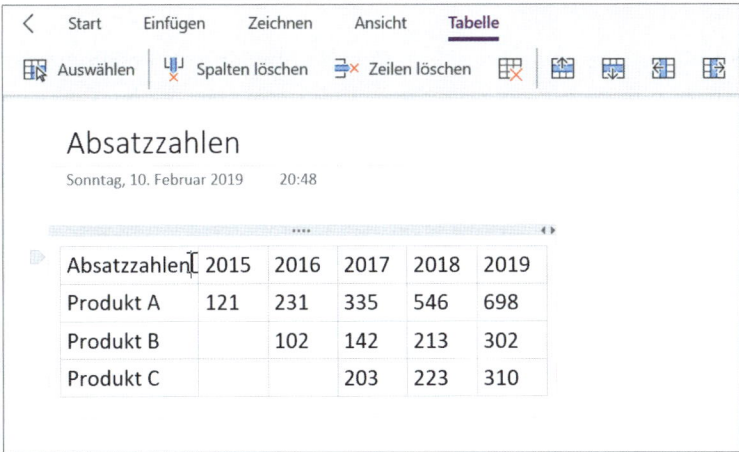

2. **Eine neue Spalte einfügen**

Je nachdem, wo Sie nun eine neue Spalte einfügen wollen, finden Sie oben im Menü **Tabelle** eine Schaltfläche zum Einfügen einer neuen Spalte auf der linken Seite und eine zum Einfügen auf der rechten Seite vor. In diesem Beispiel habe ich eine Spalte auf der linken Seite der Tabelle hinzugefügt, wo Sie nun Ihre neuen Daten eintippen können. **Tipp:** Für das Hinzufügen einer neuen Spalte auf der rechten Seite können Sie auch die Tastenkombination Strg/cmd + Alt + R verwenden.

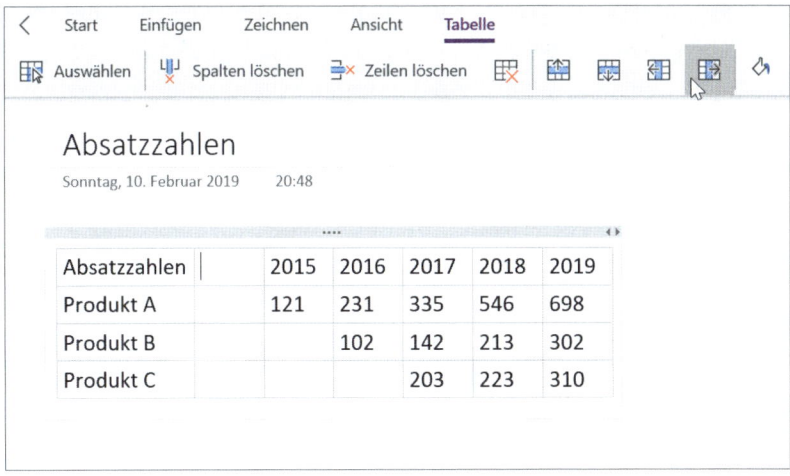

3. Eine neue Zeile einfügen

Beim Einfügen einer neuen Zeile gehen Sie ähnlich vor. Positionieren Sie den Eingabecursor in einer Zelle, über oder unter der Sie der Tabelle eine neue Zeile hinzufügen wollen. Auch hier finden Sie dann im Menü **Tabelle** zwei Schaltflächen vor, über die Sie eine neue Zeile oberhalb oder unterhalb der aktuellen Position hinzufügen können.

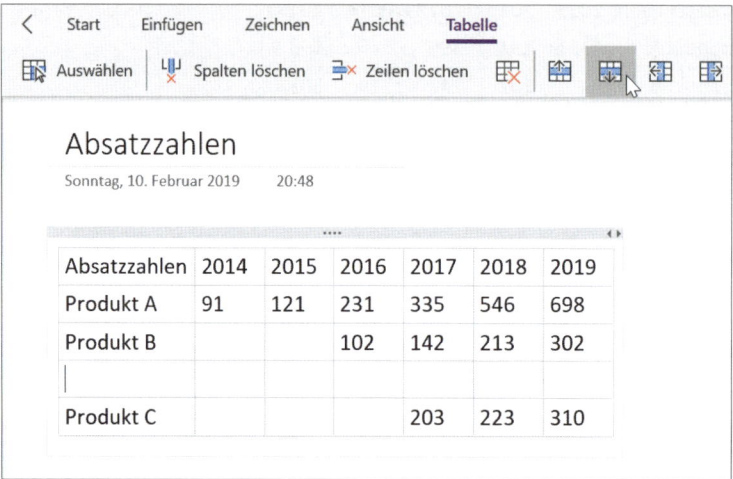

4. Zeile oder Spalte löschen

Um eine Spalte oder Zeile zu entfernen, müssen Sie den Eingabecursor in einer Zelle platzieren, deren Zeile oder Spalte Sie komplett löschen wollen. Im Menü **Tabelle** finden Sie dann die beiden Schaltflächen **Spalten löschen** und **Zeilen löschen** vor. Mit der dritten Schaltfläche, mit einem roten X vor der Tabelle, können Sie die Tabelle komplett löschen.

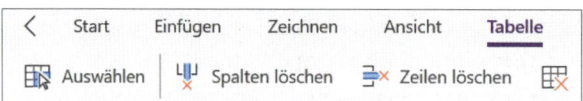

5. Mehrere Zeilen oder Spalten löschen

Es ist auch möglich, mehrere Spalten und Zeilen auf einmal zu löschen. Hierzu müssen nur die zu löschenden Zeilen oder Spalten mit gedrückt gehaltener Maustaste markieren und dann die entsprechenden Schaltflächen anklicken oder noch schneller die Taste `Entf` bzw. `←` betätigen. Das Löschen per Tastendruck funktioniert natürlich auch mit einer markierten Spalte oder Zeile.

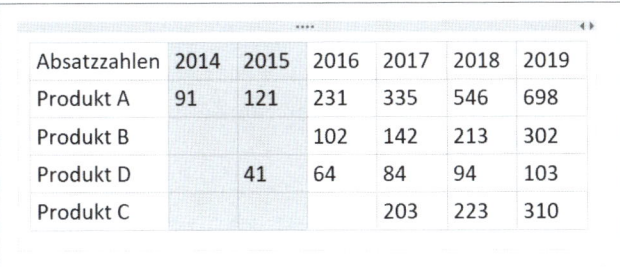

Die Befehle zum Einfügen und Löschen erreichen Sie auch, wenn Sie mit der rechten Maustaste auf die Tabelle klicken.

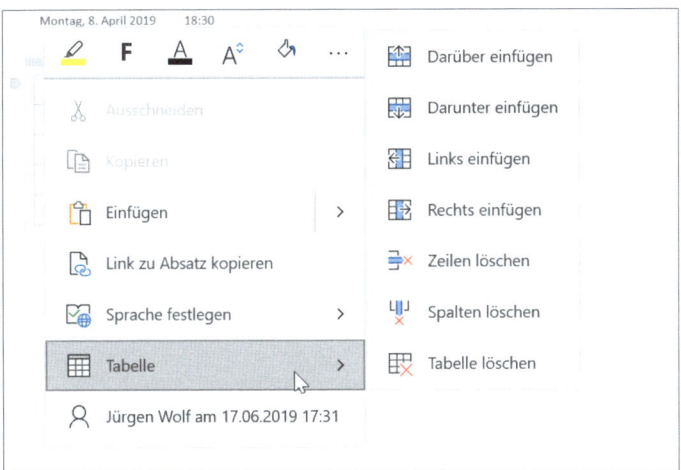

Tabelle schöner gestalten

Tabellen in OneNote sind nicht mit Tabellen von Tabellenkalkulationsprogrammen wie Excel oder Numbers gleichzusetzen. Tabellen in OneNote haben eher eine gestalterische Funktion, um die Inhalte optisch zu strukturieren. Die Gestaltungsmöglichkeiten einer Tabelle in OneNote sind daher recht bescheiden. In der folgenden Anleitung erfahren Sie, wie Sie eine Tabelle in OneNote visuell etwas attraktiver machen können.

SCHRITT FÜR SCHRITT
Tabelle schöner machen

1. Zellen markieren

Markieren Sie die Zellen, die Sie gestalten wollen, mit gedrückter Maustaste. Markierte Zellen erkennen Sie am grauen Hintergrund. Hierbei können Sie beliebig vorgehen und beliebige Zellen markieren. Im Beispiel habe ich die Titelzeile der Tabelle markiert.

2. Zellen gestalten

Im Menü **Tabelle** finden Sie nun auf der rechten Seite ein Farbeimersymbol, womit Sie die Hintergrundfarbe einer Tabelle füllen können. Klicken Sie hier auf das kleine Dreieck daneben, öffnet sich eine Palette mit verschiedenen vorgegebenen Farben, aus der Sie eine Farbe auswählen können. Die ausgewählte Farbe wird hierbei sofort auf die ausgewählten Zellen angewendet. Auf diese Weise können Sie auch noch andere Zellen mit einer Hintergrundfarbe füllen. Für eine einzelne Zelle müssen Sie nur den Eingabecursor darin platzieren. Sollten Sie außerdem keinen Rahmen um die Zellen haben wollen, können Sie diese Linien mit der Schaltfläche **Rahmen ausblenden** daneben (de)aktivieren.

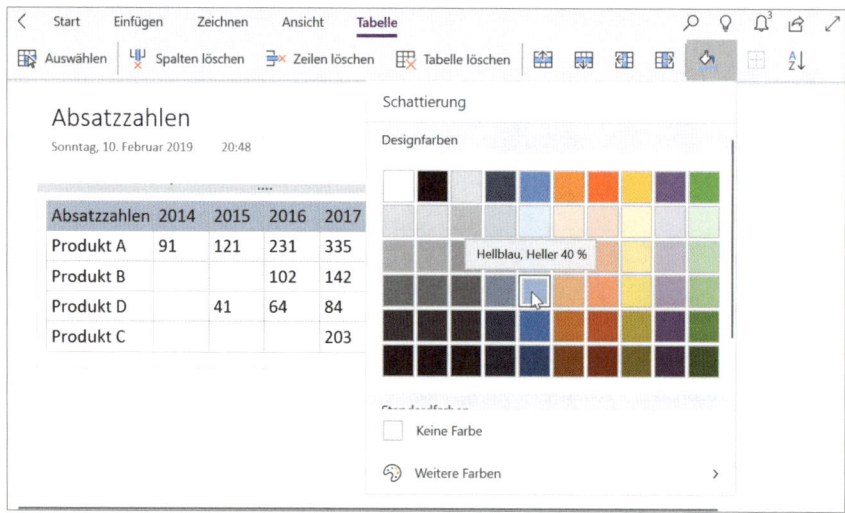

3. Text formatieren

Auf dieselbe Art und Weise wie in Arbeitsschritt 2 mit der Hintergrundfarbe von Tabellenzellen können Sie auch mit der Formatierung des Textes vorgehen. Hierfür müssen Sie nur die Zellen markieren, in denen Sie den Text formatieren wollen, und können diesen über das Menü **Start** mit den dort vorhandenen Optionen formatieren.

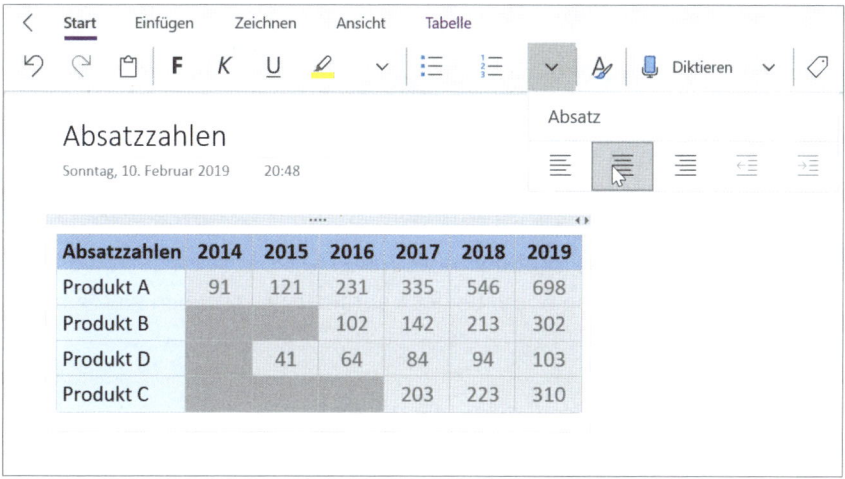

4. Spaltenbreite anpassen

Die Spaltenbreite können Sie über den dünnen Steg zwischen zwei Spalten mit gedrückt gehaltener Maustaste anpassen. Die Höhe einer Zeile hingegen lässt sich nicht nachträglich regulieren.

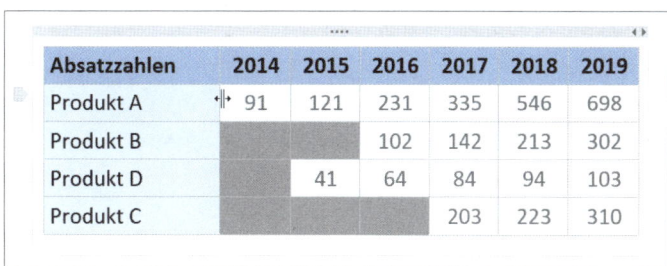

Neben der Möglichkeit, einzelne Spalten, Zeilen oder Zellen mit der Maus zu selektieren, finden Sie im Menü **Tabelle** eine weitere Option über das Dropdown-Menü **Auswählen** vor. Hierbei finden Sie neben den eben erwähnten

Funktionen zum Auswählen von Spalten, Zeilen und Zellen auch eine Option vor, um alle Zellen einer Tabelle auszuwählen.

Abbildung 5.1 *Weitere Möglichkeiten, die Zellen einer Tabelle auszuwählen*

Da alles bei OneNote in Containern verwaltet wird, können auch die Tabellen über den grauen Rahmen oberhalb des Containers verschoben werden.

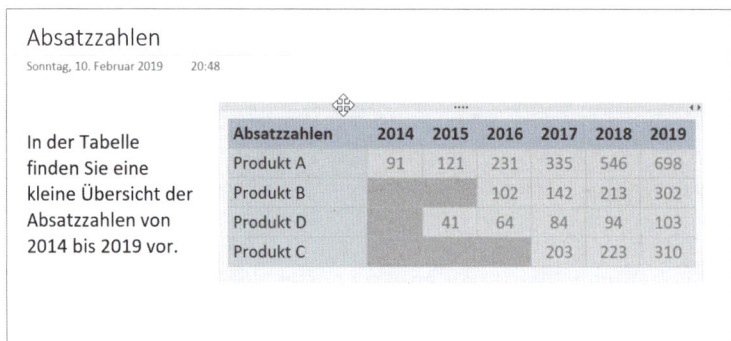

Abbildung 5.2 *Container mit der Tabelle verschieben*

Spalten lassen sich auch nach Alphabet aufsteigend oder absteigend sortieren. Hierzu ein einfaches Beispiel, wie Sie dies in der Praxis machen können.

SCHRITT FÜR SCHRITT
Spalten einer Tabelle sortieren

1. **Spalte zum Sortieren auswählen**

   Positionieren Sie den Eingabecursor in der Spalte, die Sie sortieren wollen. Im Beispiel setze ich den Cursor in die erste Spalte, wo ein **Produkt D** dazwischen eingefügt wurde.

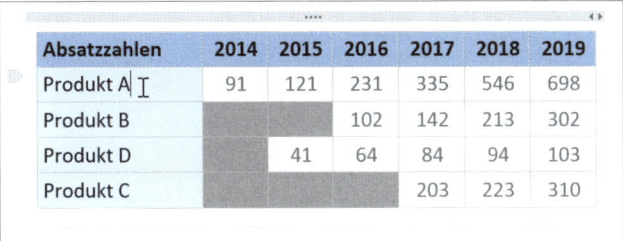

2. Spalte sortieren

Wählen Sie nun die Schaltfläche mit den Buchstaben **AZ** im Menü **Tabelle**, und entscheiden Sie, ob Sie die Spalte absteigend oder aufsteigend sortieren wollen. Wollen Sie hierbei die erste Zeile miteinschließen, müssen Sie die Option **Kopfzeile einschließen** abhaken. Im Beispiel will ich dies hier nicht haben.

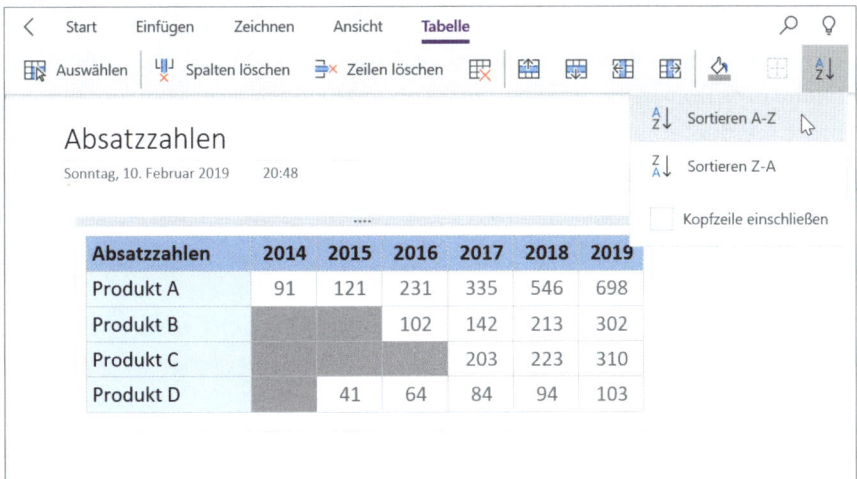

Tabellen verschachteln

In OneNote dienen Tabellen rein der optischen Strukturierung von Inhalten. Innerhalb von Tabellen können Sie neben Text natürlich auch andere Daten wie Bilder oder Dateianhänge platzieren. Ebenso können Sie auch eine weitere Tabelle innerhalb einer Zelle hinzufügen und so eine verschachtelte Tabelle erstellen. Mithilfe der Hintergrundfarbe von Tabellen, Ausblenden der Rahmenlinien und der Option, auch andere Elemente darin zu platzieren, haben Sie hiermit ziemlich viele Möglichkeiten, die Informationen ordentlich zu gestalten.

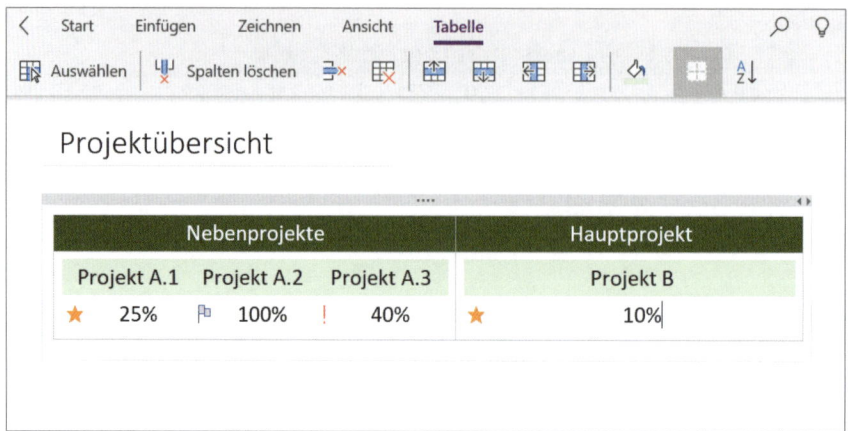

Abbildung 5.3 *Sie können auch Tabellen in den einzelnen Zellen anlegen.*

Tabelle auf den mobilen Geräten

Auf Smartphones werden die Tabellen natürlich ordentlich angezeigt, und der Inhalt und Text kann hier mit den vorhandenen Mitteln geändert und angepasst werden. Aber eine Tabelle anzulegen geht auf dem Smartphone nicht. Beim Tablet hingegen können Sie Tabellen erstellen, wobei der Funktionsumfang hier etwas reduziert ist. Hier ein kurzer Vorgang, wie Sie eine Tabelle auf dem iPad erstellen können.

SCHRITT FÜR SCHRITT
Eine Tabelle auf einem iPad anlegen

1. Tabelle hinzufügen

Tippen Sie im Menü **Einfügen** auf **Tabelle**, wird gleich eine 2 × 2 große Tabelle eingefügt. Zum Eingeben der Daten in den Zellen müssen Sie diese nur durch Antippen auswählen. Reichen Ihnen die zwei Spalten und zwei Zeilen nicht aus, finden Sie auch hier den Menüeintrag **Tabelle** vor, wenn die Tabelle ausgewählt ist bzw. sich der Eingabecursor in mindestens einer Zelle befindet. Allerdings ist hier der Funktionsumfang etwas geringer als bei OneNote auf dem PC oder macOS.

Tabellen in OneNote verwenden

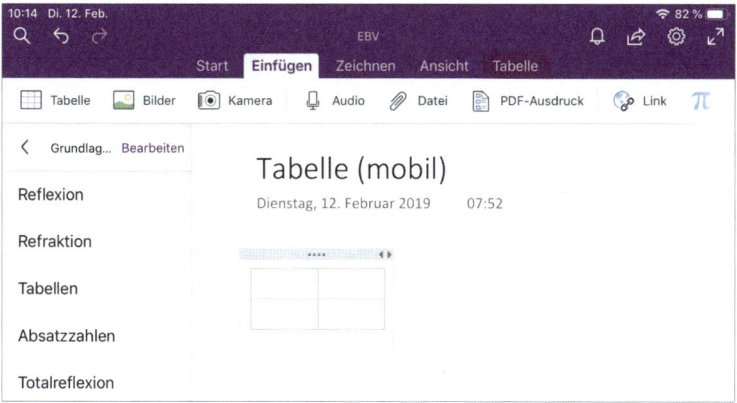

2. **Zeile oder Spalte hinzufügen**

   Zum Einfügen neuer Zeilen oder Spalten setzen Sie den Cursor an die gewünschte Position, wo Sie davor oder danach bzw. darüber oder darunter eine neue Spalte bzw. Zeile einfügen wollen. Dann tippen Sie im Menü **Tabelle** auf **Einfügen** und wählen den entsprechenden Befehl dazu aus.

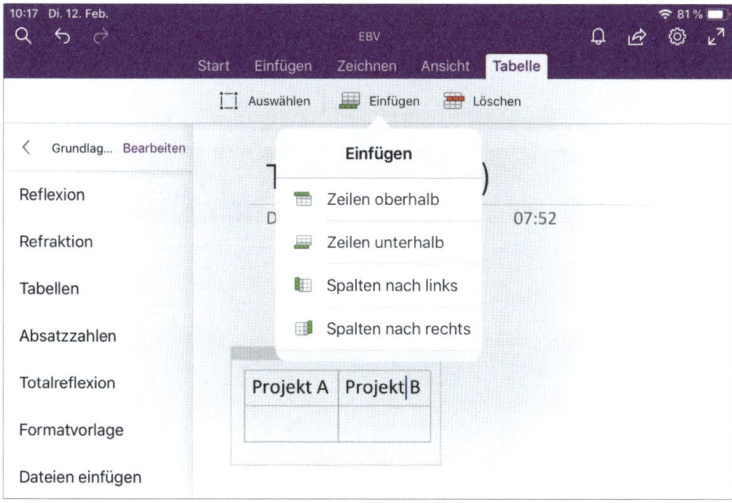

3. **Zeile oder Spalte löschen**

   Zum Löschen einer Zeile oder Spalte tippen Sie die entsprechende Zelle an und wählen dann im Menü **Tabelle** einen entsprechenden Befehl aus, der durch das Antippen von **Löschen** angezeigt wird. Hierbei wird auch die Option angeboten, die komplette Tabelle zu löschen.

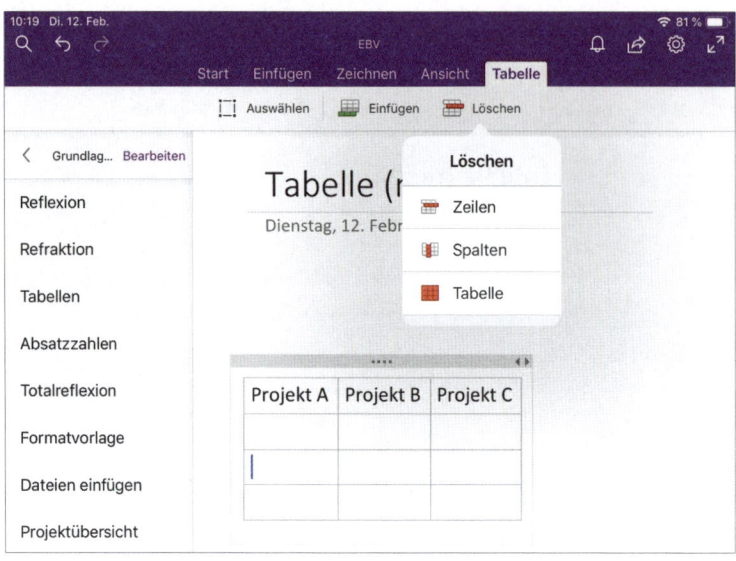

4. Zeile oder Spalte auswählen

Und auch zum Auswählen einer einzelnen Zelle, Zeile, Spalte oder der kompletten Tabelle finden Sie im Menü **Tabelle** mit **Auswählen** die entsprechenden Funktionen vor, um z. B. den Text einer oder mehrerer Zellen gleichzeitig zu formatieren.

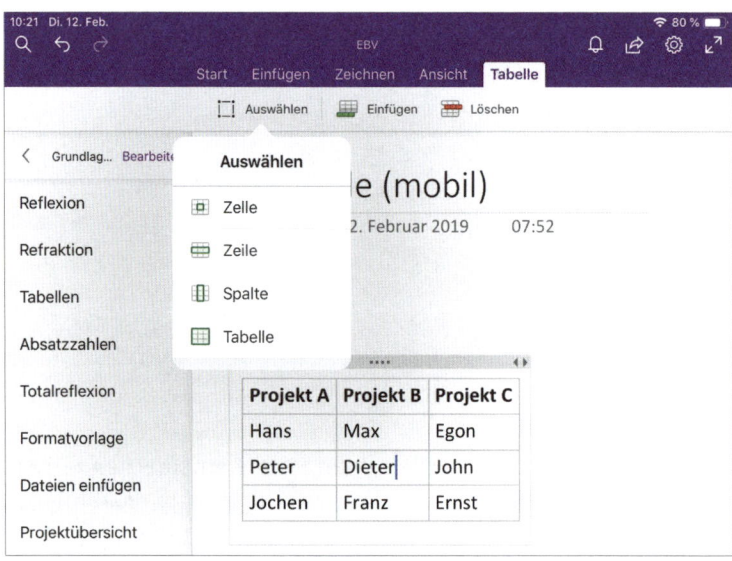

Dateien anfügen

Sie können in OneNote beliebige Dateien anhängen und so wichtige Dateien archivieren. Einmal angehängte Dateien können Sie mit einem Klick auf das Symbol mit dem passenden Programm öffnen und bearbeiten. Gewöhnlich wird diese Datei dann auch gleich mit der Cloud synchronisiert, sodass Ihnen diese immer und überall zu Verfügung steht, wo Sie OneNote verwenden. Die folgende Anleitung demonstriert Ihnen, wie Sie Dateien einer Seite in OneNote hinzufügen können.

SCHRITT FÜR SCHRITT
Dateien einer Seite hinzufügen

1. **Position für die Datei auswählen**

   Positionieren Sie den Eingabecursor an der Stelle, an der Sie die Datei als Anlage einfügen wollen. Wählen Sie dann im Menü **Einfügen** die Schaltfläche **Datei**.

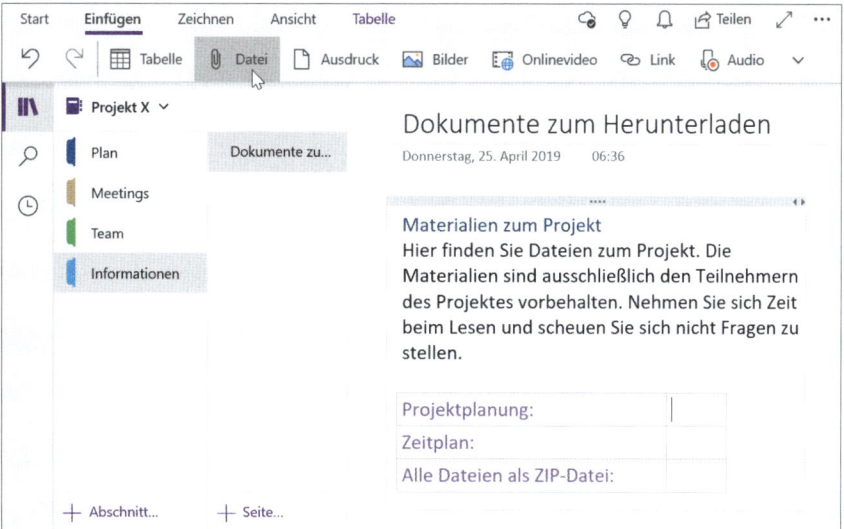

2. **Datei auswählen**

   Im nächsten Dialogfenster können Sie nun die Datei auswählen, die Sie als Anlage der OneNote-Seite hinzufügen wollen. Klicken Sie auf die Schaltfläche **Öffnen**, und es erfolgt eine Abfrage, wie Sie die Datei hinzufügen wollen.

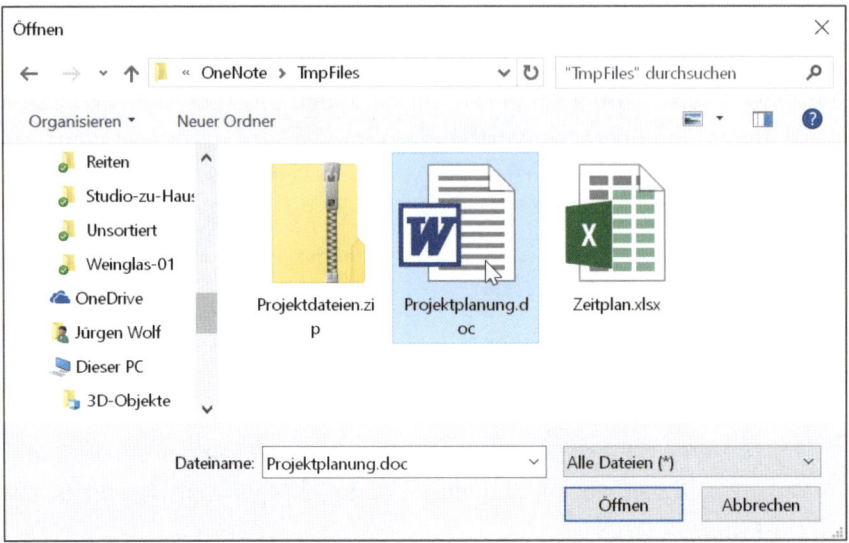

3. **Wie soll die Datei einfügt werden?**

   Als Nächstes müssen Sie entscheiden, wie Sie die Datei in OneNote einfügen wollen. Es stehen drei Optionen zur Auswahl:

   – **Auf OneDrive hochladen und Link einfügen**: Damit laden Sie eine Kopie der Datei in die Cloud hoch und fügen einen Link in OneNote dazu ein. Klicken Sie den Link an, gelangen Sie zur hochgeladenen Datei auf dem OneDrive. Handelt es sich hier um eine Datei, die einer Microsoft-Office-App zugeordnet ist, wie ein Word-Dokument, eine Excel-Tabelle oder eine PowerPoint-Präsentation, dann versucht OneNote gleich, die passende App zur Bearbeitung via OneNote Online zu öffnen. Änderungen wirken sich direkt auf die Originaldatei auf dem OneDrive aus. Des Weiteren wird, wenn es sich um eine einer Microsoft-Office-App zugeordnete Datei handelt, eine Live-Vorschau des Inhalts angezeigt. Ein Beispiel dazu können Sie in Abbildung 5.5 sehen. Beachten Sie allerdings, dass Sie für diese Option eine Internetverbindung benötigen, wenn Sie die Datei öffnen wollen.

   – **Als Anlage einfügen**: Mit dieser Option fügen Sie die Datei als Kopie OneNote hinzu. Hierbei wird kein Link zur Quelldatei hinzugefügt. Wenn

Sie diese Datei auswählen, beispielsweise per Doppelklick zur Bearbeitung, dann werden alle Änderungen nur auf die Datei in OneNote durchgeführt und sind auch nur dort vorhanden. Hierbei können Sie auch mit der Datei arbeiten, wenn Sie offline arbeiten. OneNote fügt hierbei die Datei in Form eines Dateisymbols Ihrer Notiz hinzu.

— **Als Ausdruck einfügen**: Sofern das Dateiformat von OneNote unterstützt wird, wird aus der ausgewählten Datei eine PDF-Datei gemacht und die einzelnen Seiten als Bilder (ein Bild pro Seite) in OneNote eingefügt. Dies ist beispielsweise bei Microsoft-Office-Dateien wie Word-Dokumenten, Excel-Tabellen oder PowerPoint-Präsentationen der Fall. PDF-Dokumente werden wie eine Anlage und die einzelnen Seiten als Bilder eingefügt. Bei Dateien, die nicht von OneNote unterstützt werden, wird diese Funktion gar nicht erst aufgelistet. Ein Beispiel dazu können Sie in Abbildung 5.7 sehen.

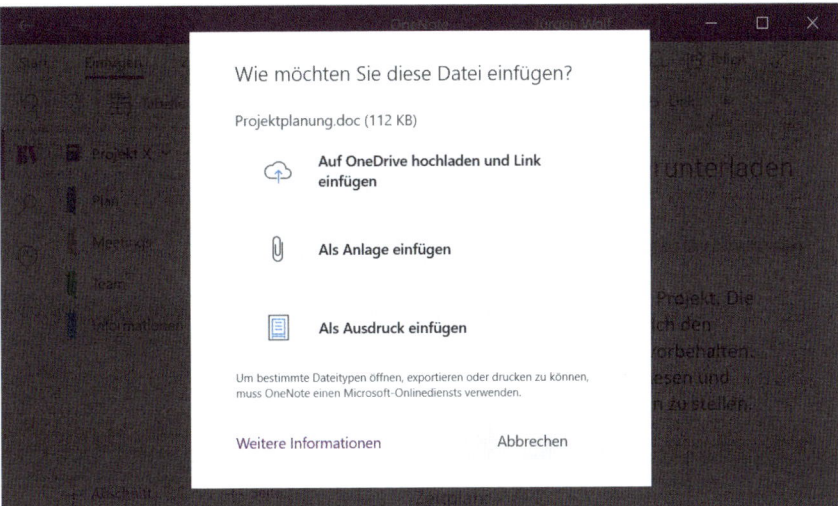

4. Schritte 1 bis 3 wiederholen

Wiederholen Sie die Schritte 1 bis 3, wenn Sie weitere Dateien hinzufügen wollen. Im Beispiel wurden neben einem Word-Dokument noch eine Excel-Datei und eine ZIP-Datei als Anhang hinzugefügt. Alle drei Dateien wurden als Anlage eingefügt. Sie können übrigens auch Dateien mit gedrückt gehaltener Maustaste von einer anderen Anwendung nach OneNote ziehen und dort fallen lassen, um sie einer Seite anzuhängen. Die Position des Dateianhangsymbols können Sie jederzeit mit gedrückter Maustaste innerhalb von OneNote verschieben.

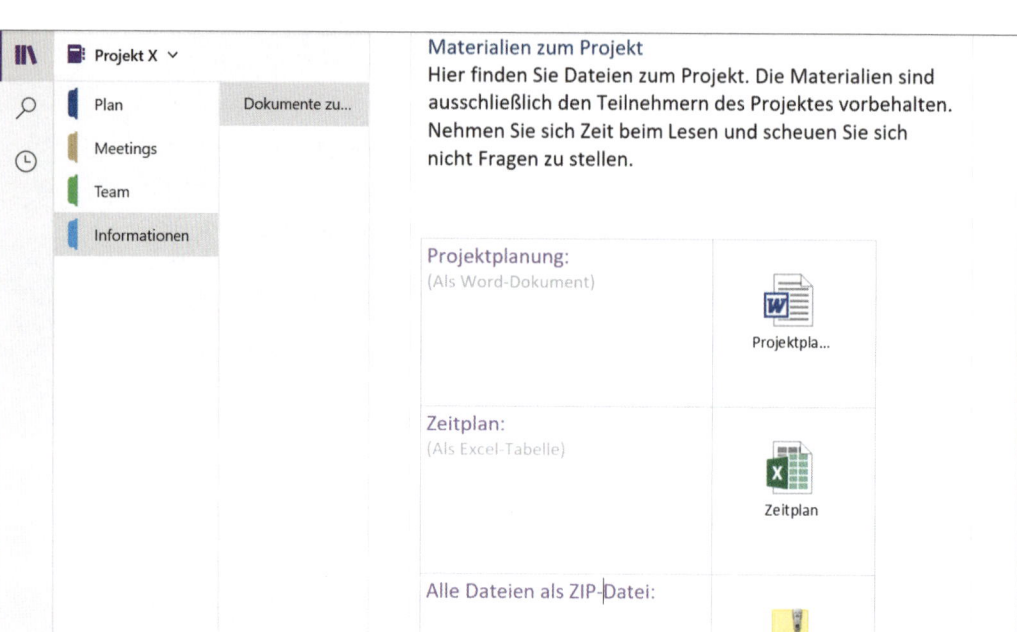

Als Anlage eingefügte Dateien öffnen

Die als Anlage hinzugefügten Dateien werden auf dem jeweiligen System per Doppelklick mit der Anwendung geöffnet, mit der diese verknüpft sind. Eine Word-Datei wird gewöhnlich auch mit Word geöffnet, wenn es installiert ist. Wurde hingegen eine andere Standardanwendung für eine bestimmte Datei eingerichtet, wird eben diese Anwendung stattdessen verwendet.

Bei Bedarf können Sie auch selbst eine Anwendung auswählen, mit der Sie eine angehängte Datei öffnen wollen. Klicken Sie hierzu die Datei mit der rechten Maustaste an, und wählen Sie im Kontextmenü das mittlere Dateisymbol mit dem Ordner und dem Pfeil, was praktisch die Funktion **Öffnen mit** darstellt. Links daneben finden Sie das Symbol für **Öffnen**, das auch bei einem Doppelklick ausgeführt wird. Bei der macOS-Version stehen hier die Befehle mit **Öffnen** und **Öffnen mit** noch im Klartext, wenn Sie das Kontextmenü öffnen.

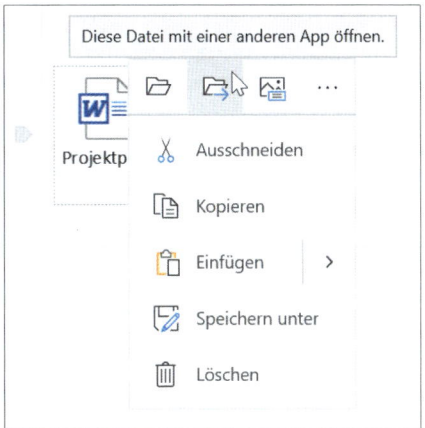

Abbildung 5.4 *Eine als Anlage geöffnete Datei können Sie auch mit einer ausgewählten Anwendung über »Öffnen mit« laden.*

Datei auf OneDrive mit Link öffnen

Wenn Sie eine als Link hinzugefügte Datei auf dem OneDrive per Klick auf den Link öffnen, wird die Datei mit OneNote Online zur Bearbeitung geöffnet. Da ohnehin eine Internetverbindung dafür benötigt wird, ist das plausibel und sinnvoll.

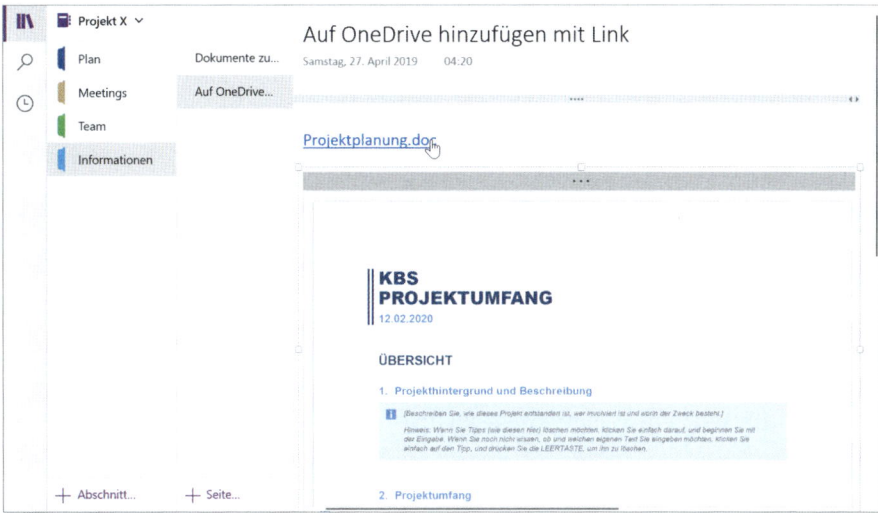

Abbildung 5.5 *Hier wurde eine Kopie des Word-Dokuments auf OneDrive hochgeladen und ein anklickbarer Link der Datei hinzugefügt.*

Wenn Sie die erstellten Vorschauen von Word-Dokumenten, Excel-Tabellen oder PowerPoint-Präsentationen nicht haben wollen, können Sie diese auch einfach markieren und entfernen. Manchmal will man ja den Link zu einer Datei bei einer Liste oder Aufzählung hinzufügen, und hierbei ist diese erstellte Vorschau dann eher störend.

> **Datei-Upload-Verzeichnis**
>
> Dateien, die Sie auf OneDrive hochladen, finden Sie in einem Verzeichnis mit dem Namen *OneNote-Uploads* auf der OneDrive wieder.

Bei Bedarf finden Sie auch weitere Optionen vor, den Link nachträglich zu bearbeiten. Klicken Sie hierzu den Link zur Datei mit der rechten Maustaste an, und wählen Sie im Kontextmenü **Link** und dann den entsprechenden Befehl aus. Mit **Link bearbeiten** können Sie z. B. den Titel des Links ändern. Allerdings ist dies auch gleich direkt im Editor möglich, indem Sie den Text für den Link anpassen.

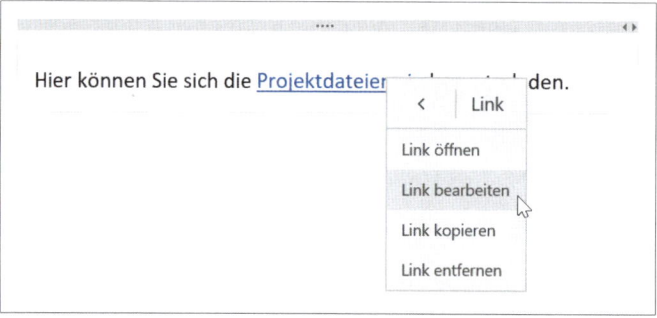

Abbildung 5.6 *Via Kontextmenü finden Sie weitere Befehle für den Link zu einer Datei.*

Dateien öffnen, die als Ausdruck eingefügt wurden

Wenn Sie eine Datei als Ausdruck eingefügt haben, wird eine Kopie des Dokuments als Anlage eingefügt, ein PDF erstellt und hinzugefügt, und dann werden noch die einzelnen Seiten des Dokuments als PNG-Bilder eingefügt. Hierbei können Sie natürlich wieder eingreifen und entfernen, was Sie hier davon nicht haben wollen.

Abbildung 5.7 *Hier wurde ein Word-Dokument als Ausdruck eingefügt.*

Dateien auf mobilen Geräten hinzufügen

Das Einfügen von Dateien funktioniert auch bei mobilen Geräten. Bei den Tablets finden Sie hier im Menü **Einfügen** den Eintrag **Datei** vor. Bei Smartphones hingegen erreichen Sie diese Option beim Antippen auf einen freien Bereich über das Büroklammernsymbol. Eingefügt werden hierbei die Dateien immer als Anlage.

Abbildung 5.8 *Das Hinzufügen von Dateien als Anlage funktioniert auch mit den mobilen Geräten.*

Alle möglichen Befehle eines Dateianhangs, wie z. B. die Anzeige in einer Vorschau, werden angezeigt, wenn Sie mit dem Finger länger auf dem Symbol des Anhangs verweilen.

PDF-Dokumente einfügen

Die Funktion zum Einfügen von PDF-Dokumenten ist sehr praktisch. Ich verwende sie persönlich relativ häufig, um Dokumente wie Rechnungen, Nachweise, Briefe, Verträge, Versicherungen, Entwürfe oder Pläne zu sammeln und zu archivieren. Diese Form ist wesentlich komfortabler, als unzählige Aktenordner zu stapeln. Sehr schön ist dabei auch, dass Sie durch die eingefügten PDF-Dokumente auch gleich durchscrollen und diese lesen können. OneNote legt die einzelnen Seiten als Bilddateien im PNG-Format für die Anzeige an. Das macht auch gleich einen anderen PDF-Reader überflüssig. Und wenn Sie dann einen PDF-Reader verwenden wollen, finden Sie auch die PDF-Anlage als Dateisymbol vor. Hierbei können Sie dann bei Bedarf auch noch Notizen oder Skizzen hinzufügen, natürlich nicht direkt im Original-PDF-Dokument. Da auch hierbei die PDF-Dokumente mit der Cloud synchronisiert werden, müssen Sie auch die ursprüngliche Datei gar nicht zusätzlich in Ordnern speichern, und Sie haben das Dokument quasi immer und überall dabei. Hierzu eine kurze Anleitung, welche Ihnen den Workflow zeigt, wie Sie ein PDF-Dokument in OneNote einfügen und weiterverwenden können.

Als Ausdruck einfügen

Bei der aktuellen Version ist es ein wenig verwirrend, weil das Hinzufügen von PDF-Dokumenten via Ausdruck im Prinzip dieselbe Funktion ist, wie beim Einfügen von Dateien mit **Als Ausdruck einfügen**. Das heißt, auch hier können Sie Word-Dokumente, Excel-Tabellen oder PowerPoint-Präsentationen in ein PDF konvertieren und als Anlage hinzufügen lassen. Damit ist diese Funktion praktisch doppelt belegt. Ich bin mir aber sicher, dass Microsoft dies noch ändern wird.

SCHRITT FÜR SCHRITT
Ein PDF-Dokument in eine Seite einfügen

1. Position festlegen

Positionieren Sie den Eingabecursor auf der Seite, auf der Sie das PDF-Dokument einfügen wollen. Ich verwende hierfür z. B. ein eigenes Notizbuch für meine Rechnungen.

2. Funktion zum Einfügen auswählen

Wählen Sie dann über das Menü **Einfügen** die Schaltfläche **Ausdruck** aus.

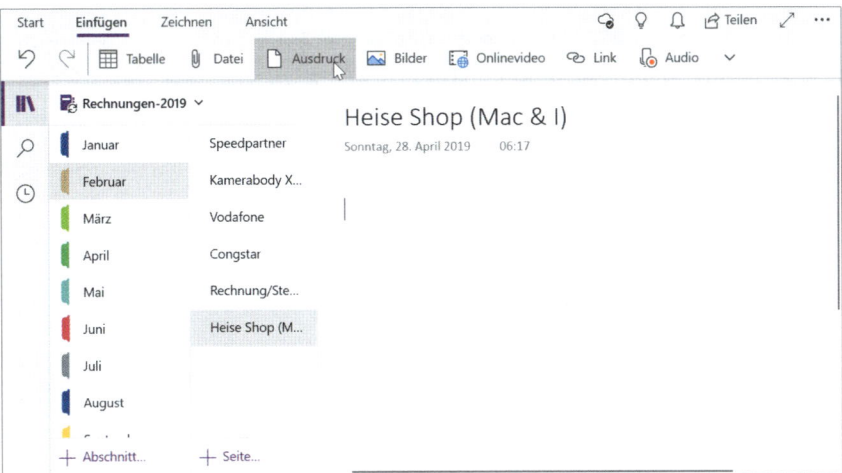

3. PDF-Dokument auswählen

Wählen Sie nun im sich öffnenden Dialog zum Öffnen einer Datei die PDF-Datei aus, die Sie hier einfügen wollen. Hierbei können Sie auch Microsoft-Office-Dateien wie Word-Dokumente oder Excel-Tabellen auswählen, und OneNote macht auch daraus ein PDF und fügt den Inhalt als Bilder an.

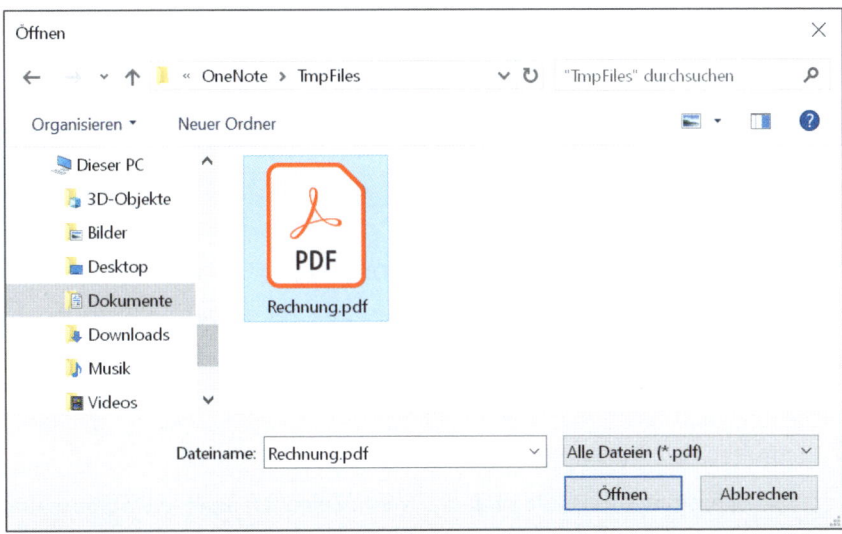

4. PDF-Dokument betrachten

Kurz darauf wird das Dateisymbol für das PDF-Dokument eingefügt, und darunter finden Sie den Inhalt des PDF-Dokuments als PNG-Bilddatei wieder. Enthält das PDF-Dokument mehrere Seiten, wird für jede Seite eine solche Bilddatei untereinander erstellt.

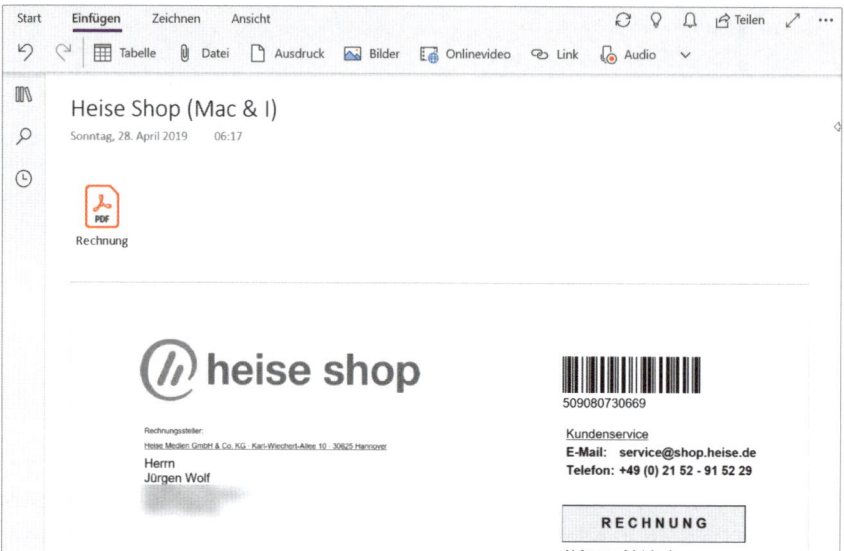

5. PDF-Dokument öffnen

Über das Dateisymbol können Sie die PDF-Datei nun jederzeit mit einem PDF-Reader öffnen. Praktisch ist hierbei auch, dass diese Datei dank der Synchronisation in die Cloud hochgeladen wird und somit überall verfügbar ist, wo Sie auf OneNote zugreifen können.

6. Ausdruck anpassen

Die erstellten Bilddateien aus dem PDF-Dokument können Sie behandeln wie gewöhnliche Bilder auch. Über die Anfasser an den Seiten können Sie die Größe skalieren oder die Position der angezeigten Bilder mit gedrückter Maustaste verschieben.

7. Anmerkungen hinzufügen

Praktisch ist auch, dass Sie über das Menü **Zeichnen** jederzeit weitere Anmerkungen hinzufügen können. Auf die Funktionen im Menü **Zeichnen** wird noch gesondert in Kapitel 6, »Zeichnen mit OneNote«, eingegangen, aber ich finde, dies sollte hier schon mal vorab erwähnt werden. Sollten Sie hierbei allerdings die aus dem PDF-Dokument erstellte Bilddatei skalieren wollen, dann müssen Sie auch die Anmerkungen innerhalb der Bilddatei mit auswählen, weil sonst die eingefügten Anmerkungen an der ursprünglichen Stelle bleiben, und somit dann nicht mehr zum PDF-Dokument dahinter passen. Wollen Sie hingegen gleich vermeiden, dass die Bilddatei verschoben oder skaliert werden kann, klicken Sie diese mit der rechten Maustaste an, und wählen Sie **Bild als Hintergrund festlegen**. Daraufhin verhält sich das Bild wie ein Hintergrundbild und kann nicht mehr verändert werden. Per rechten Mausklick und Deaktivieren von **Bild als Hintergrund festlegen** können Sie diesen Schritt wieder rückgängig machen.

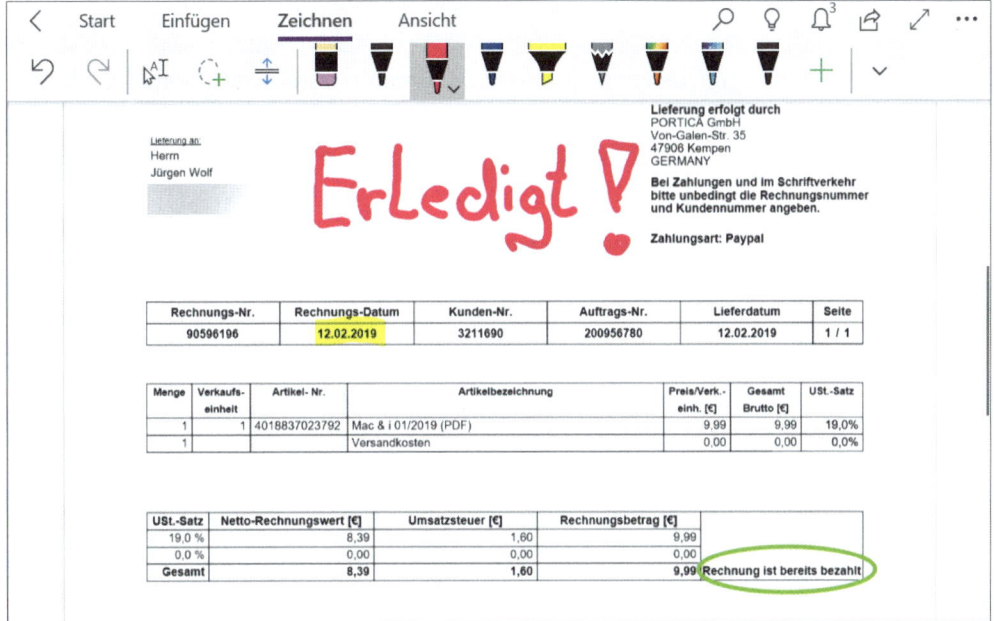

8. Die Texterkennung von OneNote

In OneNote ist eine sehr gute Texterkennung implementiert, die Text innerhalb von Bildern erkennt, womit sich diese Texte auch über eine Volltextsuche finden lassen. Wenn Sie also ein neues PDF-Dokument als Ausdruck eingefügt haben, kann es zunächst ein wenig dauern, bis die Texterkennung mit ihrer Arbeit fertig ist. Die Texterkennung wird hierbei an dem zum PDF-Dokument generierten Ausdruck durchgeführt, also dem Bild, und nicht dem PDF-Dokument selbst. Den erkannten Text fügt OneNote dann als Metadaten hinzu, die Sie über einen rechten Mausklick auf dem Bild oder Dokument mit dem Befehl **Alternativtext** betrachten und editieren können. Im sich öffnenden Dialog finden Sie jetzt den Text des Bildes in der Beschreibung wieder. Zusätzlich können Sie hier noch einen aussagekräftigen Titel dem Alternativtext hinzufügen. Bestätigen Sie den Dialog mit **Fertig**. Auf den Alternativtext wird noch gesondert im gleichnamigen Abschnitt eingegangen.

Zugegeben, bei Rechnungen mag diese Texterkennung noch recht trivial sein, aber bei umfangreichen PDF-Dokumenten mit technischen oder wissenschaftlichen Inhalten ist diese Funktion schon sehr nützlich und hilfreich, weil hiermit auch noch die Suche neben den gewöhnlichen OneNote-Seiten auf beliebig viele PDF-Dokumente ausgeweitet wird. Richtig eingesetzt, können Sie so sämtliche PDF-Dokumente in OneNote verwalten und archivieren. Und dank der mächtigen Suchfunktion finden Sie auch noch alte Dokumente von vor zwei oder drei Jahren wieder.

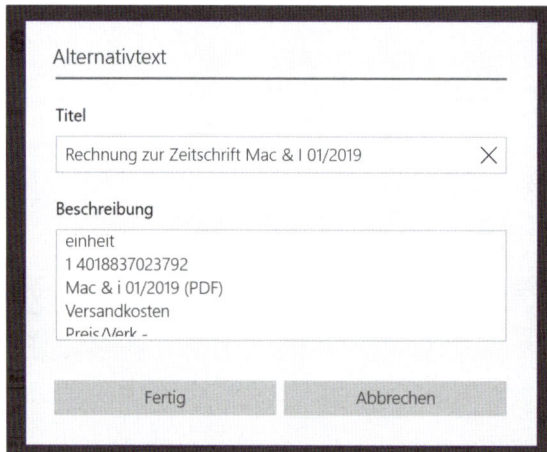

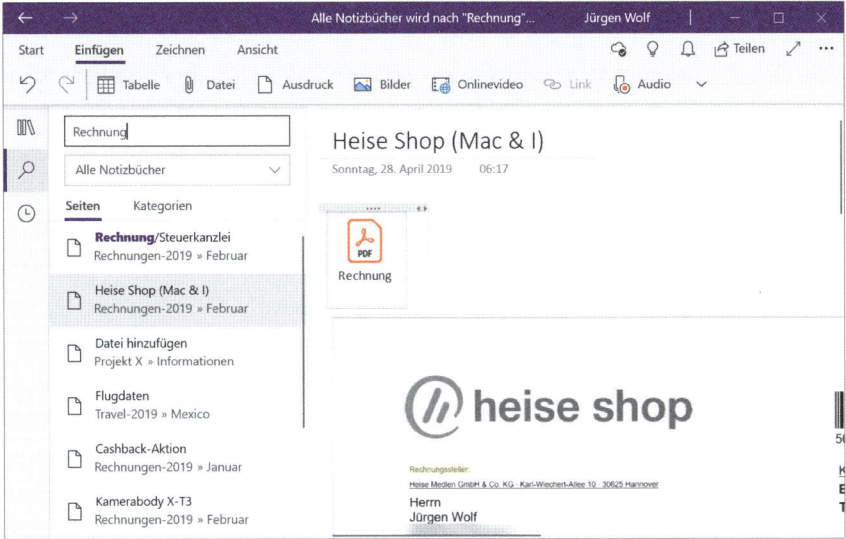

9. Text aus Bild kopieren

Wenn die Texterkennung erfolgreich gewesen ist, können Sie den Text auch in die Zwischenablage kopieren. Klicken Sie hierbei das Bild mit dem Text mit der rechten Maustaste an, finden Sie hierfür im Kontextmenü den Befehl **Text aus Bild kopieren**.

Auch bei mobilen Geräten können Sie PDF-Dokumente einfügen. Auf dem Tablet finden Sie diese Funktion ebenfalls im Menü **Einfügen** mit dem Namen **PDF-Ausdruck** wieder. Beim Smartphone hingegen müssen Sie wieder das Büroklammersymbol zum Hinzufügen eines PDF-Dokuments antippen und im sich öffnenden Dialog auswählen, wie Sie das PDF-Dokument einfügen wollen. Wollen Sie es, wie hier beschrieben, mit einer Bildvorschau einfügen, dann müssen Sie **Ausdruck** wählen.

Abbildung 5.9 *Bei der Smartphone-Version müssen Sie wählen, ob Sie ein PDF-Dokument als Anlage anhängen oder als komplette Bildvorschau einfügen wollen.*

Bilder einfügen

Wie es sich für ein fortgeschrittenes multimediales Notizbuch gehört, können Sie in OneNote auch Bilder und Grafiken einfügen. Bilder lockern den Text auf und sind in vielen Situationen sehr hilfreich. So können Sie in technischen oder wissenschaftlichen Texten das Beschriebene etwas anschaulicher und somit verständlicher machen. Bei Kochrezepten können Sie solche Bilder als Appetitanreger oder zur Auflockerung hinzufügen. Oder bei Workshops lassen sich so manche Themen besser veranschaulichen. Aber auch für Recherchezwecke, wie z. B. die nächste Reise oder den nächsten Vortrag, kann das Sammeln von Bildern über das Internet nützlich sein. Die Anwendungsmöglichkeiten von Bildern in OneNote-Seiten sind auf jeden Fall zahlreich. Im folgenden Beispiel will ich zu einer Workshop-Beschreibung ein Bild als Aufmacher von der Festplatte einfügen.

SCHRITT FÜR SCHRITT
Bild zu einer Seite hinzufügen

1. **Position festlegen und Funktion aufrufen**

   Positionieren Sie den Eingabecursor an der Stelle, an der Sie das Bild einfügen wollen. Wenn die Position nicht so genau ist, dann ist dies nicht weiter tragisch, weil sich das eingefügte Bild danach jederzeit noch verschieben lässt. Klicken Sie im Menü **Einfügen** auf **Bilder** und wählen **Aus Datei**.

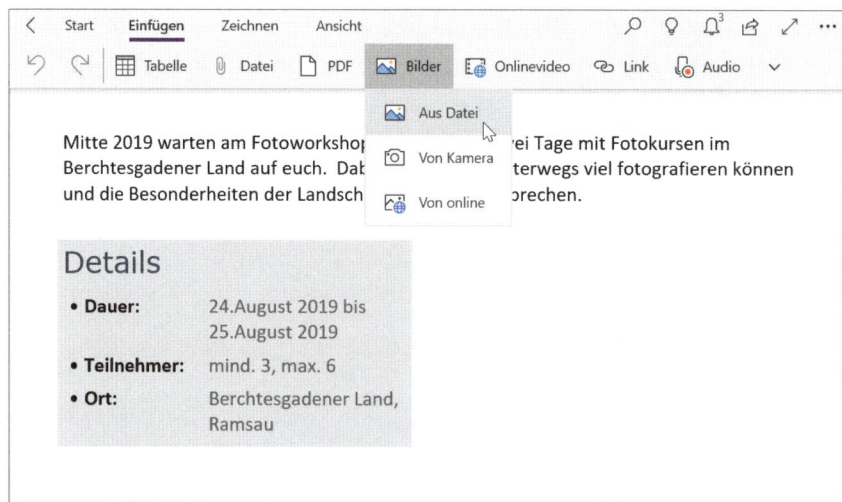

Bilder einfügen

2. **Bild zum Einfügen auswählen**

Im sich öffnenden Dialog wählen Sie das Bild aus und klicken auf **Öffnen**.

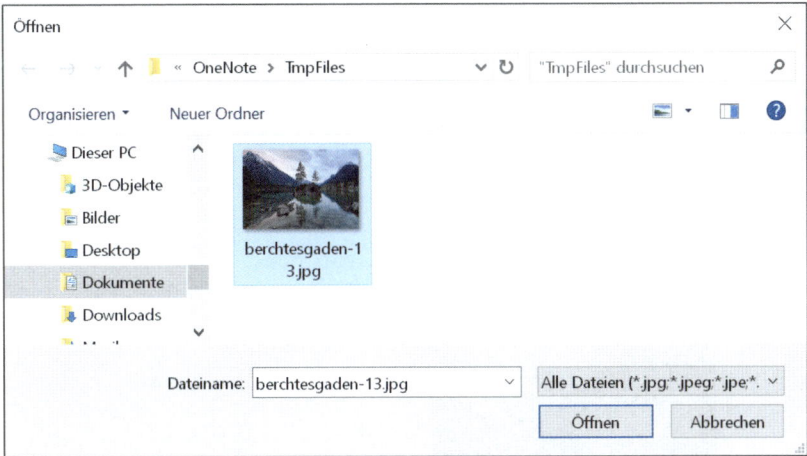

3. **Eingefügtes Bild anpassen und verschieben**

Das eingefügte Bild wird vermutlich nicht auf Anhieb in der passenden Größe oder Position vorliegen. Klicken Sie es daher an und skalieren Sie das Bild proportional über die vier Ecken, bis es die richtige Größe hat. Wenn Sie das Bild über die vier Punkte an den Seiten skalieren, dann geschieht dies unproportional. Zum Verschieben des Bildes reicht es aus, die Maustaste auf dem Bild gedrückt zu halten und es an der gewünschten Position fallen zu lassen.

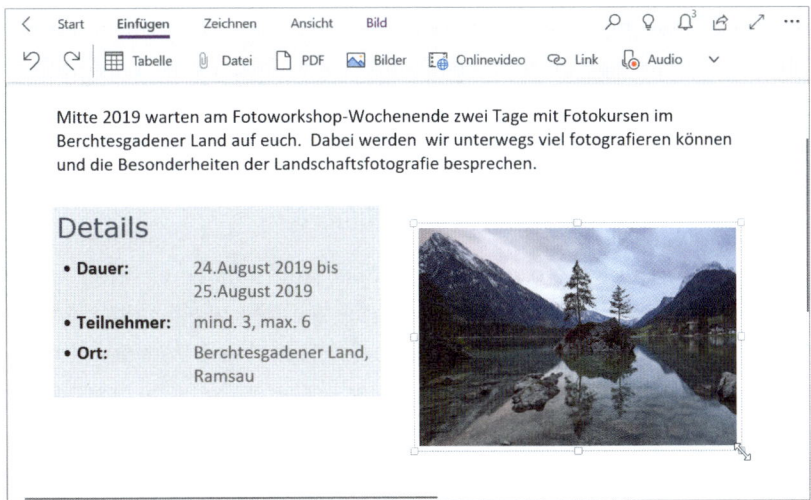

4. **Weitere Funktionen Bilder zu Bearbeiten**

   OneNote bietet noch weitere Funktionen wie das Drehen oder Spiegeln eines eingefügten Bildes an. Sie rufen die Funktionen auf, indem Sie rechts auf das Bild klicken. Hier finden Sie auch die Funktion **Als Hintergrund festlegen**, um ein Bild an der Position zu fixieren und um es nicht mehr aus Versehen zu verschieben. Dieselben Befehle finden Sie auch in der Menüleiste **Bild**, die eingeblendet wird, wenn Sie ein Bild ausgewählt haben.

   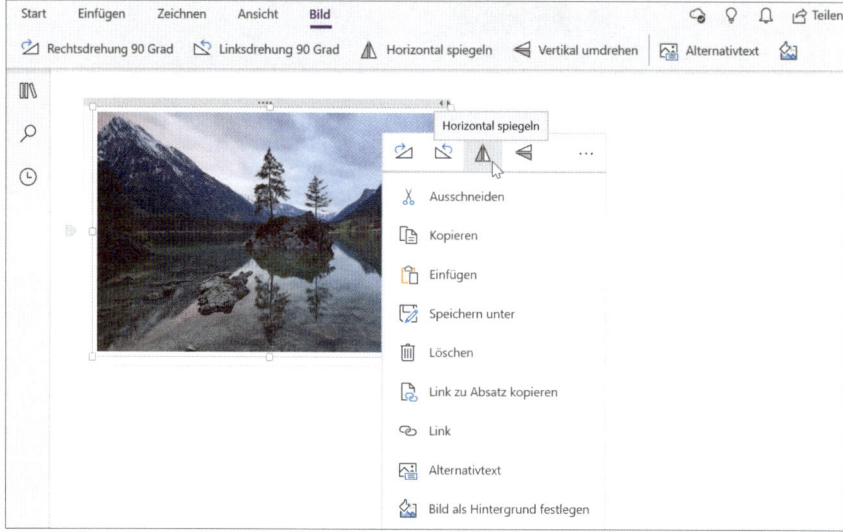

Das Hinzufügen von Bildern funktioniert auch per Drag & Drop aus anderen Anwendungen wie dem Dateimanager oder mit Bildern von Webseiten, die im Webbrowser angezeigt werden. Bei Bildern vom Webbrowser wird außerdem auch gleich der Link in einem Textcontainer als Bezugsquelle mit hinzugefügt. Das ist praktisch, wenn Sie für Ihre nächste Reise recherchieren oder Produkte vergleichen wollen. Auch hier gibt es wohl wieder unzählige gute Gründe, auf diesem Weg Bilder OneNote-Seiten hinzuzufügen.

Das Hinzufügen von Bildern funktioniert auch auf mobilen Geräten problemlos. Bei der Smartphone-Version müssen Sie ein Bild wieder über das Büroklammersymbol hinzufügen. Tippen Sie bei den mobilen Versionen mit dem Finger auf das Bild, können Sie es auch hier skalieren, verschieben oder über das Menü drehen.

Bilder einfügen

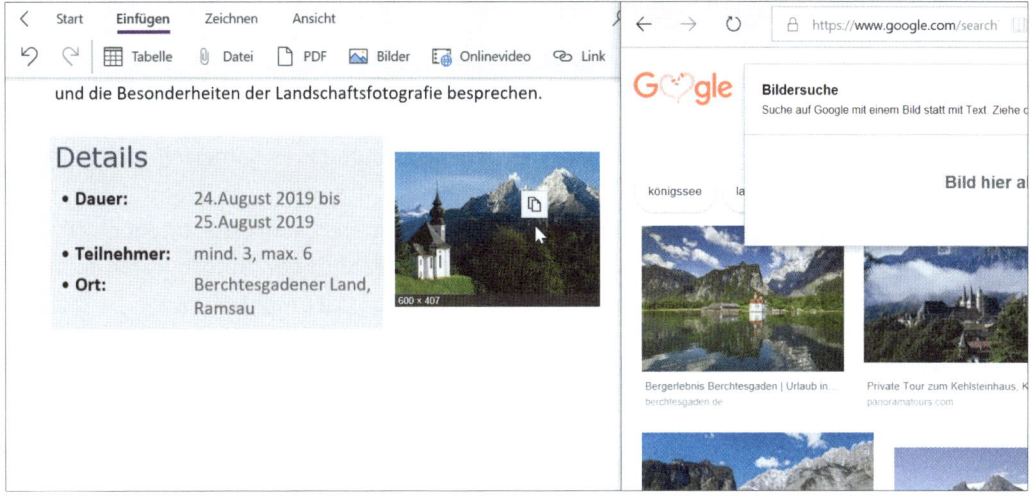

Abbildung 5.10 *Bilder können auch per Drag & Drop in OneNote eingefügt werden.*

Bei der Windows-Version finden Sie zusätzlich noch eine Funktion **Von online** über **Einfügen • Bilder**. Damit verwenden Sie direkt die Bing-Bildersuche innerhalb von OneNote über die rechte Seitenleiste und können auch so direkt Bilder der Seite hinzufügen.

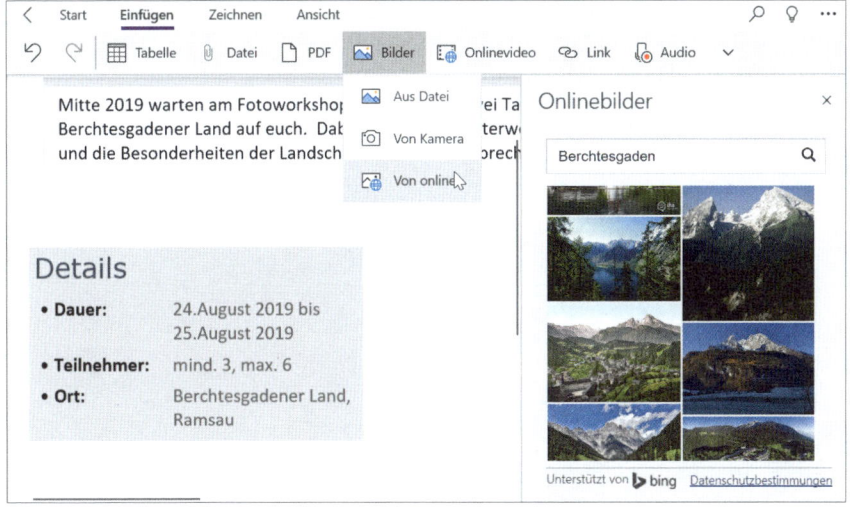

Abbildung 5.11 *Windows bietet noch eine integrierte Bildersuche für das Einfügen von Bildern an.*

SCHRITT FÜR SCHRITT
Bilder in OneNote hereinfotografieren

Ein weiteres großartiges Feature ist es, Fotos per Kamera in OneNote einzufügen. Da Tablet-(PCs) und Smartphone eine eingebaute Kamera haben, können Sie praktisch ein Bild direkt in die Notiz hineinfotografieren. Damit können Sie beispielsweise unterwegs Projekte dokumentieren, ein Reisetagebuch führen, Bilder einem Kochrezept hinzufügen oder Rechnungen abfotografieren. Auch bei Meetings können Sie hiermit bereits Charts dokumentieren.

Die Funktion finden Sie an unterschiedlichen Stellen. Beim Tablet-PC ist diese beispielsweise auch über **Einfügen** • **Bilder** mit **Von Kamera** vorhanden. Beim iPad hingegen finden Sie direkt im Menü **Einfügen** eine Schaltfläche **Kamera** vor, und auf dem Smartphone sollten Sie ein Kamerasymbol vorfinden, wenn Sie die Tastatur für die Eingabe von Text auf der Seite aktivieren. Ich verwende diese Funktion relativ häufig, um meine Dokumente zu archivieren, die ich in Papierform erhalten habe. Ideal dazu geeignet ist dafür natürlich ein Smartphone. Hier mein Workflow dazu:

1. Seite auswählen

Navigieren Sie zur gewünschten Seite, auf der Sie das Bild oder Dokument hineinfotografieren wollen. Tippen Sie auf das Kamerasymbol. Es folgt eine Abfrage, ob Sie das Bild aus der Bibliothek auswählen oder mit der Kamera aufnehmen wollen. Ich verwende hier Letzteres.

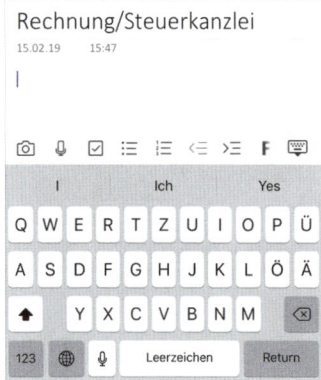

2. Fotofunktion auswählen

Wählen Sie jetzt im Kameramodus aus, was Sie abfotografieren wollen. Im Beispiel wähle ich ein **Dokument**. Ebenso finden Sie hier ein **Whiteboard** oder ein

Foto zur Auswahl. Beim **Dokument** und **Whiteboard** hilft Ihnen die Kamera, das **Dokument** oder das **Whiteboard** auszuwählen, wie Sie es hier im Beispiel am lilafarbenen Rahmen erkennen können. Betätigen Sie den Auslöser.

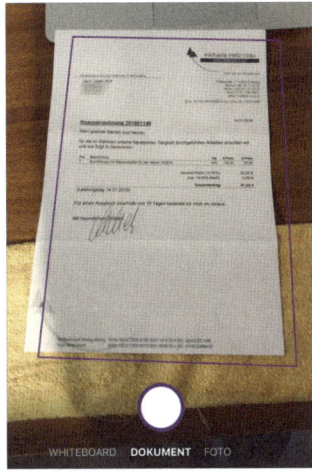

3. Dokument hinzufügen

Nach dem Auslösen richtet die Software das Dokument oder Whiteboard automatisch gerade aus. Sind Sie mit dem Ergebnis zufrieden, tippen Sie auf **Fertig**, und schon wird die Rechnung der Seite hinzugefügt. Sie können das Dokument hier noch zuschneiden, drehen oder den Kontrast anpassen.

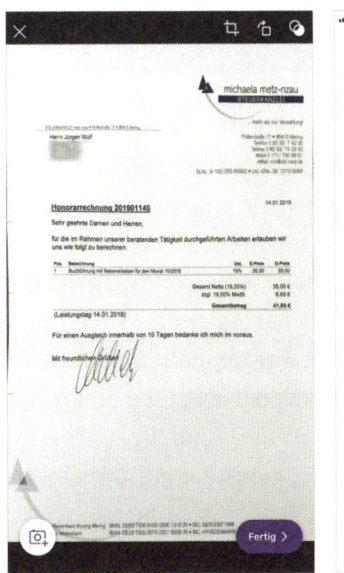

4. **Alternativtext für die Suche**

   Wenn Sie nun ein wenig warten und OneNote die eingefügte Bilddatei analysiert hat, können Sie die Rechnung mit der rechten Maustaste anklicken und **Alternativtext** wählen, dann sollte die Texterkennung bereits ihre Arbeit verrichtet haben. Hiermit haben Sie ein durchsuchbares Dokument als Bilddatei hinzugefügt. Nur den Titel des Alternativtextes sollten Sie noch nachträglich anpassen bzw. hinzufügen. Ein Alternativtext ist sehr hilfreich für die spätere Suche nach Dokumenten. Dank Texterkennung kann im Dokument eine Volltextsuche verwendet werden.

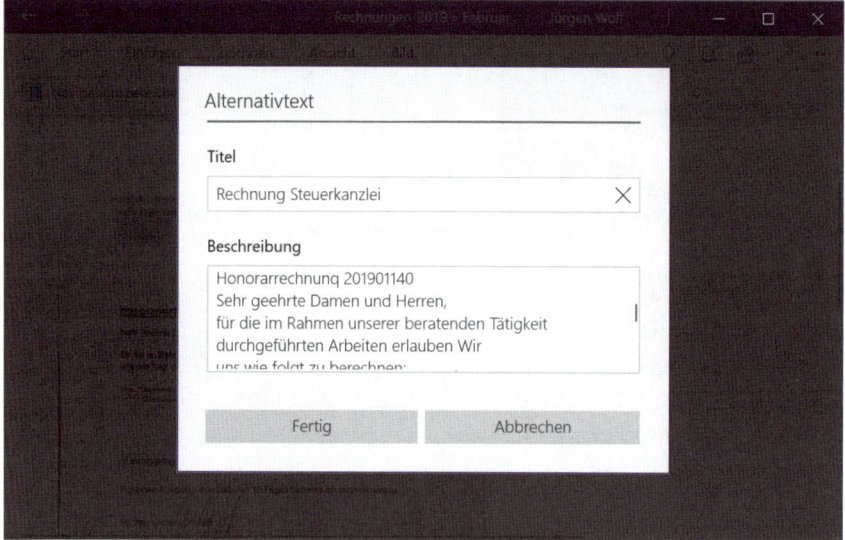

Hier wurde zwar ein iPhone verwendet, aber der Workflow lässt sich natürlich mit einem Android-Gerät ebenso ausführen. Die Android-Version bietet hierbei sogar eine Option **Visitenkarte**, womit Sie Visitenkarten einscannen können. Leider ist diese Funktion auf Android noch nicht so implementiert, wie dies mit der Smartphone-App *Office Lens* der Fall ist, wo dank Texterkennung neben der eingescannten Visitenkarte auch eine VCF-Datei angelegt wird. Wollen Sie also auch Visitenkarten einscannen und gleich die Kontaktdaten via VCF-Datei Ihren Kontakten hinzufügen, dann müssen Sie derzeit noch die Smartphone-App Office Lens installieren. Die App gibt es für iOS und Android, und die Funktionalität entspricht im Grunde der integrierten Fotofunktion der OneNote-App.

Bilder einfügen

SCHRITT FÜR SCHRITT
Visitenkarten einscannen

1. **Visitenkarte mit Office Lens einscannen**

   Laden Sie sich die Smartphone-App Office Lens für iOS oder Android herunter, und loggen Sie sich mit Ihrem Microsoft-Konto ein. Office Lens arbeitet mit Office 365 zusammen, und Sie können die Visitenkarte direkt an OneNote weitergeben. Starten Sie Office Lens, und wählen Sie die Funktion **Visitenkarte**. Fotografieren Sie die Visitenkarte ab, indem Sie die orangefarbene Schaltfläche antippen.

2. **Visitenkarte OneNote hinzufügen**

   Als Nächstes fügen Sie die Visitenkarte OneNote hinzu. Office Lens erkennt hierbei die Daten der Visitenkarte wie Name, Adresse, Telefonnummer und

E-Mail-Adresse und speichert diese Daten mitsamt dem Bild und einer VCF-Datei in OneNote. Für die VCF-Datei wird allerdings eine Verbindung zu Office 365 benötigt. Diese VCF-Datei können Sie nun direkt in Outlook, der Kontakte-App Ihres Smartphones oder der Kontakte-App auf dem Mac verwenden und als neuen Kontakt hinzufügen, ohne eine manuelle Eingabe dafür machen zu müssen. Im Beispiel hatte die Texterkennung Probleme mit den spanischen Akzentzeichen, was allerdings an meiner Lokalisierung lag und sich leicht beheben lässt.

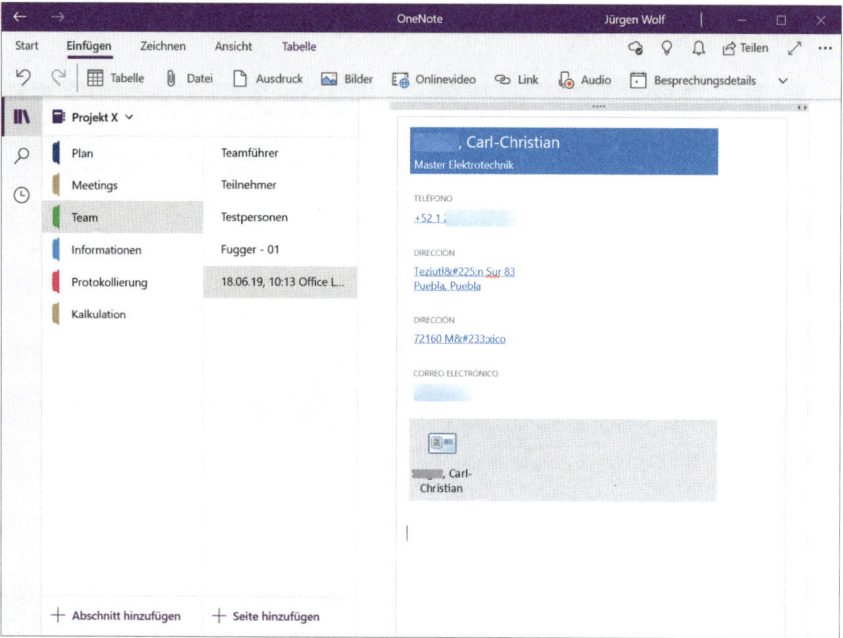

Onlinevideo einbetten

Das Hinzufügen oder besser Einbetten von Onlinevideos von Websites wie YouTube ist in OneNote auch möglich. Anwendungsmöglichkeiten gibt es auch hier viele. Sammeln von Videos für Recherchezwecke, Inspirationen für die Reise, Beschreibungsvideo zu einem bestimmten Thema, Einführungsvideos und noch viele mehr. Das so eingebettete Video kann dann in OneNote abgespielt werden. Folgende Anleitung zeigt Ihnen, wie Sie Videos in eine Seite einbetten können.

SCHRITT FÜR SCHRITT

Ein Onlinevideo in OneNote einfügen

1. **Onlinevideoquelle auswählen**

   Gehen Sie mit Ihrem Webbrowser zur bevorzugten Videoquelle, und kopieren Sie die Adresse aus der Adressleiste mit beispielsweise [Strg]/[cmd]+[C] in die Zwischenablage. Im Beispiel wurde ein Onlinevideo auf YouTube ausgewählt.

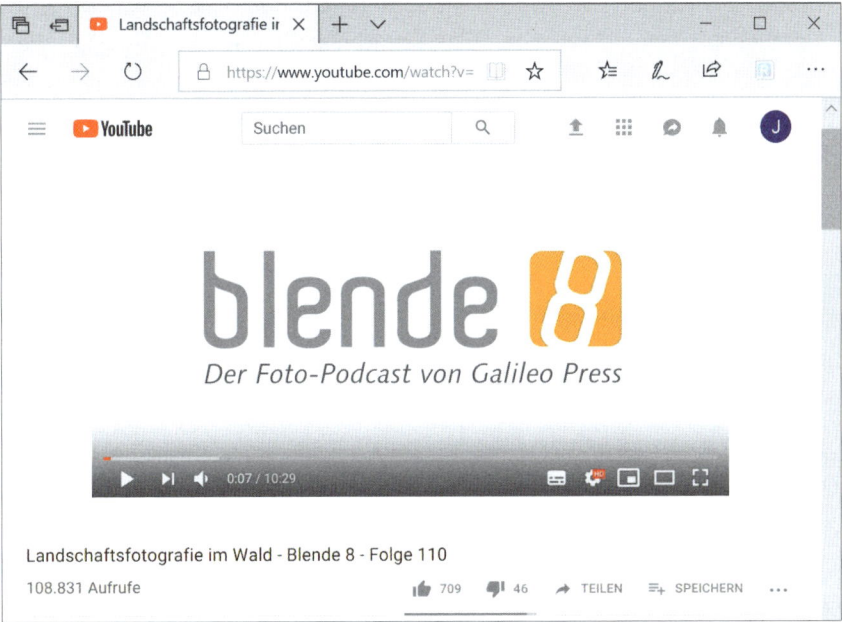

2. **Videolink in OneNote einfügen**

   Wechseln zu OneNote, und wählen Sie die Seite aus, auf der Sie das Onlinevideo einbetten wollen. Fügen Sie den Link zum Onlinevideo über das Menü **Einfügen** mit der Schaltfläche **Onlinevideo** im sich öffnenden Dialog ein. Wollen Sie sehen, welche Inhalte bzw. Videowebseiten Sie alle in OneNote einbetten können, klicken Sie auf **Unterstützte Videoarten anzeigen**. Klicken Sie auf **OK**.

3. **Alternative Möglichkeit, einen Videolink einzufügen**

   Alternativ können Sie ein Onlinevideo einfügen, indem Sie den in die Zwischenablage kopierten Link an der gewünschten Stelle mit [Strg]/[cmd]+[V] einfügen. Wenn OneNote den Videoinhalt unterstützt, wird auch dieser wie in Schritt 3 eingebettet. So gehen Sie z. B. bei der Mac-Version oder den mobilen Geräten vor, weil es dort die Schaltfläche **Onlinevideo** nicht gibt.

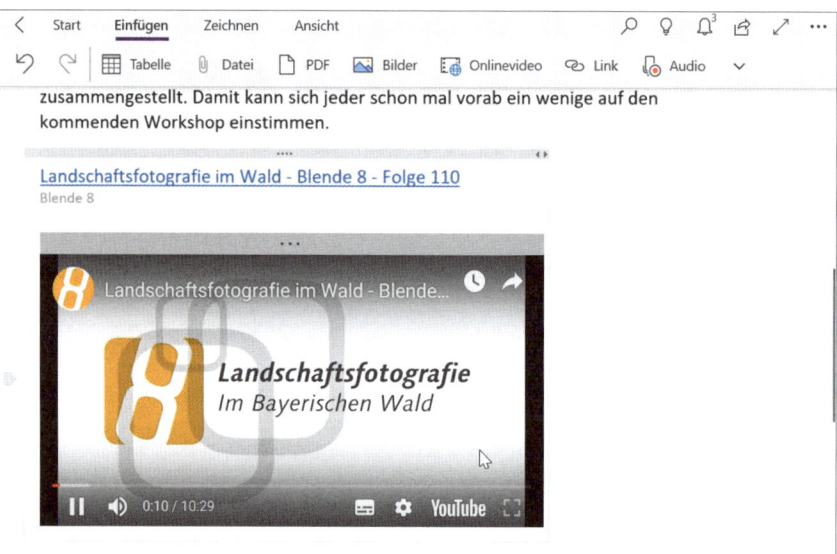

Audio aufzeichnen

Das Aufzeichnen von Audio ist im Grunde mit jedem Gerät möglich, bei dem ein Mikrofon vorhanden ist. Sie finden die Funktion im Menü **Einfügen** mit **Audio** bzw. **Audioaufnahme** wieder.

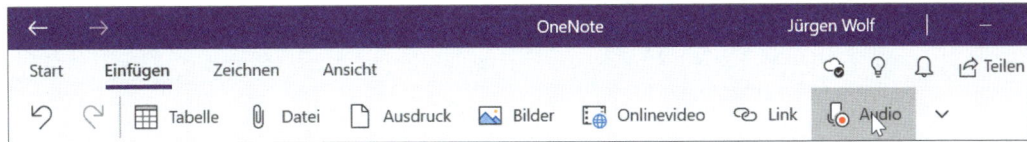

Abbildung 5.12 *Funktion zum Aufzeichnen von Audionachrichten*

Auf den mobilen Geräten finden Sie hierzu ein Symbol mit einem Mikrofon vor. So verwende ich z. B. gerne das Aufzeichnen von Audionachrichten unterwegs mit meinem Smartphone, wenn mir auf die Schnelle etwas zu einem Projekt oder einem bestimmten Thema einfällt, was ich unbedingt irgendwie notieren will, damit ich es nicht mehr vergesse. Später an meinem PC oder Mac öffne ich dann diese Audioaufzeichnung, höre sie mir an, und verarbeite das dort aufgezeichnete entsprechend. Hierzu eine kurze Einführung, wie Sie eigene Audioaufzeichnungen in OneNote aufnehmen und einer Seite hinzufügen können.

SCHRITT FÜR SCHRITT
Audioaufzeichnung mit dem Smartphone

Ich finde, die Audioaufzeichnung bietet sich geradezu mit dem Smartphone unterwegs an, wenn man etwas mehr Notizen macht und man eben nicht den unbequemen Weg über die Smartphone-Tastatur gehen will. Für mich ist die Audioaufzeichnung ein täglicher Bestandteil in meinem OneNote-Leben, wenn ich nicht vor einem PC oder Mac sitzen, weil ich so schnell Ideen aufzeichnen kann, bevor diese wieder im Gedächtnis verblassen.

1. **Seite zum Einfügen auswählen**

Wählen Sie zunächst die Seite, und klicken Sie an die Stelle, an der Sie die Audioaufzeichnung hinzufügen wollen. Wenn es sich um ein neues Thema handelt, dann lege ich dafür eine neue Seite an und vergebe einen aussagekräftigen Titel. Je nach Gerät finden Sie die Aufzeichnungsfunktion in OneNote nun im Menü **Einfügen** mit **Audio** bzw. **Audioaufzeichnung**. Auf dem Smartphone tippen Sie an die gewünschte Position, an der die Aufzeichnung eingefügt werden soll, und wählen das Symbol mit dem Mikrofon aus.

2. Audioaufnahme aufzeichnen

Wenn OneNote mit der Aufzeichnung beginnt, fangen Sie an zu sprechen. Auf dem PC und Mac wird während der Aufnahme ein Menü **Aufzeichnung** bzw. **Audio** eingeblendet, wo Sie die Aufnahme mit **Stop** beenden können. Über das Menü **Audio** können Sie jetzt jederzeit weitere Audioaufzeichnungen starten. Auf dem Smartphone finden Sie hier die Schaltfläche **Aufzeichnung beenden** vor.

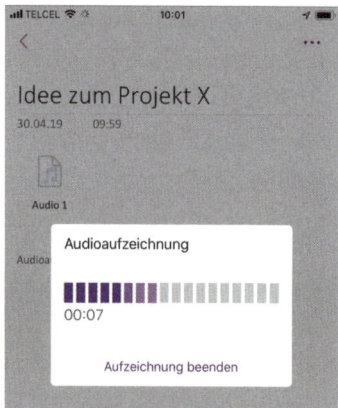

3. Audioaufzeichnung wiedergeben

Die Audioaufzeichnung können Sie auf dem PC oder Mac per Doppelklick oder über das kleine Play-Symbol rechts neben der Aufnahme abspielen. Hierbei wird dann auch das Menü **Audio** mit weiteren Steuerelementen für die Wiedergabe der Audioaufnahme geöffnet. Auf dem Smartphone müssen Sie die Aufnahme antippen und im Menü **Wiedergabe** auswählen. Wollen Sie eine Aufnahme wieder löschen, reicht es, diese anzuklicken und die `Entf`- bzw. `←`-Taste zu betätigen. In den folgenden Abbildungen sehen Sie die Wiedergabe der Audioaufzeichnung auf dem Smartphone (links) und auf dem PC (rechts).

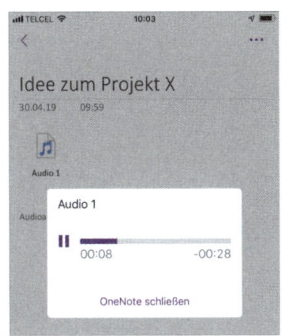 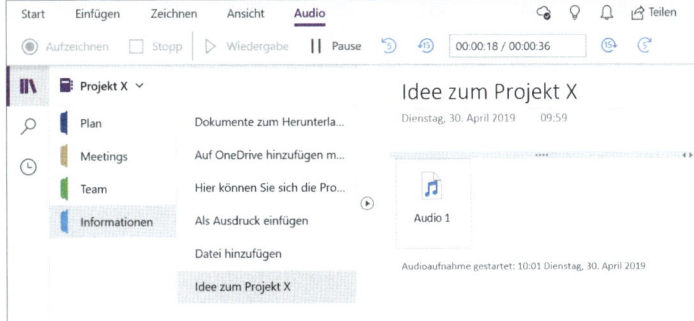

Alternativtext

Sie haben im Buch bereits den Alternativtext kennengelernt, der dank der Texterkennung von OneNote beim Einfügen von PDF-Dokumenten als Ausdruck oder beim Abfotografieren von Dokumenten, den erkannten Text als Alternativtext dem Bild hinzufügt. Dank dieser Funktion können Sie alle diese Dokumente ebenfalls im Volltext durchsuchen. Wohlgemerkt, diese automatische Texterkennung bezieht sich auf die Bilder mit Text und nicht etwa auf ein z. B. PDF-Dokument selbst. Sobald Sie beispielsweise bei einem eingefügten PDF-Dokument als Ausdruck die damit generierten Bilder löschen, verschwindet auch die Option, danach zu suchen, und Sie entfernen auch den Alternativtext.

Den Alternativtext können Sie aber auch jederzeit manuell zu jeder eingefügten Datei, jedem Bild, Video oder jeder Audioaufzeichnung hinzufügen, um auch bei Bedarf diese Dateiarten bei der Suche zu berücksichtigen.

Einen Alternativtext können Sie fast jedem Objekt in OneNote hinzufügen. Hierzu müssen Sie die entsprechende Datei mit der rechten Maustaste anklicken und im Kontextmenü **Alternativtext** auswählen. Bei einigen Dateien finden Sie den Befehl über **Datei • Alternativtext** oder **Bild • Alternativtext**, andere Dateien wiederum bieten nur ein Icon dafür an. Leider ist es bei der Windows-App (noch) etwas unterschiedlich, das wird sich aber sicherlich bald vereinheitlicht haben. Bei der macOS-App erreichen Sie den Befehl **Alternativ-**

text immer direkt via rechten Mausklick auf einer Datei. Bei mobilen Geräten öffnet sich der entsprechende Befehl, wenn Sie die Datei antippen.

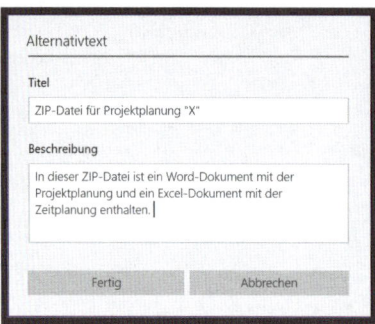

Abbildung 5.13 *Ein Alternativtext für die Beschreibung und die Suchfunktion*

Barrierefreiheit
Neben der besseren Suche nach Dateien ohne Text hat der Alternativtext aber noch eine weitere sehr wichtige Funktion, denn er dient auch als Beschreibung der visuellen Inhalte für Personen mit visuellen oder kognitiven Beeinträchtigungen.

Outlook-Besprechung protokollieren

Wenn Sie in Outlook eine Besprechung oder Meetings als Termin in den Outlook-Kalender eingetragen haben, können Sie diesen Eintrag in OneNote zur Protokollierung hinzufügen. OneNote bietet hierfür im Menü **Einfügen** die Funktion **Besprechungsdetails**. Diese Funktion steht derzeit allerdings nur unter Windows zur Verfügung. Die folgende Anleitung geht davon aus, dass Sie eine vorhandene Besprechung mit Outlook erstellt haben.

SCHRITT FÜR SCHRITT
Outlook-Besprechungen mit OneNote protokolieren

1. **Seite für das Projekt auswählen/anlegen**

   Wählen Sie die Seite und dort die Position aus, an der Sie die Besprechungsdetails hinzufügen wollen. Ich protokolliere solche Besprechungen immer projektspezifisch und lege daher eine neue Seite im Notizbuch für das Projekt an.

2. Besprechungsdetails aufrufen

Klicken Sie im Menü **Einfügen** auf die Schaltfläche **Besprechungsdetails**. Wenn Sie noch nicht mit Ihrem Konto angemeldet sind, dann müssen Sie es vorher noch tun. Die Anmeldung ist nötig, um auf die Outlook-Besprechungen zugreifen zu können. Sind Sie angemeldet und es liegen heute keine Besprechungen vor, erscheint ein entsprechender Hinweis. Sind Sie sich sicher, dass eine Besprechung vorliegt, können Sie auf **Aktualisieren** klicken. Befindet sich ein Termin an einem anderen Tag, können Sie auf den Pfeil hinter der Datumsangabe klicken und ein anderes Datum auswählen.

3. Besprechungsdetails auswählen

Liegen Besprechungen vor, die Sie mit OneNote protokollieren wollen, klicken Sie diese an. Daraufhin wird diese Besprechung mit allen Details wie Datum, Ort, Teilnehmer und Nachricht hinzugefügt. Nun können Sie jederzeit weitere Notizen, Dateien oder gar Audioaufzeichnungen dieser Besprechung hinzufügen, die ganze Palette an Optionen, die Ihnen mit OneNote eben zur Verfügung steht.

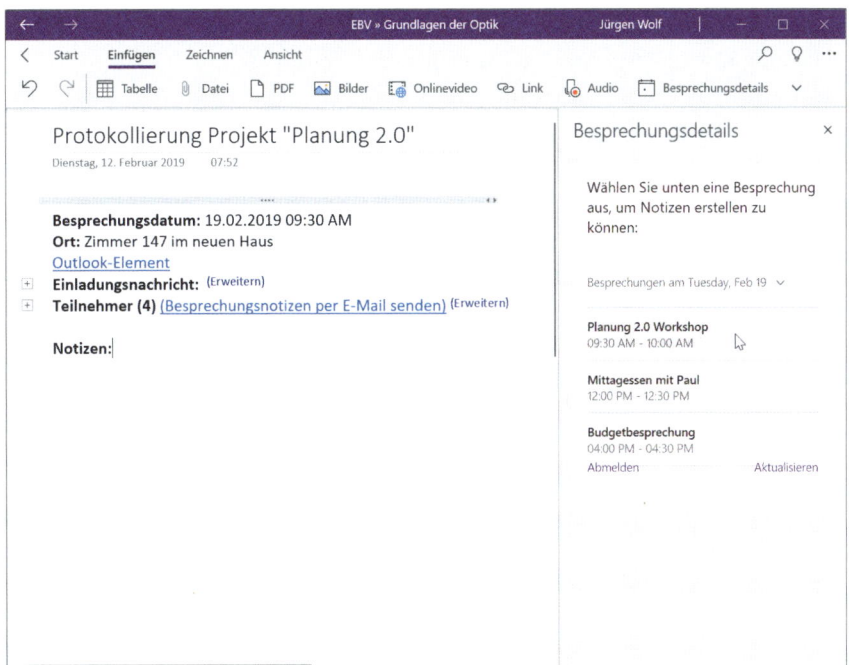

Symbole und Aufkleber

Ebenfalls im Menü **Einfügen** finden Sie mit **Symbol** (aktuell nur unter Windows) noch häufig benötigte Zeichen wie Währungszeichen, Copyright-Zeichen etc., die Sie hinzufügen können, wenn Sie auf ein Symbol klicken. Leider finden Sie hier keine Möglichkeit, noch weitere Symbole hinzuzufügen, wie das z. B. bei den Office-Programmen der Fall ist.

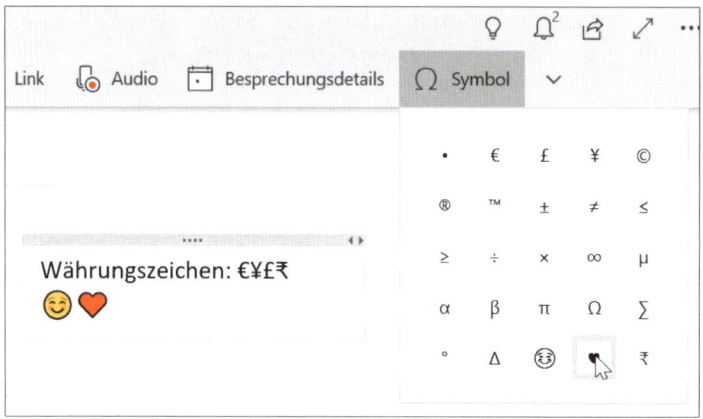

Abbildung 5.14 *Gängige Symbole, die Sie per Anklicken an der gewünschten Position hinzufügen können*

Mathematik

Auf das Einfügen von Formeln und mathematische Berechnungen wird noch gesondert in Kapitel 6, »Zeichnen mit OneNote«, eingegangen.

OneNote bietet im Menü **Einfügen** auch mit **Aufkleber** eine Option an, um einen Sticker an der gewählten Position der Seite hinzuzufügen. Diese Funktion kann ganz nett sein, um vielleicht einen Text aufzulockern oder eine Rückmeldung zu geben, wenn mehrere Personen an einem Projekt arbeiten. Persönlich gefallen mir diese Sticker nicht, und mir wären ein paar etwas seriösere Sticker für Finanzen, Planungen, Gebäude etc. lieber gewesen.

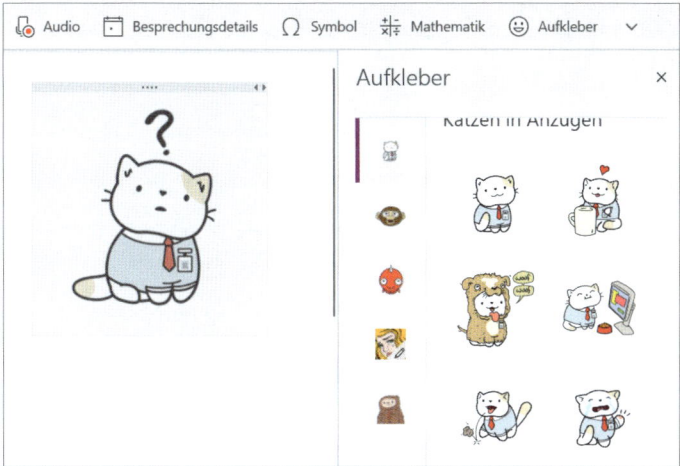

Abbildung 5.15 *Für Office-365-Abonnenten gibt es auch noch Aufkleber zum Einfügen.*

Recherche erstellen

Beim Recherchieren von Berichten, Hausaufgaben, Vorträgen, Manuskripten, Reisen und noch einigen anderen Themen finden Sie im Menü **Einfügen** am Ende noch einen Eintrag **Recherche** vor. Leider steht diese Funktion derzeit nur für die Version von Windows 10 und erfreulicherweise auch auf dem Tablet (iPad) zur Verfügung. Wenn Sie die Schaltfläche **Recherche** anklicken, öffnet sich in der Seitenleiste ein Bereich, wo Sie die Suche nach einem bestimmten Thema starten können. OneNote sucht hierbei in Zeitschriften und Websites nach dem in der Suche eingegebenen Thema. Hierzu mein Workflow, wie ich bei meiner Recherche hierbei vorgehe.

SCHRITT FÜR SCHRITT
So verwenden Sie Recherchen in OneNote

1. **Recherche starten**

    Positionieren Sie den Cursor an der Position, an der Sie die Recherche einfügen wollen. Ich verwende hierfür in der Regel eine eigene Seite für die Recherchen. Im Beispiel recherchiere ich zum Thema »Reflexionen«. Wählen Sie daher die Schaltfläche **Recherche** im Menü **Einfügen**, und geben Sie den Suchbegriff (hier: »Reflexionen«) in der Suchleiste ein.

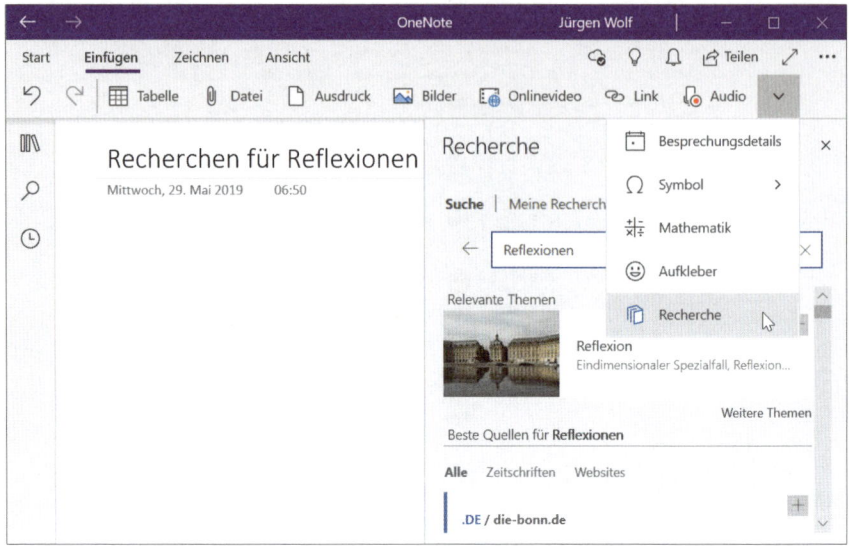

2. **Recherche hinzufügen**

   Klicken Sie hier auf **Weitere Themen**, und es werden noch mehr zum Thema passende relevante Ergebnisse eingeblendet, die meistens von Wikipedia stammen. Oder Sie wählen darunter aus, ob Sie spezielle Themen von **Zeitschriften** oder **Websites** ausfiltern wollen.

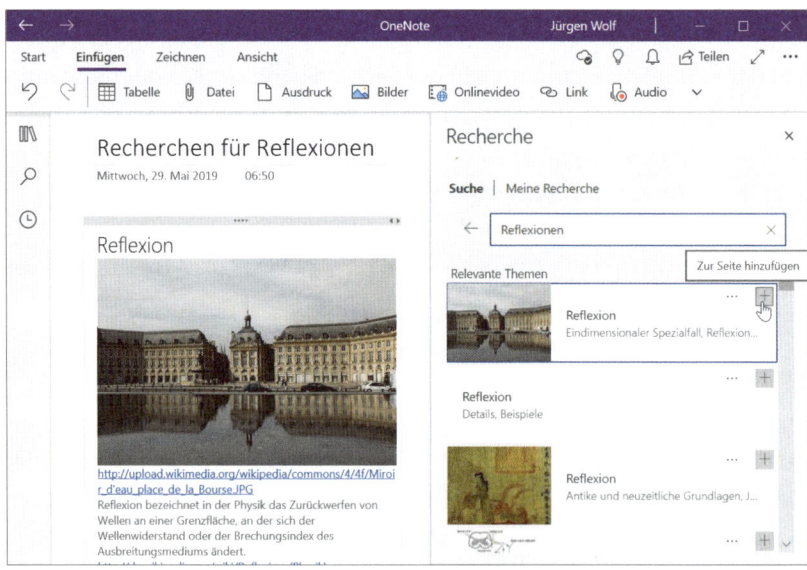

Eine Vorschau und mehr Informationen über das gefundene Ergebnis erhalten Sie, wenn Sie dieses anklicken. Klicken Sie auf das Plussymbol, wird die Recherche an der ausgewählten Stelle hinzufügt. Eine so hinzugefügte Recherche enthält in der Regel eine Überschrift, ein Bild, einen Einführungstext und einen Weblink zum kompletten Artikel.

3. **Recherche auf- und zuklappen**

Da ich häufig auf diese Weise eine persönliche Wissensdatenbank zu bestimmten Themen aufbaue, habe ich es gerne etwas übersichtlicher. Hierfür markiere ich den Bereich unterhalb der Überschrift und drücke dann die ⇆-Taste. Dann doppelklicke ich den Pfeil links bei der Überschrift, und schon kann meine Recherche bei Bedarf auf- und zugeklappt werden.

4. **Weitere Rechercheinformationen hinzufügen**

Auf diese Weise können Sie nun weitere Inhalte als Recherche hinzufügen. Sie sind hierbei nicht auf die Recherchefunktion beschränkt. Ich nutze hierfür auch die Möglichkeit, Videos einzubetten oder auch einfach nur Weblinks zu sammeln, wenn die Recherche mit der eingebauten Funktion nicht das Gewünschte zurückliefert.

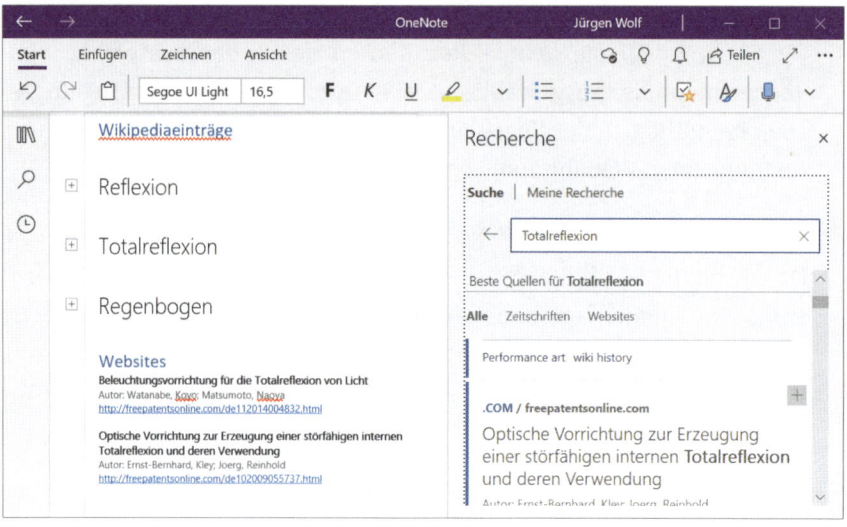

Barrierefreiheit prüfen

Wollen oder müssen Sie Ihre OneNote-Notizbücher auch für Personen mit Behinderung barrierefrei gestalten, finden Sie im Menü **Ansicht** mit **Barrierefreiheit überprüfen** eine entsprechende Funktion dafür. Blinde und sehbehinderte Personen werden es Ihnen danken.

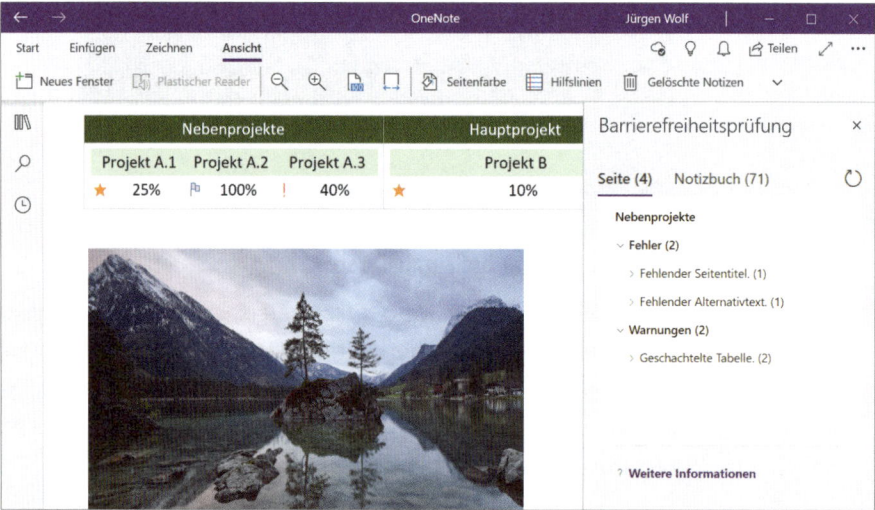

Abbildung 5.16 Prüfen Sie Ihre Seiten oder Notizbücher auf Barrierefreiheit

Die Hinweise, die Sie hierbei erhalten, dürften verständlich sein und werden in Fehler und Warnungen aufgeteilt. Wenn Sie die Hinweise anklicken, wird an die entsprechende Stelle gesprungen, die nicht barrierefrei ist, und Sie erhalten einen Hinweis, warum das so ist und wie Sie das beheben können.

Ein paar generelle Tipps, um barrierefreie OneNote-Notizbücher zu erstellen und die eigentlich auch gar keinen Aufwand bedeuten, will ich hier kurz auflisten:

- Fügen Sie allen Bildern und eingebetteten Dateien einen Alternativtext hinzu.
- Verwenden Sie einen eindeutigen Text für einen Weblink, damit der Benutzer weiß, was sich hinter diesem Link befindet.
- Bennen Sie Abschnitte und Seiten aussagekräftig.
- Verwenden Sie einen aussagekräftigen Seitentitel.
- Benutzen Sie serifenlose Schriftarten wie Arial oder Calibri und einen größeren Schriftgrad (18 pt oder größer).
- Beachten Sie einen guten Kontrast für Text und Hintergrundfarbe.
- Verwenden Sie die Überschriften der Formatvorlage.
- Verwenden Sie eine einfache Tabellenstruktur, und vermeiden Sie verschachtelte Tabellen.
- Benutzen Sie nur einen Textcontainer, wenn möglich. Das hilft bei der Sprachausgabe, alles an einem zentralen Ort zu lesen. So muss nicht zu mehreren Stellen auf der Seite navigiert werden.

Kapitel 6
Zeichnen mit OneNote

Mit OneNote können Sie auch handschriftliche Notizen, Zeichnungen oder Skizzen erstellen. Idealerweise sind Sie hierfür im Besitz eines Grafiktablets, eines Tablet-PCs wie dem Surface Pro von Windows oder dem Apple iPad Pro und einem passenden Stift für das Schreiben oder Zeichnen. In diesem Kapitel erfahren Sie, wie Sie die Zeichenfunktion von OneNote sinnvoll einsetzen können.

Abbildung 6.1 *Ich verwende die Zeichenfunktion von OneNote am liebsten auf meinem Surface Pro von Microsoft.*

Die Stifte von OneNote

Die nötigen Funktionen zum Schreiben oder Zeichnen finden Sie bei OneNote im Menü **Zeichnen**. Gleich ins Auge springen dürften hier die vordefinierten Stifte. Hierbei stehen Ihnen Bleistifte, Filzstifte und Textmarker zur Verfügung. Die Eigenschaften eines Stiftes können Sie direkt über die Schaltflächen des Stiftes ändern, indem Sie auf den kleinen Pfeil darunter klicken. Hierbei können Sie sowohl die Schriftstärke als auch die Farbe anpassen. Auch entfernen können Sie einen Stift hier mit dem Befehl **Löschen**. Einen Stift zum Zeichen oder Schreiben wählen Sie aus, indem Sie diesen im Menü **Zeichnen** anklicken bzw. antippen.

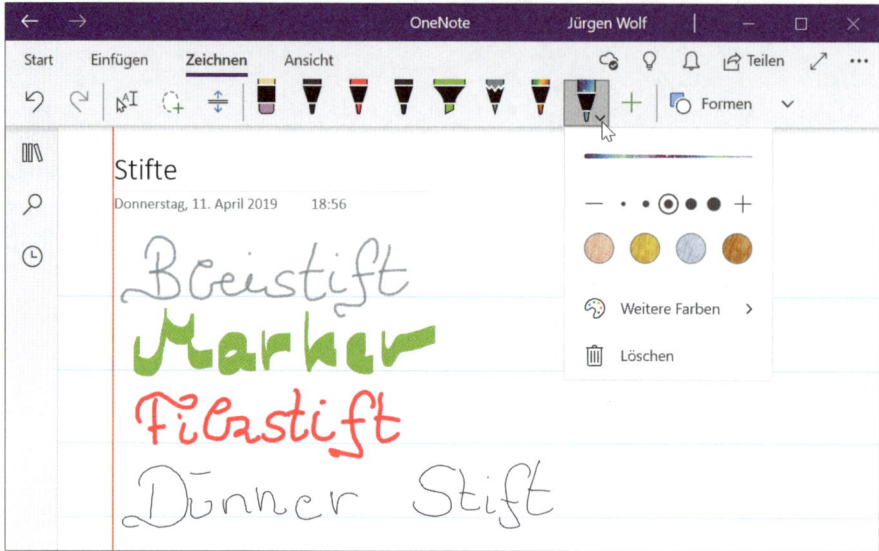

Abbildung 6.2 *Einen Stift auswählen, anpassen und damit schreiben*

Über das grüne Plussymbol am Ende des letzten Stiftes können Sie einen Stift hinzufügen. Zur Auswahl stehen Bleistift, Filzstift und Textmarker. Der Stift wird am Ende als letzter hinzugefügt. Die Reihenfolge der Stifte können Sie ändern, indem Sie einen Stift mit der rechten Maustaste auswählen und diesen über die entsprechenden Befehle nach links oder rechts verschieben. Allerdings können Sie die Reihenfolge auch mit gedrückt gehaltener Maustaste verschieben. Der einzige Stift, den Sie nicht löschen oder umsortieren können, ist der **Radierer**, der der erste Stift in der Liste ist und dem Entfernen von handgeschriebenem Text oder Zeichnungen dient.

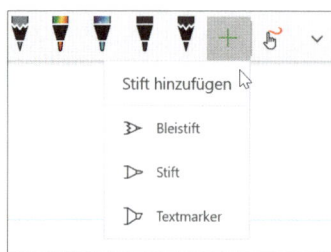

Abbildung 6.3 *Einen weiteren Stift hinzufügen*

Aber auch den **Radierer** gibt es in verschiedenen Versionen, wenn Sie dort auf das kleine Dreieck klicken. Der Pinselstrichradierer entfernt jeden gemachten Pinselstrich vom Ansetzen bis zum Aufheben des Stiftes und eignet sich daher bestens zum Entfernen von handgeschriebenem Text. Die anderen drei Radierer sind klassische Radierer, wie Sie diese von Bildbearbeitungsprogrammen her kennen. Es wird dort gelöscht, wo Sie radieren. Daher eignen sich diese drei Radierer eher für Skizzen und Zeichnungen.

Abbildung 6.4 *Verschiedene Radierer für verschiedene Zwecke stehen Ihnen zur Verfügung.*

Handschrift mit OneNote

In diesem Abschnitt soll ein wenig auf handgeschriebene Notizen eingegangen werden. Ich verwende z. B. die Handnotizen gerne mit meinem Tablet-PC, wenn ich eine Planung für ein Projekt oder eine Reise durchführe. Hierfür verwende ich in der Regel handgezeichnete Mindmaps. Hier ein einfaches Beispiel dazu.

SCHRITT FÜR SCHRITT
Handgeschriebene Notizen mit OneNote erstellen

1. **Vorkehrungen treffen**

    Ich lege für meine Planung zunächst eine leere Seite an. Um mir anschließend beim Schreiben oder Zeichnen das Leben einfacher zu machen, verwende ich über das Menü **Ansicht** entsprechende **Hilfslinien**. Für das Schreiben verwende ich gewöhnlich immer Linien. Um jetzt auch noch meinen ganzen Fokus auf die Planung zu werfen, verwende ich OneNote im Vollbildmodus, wo mir oben auch gleich alle nötigen Werkzeuge für die Stiftverwendung angezeigt werden.

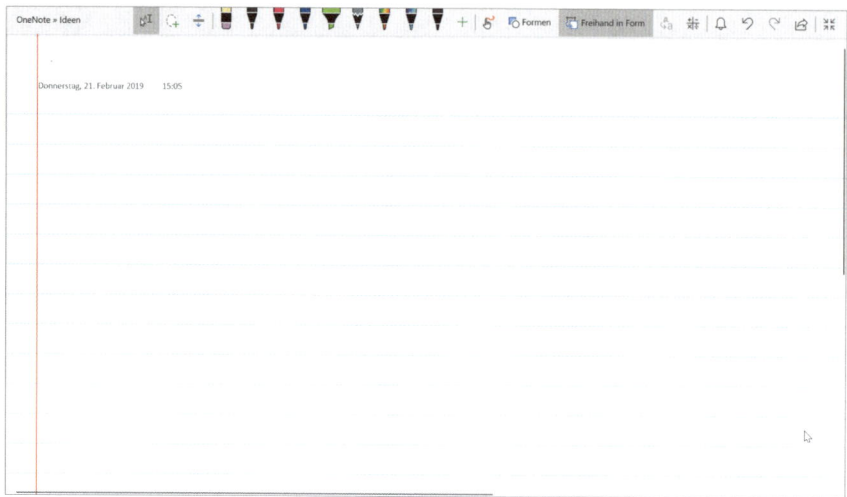

2. Seitentitel eingeben

Da ich jetzt zunächst nur noch ausschließlich mit dem Stift arbeite, schreibe ich auch gleich den Seitentitel damit. Ich wähle hier einen blauen Stift im Menü **Zeichnen**, der einem Kugelschreiber recht ähnlich kommt. Wenn Sie keinen echten Eingabestift haben, können Sie auch mit der Maus oder mit dem Finger auf einem Trackpad schreiben oder zeichnen, wenn Sie die Funktion **Mit Maus und Fingern** neben dem grünen Plussymbol aktivieren.

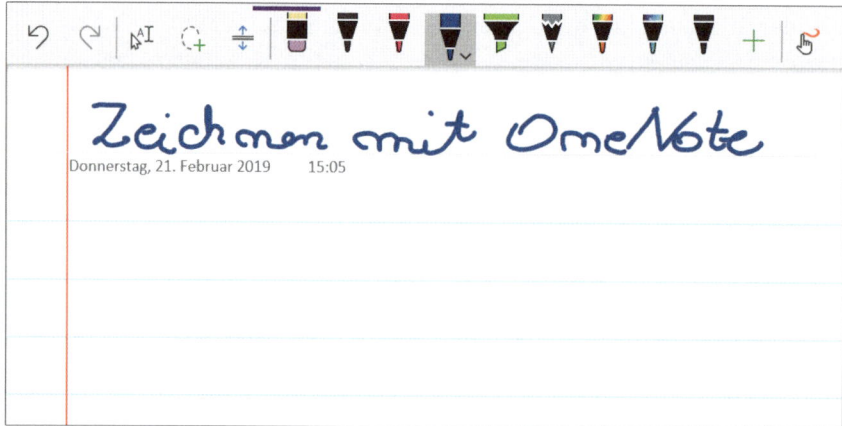

3. **Handgeschriebenen Text auswählen**

   Wenn Sie aus diesem handgeschriebenen Text nun einen Text umwandeln wollen, können Sie dies tun, indem Sie den handgeschriebenen Text mit dem **Lassoauswahl**-Werkzeug im Menü **Zeichnen** auswählen (was auch mit dem Stift ganz gut funktioniert). Alternativ können Sie natürlich auch das **Textauswahlwerkzeug** links neben dem **Lassoauswahl**-Werkzeug verwenden. Allerdings geht dies dann nur mit der Maus.

4. **Freihandtext in Text umwandeln**

   Wenn Sie den handgeschriebenen Text ausgewählt haben, wählen Sie im Menü **Zeichnen** den Befehl **Freihand in Text** aus, und schon haben Sie aus dem handgeschriebenen Text einen für den Computer lesbaren und editierbaren Text erstellt. Wenn das eine oder andere Zeichen falsch interpretiert wird, können Sie den Text jederzeit über die Tastatur ändern. Das Umwandeln eines Freihandtextes in einen digitalen Text funktioniert auch mit mehreren Zeilen handgeschriebenem Text und ist nicht nur, wie hier gezeigt, auf eine Zeile beschränkt.

   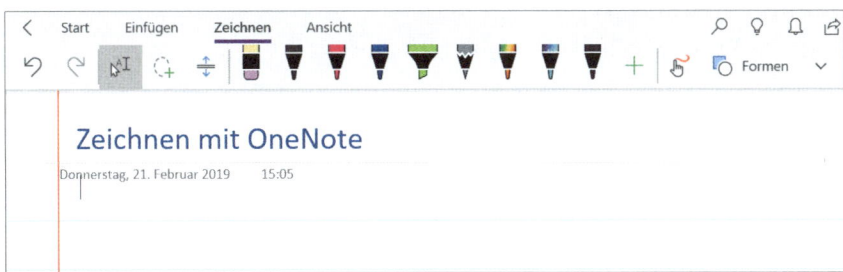

5. **Weiteren Text schreiben**

   Geben Sie jetzt auf dieselbe Art und Weise wie in Schritt 2 einen Text bzw. Ihre Notizen innerhalb der Seite ein. Ich habe hier eine kleine Mindmap erstellt. Wollen Sie einzelne Elemente verschieben, müssen Sie diese wie in Schritt 3 mit der **Lassoauswahl** markieren, und schon können Sie das Element an eine andere Position verschieben.

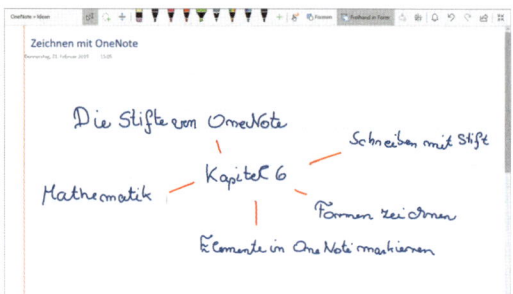 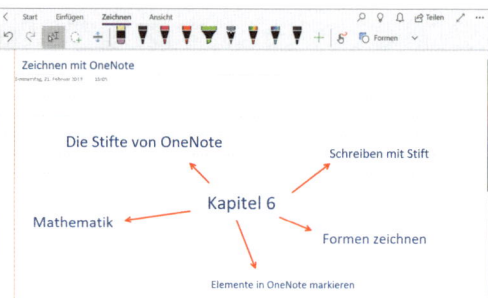

Abbildung 6.5 *Die kleine Mindmap nach ein paar wenigen Nacharbeiten*

Zoomen

Um ordentlich Platz beim Arbeiten mit dem Stift zu haben, zoome ich auch mal etwas weiter aus der Seite heraus. Zum Zoomen finden Sie die entsprechenden Funktionen im Menü **Ansicht**. Aber auch mit ⌈Strg⌉/⌈cmd⌉ und dem Mausrad kann ein- und ausgezoomt werden. Allerdings bedeutet dies hier auch wieder, den Stift aus der Hand legen zu müssen.

SCHRITT FÜR SCHRITT
Platz für Schreib- oder Zeichenbereich einfügen

Zwar können Sie die gezeichneten bzw. handgeschriebenen Elemente mit der Lassoauswahl oder Objektauswahl jederzeit auswählen und verschieben, um Platz für eine Zeichnung oder etwas zum Schreiben dazwischen zu machen, aber es geht noch einfacher, wie die folgende Anleitung zeigen soll. Im Beispiel wird davon ausgegangen, dass Sie bereits ein paar Notizen gemacht haben und jetzt dazwischen Platz für eine andere Notiz schaffen wollen.

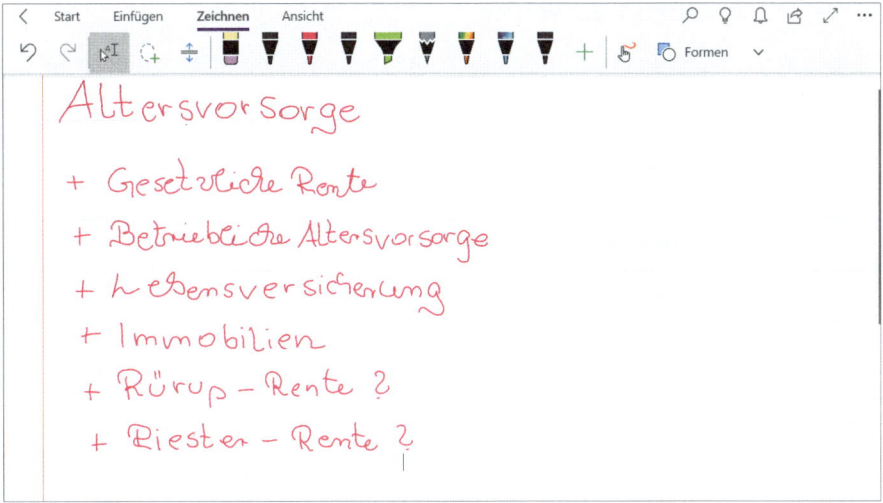

Abbildung 6.6 *Hier soll Platz für eine andere Notiz dazwischen geschaffen werden.*

1. **Platz schaffen**

   Wählen Sie im Menü **Zeichnen** die Schaltfläche mit den zwei vertikalen Pfeilen und einem Balken in der Mitte, und gehen Sie mit dem Werkzeug an die Stelle, an der Sie Platz hinzufügen wollen. Ziehen Sie jetzt mit gedrückter Maustaste den Bereich auseinander.

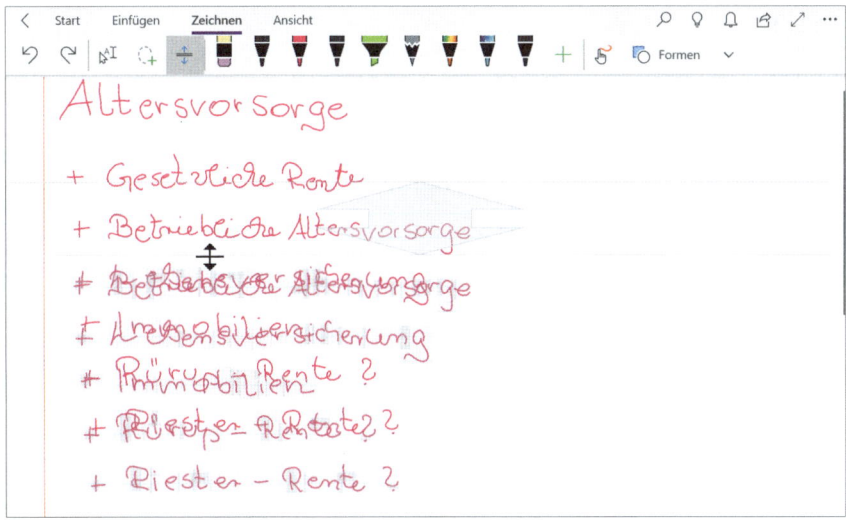

2. Neuen freien Bereich verwenden

Wenn Sie die Maustaste losgelassen haben, haben Sie einen neuen zusätzlichen Platz dazwischen eingefügt. Im Beispiel wurde Platz für eine neue Zeile hinter **Gesetzliche Rente** geschaffen. Diese Funktion ist nicht nur auf das Zeichnen beschränkt und kann auch für alle Objekte in OneNote verwendet werden. Des Weiteren lässt sich diese Funktion auch in vertikaler Richtung verwenden.

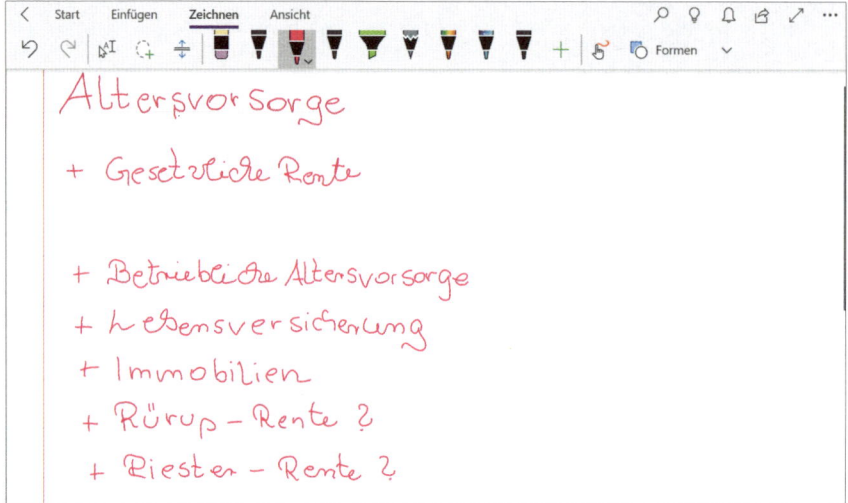

Formen zeichnen

Im Menü **Zeichnen** finden Sie auch **Formen** zum Einfügen vor. Dies ist hilfreich für die visuelle Darstellung von kleinen Diagrammen, Schemas oder Ablaufdiagrammen, um Ihre Notizen visuell aufzuwerten. In der folgenden Anleitung wird gezeigt, wie Sie die festen vordefinierten Formen in OneNote verwenden können. Beim Mac finden Sie die vordefinierten Formen im Menü **Einfügen** vor. Nach dem Einfügen einer Form in der macOS-Version steht Ihnen ein weiteres Menü **Formformat** zur Verfügung, über das Sie die Linienfarben und -stärke anpassen können.

SCHRITT FÜR SCHRITT
Formen zeichnen mit OneNote

1. **Form auswählen**

   Wählen Sie im Menü **Zeichnen** im Dropdown-Menü **Formen** die gewünschte Form aus, die Sie verwenden wollen. Ich habe mich hier für ein Rechteck entschieden.

   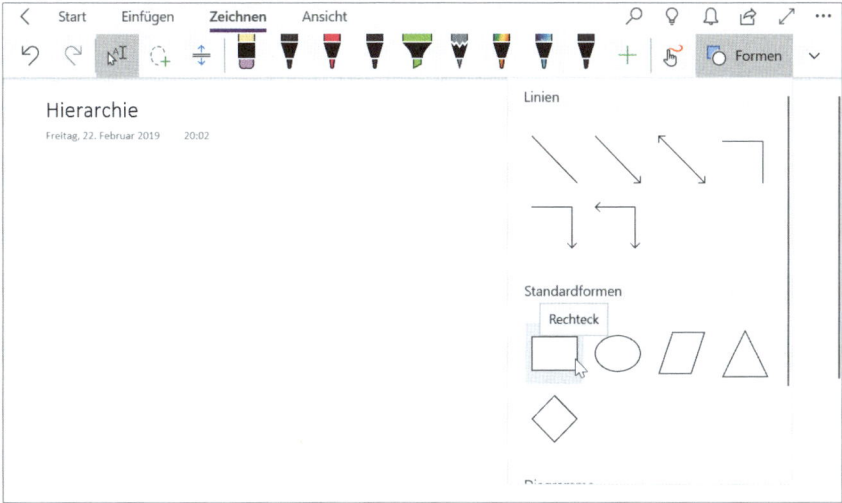

2. **Form hinzufügen**

   Gehen Sie mit dem Mauszeiger zu der Position, an der Sie die Form hinzufügen wollen. Der Mauszeiger hat jetzt die Form eines Fadenkreuzes. Ziehen Sie mit gedrückt gehaltener Maustaste die Form auf. Wenn Sie die ausgewählte Form in der Standardgröße einfügen wollen, müssen Sie nur an die entsprechende Stelle klicken, an der die Form hinzugefügt werden soll.

   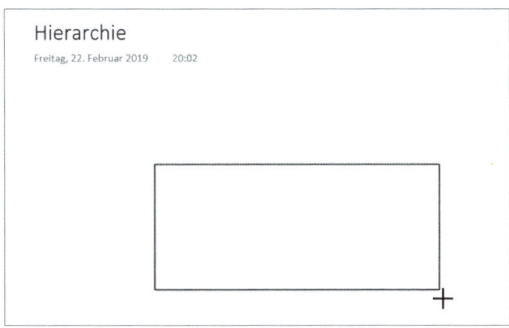

3. **Form ändern**

   Die Form können Sie nachträglich ändern, indem Sie sie anklicken. Über die vier Anfasser an den Ecken können Sie die Form proportional vergrößern bzw. verkleinern. Über die Anfasser an den vier Seiten hingegen können Sie die Form in die entsprechende Richtung vergrößern oder verkleinern. Bei Pfeilen und Linien finden Sie am Ende einen runden Anfasser, über den Sie die Richtung und Position ändern können. Eine Form entfernen Sie, indem Sie diese anklicken und die ⌈Entf⌉-Taste drücken.

4. **Eigenschaften der Form nachträglich ändern**

   Die Eigenschaft der Farbe können Sie ganz einfach ändern, indem Sie die Form aktivieren und dann einen entsprechenden Stift auswählen. Ist kein passender Stift vorhanden, erstellen Sie einen über das grüne Plussymbol, oder klicken Sie auf das kleine Dreieck eines Stiftes, und ändern Sie die Eigenschaften wie die Stärke und Farbe. Die Anpassung wird sofort auf die ausgewählte Form angewendet.

   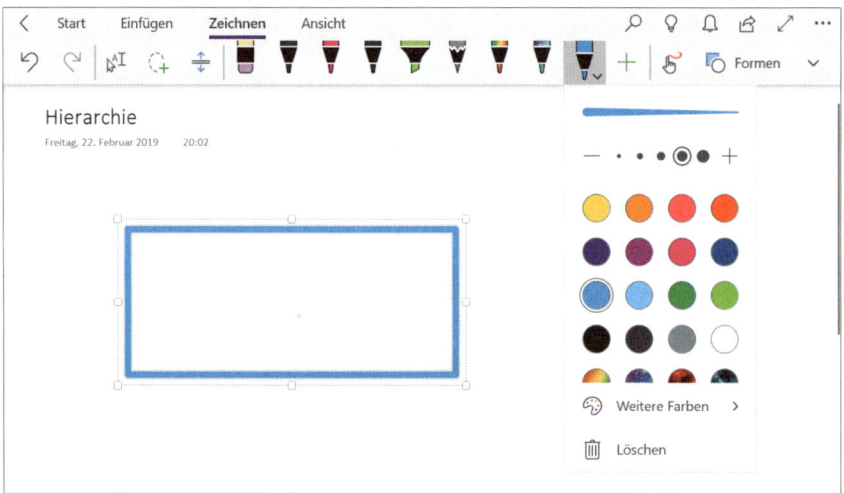

5. **Text innerhalb einer Form hinzufügen**

   Wenn Sie einen Text innerhalb der Form hinzufügen wollen, müssen Sie einen neuen Textcontainer erstellen und den Text eingeben, formatieren und gegebenenfalls mit gedrückter Maustaste in der Form positionieren.

Formen zeichnen

Halten Sie die [Alt]-Taste gedrückt, wenn Sie den Textcontainer ohne das Raster frei verschieben wollen.

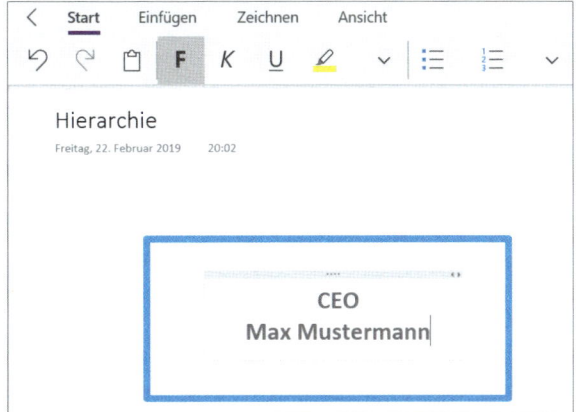

6. **Text und Form verschieben**

Wollen Sie den Textcontainer mitsamt der Form verschieben, müssen Sie beide vorher mit gedrückt gehaltener Maustaste markieren.

7. **Weitere Formen hinzufügen**

Jetzt können Sie wie in Schritt 1 fortfahren und weitere Formen hinzufügen. Sie können die Formen auch über Kopieren und Einfügen hinzufügen, wenn Sie Formen in derselben Größe und Farbe haben wollen. Im Beispiel wurde eine Vorlage für die Betriebshierarchie einer Firma erstellt.

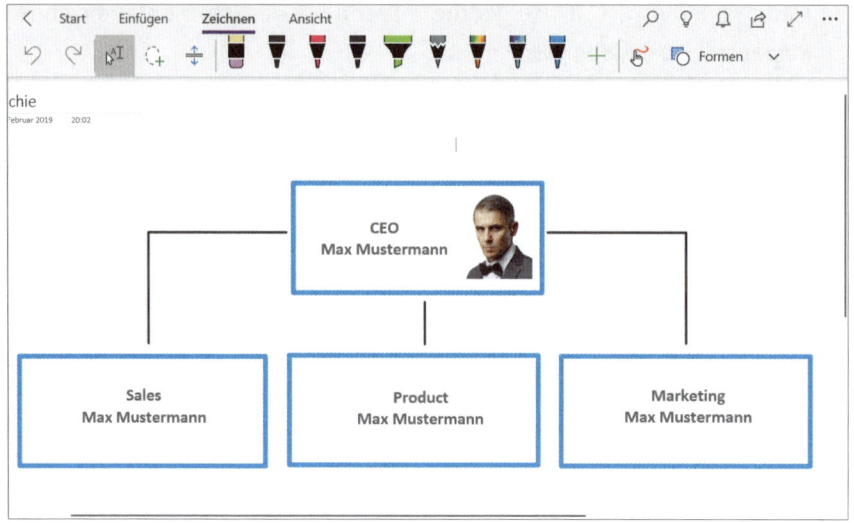

Im Menü **Zeichnen** finden Sie auch eine Funktion **Freihand in Form** vor, womit OneNote beim Freihandzeichnen eine Form in das gewünschte Objekt umwandelt. So können Sie einen Kreis, eine Ellipse, ein Dreieck, Rechtecke, Fünf- oder Sechsecke oder auch die Trapezform selbst gestalten.

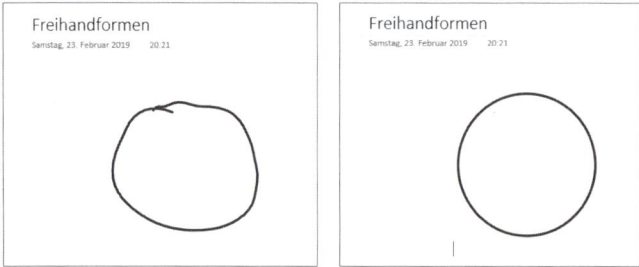

Abbildung 6.7 *OneNote kann aus Freihandformen richtige, ordentliche Formen erstellen.*

Objekte in OneNote markieren und sortieren

Das Freihandzeichnen oder die Formen können Sie auf jedes Objekt in OneNote anwenden. So können Sie mit dem Textmarker als Stift bestimmte Stellen in einem PDF-Dokument farblich markieren oder mit Formen bestimmte Bereiche in einem Bild visuell hervorheben. Natürlich markieren Sie damit nicht wirklich etwas auf einem Objekt, sondern vielmehr legen Sie die Markierung, Zeichnung oder Form als neues Objekt über das Objekt.

Objekte in OneNote markieren und sortieren

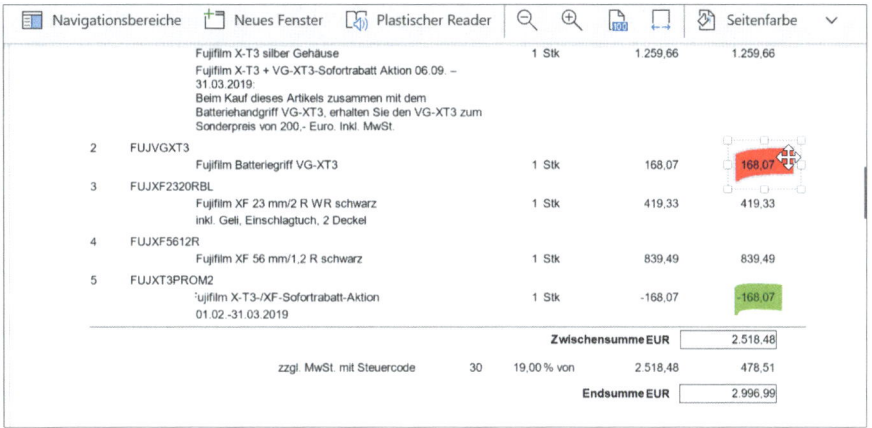

Abbildung 6.8 *Farbige Markierungen auf Objekten sind nur weitere Objekte, die Sie jederzeit verschieben, vergrößern oder löschen können.*

In der Praxis verwende ich diese Option sehr gerne, um gezielt Objekte zu markieren. Zum Beispiel fotografiere ich Rechnungen, Pläne oder sonstige Dokumente über ein Smartphone in eine neue OneNote-Seite und mache dann am Computer einige für mich wichtige Markierungen und Notizen. Auch zur Dokumentation fotografiere ich häufig etwas in OneNote und mache Notizen und Anmerkungen.

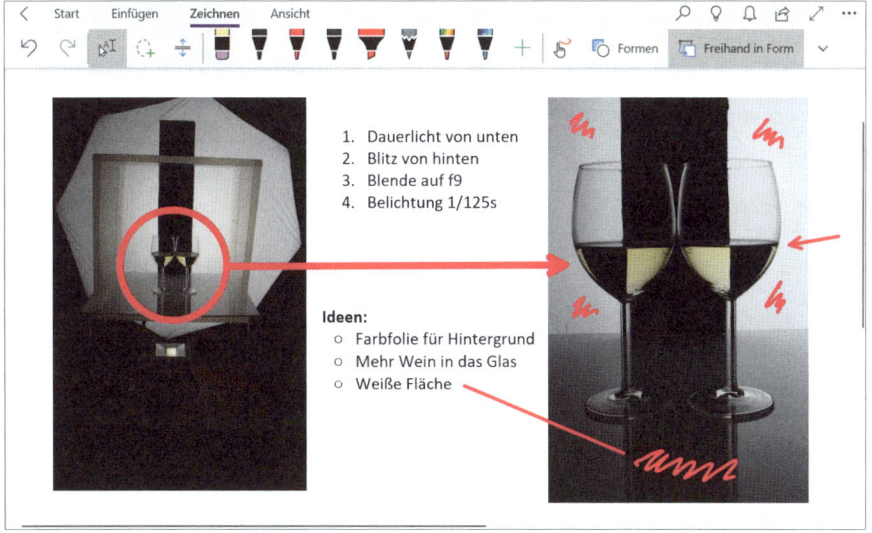

Abbildung 6.9 *Hier wurde ein Fotoprojekt dokumentiert, und es wurden gleich Anmerkungen für Verbesserungen hinzugefügt.*

Wenn Sie mehrere Objekte aufeinanderlegen, bleibt immer das zuletzt hinzugefügte Objekt oben sichtbar. Das gilt auch für Zeichnungen oder Formen, was letztendlich auch nur Objekte sind. Wollen Sie übereinanderliegende Objekte sortieren, müssen Sie diese mit der rechten Maustaste anklicken und im Kontextmenü im Untermenü **Sortieren** einen entsprechenden Befehl auswählen.

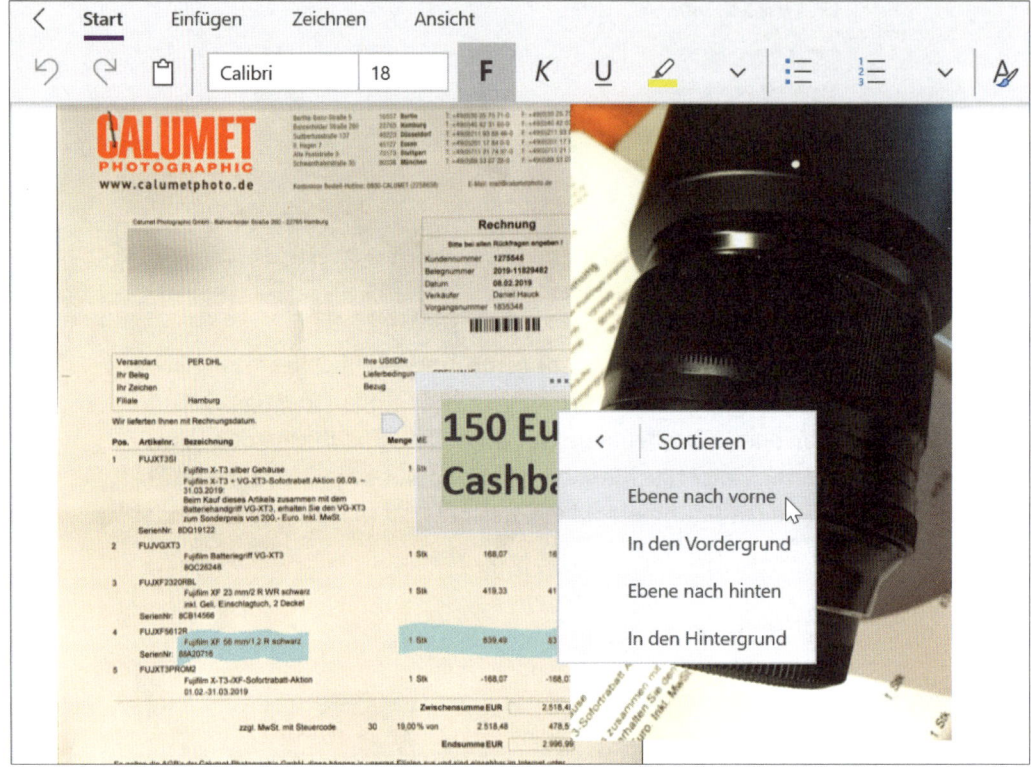

Abbildung 6.10 *Hier ist der Textcontainer hinter das eingefügte Bild geraten. Klicken Sie dieses mit der rechten Maustaste an, und wählen Sie im Untermenü »Sortieren« den Befehl »Ebene nach vorne« aus, befindet sich der Textcontainer wieder über dem Bild.*

Mathematik mit dem Stift

Für Office-365-Abonnenten gibt es auch eine Mathematik-Funktion, mit deren Hilfe Sie mathematische Gleichungen eingeben bzw. mit dem Stift schreiben und von OneNote lösen lassen, sowie Graphen der Funktion zeichnen können. Auch eine Schritt-für-Schritt-Anleitung der Lösung können Sie hinzufügen.

SCHRITT FÜR SCHRITT
Mathematische Funktionen mit OneNote verwenden

1. **Mathematische Gleichung eingeben**

   Wählen Sie einen Stift im Menü **Zeichnen** aus, und schreiben Sie hiermit Ihre mathematische Gleichung an einer freien Stelle der Seite.

   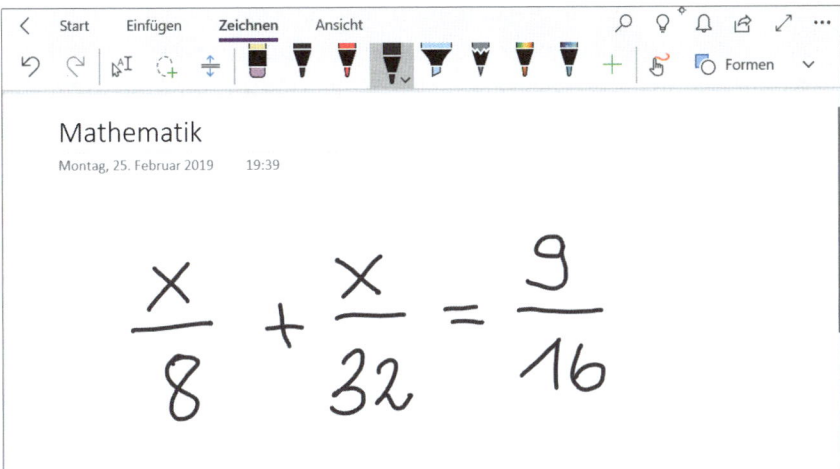

2. **Gleichung auswählen**

   Im Beispiel will ich x auflösen. Zuvor muss ich noch meine Gleichung, die ich in Schritt 1 erstellt habe, mit dem **Lassoauswahl**-Werkzeug auswählen.

   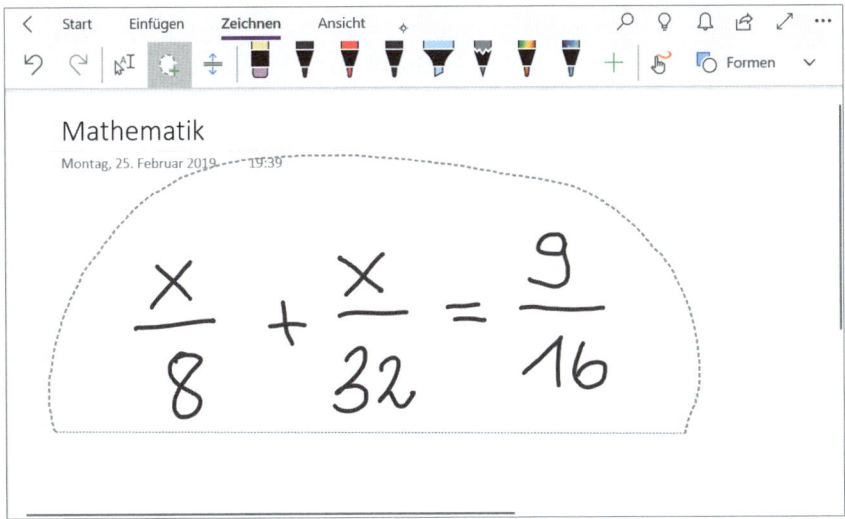

3. Mathematik-Funktion ausführen

Wenn die Gleichung ausgewählt ist, wählen Sie im Menü **Zeichnen** die Schaltfläche **Mathematik** aus. Wenn OneNote die eingegebene Gleichung erkannt hat, wird diese im rechten sich öffnenden Bedienfeld angezeigt. Klicken Sie gegebenenfalls auf **Korrigieren**, wenn die handgeschriebene Gleichung nicht erkannt wurde, und passen Sie diese dann an. Mit **Freihand in Gleichung** machen Sie genau dies und ersetzen die handgeschriebene Gleichung durch eine digitale Form. Wollen Sie außerdem zwischen reellen Zahlen und komplexen Zahlen lösen, oder wollen Sie als Einheiten Grad, Bogenmaß oder Gon festlegen, finden Sie im Bedienfeldbereich eine Schaltfläche **Einstellungen**.

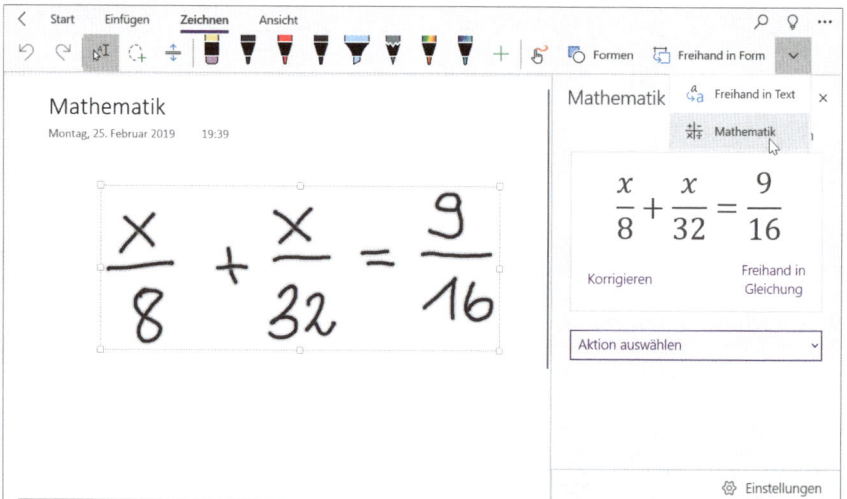

4. Gleichung lösen

Um die Gleichung zu lösen, wählen Sie bei **Aktion auswählen**, was Sie tun wollen. Im Beispiel wähle ich hier **Für x lösen** aus. Die Lösung wird daraufhin gleich unterhalb im Bedienfeld in einem Textcontainer angezeigt. Diesen Textcontainer können Sie mit gedrückter Maustaste auf die Seite ziehen.

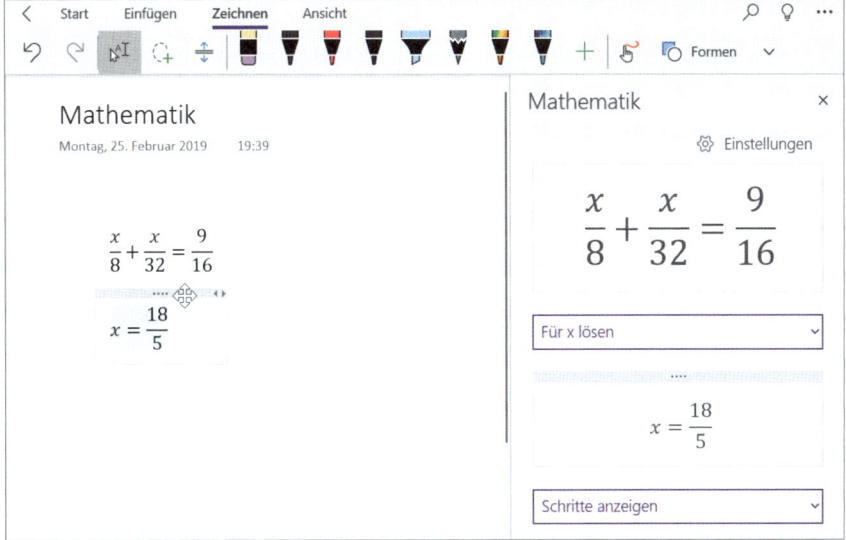

5. Lösungsweg anzeigen

Wollen Sie zudem den Lösungsweg für die Gleichung sehen, wählen Sie im Menü **Schritte anzeigen** im Bedienfeld den entsprechenden Eintrag aus. Diese Lösung können Sie bei Bedarf ebenfalls mit gedrückt gehaltener Maustaste auf die Seite ziehen.

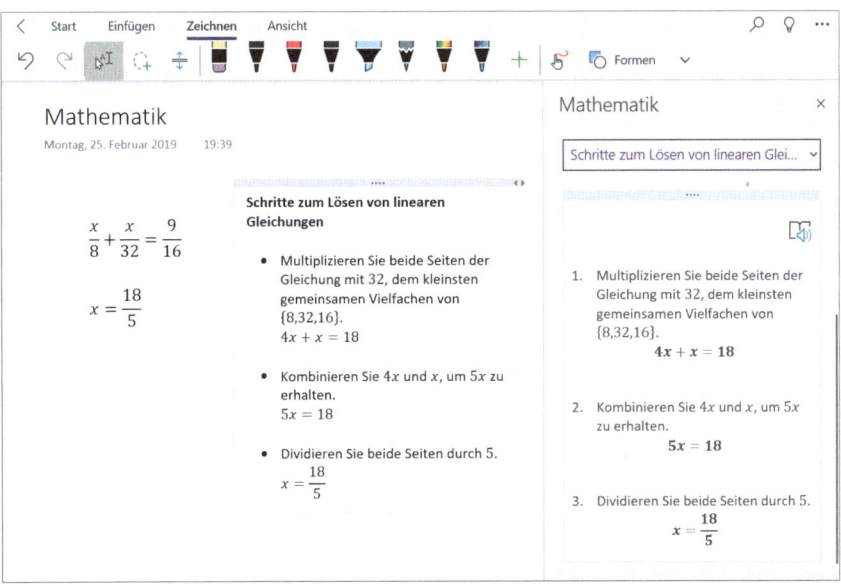

6. Graphen für eine Gleichung hinzufügen

OneNote hilft Ihnen über das Menü von **Aktion auswählen** auch, einen Graphen für die Gleichung hinzuzufügen. Die verfügbaren Optionen sind allerdings von der verwendeten Formel abhängig.

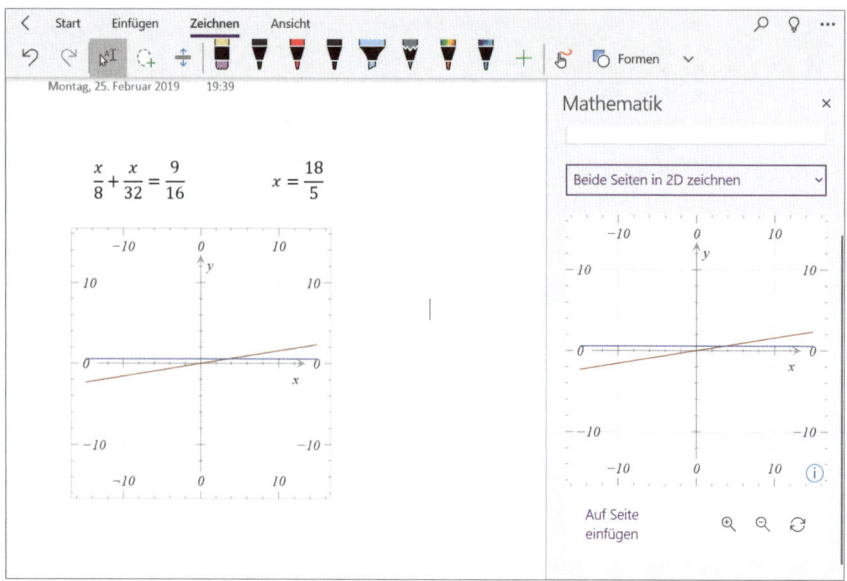

Kapitel 7
OneNote im täglichen Einsatz

Wenn Sie das Buch bis hierher gelesen haben, dann kennen Sie bereits fast alles, was nötig ist, um OneNote zu einem täglichen Begleiter Ihres Lebens zu machen. In diesem Kapitel finden Sie noch einige nützliche Kniffe, die Ihnen bei der Verwendung von digitalen Notizbüchern hilfreich sein könnten.

Nach Notizen suchen

Wenn Sie OneNote regelmäßig verwenden, werden Sie mit der Zeit sehr viele Notizen und Notizbücher erstellt haben. Wo Sie in der analogen Welt mit echten Papierdokumenten ganze Aktenordner durchsuchen mussten, geht dies mit der Suchfunktion von OneNote sehr schnell und einfach. Wenn Sie hierbei den Ratschlag befolgt haben, auch Bilder, Videos, PDF-Dokumente und andere Dateien mit einem Alternativtext zu versehen, dann werden auch diese Objekte bei der Suche mitberücksichtigt.

SCHRITT FÜR SCHRITT
Suchen innerhalb der Notizbücher von OneNote

1. **Suche starten**

   Die Suche starten Sie über das Lupensymbol auf der linken Seite des Fensters oder per `Strg`/`cmd`+`F`. Auf dem Smartphone finden Sie die Suchfunktion unterhalb mit dem Lupensymbol wieder.

2. Suche beschränken bzw. erweitern

Wählen Sie in der Dropdown-Liste unterhalb des Eingabefeldes für die Suche aus, wo Sie überall suchen wollen. Zur Auswahl stehen die aktuelle Seite, der aktuelle Abschnitt, das aktuelle Notizbuch oder alle (geöffneten) Notizbücher. Geben Sie dann im Suchfeld das Stichwort ein, nach dem Sie suchen wollen, und betätigen Sie ⏎.

3. Ergebnis der Suche

Wenn OneNote passend zum Suchmuster etwas gefunden hat, werden die Ergebnisse darunter aufgelistet. Um hier zum entsprechenden Notizbuch, Abschnitt oder der Seite zu springen, müssen Sie nur daraufklicken oder bei den mobilen Geräten darauftippen. Über die Registerkarte **Seiten** werden alle Ergebnisse zurückgeliefert, die zum Suchmuster passen. Dies beinhaltet neben den Inhalten auch Notizbuchnamen, Abschnittsnamen und Titel von Seiten. Gefundene Wörter werden farbig hervorgehoben.

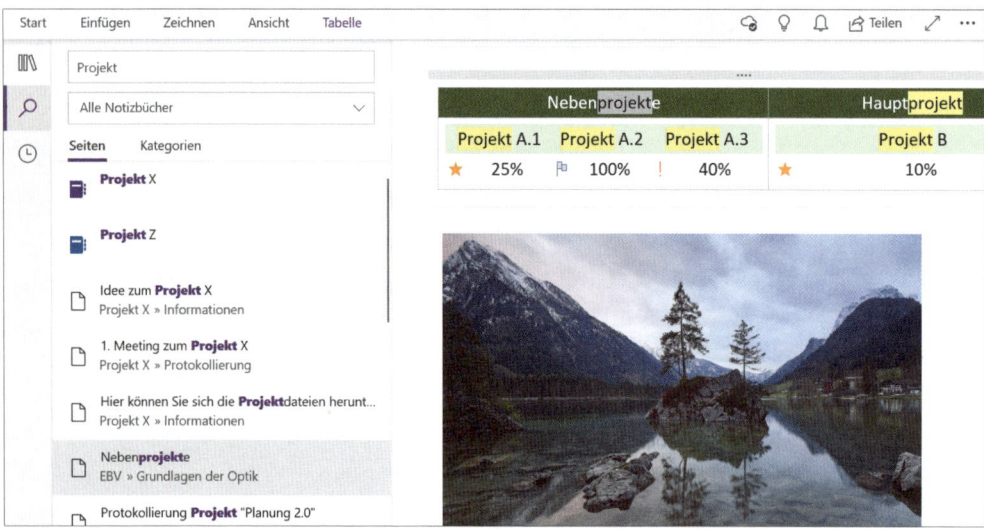

4. Suche nach Kategorien

Es wird auch nach Aufgabenlisten und anderen Kategorien bzw. (Stichwort-) Tags gesucht und auf der Registerkarte **Seiten** aufgelistet. Aber hier ist es etwas umständlich zu finden, daher finden Sie für Aufgabenlisten und Kategorien eine eigene Registerkarte **Kategorien**. Wie Sie Aufgabenlisten und Kategorie Notizen hinzufügen können, haben Sie in Kapitel 4 im Abschnitt »Aufgabenlisten und andere Markierungen« erfahren.

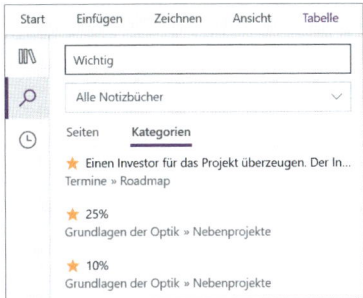

Nicht immer fällt einem ein geeignetes Suchwort ein, oder man weiß einfach nicht mehr, wo die Seite ist, die man vor Kurzem noch bearbeitet hatte. Für solche Fälle gibt es eine Art Verlauf der zuletzt bearbeiteten Dateien. Hierzu finden Sie auf der linken Seite unterhalb des Lupensymbols eine Schaltfläche für aktuelle Notizen, wo die zuletzt bearbeiteten Notizen zur Auswahl aufgelistet werden.

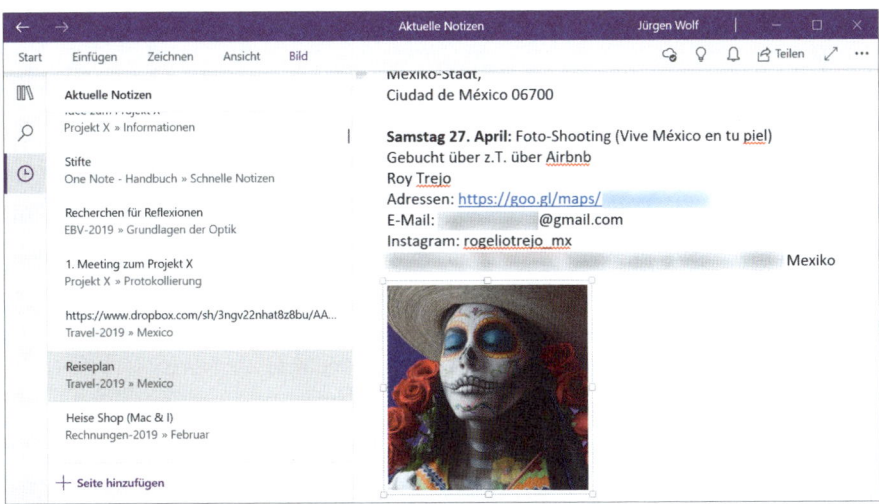

Abbildung 7.1 *Über die Schaltfläche »Aktuelle Notizen« auf der linken Seite finden Sie die zuletzt bearbeiteten Notizen.*

Zur Drucklegung stand diese Funktion nur bei der Windows-Version zur Verfügung.

Drucken mit OneNote

Die aktuelle Seite können Sie sich in OneNote über die entsprechende **Drucken**-Schaltfläche ausdrucken lassen, die Sie über die drei Punkte auf der rechten oberen Seite des Fensters erreichen können. Beim Mac erreichen Sie den Druckerdialog über das Menü **Datei • Drucken**. Noch schneller geht es mit der Tastenkombination [Strg]/[cmd] + [P].

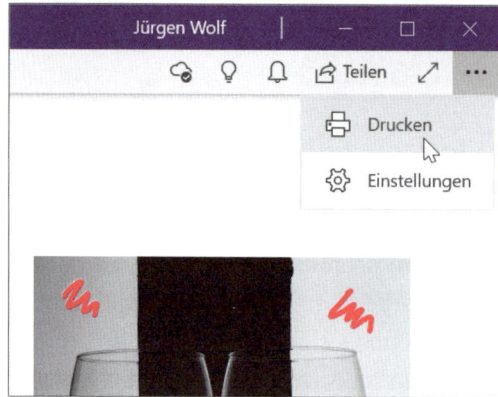

Abbildung 7.2 *Der Befehl zum Drucken in OneNote*

Es folgt ein herkömmlicher Dialog zum Drucken, in dem Sie verschiedene Einstellungen wie den **Drucker**, die Anzahl der **Kopien** oder die **Ausrichtung** einstellen können. Mit dem **Farbmodus** können Sie zwischen **Farbe** und **Monochrome** wählen und bei **Seiten**, ob Sie die **Aktuelle Seite**, den aktuellen Abschnitt oder das ganze Notizbuch drucken wollen. Unter **Weitere Einstellungen** finden weitere Optionen zum Seitenlayout, zu Papier und Qualität vor. Klicken Sie auf die Schaltfläche **Drucken**, um den Druckvorgang zu starten. Beim Mac beschränkt sich die Druckfunktion nur auf die aktuelle Seite.

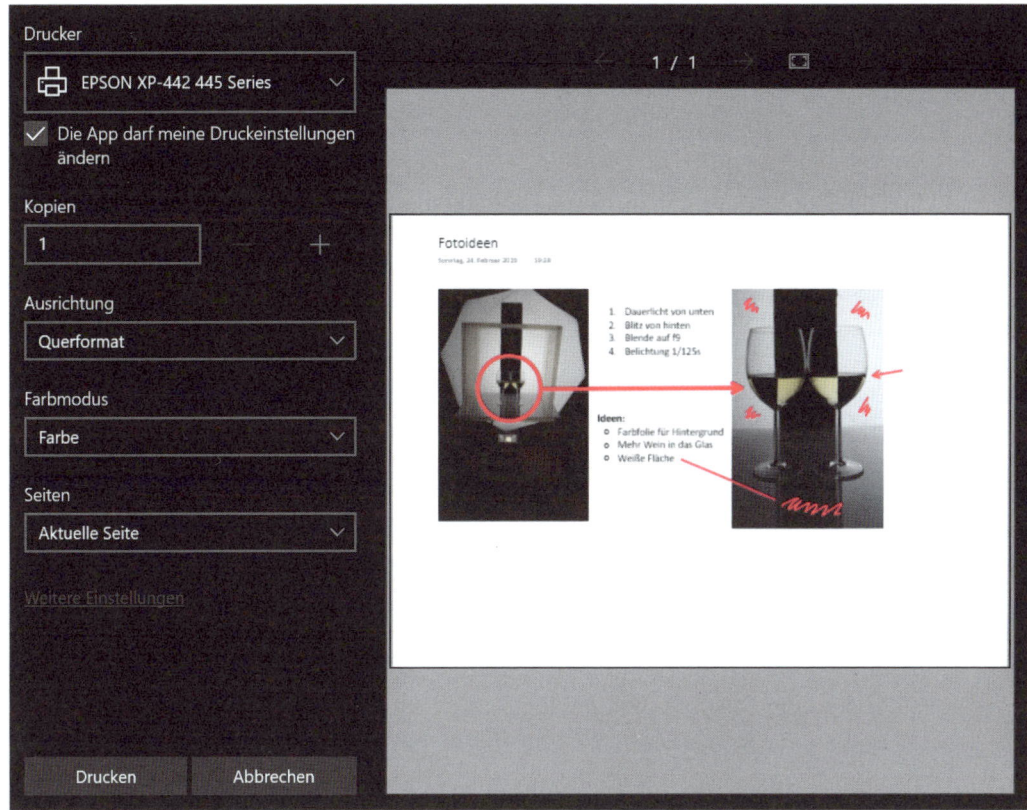

Abbildung 7.3 *Der Drucker-Dialog von OneNote unter Windows 10*

PDF-Dokument erstellen

Zwar ist es derzeit mit OneNote nicht möglich, ein PDF-Dokument aus einer einzelnen Seite zu erstellen, aber indirekt über den Drucken-Dialog ist es doch möglich, weil dieser Dialog in der Regel immer eine Option anbietet, das Dokument als PDF-Datei zu »drucken« bzw. zu speichern. Bei Windows finden Sie hierzu einen entsprechenden Eintrag (**Microsoft Print to PDF**), wenn Sie den Drucker auswählen. Wählen Sie hier die Einstellungen, wie Sie dies bei einem gewöhnlichen Druck machen würden. Klicken Sie dann auf die Schaltfläche **Drucken**, öffnet sich ein Dialog, in dem Sie den Speicherort und Namen für das PDF-Dokument wählen können. Auch beim Mac gibt es eine PDF-Option im Drucken-Dialog mit **Als PDF sichern**.

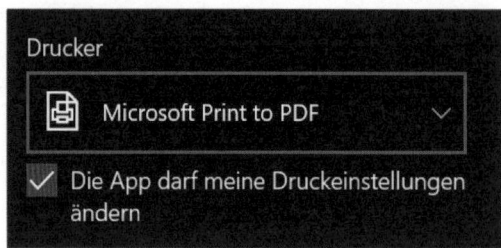

Abbildung 7.4 *Über den Drucker-Dialog können Sie ein PDF-Dokument aus einer OneNote-Seite erstellen.*

Informationen von anderen Anwendungen an OneNote weitergeben

Die Möglichkeit, Informationen von anderen Anwendungen wie dem Webbrowser an OneNote zu senden, macht die Anwendung zur perfekten Zentrale, um Wissen, Ideen, Recherchen, Webseiten, Rechnungen, Bilder und noch vieles mehr damit zu sammeln und zu organisieren.

In diesem Abschnitt erfahren Sie, wie Sie OneNote etwas aus anderen Anwendungen hinzufügen können. Mit der aktuellen OneNote-App beschränkt sich die Funktion derzeit vorwiegend auf Webbrowser. Office-Kooperationen wie mit OneNote 2016 fehlen zum Teil noch und werden vermutlich noch nach und nach von Microsoft integriert.

Die Teilen-Funktion des Webbrowsers Edge und Safari

Hilfreich beim Sammeln von Recherchen ist die Teilen-Funktion vom Webbrowser Microsoft Edge und dem Safari-Webbrowser für den Mac. Beim Mac müssen Sie gegebenenfalls die Teilen-Funktion über die **Systemeinstellungen • Erweiterungen • Alle** aktivieren, wenn dies nicht schon standardmäßig der Fall ist.

Bei den mobilen Geräten müssen Sie gegebenenfalls auch noch OneNote als App zum Teilen hinzufügen, wenn Sie hier eine Webseite mit der Teilen-Funktion an OneNote senden wollen.

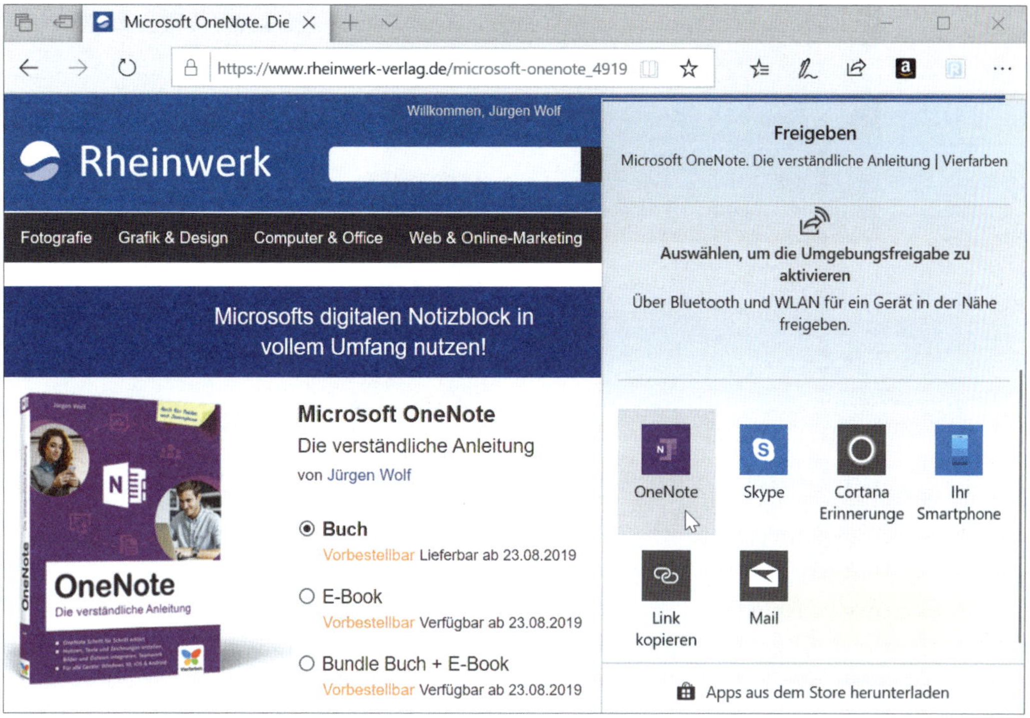

Informationen von anderen Anwendungen an OneNote weitergeben

Abbildung 7.5 *Eine Webseite über den Webbrowser Microsoft Edge via Teilen an OneNote senden*

Abbildung 7.6 *Ein Dialog wird angezeigt, in dem Sie die Informationen als neuen Abschnitt oder der geöffneten Seite des Notizbuches hinzufügen können.*

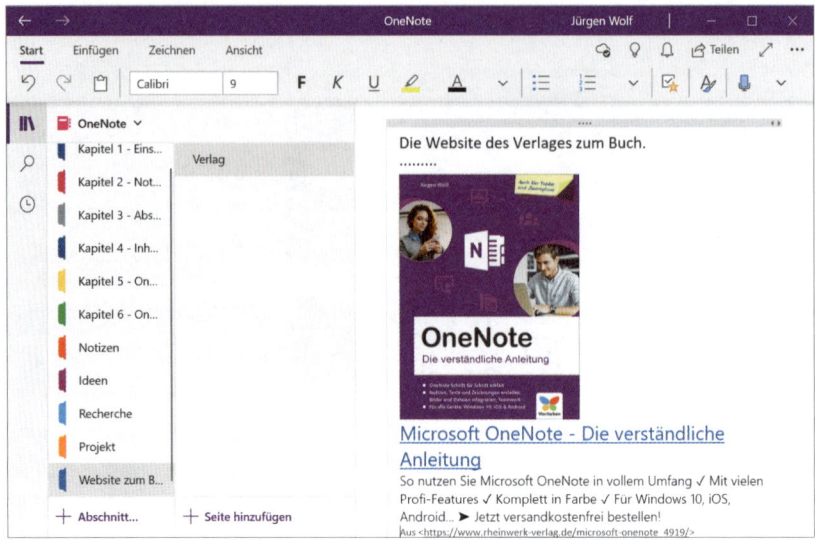

Abbildung 7.7 *Die hinzugefügten Informationen einer Webseite mit dem Webbrowser Microsoft Edge*

Leider ist das Teilen von Webseiten ein wenig uneinheitlich. Bei Windows wird lediglich ein Teil der Webseite mit einem Weblink hinzugefügt. Bei den mobilen Geräten oder dem Mac wird die Webseite als Bild hinzufügt mit einem Weblink zur Quelle, mit dem Vorteil wiederum, dass dank der Texterkennung auch danach gesucht werden kann.

Webseitennotizen mit dem Webbrowser Edge

Der Webbrowser Edge von Microsoft enthält mit Webseitennotizen ebenfalls eine Funktion, mit der Sie bei der Recherche einer Webseite Notizen und Markierungen oder handschriftliche Bemerkungen hinzufügen können und diese dann an OneNote übertragen können.

SCHRITT FÜR SCHRITT
Notizen zu einer Webseite mit Webbrowser Edge hinzufügen

1. Webseitennotizen starten

Die Funktion rufen Sie über das Stiftesymbol rechts neben der Adressleiste auf. Daraufhin wird eine lilafarbene Leiste mit den Funktionen für Webseitennotizen mit Edge eingeblendet.

2. **Notiz hinzufügen**

Klicken Sie jetzt auf die Schaltfläche **Notiz hinzufügen**, und gehen Sie mit dem Mauszeiger auf die Position der Webseite, an der Sie eine Notiz hinzufügen wollen. Klicken Sie die linke Maustaste, und geben Sie Ihren Text ein. Auf diese Weise können Sie viele weitere Notizen hinzufügen, die jeweils mit einem Nummernsymbol versehen werden. Verschieben können Sie die Notiz mit gedrückter Maustaste über das Nummernsymbol. Auch minimieren oder wiederherstellen können Sie die Notiz via Mausklick auf das Nummernsymbol. Wollen Sie die Notiz löschen, können Sie dies über das Mülleimersymbol tun.

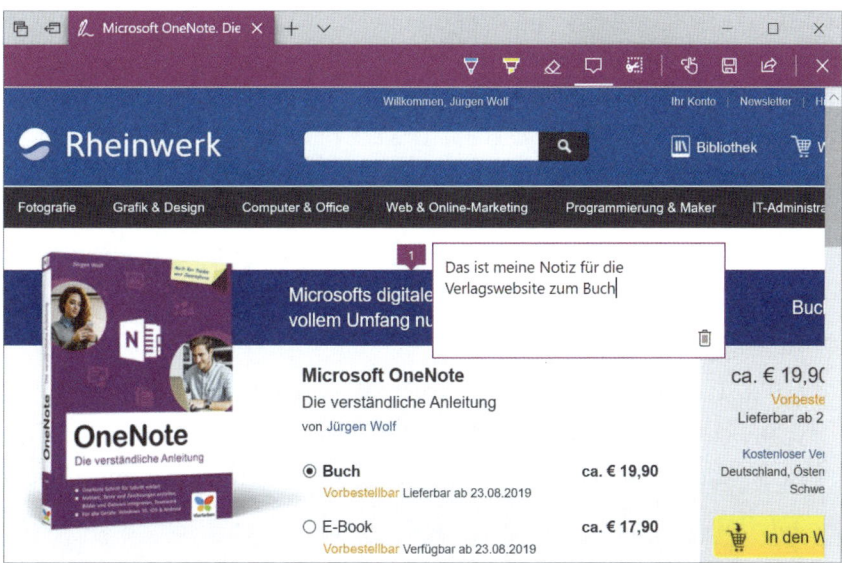

3. **Bereich(e) markieren oder Text schreiben**

   Sie können auch einfach nur einen Textbereich mit einem Marker farbig markieren oder etwas mit einem Stift schreiben. Hierzu finden Sie einen Kugelschreiber und Textmarker vor.

   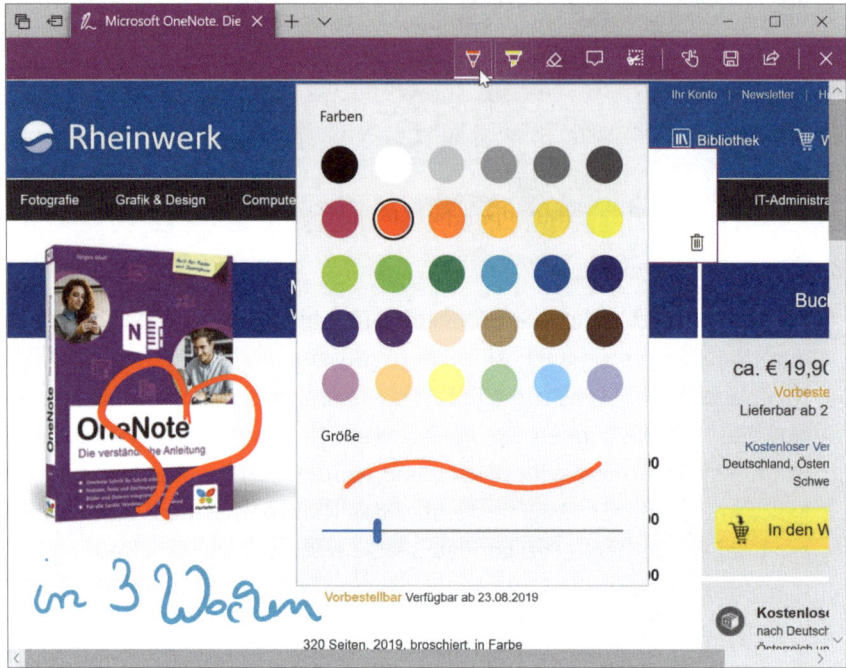

   Wählen Sie ein entsprechendes Werkzeug aus, und markieren oder schreiben Sie etwas auf die Webseite. Die Größe und Farbe der Stifte können Sie ändern, indem Sie auf das kleine Dreieck darunter klicken. Markiertes oder Geschriebenes können Sie hier jederzeit wieder mit dem Radierer entfernen. Wenn Sie den Radierer ausgewählt haben, finden Sie ein kleines Dreieck darunter, worüber Sie mit **Freihand vollständig löschen** alle gemachten Freihand-Anmerkungen auf einmal löschen können.

4. **Einen Bereich ausschneiden**

   Mit dem Scherensymbol können Sie einen bestimmten Bereich der Webseite mit gedrückter Maustaste markieren und anschließend speichern. Das ist praktisch, wenn Sie einen Screenshot von einem bestimmten Teil einer

Webseite erstellen und OneNote hinzufügen wollen, praktisch z. B. bei einer Routenplanung via Google Maps. Wenn Sie keinen speziellen Bereich markieren, wird die komplette Seite gespeichert.

5. **Notizen speichern**

   Wenn Sie die Notizen speichern wollen, klicken Sie auf der rechten Seite der lilafarbenen Leiste auf das Diskettensymbol. Daraufhin öffnet sich der aktive Arbeitsbereich von OneNote, über den Sie den Abschnitt wählen können, in dem Sie in OneNote die Notiz speichern wollen. Mit einem Klick auf die Schaltfläche **Speichern** wird die Webseite dort gesichert, was ein Dialog dann auch noch bestätigt. Beenden Sie die Arbeiten mit den Webseitennotizen, indem Sie die Schließen-Schaltfläche ganz rechts in der lilafarbenen Symbolleiste anklicken.

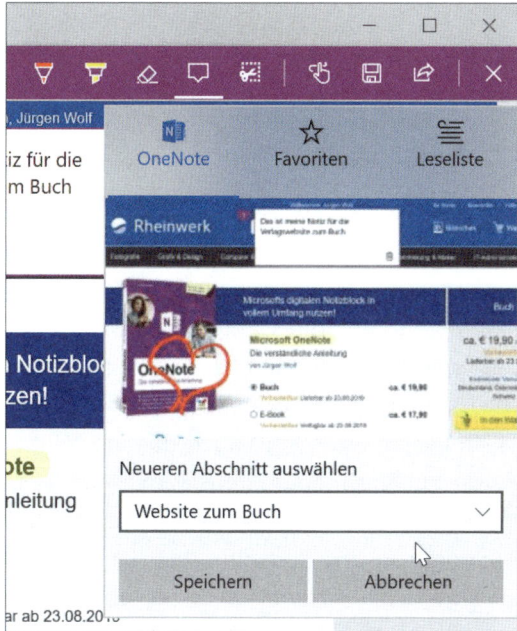

Wenn Sie nun zum Notizbuch wechseln, wo Sie die Webseite mit den Notizen gespeichert haben, finden Sie diese dort als Bilddatei mitsamt den Notizen und einem Weblink zur Quelle der Webseite vor.

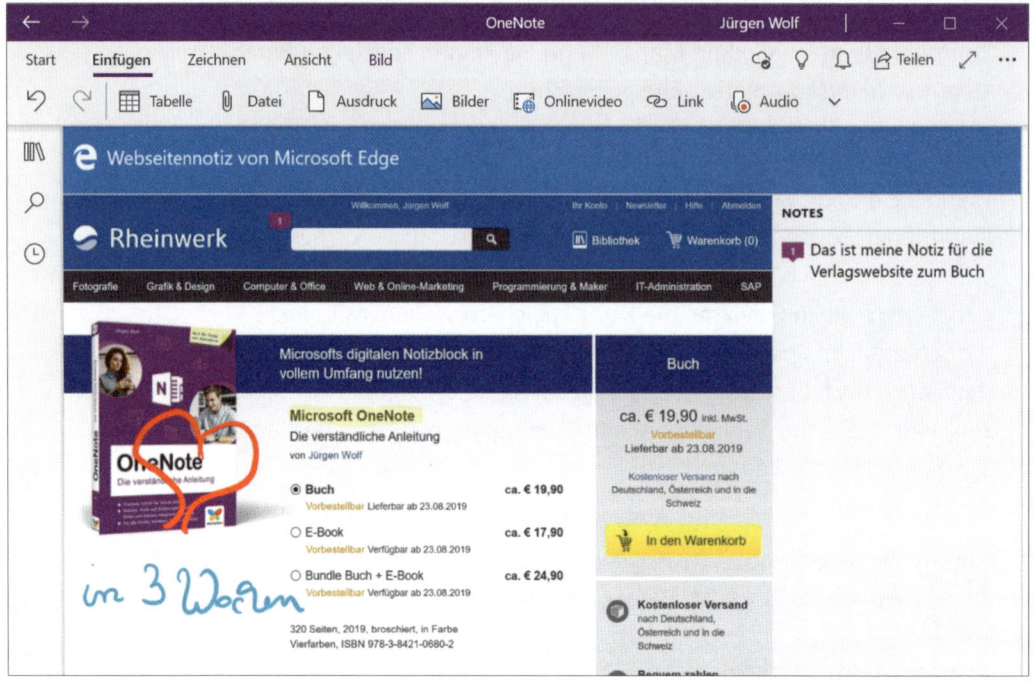

OneNote Web Clipper

Wenn Sie an den Inhalten einer Webseite interessiert sind, dann finden Sie mit der Erweiterung *OneNote Web Clipper* eine interessante Möglichkeit. Hiermit können Sie Inhalte aus dem Web speichern, kommentieren und organisieren. Der OneNote Web Clipper steht zunächst nicht zur Verfügung und muss vorher noch eingerichtet werden. Erfreulich hierbei ist es auch, dass der Web Clipper für alle gängigen Webbrowser zur Verfügung steht. Zum Einrichten des OneNote Web Clippers ist nicht viel nötig. Im Grunde müssen Sie nur auf die Website *www.onenote.com/clipper* gehen und dort die Schaltfläche **OneNote Web Clipper für [Browsername] abrufen** anklicken. Anstelle von [Browsername] steht hier gewöhnlich Ihr Webbrowser (hier getestet mit: Edge, Safari, Google Chrome und Firefox). Egal, welchen Webbrowser Sie nun verwenden, in allen Fällen werden Sie auf den entsprechenden Store mit der Erweiterung für den entsprechenden Webbrowser weitergeleitet, von wo Sie mit einem Klick die Erweiterung installieren können.

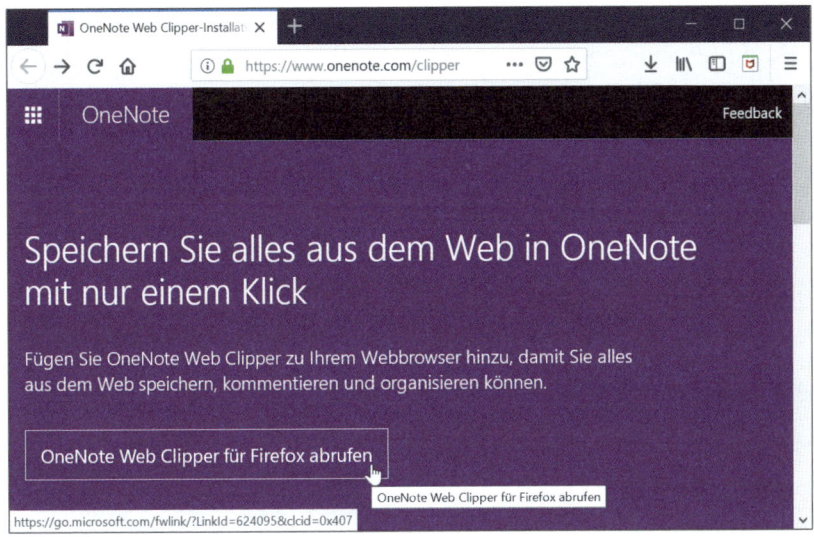

Abbildung 7.8 *Gehen Sie auf die Website »www.onenote.com/clipper«, und folgen Sie den Anweisungen, nachdem Sie die Schaltfläche zum Abrufen vom Web Clipper betätigt haben.*

Wenn Sie den Web Clipper als Erweiterung zum Webbrowser hinzugefügt haben, finden Sie gewöhnlich ein kleines Icon mit OneNote in der Symbolleiste wieder. Klicken Sie es an, werden Sie sich zunächst mit dem Microsoft-Konto oder einem Geschäfts-, Schul- oder Unikonto anmelden müssen.

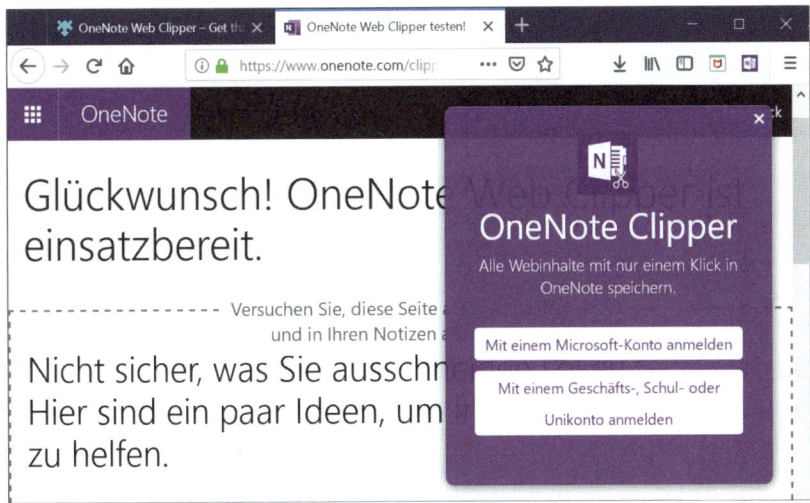

Abbildung 7.9 *Eine Anmeldung zu Ihrem Konto ist nötig, um OneNote Clipper verwenden zu können.*

Beim Anmelden erteilen Sie dieser App einen Zugriff auf verschiedene Informationen, was unter anderem auch den Vollzugriff auf alle OneNote-Notizbücher und -Seiten beinhaltet. Sie können hierbei nur mit **Ja** zustimmen oder mit **Nein** ablehnen.

Wenn Sie sich angemeldet und den Zugriff gestattet haben, können Sie die aktuelle Website gleich auch als Testsite verwenden, um Web Clipper auszuprobieren.

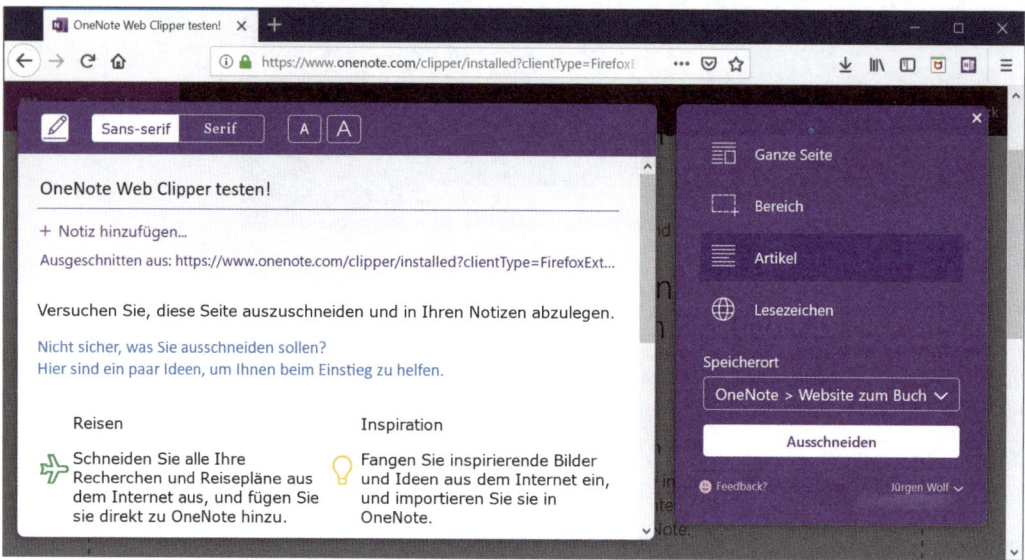

Abbildung 7.10 *Der Web Clipper ist bereit.*

Die einzelnen Funktionen des Web Clippers sind schnell erklärt. Mit **Ganze Seite** können Sie die komplette Webseite archivieren. Zusätzlich können Sie hier einen Titel und eine Notiz hinzufügen. Der Titel wird als Name für die neue Seite verwendet, und die Notiz wird mitsamt dem Weblink vor der archivierten Seite angezeigt. Die Webseite selbst wird hierbei wiederum als Bilddatei OneNote hinzugefügt. Bei **Speicherort** geben Sie an, in welchem Notizbuch Sie diese Webseite speichern wollen. Mit der Schaltfläche **Ausschneiden** fügen Sie die Webseite OneNote hinzu bzw. schneiden diese aus. Sie erhalten eine Bestätigung, wenn die Webseite erfolgreich ausgeschnitten und hinzugefügt wurde. Wenn Sie hierbei die angezeigte Schaltfläche **In OneNote anzeigen** anklicken, wird die hinzugefügte Webseite in OneNote Online geöffnet.

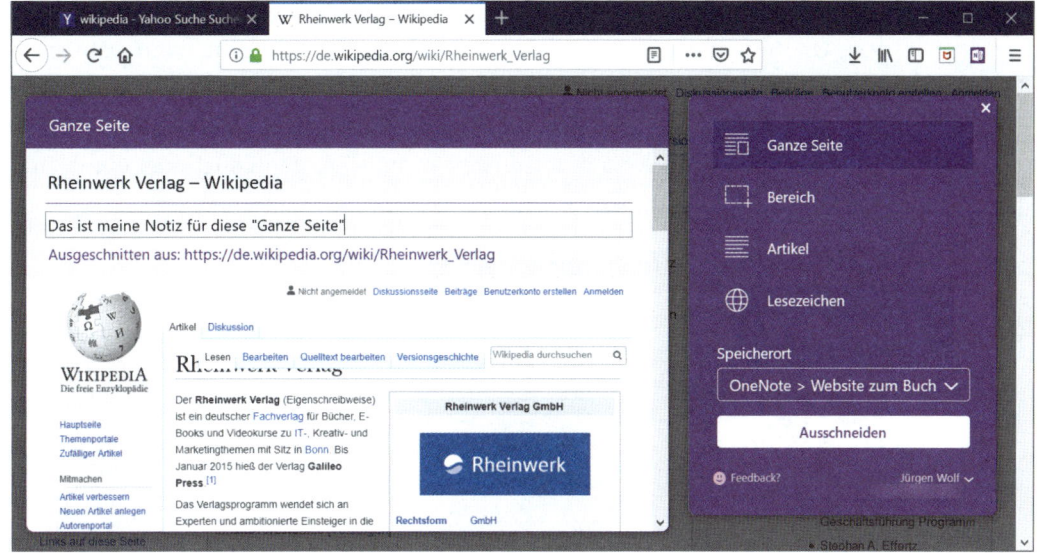

Abbildung 7.11 *Eine ganze Seite mit dem Web Clipper OneNote hinzufügen*

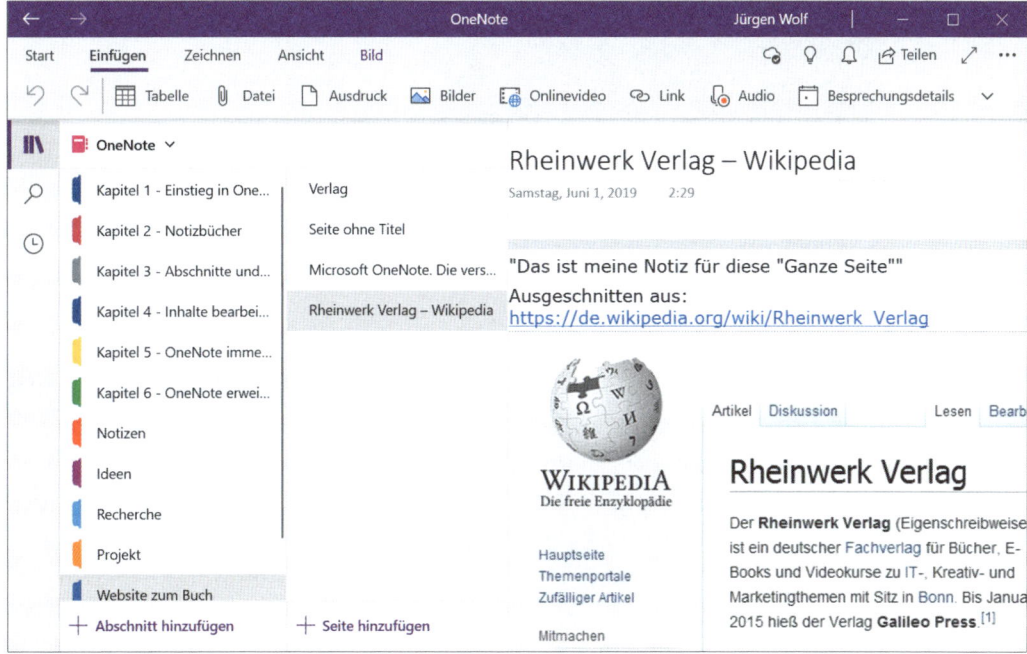

Abbildung 7.12 *Die archivierte Webseite wurde mit Web Clipper hinzufügt.*

Wollen Sie nicht wie mit **Ganze Seite** einen Screenshot der kompletten Webseite OneNote hinzufügen, sondern nur einen kleinen Bereich, dann wählen Sie die Funktion **Bereich** von Web Clipper aus. Hier können Sie mit gedrückt gehaltener Maustaste auswählen, von welchem Bereich der Webseite Sie einen Screenshot erstellen wollen. Ansonsten können Sie dann auch hier einen Titel und eine Notiz hinzufügen.

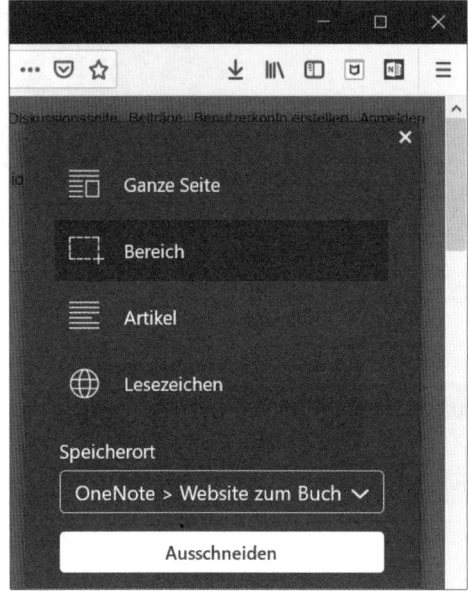

Abbildung 7.13 *Statt eines Screenshots der kompletten Webseite können Sie mit »Bereich« den Teil der Webseite auswählen, von dem Sie einen Screenshot erstellen wollen.*

Wollen Sie hingegen überhaupt keinen Screenshot von der gesamten oder einem Teil der Webseite erstellen, dann können Sie die Funktion **Artikel** von Web Clipper verwenden. Hierbei wird einfach der Artikel in einer Textform ausgeschnitten und OneNote hinzugefügt. Zusätzlich zu den Angaben wie dem Titel und Notizen können Sie hier noch den Text mit einem Marker markieren, einen Sans-Serif- oder Serif-Text verwenden oder die Schriftgröße ändern. Der Vorteil dieser Funktion ist, dass Sie hier den Text jederzeit nachträglich innerhalb von OneNote anpassen bzw. ändern können.

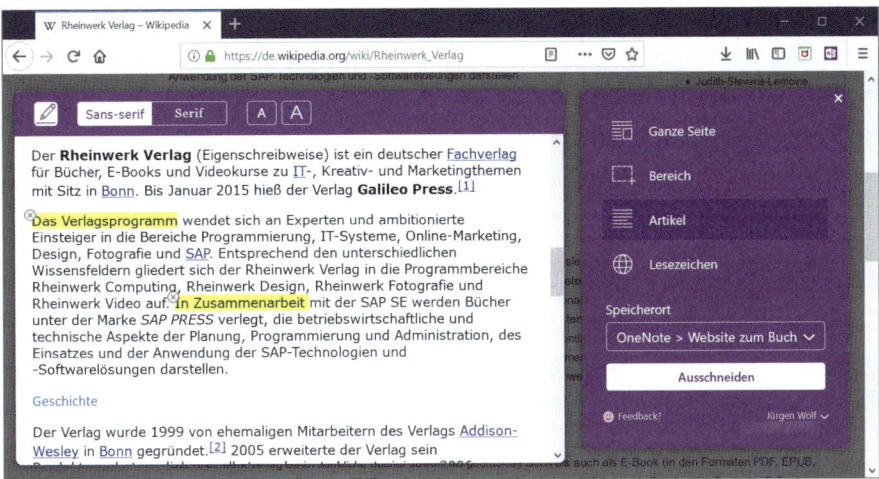

Abbildung 7.14 *Mit »Artikel« können Sie einen editierbaren Text des Artikels OneNote hinzufügen.*

Wenn Ihnen das Hinzufügen von ganzen Artikeln mit dem Web Clipper zu viel des Guten ist, können Sie auch nur den Text auf einer Webseite markieren, den Sie hinzufügen wollen, und dann die rechte Maustaste klicken. Hier finden Sie nun einen Menübefehl **Auswahl ausschneiden und in OneNote ablegen**, mit dem Sie genau dies tun können. Es öffnet sich erneut der Web Clipper mit allen Funktionen wie bei **Artikel**, nur finden Sie jetzt den Befehl **Auswahl** vor, und es wird jetzt auch nur der ausgewählte Text der Webseite verwendet.

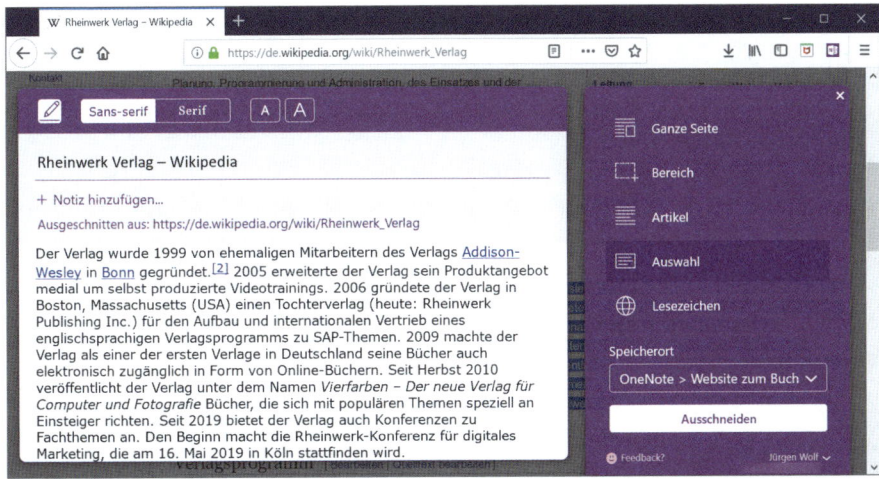

Abbildung 7.15 *Der Web Clipper bietet auch die Option an, einen ausgewählten Text einem bestimmten Notizbuch hinzuzufügen.*

Praktisch ist hier auch noch die Funktion **Lesezeichen**, mit der Sie die Webseite als Lesezeichen mit Titel, Link und kurzer Beschreibung OneNote hinzufügen können. Zusätzlich können Sie hier noch eine Notiz hinzufügen.

> **Web Clipper auf mobilen Geräten**
>
> Der Web Clipper steht auf den mobilen Geräten von iOS oder Android zur Verfügung, wenn Sie die OneNote-App installiert haben. Eine ganze Webseite können Sie auch hier über die Teilen-Funktion an ein ausgewähltes Notizbuch weitergeben. Android bietet hierbei sogar die Option an, die komplette Webseite als Bild oder als Text zu speichern. Bei iOS funktioniert es nur als Bild. Erfreulich ist hierbei auch, dass Sie, wenn Sie einen Text im Webbrowser markieren, hiermit auch nur den markierten Text über die Teilen-Funktion an OneNote senden können.

Informationen über den Drucken-Befehl an OneNote senden

Im Grunde können Sie aus fast jeder Anwendung über den Drucken-Befehl Informationen an OneNote weitergeben, weil OneNote bei der Installation als virtueller Drucker dafür eingerichtet wurde. Bei Windows wählen Sie hierbei anstelle des eigentlichen Druckers **OneNote** aus. Es öffnet sich OneNote und ein Dialog, über den Sie den Speicherort auswählen, und schon wird die geöffnete Datei als Bild an OneNote übergeben.

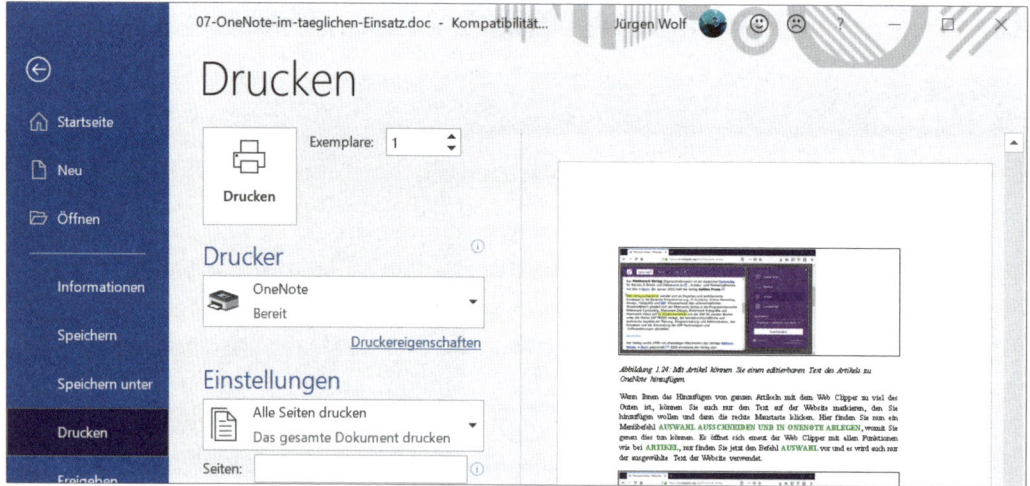

Abbildung 7.16 *Hier wird ein Word-Dokument über den Drucken-Dialog an OneNote übertragen.*

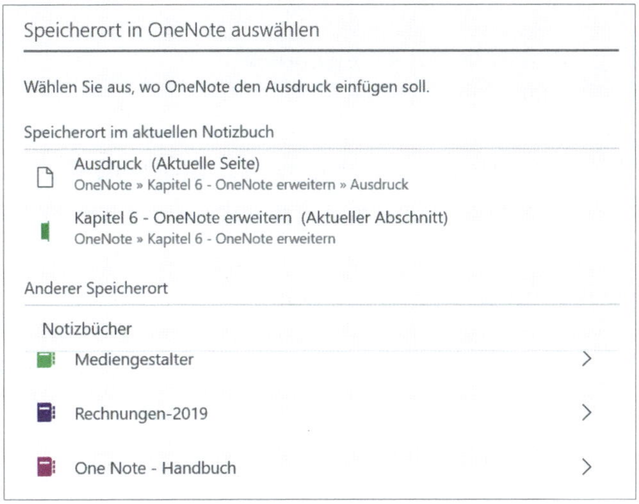

Abbildung 7.17 *Wählen Sie aus, wo Sie die Informationen in OneNote speichern wollen.*

> **Kooperation mit Office Word und Outlook**
> Was ich noch vermisse, ist die Kooperation mit den Office-Anwendungen Outlook, um wenigstens meine E-Mails direkt an OneNote senden zu können, und die Verknüpfung zwischen einem Word-Dokument und einer OneNote-Seite. Beide Funktionen sind bei Drucklegung noch mit der OneNote-2016-Anwendung verknüpft. Allerdings dürfte es nur eine Frage der Zeit sein, bis die OneNote-App um die Kooperation mit den anderen Office-Anwendungen erweitert wird.

Interaktive Wiedergabe (nur Windows)

Eine Funktion, die sich geradezu als interaktives Whiteboard für Schulungen und Seminare anbietet, ist die **Wiedergeben**-Funktion im Menü **Ansicht**. Hierbei kann man praktisch die Entstehung einer Zeichnung nochmals wiedergeben lassen. Und es lässt sich dann praktisch eine Schritt-für-Schritt-Mitschrift erstellen. Das ist auch hilfreich, weil man hier während eines Vortrags nicht nochmals alles neu schreiben oder zeichnen muss und man so einiges schon vorbereiten kann. Diese Funktion steht Ihnen derzeit nur zur Verfügung, wenn Sie ein Office-365-Abonnement haben.

SCHRITT FÜR SCHRITT
Eine interaktive Wiedergabe erstellen und verwenden

1. **Zeichnung erstellen**

    Erstellen Sie Ihre Zeichnung, oder schreiben Sie etwas auf die Seite. Beachten Sie die Reihenfolge, wie Sie zeichnen oder schreiben, weil diese genauso wiedergegeben wird.

    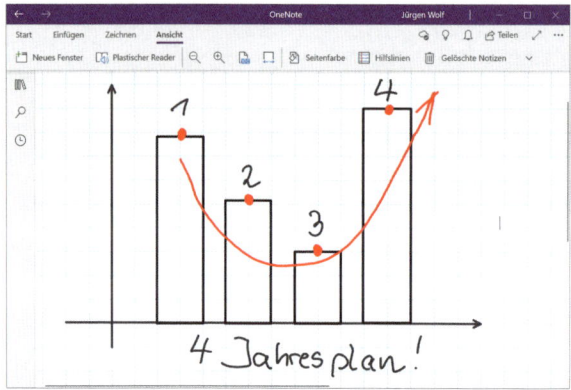

2. **Zeichnung wiedergeben**

    Wählen Sie jetzt im Menü **Ansicht** die Schaltfläche **Wiedergeben** aus. Ziehen Sie hier einen Rahmen um den Bereich auf, den Sie wiedergeben wollen. Oder klicken Sie auf den entsprechenden Text, um alles auf dieser Seite wiederzugeben.

    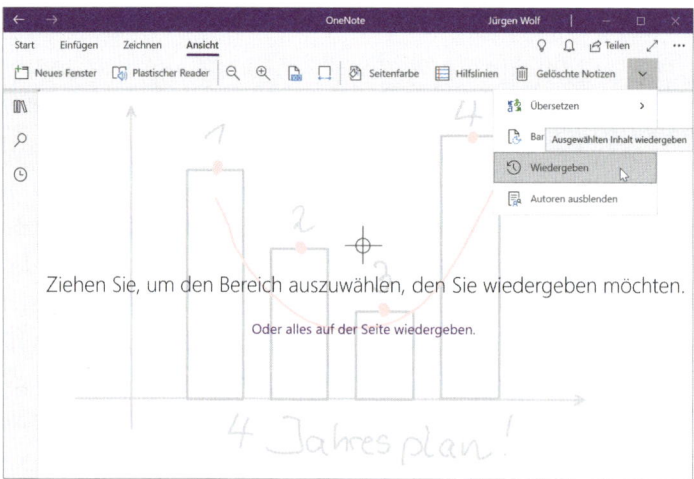

3. Wiedergabe steuern

Wenn Sie die Wiedergabe gestartet haben, wird diese als Animation Strich für Strich ausgeführt. Sie können diese Animation aber auch selbst Schritt für Schritt abspielen, indem Sie auf die Pause-Schaltfläche klicken und dann die einzelnen Sequenzen mit den entsprechenden Vorwärts- oder Rückwärts-Schaltflächen am unteren Rand durchklicken. Wollen Sie den Wiedergabemodus beenden, können Sie rechts oben auf das x klicken, oder Sie drücken die [Esc]-Taste.

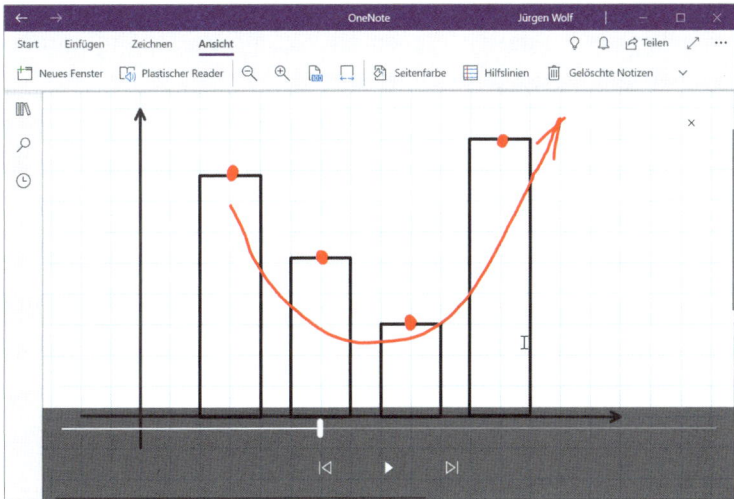

Die OneNote-Lerntools

Die Lerntools von Microsoft wurden OneNote hinzugefügt, um dem Lernenden bei der Verbesserung seiner Lese- und Schreibfähigkeiten sowie seinem Textverständnis zu helfen. Das kann vor allem für Personen mit Lernschwierigkeiten besonders nützlich sein.

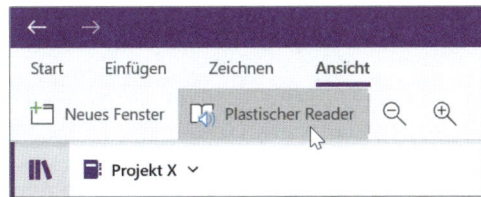

Abbildung 7.18 *Hinter »Plastischer Reader« verbirgt sich ein großartiges Vorlesetool.*

Die wichtigste Funktion dabei ist **Plastischer Reader** im Menü **Ansicht**, über den sich der Lernende die Texte laut vorlesen lassen kann. Wenn Sie den Reader aufgerufen haben, können Sie das Vorlesen über das Play-Symbol in der Mitte unten starten und über das Pausesymbol pausieren. Auch die Lesegeschwindigkeit und Sprechstimme lässt sich hierbei einstellen, wie auch die Stimmauswahl. Diese Option finden Sie gleich rechts neben dem Play-Symbol.

Gerade Schüler, die Probleme beim Lesen und Verstehen von Texten haben, können von dieser Vorlesefunktion enorm profitieren. Aber auch wenn Sie gerade eine Fremdsprache oder die deutsche Sprache lernen, hilft diese Funktion ungemein, die Aussprache des Gelesenen auch zu hören. Es wird immer der Text der aktuellen geöffneten Seite vorgelesen.

Abbildung 7.19 *»Plastischer Reader« wird im Vollbildmodus ausgeführt.*

Diese Lerntools können dem Lernenden auch visuell helfen, indem Sie Schriftgröße, Laufweite, Schriftart und Textdesign aus Text und Hintergrundfarbe den persönlichen Bedürfnissen anpassen können. Diese Option finden Sie beim Reader auf der rechten oberen Seite mit der Schaltfläche mit den zwei A-Buchstaben.

Die OneNote-Lerntools

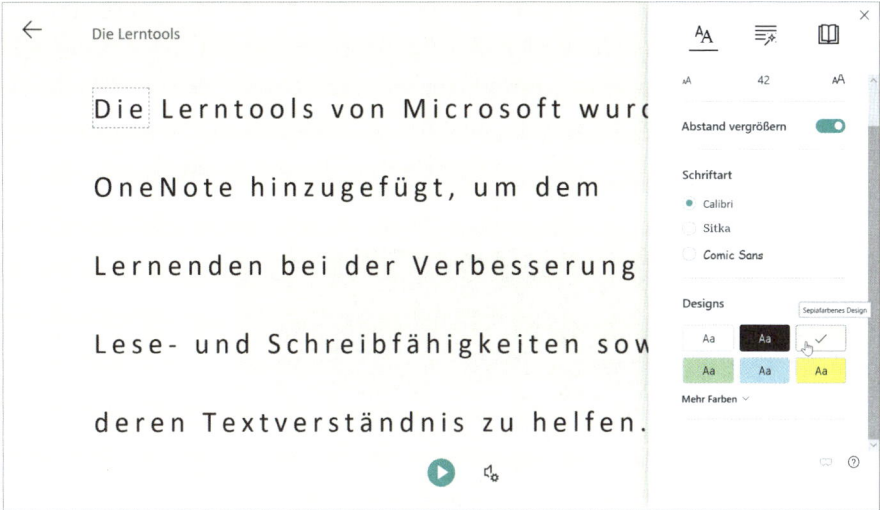

Abbildung 7.20 *Visuelle Anpassung des Readers*

Über die Grammatikoptionen können Sie die Silben der Wörter sichtbar machen und alle Wortarten farblich hervorheben lassen. Die Grammatikoptionen erreichen Sie rechts oben mit der mittleren Schaltfläche.

Abbildung 7.21 *Bei den Grammatikoptionen können Sie die einzelnen Silben und verschiedene Wortarten hervorheben.*

Über die Leseeinstellungen können Sie zudem einen Zeilenfokus einrichten, ob also eine, drei oder fünf Textzeilen hervorgehoben werden. Auch ein Bilderwörterbuch ist hierbei aktiviert, womit beim Anklicken eines Wortes ein Bild dazu angezeigt wird, wenn es Sinn ergibt und ein Bild dazu vorhanden ist. Auch Übersetzungen lassen sich hier wortweise oder auf das komplette Dokument durchführen.

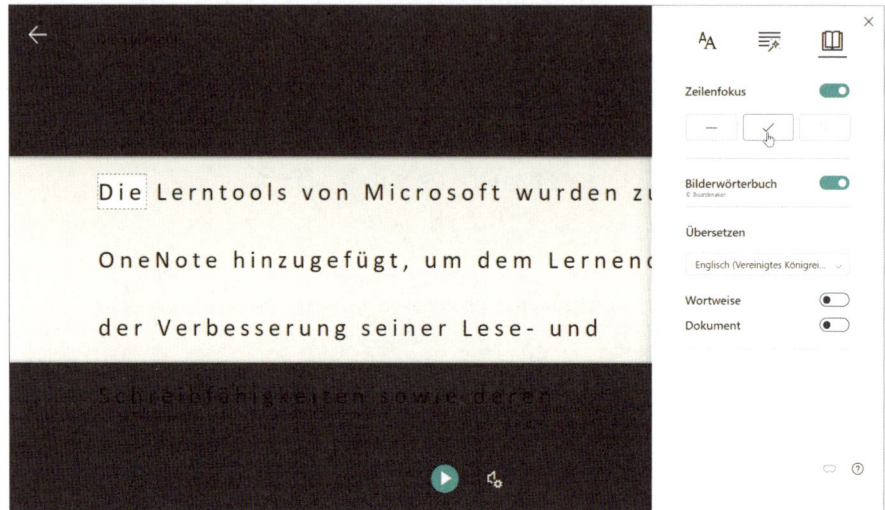

Abbildung 7.22 *Hier wurde bei den Leseeinstellungen auf einen dreizeiligen Fokus gestellt.*

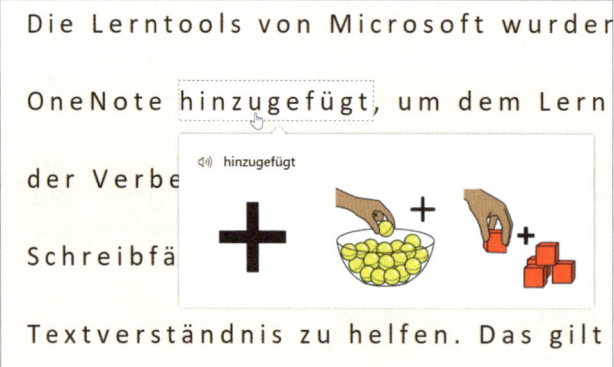

Abbildung 7.23 *Wurde das Bilderwörterbuch aktiviert, erhalten Sie beim Anklicken eines Wortes ein zum Wort passendes Bild.*

Abbildung 7.24 *Hier wurde das Übersetzen wortweise aktiviert, wodurch die einzelnen Wörter durch Anklicken auf die bei den Leseeinstellungen eingestellte Sprache übersetzt wird.*

Da der Reader viele Stimmen für unterschiedliche Sprachen enthält und diese in der Regel auch erkennt, eignet sich der Reader auch hervorragend, um Sprachen zu lernen.

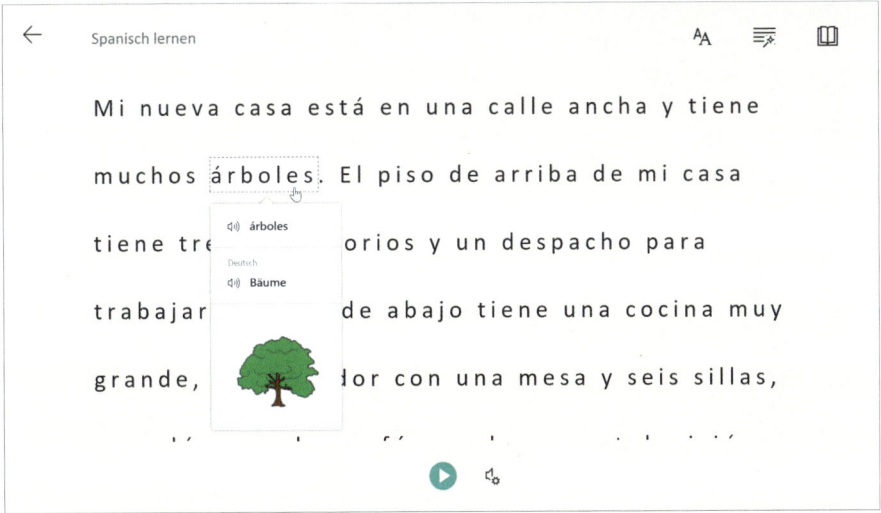

Abbildung 7.25 *Ich verwende den Reader hier, um Spanisch zu lernen. Die Vorlesefunktion hilft mir bei der Aussprache, und einzelne Wörter, die ich nicht kenne, kann ich mit einem Klick übersetzen lassen.*

Text diktieren

Eine weitere Funktion, die auch als Lerntool OneNote hinzugefügt wurde, ist die Diktierfunktion im Menü **Start** von OneNote. Diese Funktion hilft beispielsweise Personen mit einer Behinderung, einen Text per Sprache in OneNote hinzuzufügen. Und natürlich kann man die Diktatfunktion auch nutzen, wenn man keine Lust hat zu tippen. Damit Sie diese Funktion auch verwenden können, benötigen Sie ein eingebautes Mikrofon, wie sie in vielen Laptops oder Tablet-PC bereits enthalten sind. Alternativ können Sie auch ein externes Mikrofon verwenden.

Die Sprache für das Diktat wählen Sie rechts neben der Schaltfläche über das Pfeilsymbol aus. Wenn Sie OneNote mit einer deutschen Lokalisierung verwenden, dann ist hier Deutsch als Standardsprache für das Diktat ausgewählt.

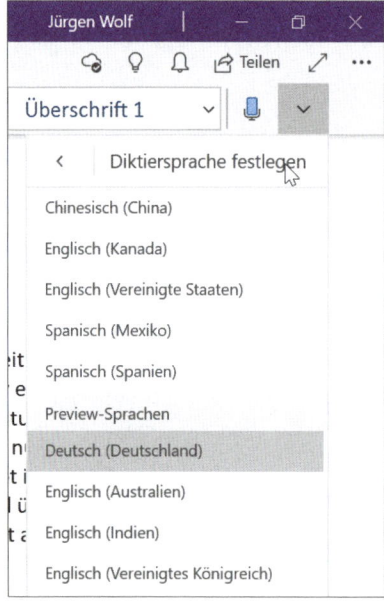

Abbildung 7.26 *Die Sprache für das Diktat auswählen*

Das Diktat starten Sie nun, indem Sie auf die Schaltfläche mit dem Mikrofon im **Start**-Menü klicken. Eine jetzt rote Diktieren-Schaltfläche zeigt nun an, dass Sie anfangen können zu sprechen. Sobald Sie anfangen, tut die Spracherkennung die nötige Arbeit und schreibt fleißig mit, was Sie sprechen. Die Spracherkennung funktioniert hier sehr gut, auch wenn es immer wieder Worte gibt, die nicht so recht verstanden wurden oder die ich eben undeutlich gesprochen habe. Ganz ohne ein paar nachträgliche Korrekturen werden Sie daher nicht auskommen.

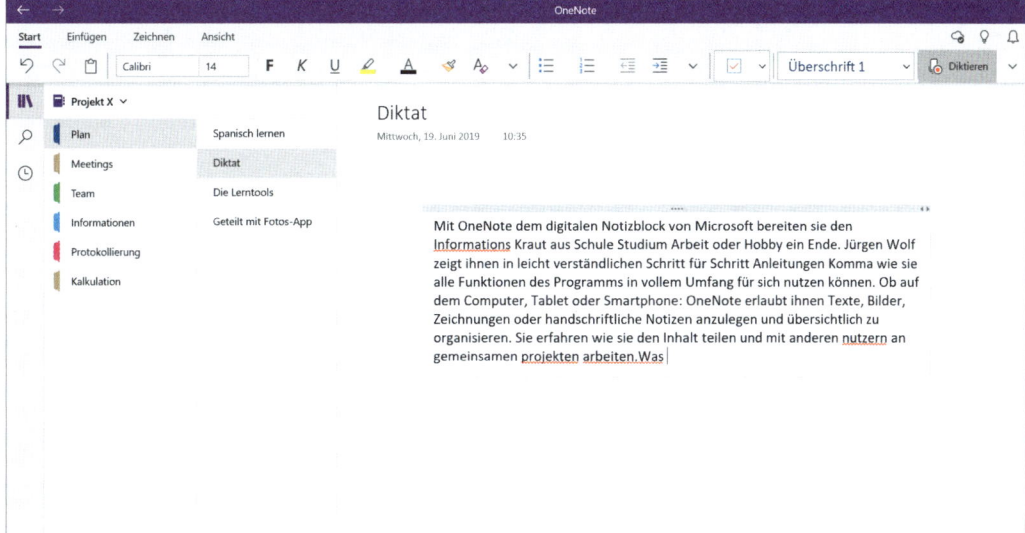

Abbildung 7.27 *Das Diktat bei der Ausführung*

Zeichensetzung beim Diktat

Die Zeichensetzung müssen Sie aussprechen, beispielsweise Punkt, Komma, neue Zeile, Fragezeichen, Ausrufezeichen, Doppelpunkt oder Semikolon.

Kapitel 8
Praxisbeispiele mit OneNote

Die Anwendungsmöglichkeiten, die Sie mit OneNote bei der Verwaltung und Organisation von Informationen haben, sind sehr vielseitig. Wenn Ihnen noch ein wenig die Ideen dafür fehlen oder Sie sich einfach ein wenig inspirieren lassen wollen, dann finden Sie in diesem Kapitel einige Praxisbeispiele zur Anregung. Wenn Sie die Beispiele für sich selbst anwenden, werden Sie schnell feststellen, an welchen Stellen Sie etwas ändern wollen und eine andere Ablagestruktur schaffen sollten. Am Ende wird Ihre Struktur mit OneNote wohl immer anders aussehen als die hier vorgestellten Beispiele. Daher sollten Sie diese Beispiele nur als Anregung verstehen. Jeder hat ein individuelles und persönliches System, seine Informationen zu verwalten. Eine gute Struktur in OneNote haben Sie dann erstellt, wenn Sie sofort wissen, wo Sie etwas ablegen können und wo Sie es später auch wiederfinden.

OneNote für die Arbeit

An dieser Stelle finden Sie einige Rezeptvorschläge für OneNote im beruflichen Umfeld. Beispiele für die Berufswelt hängen natürlich davon ab, in welcher Position Sie arbeiten, etwa ob Sie eine Führungsperson sind oder nicht.

OneNote für Projekte

Da ich seit über 15 Jahren in der IT-Welt und als Buchautor beschäftigt bin und vor einiger Zeit auf der Suche nach einem einfachen Werkzeug war, das das Projektmanagement einfacher und effizienter macht, bin ich auf OneNote gestoßen und verwende es seitdem für jedes meiner Projekte. Für jedes Projekt lege ich hierbei gewöhnlich ein neues Notizbuch an. Folgende Abschnitte lege ich für gewöhnlich an:

- **Kontaktdaten**: Wer an mehreren Projekten mit verschiedenen Personen oder Teams zusammenarbeitet, der sollte auf jeden Fall die nötigen Kontaktdaten der Personen notieren. Ich lege hierfür für jede Person eine eigene Kontaktseite mit einigen Informationen an. Häufig kommen hier weitere

Personen dazu, die zwar nicht direkt mit dem Projekt arbeiten, aber für das Projekt selbst sehr hilfreich sein können. Es ist sehr hilfreich und zeitsparend, sofort die nötigen Kontakte zur Verfügung zu haben. Gerade wenn man für mehrere Monate oder gar Jahre an einem Projekt arbeitet, dann kann es schon mal passieren, dass man die eine oder andere Person vergessen hat oder dass man nicht mehr weiß, bei welchen Projekt man mit dieser Person zusammengearbeitet hat.

- **Projektplan und Notizen**: Kein Projekt ohne Plan! Hierher kommen alle Planungen zum Projekt. Auch die Notizen für das Projekt baue ich hier gleich ein, weil gewöhnlich jedes Projekt einige Spezialitäten hat, die es zu beachten gilt. Häufig fällt einem auch erst nach der Projektplanung noch etwas ein, was dann auch hier noch auf jeweils einer eigenen Seite hinzugefügt wird. Da bei der Projektplanung häufig mehrere Entwürfe erstellt werden, erstelle ich für jeden Entwurf eine Extra-Seite. Sie werden vielleicht auch einige Entwürfe von anderen Mitarbeitern als Word-Dokument oder PDF-Datei erhalten. Diese Anhänge füge ich dann ebenfalls dem Projekt als Dateianhang zum Herunterladen hinzu. Zur Projektplanung gehören für mich auch die Risiken damit und wann es fertiggestellt werden soll/muss.

- **Protokolle von Meetings und E-Mails**: Generell lege ich für jedes Projekt einen eigenen Abschnitt an, in dem ich sämtliche Meetings in Stichpunkten protokolliere. Auch die E-Mail-Kommunikation mit wichtigen Inhalten füge ich hier hinzu. Leider kann die aktuelle OneNote-App noch nicht direkt mit Outlook zusammenarbeiten, wie dies noch mit OneNote 2016 der Fall war, weshalb ich die E-Mails gewöhnlich über den Drucker-Dialog an OneNote sende, womit die E-Mail-Korrespondenz als Bilddatei hinzugefügt wird.

- **Projekt-Wiki**: Gerade die vielseitigen Möglichkeiten, verschiedene Inhalte (Bilder, Audio, Video, Tabellen, Dateianhänge, handgeschriebene Notizen usw.) hinzuzufügen, nutze ich sehr intensiv, um hier meine Ressourcen zu sammeln und eine Wissensdatenbank zum Projekt zu organisieren.

- **Links**: Da mein Projekt-Wiki häufig recht umfangreich wird, lege ich für Weblinks einen eigenen Abschnitt mit Lesezeichen und URLs an, die zum Projekt passen. Abhängig vom Projekt lege ich diesen Abschnitt gelegentlich auch innerhalb meines Projekt-Wikis als einzelne Seite an.

- **Anschaffung für das Projekt**: Viele Projekte benötigen Material, Hard- und/oder Software und eventuell weitere Anschaffungen. Ich liste diese hier mit einem extra Abschnitt auf und behalte hier auch gleich die Kosten im Überblick. Ich verwende hierfür in der Regel auch eine Aufgabenliste, auf der ich die bereits vorhandenen oder besorgten Anschaffungen abhaken kann.

- **Projektstatus und To-do-Liste**: Von enormer Bedeutung für jedes Projekt dürften der Projektstatus und die To-do-Liste sein. Auch hier kann es sehr hilfreich sein, eine Aufgabenliste dafür zu verwenden, um so stets den Projektstatus im Überblick zu behalten. Zusätzlich füge ich noch eine To-do-Liste ein, auf der einzelne Punkte (auch als Aufgabenliste) vorhanden sind, die häufig die Zwischenschritte zu den einzelnen Meilensteinen enthalten.

Diese Art, ein Projekt mit OneNote zu verwalten, soll wie immer nur als Anregung dienen. In der Praxis verwende ich selten dieselbe Ablagestruktur für jedes Projekt. Ich mache dies viel eher vom Projekt abhängig. Das ist auch meine Empfehlung für Sie. Erstellen Sie eine grobe Struktur, und verfeinern Sie diese bei Bedarf, bis sie Ihrem Workflow entspricht.

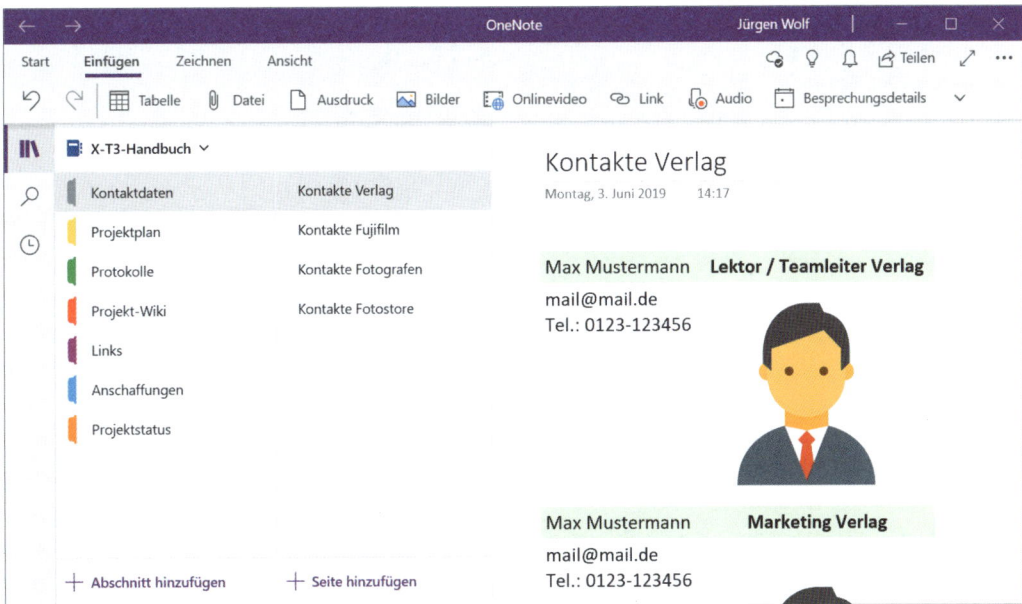

Abbildung 8.1 *Mein OneNote-Notizbuch für ein Buch-Projekt*

OneNote für Firmen

Wenn Sie in einer Firma mit mehreren Personen arbeiten, dann dürfte Ihre Ablagestruktur weniger projektspezifisch sein. Zwar sind Projekte auch hier ein

Thema, aber zusätzlich werden Sie vermutlich auch Termine, das Personal, den Vertrieb und Meetings leiten und verwalten müssen. An dieser Stelle müssen Sie für sich selbst entscheiden, ob Sie die folgenden Punkte innerhalb eines Notizbuches als Abschnitte mit vielen Unterseiten oder jeden dieser Punkte gleich als eigenes Notizbuch anlegen wollen. In vielen Fällen macht es sich bezahlt, gleich ein eigenes Notizbuch dafür zu verwenden.

Projekte: Hier würde sich eine Übersicht zu aktuellen und abgeschlossenen Projekten anbieten. Innerhalb des Abschnitts bzw. innerhalb des Notizbuches können Sie Details oder nur eine Übersicht zu den Projekten oder Produkten sammeln. Eventuell können Sie hier auch einen Link zu anderen Notizbüchern mit den Projekten oder Produkten verknüpfen. Ein Beispiel, wie eine solche Ablagestruktur mit einem Projekt als einzelnes Notizbuch aussehen könnte, haben Sie im Abschnitt zuvor bereits gesehen.

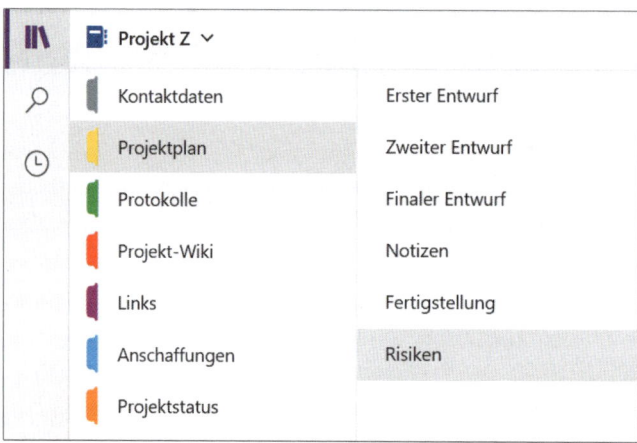

Abbildung 8.2 *Ein klassisches Notizbuch für ein Projekt*

Protokolle von Meetings

Die Mitschrift von Meetings kann lästig und langweilig sein, aber für Firmen ist dies unverzichtbar. Bei Projekten können Sie die Protokolle des Meetings wie gehabt innerhalb des Notizbuches für das Projekt in einem eigenen Abschnitt ablegen. Für andere Besprechungen jenseits von Projekten, wie beispielsweise Abteilungsbesprechungen, die sich nicht einem speziellen Projekt zuordnen lassen, würde sich das Anlegen eines eigenen

Notizbuches empfehlen. Hierbei bietet es sich auch gleich an, sich auf das nächste Meeting vorzubereiten und sich Ideen und Gedanken vorab zu notieren.

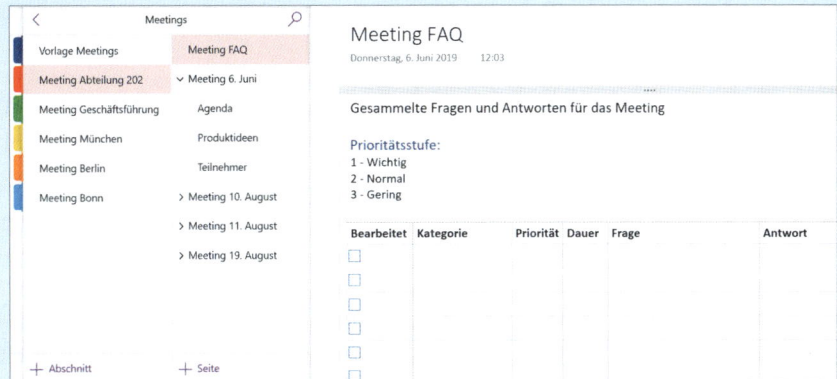

Abbildung 8.3 *Für projektunabhängige Meetings empfiehlt sich ein eigenes Notizbuch.*

Personal: An dieser Stelle hängt es davon ab, wie groß das Personal ist. Wenn Sie viele Mitarbeiter verwalten müssen, dann würde sich hier auch wieder ein eigenes Notizbuch lohnen. In diesem Notizbuch sollten Sie alle wichtigen Themen sammeln, die das Personalmanagement mit sich bringt. Hierbei kann es dann durchaus sinnvoll sein, für jede Person einen eigenen Abschnitt anzulegen. Für jede Person würde sich folgender Abschnitt eignen:

- **Vita und Zuständigkeitsbereich der Person**: Generell ist es lohnend, eine kurze Vita der Person und deren Zuständigkeitsbereich auf einem extra (Unter-)Abschnitt anzulegen. Gerade wenn Sie vielleicht viel Personal leiten müssen, macht es immer einen guten Eindruck, wenn Sie ein wenig vorbereitet sind, sobald Sie mit der Person ein Gespräch führen. Es gibt leider immer noch zu viele Personalchefs, die kaum etwas über ihr Personal wissen. Hierbei wird häufig Potenzial verschenkt, weil jeder Mitarbeiter gewisse Qualifikationen mitbringt. Zudem fühlen sich die Mitarbeiter häufig mehr wertgeschätzt, wenn der Vorgesetzte zumindest ihren Werdegang innerhalb der Firma kennt.

- **Protokoll der Personalgespräche**: Wenn Sie das Personal verwalten müssen, werden Sie vermutlich viele Gespräche mit den einzelnen Personen führen. Hier ist es oft hilfreich, einige kurze Notizen zu machen, um das Gespräch zu protokollieren. So verliert man niemals den guten Draht zum Personal, und man kann beim nächsten Gespräch daran anknüpfen. Hierdurch ist man stets über den Mitarbeiter und seinen Fortschritt bei Projekten oder anderen Dingen in der Firma informiert. Auch kann man so schnell erkennen, welcher Mitarbeiter seine Ziele erreicht und welcher nicht. Auch Fragen, die der Mitarbeiter stellt, dürfen hier notiert werden.

- **Fortbildung und Weiterentwicklung**: Eine Firma ohne Fortbildung der einzelnen Mitarbeiter bleibt irgendwann auf der Strecke. Es kann daher lohnend sein, Mitarbeiter weiterzuentwickeln. Hier bietet es sich an zu notieren, in welchen Bereichen und für welche Qualifikationen dies geschehen könnte.

- **Mitarbeiterbewertung und Gehalt**: Für die jährliche Mitarbeiterbewertung würde sich jeweils eine neue Seite für jedes Jahr empfehlen. Auch eine Seite oder ein Abschnitt für die Gehaltsentwicklung dürfte hilfreich sein.

Es gibt hier natürlich noch weitere Punkte wie Überstunden oder eine Ideensammlungen des Mitarbeiters, um bestimmte Ziele zur erreichen. Des Weiteren würde sich hier noch ein extra Abschnitt mit Stellenausschreibungen anbieten, wo Sie im Fall eine Personalgesprächs gleich ein entsprechendes Angebot unterbreiten können. Wie so häufig gilt auch hier, dass es sich lediglich um einen Vorschlag handelt, den Sie für sich selbst ausbauen können.

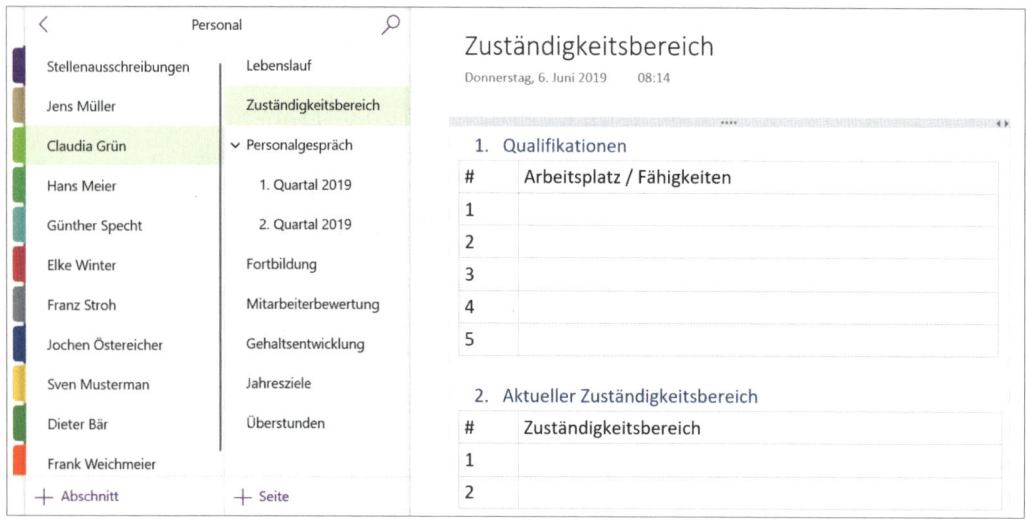

Abbildung 8.4 *Ein einfaches und ausbaubares Beispiel für das Personalmanagement*

Verwenden Sie Vorlagen

Wenn Sie häufiger einen gleichen Abschnitt verwenden, wie dies z. B. bei der Verwaltung von Personal einzelner Mitarbeiter der Fall ist, dann ist es empfehlenswert, eine Vorlage dafür anzulegen. Diesen Abschnitt mitsamt den darin enthaltenen Seiten können Sie dann bei Bedarf mitsamt seinen Unterseiten via rechten Mausklick und den Befehl **Verschieben/Kopieren** duplizieren und für jeden neuen Mitarbeiter anlegen und verwenden.

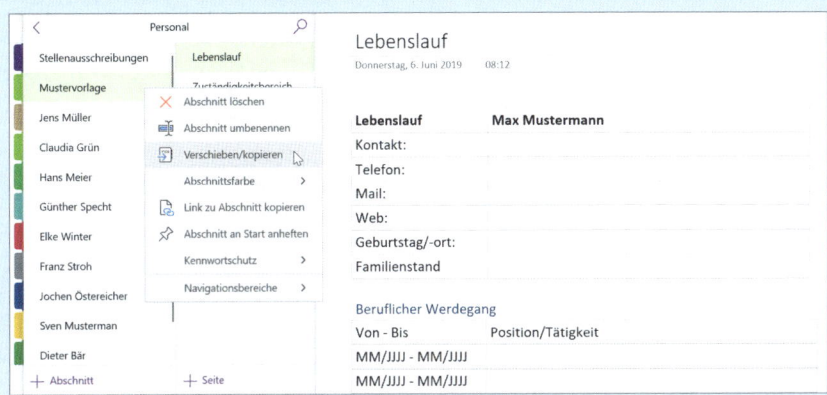

Abbildung 8.5 *Verwenden Sie immer wieder dieselben Abschnitte mit denselben Seiten, dann lohnt es sich, eine Vorlage anzulegen.*

Wissensdatenbank: Wissen ist Macht, und das gilt auch für die Arbeitswelt. Leider ist die Kapazität des Gehirns beschränkt, und nicht immer weiß man, wie das mit dem Gerät oder der Software noch mal funktioniert hat, das oder die man vor einem Jahr benutzt hat. Daher ist es sehr empfehlenswert, sich eine eigene Wissensdatenbank mit allem nötigen Wissen anzulegen, das Sie für Ihre Arbeit benötigen. Bedenken Sie, dass Sie hierbei nicht auf Text beschränkt sind. Sie können eine Anleitung abfotografieren oder als PDF hinzufügen. Auch eingebettete Videos oder Links zu Websites sind hierbei möglich. Im Allgemeinen würden sich folgende Abschnitte für eine Wissensdatenbank in der Firma anbieten:

- **Anleitungen für Hardware und Geräte**: Wenn Sie mit vielen verschiedenen Geräten arbeiten müssen, ist eine Sammlung mit den Anleitungen, Tipps und Tricks dazu fast schon Pflicht. Da mittlerweile viele Hersteller die Anleitungen als PDF-Datei anbieten, füge ich solche Anleitungen immer als Anlage für den Download hinzu und öffne diese bei Bedarf mit dem PDF-Reader auf meinem System.

- **Softwaretipps**: Im Berufsleben hat man heutzutage mit sehr vielen Anwendungen zu tun. So gibt es beispielsweise Programme, mit denen man weniger häufig zu tun hat, und es gibt auch viele gute Tipps, die einem das Leben vereinfachen und es produktiver machen können.

- **Fehlerbehebungsliste und Checklisten**: Wenn es Probleme mit beispielsweise der Produktion, einer Maschine oder dem Computersystem gibt, dann sollten Sie hier eine Fehlerbehebungsliste sammeln, die solche Probleme beheben können. Auch hier ist es leider so, dass viele Fehler nur von einzelnen Personen behoben werden können, weil diese das Wissen nicht weitergeben. Für eine Firma ist das kontraproduktiv.

- **Textbausteine**: Wer viele Briefe mit Word oder E-Mail schreiben bzw. beantworten muss, der wird häufig immer wieder dieselben Textfloskeln verwenden. Das kann sehr zeitraubend sein. Zwar bieten Programme wie Outlook oder Word auch Optionen an, um häufig verwendete Textbausteine zu verwenden, trotzdem sammle ich diese Bausteine, weil ich diese dann auch verwenden kann, wenn ich mal nicht mit diesen Programmen arbeite.

- **Anleitungen von Workshops und Seminaren**: Vermutlich werden Sie über Ihre Firma auch das eine oder andere Seminar besucht haben. Auch diese sollten Sie gesondert in einem eigenen Abschnitt verwalten.

- **Sprache**: Wer viel schreibt, kann auch die eine oder andere Grammatikregel hier sammeln. Auch eine Liste mit Füllwörtern, die man wenn möglich vermeiden sollte, ist eine Option für eine Sammlung. Es spricht auch nichts dagegen, hier wichtige Tipps und Floskeln zu anderen Sprachen zu sammeln.

Natürlich können es durchaus noch mehr Abschnitte sein, wenn es die Arbeit erfordert. Programmierer können sich z. B. einen extra Abschnitt mit **Codeschnipseln** zurechtlegen. Ob Sie hier auch Anmeldedaten ablegen wollen, müssen Sie selbst entscheiden. Generell gehöre ich zu den Personen, die solche Daten nicht in eine Cloud legen. Zwar ist es hierbei möglich, diese Seite mit einem Passwort zu schützen, aber ich bleibe dabei, keine Anmelde- oder Kreditkartendaten in die Cloud!

Abbildung 8.6 *Eine vereinfachte Wissensdatenbank für die Firma*

Teamarbeit: Extrem effizient ist es außerdem, wenn Sie ein Notizbuch für eine Teamarbeit anlegen. Im Gegensatz zu den anderen Notizbüchern sollte dieses Notizbuch dann auch für jedes Mitglied im Team zur Verfügung stehen, und Sie sollten gemeinsam daran arbeiten. Wenn die Teams an mehreren Projekten gleichzeitig arbeiten, dann würde sich hier eine Aufteilung der Abschnitte in Projekte anbieten. Alternativ können Sie aber auch für jedes Projekt wiederum ein neues Notizbuch anlegen, wenn die Teammitglieder unterschiedliche sind. Der Vorteil eines solchen gemeinsamen Notizbuches liegt darin, dass alle Mitarbeiter auf demselben Stand sind und dass es zu deutlich weniger Rückfragen kommt. Natürlich funktioniert dies wiederum nur, wenn alle Mitglieder des Teams auch aktiv am gemeinsamen Notizbuch arbeiten. Eine automatische Benachrichtigung sorgt außerdem dafür, dass alle anderen Mitglieder auf dem Laufenden bleiben.

> **Zum Nachlesen: Arbeiten im Team**
> Wie Sie Notizbücher für andere Personen freigeben und gemeinsam daran arbeiten können, wird noch gesondert in Kapitel 9, »Notizbücher freigeben und teilen«, beschrieben.

Für gemeinsame Projekte in einem Team erstelle ich z. B. folgende Abschnitte für mein Notizbuch:

- **Zeitablauf**: Gerade bei Teamarbeiten ist es unbedingt notwendig, den Zeitablauf der einzelnen Meilensteine zu notieren, um den Fortschritt zu protokollieren. Auch eventuell anstehende Meilensteine oder Zeitpläne sollten hier notiert werden.
- **Aufgabenaufteilung**: Damit es nicht zu Missverständnissen kommt, ist es ratsam, die Aufgabenverteilung für jede Person zu notieren. Zum einen weiß jeder, was zu tun ist, und bei Rückfragen auch, wer für was zuständig ist.
- **Checklisten**: Ähnlich wie bei der Aufgabenverteilung kann es vielleicht sinnvoll sein, verschiedene Checklisten anzufertigen. So kann jeder sofort sehen, was bereits abgearbeitet wurde und was noch fehlt. Eventuell würden sich solche Checklisten aber auch beim Zeitablauf einbauen lassen.
- **Protokollierung**: Kommunikation zum Projekt wie Briefe oder E-Mails sollten hier dokumentiert werden. Dies erspart unter Umständen viele weitere ähnliche oder sogar dieselben Rückfragen. Gerade weil ja heutzutage innerbetrieblich viel mit E-Mail kommuniziert wird, erspart dies so manch unnötige weitere E-Mail.
- **Ideen und Vorschläge**: Es wird immer wieder neue Ideen und Vorschläge zum Projekt geben. Daher ist eine Sammelstelle dafür unbedingt nötig. Sofort findet man hier eventuell Ideen oder Vorschläge, die man diskutieren und vielleicht mit ins Projekt integrieren kann.

Abbildung 8.7 *Ein einfaches Notizbuch für die Teamarbeit*

OneNote als Vorlagenspeicher

Ich verwende in der Praxis OneNote auch sehr gerne als Vorlagenspeicher von Dateien, die ich als Anhang hinzufüge, Textbausteine, die ich immer wieder verwende, und für selbst erstellte Vorlagen von mir erstellter OneNote-Seiten (mit verschiedenen Tabellen z. B.). Auch Codeschnipsel in verschiedenen Programmiersprachen füge ich hier hinzu:

- **Dateien**: Hier füge ich meine häufig verwendeten Vorlagen für Word, Excel, InDesign etc. als Anlage hinzu, womit ich jederzeit und überall Zugriff darauf habe und die entsprechenden Dateien herunterladen kann.
- **OneNote**: Da ich auch häufiger Tabellen in OneNote verwende, habe ich mir hier einige Vorlagen dafür gebastelt, die ich jederzeit per Kopieren und Einfügen auf einer anderen Seite verwenden und anpassen kann.
- **Textbausteine**: Immer wiederkehrende Textfloskeln und Satzbausteine lege ich mir hier an. Gerade wenn ich dann per Smartphone beispielsweise eine E-Mail beantworte, bin ich häufig froh, einige Standardantworten per Kopieren und Einfügen zusammenbasteln zu können.
- **Codeschnipsel**: Hier sammle ich verschiedene Codeschnipsel oder Grundgerüste verschiedener Programmiersprachen wie HTML, CSS, JavaScript, C oder C++, die ich häufiger in der Praxis benötige.

Abbildung 8.8 *Ich benutze OneNote sehr gerne als Dateien- und Vorlagenspeicher.*

Geschäftsreisen dokumentieren und organisieren

Wenn Sie auf eine Geschäftsreise oder einen Workshop gehen, werden Sie vermutlich alles dokumentieren und organisieren müssen. Hierbei kommen viele Unterlagen wie der Reiseplan, Zug- oder Flugbuchungen, Hotelreservierungen, Ansprechpartner, Tagesablauf, Schriftverkehr, Unkosten, Rechnungen, Recherche zum Kunden und noch einiges mehr zusammen. Legen Sie sich ein Notizbuch mit OneNote dafür an, dann wird die Organisation und Dokumentation zusammen mit dem Laptop und Smartphone zum Kinderspiel. Das Sammeln von Papierunterlagen entfällt dann häufig komplett. Praktisch hierbei ist auch, wenn Sie die Rechnungen und Unkosten hier gleich sammeln, dann haben Sie auch alles parat, sobald Sie die vorbezahlten Spesenkosten zurückfordern wollen. Wenn Sie hingegen selbstständig sind, dann haben Sie eben alle Rechnungen für das Finanzamt zusammen.

Abbildung 8.9 *Meine Ablagestruktur für Geschäftsreisen*

Mappe für Bewerbungen und Bewerbungsgespräche

Wer sich schon mal für einen neuen Job beworben hat, der weiß, dass hier eine ziemliche Menge an Material anfällt. Da man sich vermutlich häufig bei mehreren Firmen bewirbt, hat man so alle nötigen Daten und Dateien in einem Notizbuch gesammelt und kann immer wieder darauf zurückgreifen. Hierbei können Sie auch einen Abschnitt anlegen, mit dem Sie sich auf ein Bewerbungsgespräch vorbereiten. Legen Sie am besten auch noch eine Checkliste an, damit Sie nichts vergessen.

OneNote für die Arbeit

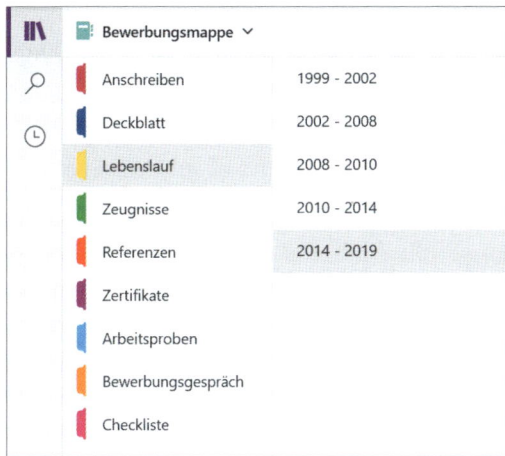

Abbildung 8.10 *Eine mögliche Ablagestruktur für eine Bewerbungsmappe*

Handbuch für Mitarbeiter/Abteilungen

Bei Firmen mit vielen Mitarbeitern gehört es mittlerweile zum guten Ton, ein Handbuch bereitzustellen. Neue Mitarbeiter wissen hierbei sofort über die Regeln in der Firma Bescheid. Hilfreich ist es dabei auch, dass Sie hier wichtige Ansprechpersonen aus unterschiedlichen Bereichen notieren. Auch die Regeln zur Kommunikation, der Zeiterfassung oder der EDV helfen dem neuen Mitarbeiter enorm weiter.

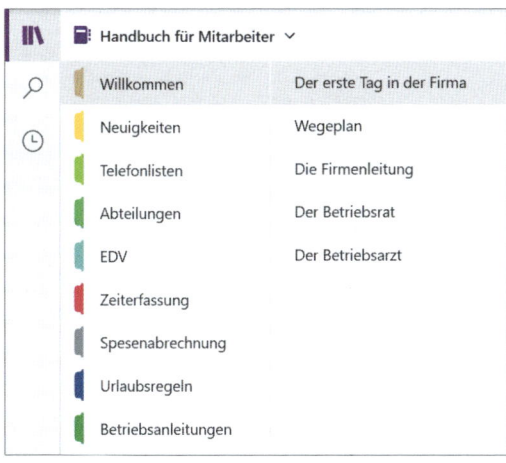

Abbildung 8.11 *Eine mögliche Ablagestruktur eines Handbuches für Mitarbeiter*

Aber nicht nur für neue Mitarbeiter ist ein solches Handbuch hilfreich. Es bietet sich auch an, das Handbuch für jede Abteilung bereitzustellen, wo auch Dinge wie die Regelung des Urlaubs, Betriebs- und Bedienungsanleitungen, Arbeitsplatzregeln, Spesenabrechnungen usw. festgelegt sind. Dank eines solchen Handbuches kennt jeder Mitarbeiter die Spielregeln, und es gibt weniger Unfrieden, weil hier alles festgelegt ist. Auch wenn es Neuerungen gibt, bleiben alle Mitarbeiter auf dem Laufenden. Der Aufwand, ein Handbuch mit OneNote zu erstellen, ist häufig viel geringer und kostengünstiger, als dies über ein betriebseigenes Intranet einzurichten.

Fehlerprotokolle erfassen

In einer Firma, in der ich vor längerer Zeit mal gearbeitet habe, hat man Störmeldeprotokolle auf Papier geschrieben, um so einem Fehler auf die Spur zu kommen. Dies kann man sich heute mit OneNote einfacher machen und ein eigenes Notizbuch für Fehlerprotokolle erstellen. Für jede Fehlermeldung sollte eine eigene Seite erstellt werden, auf der auch gleich hinter der Fehlermeldung eine Liste mit Versuchen der Fehlerbehebung aufgeführt wird. Dies funktioniert häufig recht gut, um im Team Schritt für Schritt einen Fehler einzugrenzen und letztendlich (hoffentlich) zu beheben.

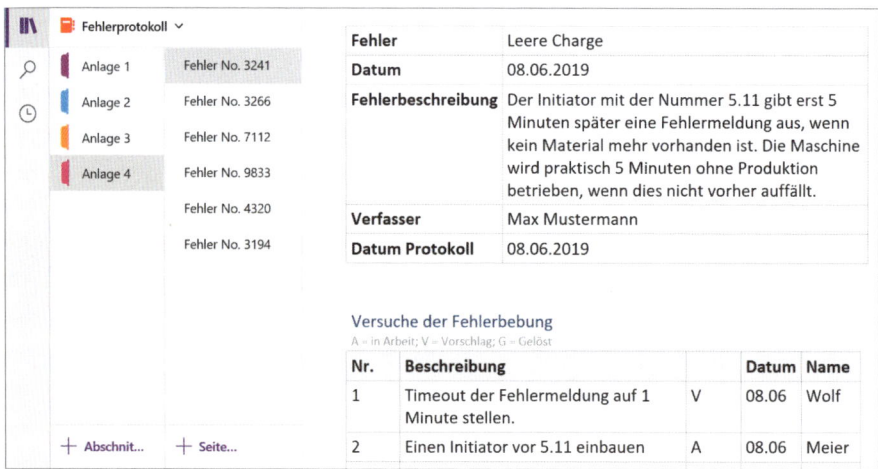

Abbildung 8.12 *Eine Störmeldeprotokollierung hilft bei der Suche nach Fehlern.*

OneNote für die Schule

OneNote eignet sich auch perfekt für die Schule. Die Szenarien sowohl für Lehrer als auch für Schüler sind sehr vielfältig und wie immer abhängig vom Lehrplan, Unterricht und den persönlichen Vorlieben, etwas zu organisieren. Da ja nun endlich auch Laptops und Tablets im Computerzeitalter als Hilfsmittel erlaubt sind, dürfte OneNote ein sehr gutes Tool für Schüler und Lehrer sein, um den Unterricht zu organisieren. In einigen Schulen wird OneNote sogar teilweise von Lehrern und Schülern gemeinsam eingesetzt. In den folgenden Abschnitten finden Sie ein paar Anregungen, wie Sie OneNote als Schüler oder Lehrer verwenden können.

Unterricht mit OneNote bewältigen (für Schüler)

Abhängig davon, wie und ob Sie als Student oder Schüler auf OneNote während des Unterrichts zugreifen können bzw. dürfen, würde sich hier ein Notizbuch lohnen, das Sie sortiert nach den Fächern verwenden. Für jeden Abschnitt würde ich ein Fach verwenden. Der eine oder andere wird hierbei vielleicht sogar lieber ein eigenes Notizbuch pro Fach anlegen wollen. Die Eingabe des Unterrichts erfolgt über einen Stift oder eben per Tastatur. Informationen von einem Whiteboard, einer Tafel oder verteilten Arbeitsblättern können abfotografiert werden.

Abbildung 8.13 *Ein einfaches Beispiel für eine Ablagestruktur, wenn Sie OneNote während des Unterrichts verwenden können.*

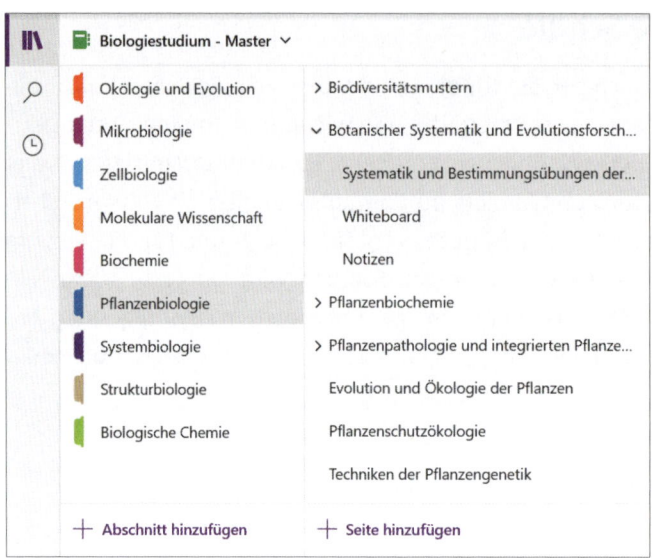

Abbildung 8.14 *Beim Studium hingegen werden Sie wohl ein eigenes Notizbuch für das Studienfach anlegen wollen.*

Hausaufgaben und Schulprojekte schneller erledigen (für Schüler)

Mein Sohn, der gerade mitten im Abi steckt und trotzdem irgendwie alles mühelos zu bewältigen scheint, hat mir gezeigt, wie er seine Schulprojekte mit OneNote erledigt. Hierzu verwendet er zunächst ein neues Notizbuch und legt darin folgende Abschnitte an:

- **Überblick**: Hier kommen alle Informationen hin, die von der Schule mitgegeben wurden, auch Notizen, die während des Unterrichts gemacht wurden, abfotografierte Tafeln bzw. Whiteboards und (wenn erlaubt) Audioaufzeichnungen vom Unterricht.

- **Recherche**: Dieser Abschnitt ist für die gesammelten Recherchematerialien vorgesehen, angefangen bei Weblinks über eingebettete Videos hin zu gelesenen Büchern, gesammelten Bildern usw., eben für alles, was für die Fertigstellung des Schulprojekts oder der Hausaufgabe von Nutzen ist.

- **Entwurf**: Zunächst empfiehlt es sich, hier einen ersten groben Entwurf in Stichpunkten aus dem vorhandenen Wissen und den Recherchen zusammenzustellen. Mein Sohn verwendet hierfür die Aufgabenliste für die Stichpunkte, um so beim Zusammenstellen und Schreiben des finalen Schulprojekts nichts zu vergessen.

- **Fertiges Projekt**: Hier findet man das fertige Schulprojekt bzw. die Hausaufgabe mitsamt den Bildern, Grafiken und weiteren Dateien vor. Hierbei hängt es wiederum davon ab, wie und womit ein Schulprojekt bzw. die Hausaufgabe erstellt werden muss. Wenn Sie hierbei auch Excel-Tabellen oder PowerPoint-Präsentationen verwenden, dann empfiehlt es sich, diese als Dateianlage dem Projekt hinzuzufügen.

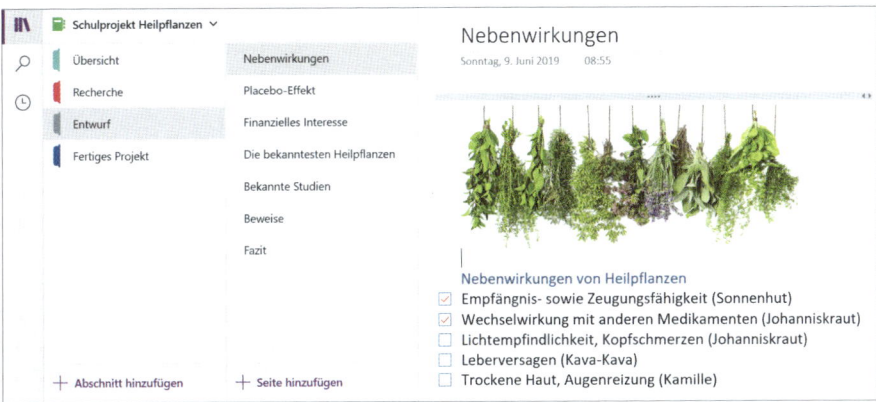

Abbildung 8.15 *Eine geeignete und bewährte Ablagestruktur für Hausaufgaben und Schulprojekte*

Die Schule jenseits des Unterrichts organisieren (für Lehrer)

Als Lehrer muss man ja nicht »nur« den Lehrplan ausarbeiten und organisieren, sondern auch das Lehrerleben darum herum. Sie können natürlich hergehen und die Organisation rund um den Unterricht und den Lehrplan gesammelt in ein Notizbuch packen, aber ich würde für beides jeweils ein eigenes Notizbuch anlegen. Mein Vorschlag hierzu:

- **Lehrerbesprechungen**: Die Lehrerbesprechung müssen immer protokolliert werden. Hierbei sollten Sie immer das Datum, die Teilnehmer, den Tagesplan und eventuell auch verwendete Dateien anhängen oder Dokumente abfotografieren, die während des Meetings verteilt und verwendet wurden.
- **Schülernotizen**: Als Lehrer einer Klasse hat man häufig mit vielen Schülern zu tun. Natürlich werden Sie kaum einen Steckbrief von jedem einzelnen Schüler anlegen, aber es kann durchaus sinnvoll sein, eine Seite pro Schüler anzulegen, wo Sie neben den Kontaktadressen der Schüler (und gegebenenfalls Eltern) auch einzelne Notizen machen können.

- **Unterrichtsplanung**: Eine nicht zu unterschätzende Arbeit eines Lehrers ist die Unterrichtsplanung. Der Vorteil, den Unterrichtsplan mit OneNote vorzubereiten, ist es auch, dass Sie diesen im nächsten Jahr wiederverwenden können. Wenn Sie Lehrer von mehreren Fächern sind, dann lohnt es sich vielleicht, ein eigenes Notizbuch für jedes Fach anzulegen.

- **To-do-Liste**: Eine To-do-Liste zum Abhaken erledigter Aufgaben, bezogen auf die Meetings, Schüler und Unterrichtsplanungen sollten Sie in einem eigenen Abschnitt notieren, damit diese nicht irgendwo auf den vielen Seiten verloren gehen und eventuell unbearbeitet bleiben.

Abbildung 8.16 *Eine sehr einfache Ablagestruktur für die Organisation des Lehreralltags*

Planung des Unterrichts (für Lehrer/Seminarleiter/Workshop-Leiter)

Wie bereits im Abschnitt zuvor kurz erwähnt, ist es häufig sinnvoller, die Planung des Unterrichts in ein extra Notizbuch auszulagern. Dies gilt dann übrigens nicht nur für Lehrer von Schulen. Auch wenn Sie ein Seminar oder einen Workshop halten, dann ist diese Planung sehr gut dafür geeignet. Ich habe schon häufiger Foto-Workshops auf diese Weise geplant. Ein Notizbuch für die Planung eines Unterrichts könnte wie folgt aussehen:

- **Unterrichtsplan**: Hier kommt der komplette Plan für die nächste Unterrichtsstunde hin. Es empfiehlt sich, die einzelnen Punkte in einer nummerierten Liste aufzulisten.

- **Arbeitsblätter**: Hier kommen erarbeitete Arbeitsblätter hin, die im Unterricht für die Beschreibung und Erklärung des Themas verwendet werden.

- **Übungsblätter**: Ob alles verstanden wurde, kann der Schüler am besten mit verschiedenen Übungsblättern zum Thema herausfinden. Hier werden die Übungsblätter gesammelt.

- **Fragen und Antworten**: Da ein Unterricht nicht nur visuell, sondern auch mündlich durchgeführt wird, finden Sie hier einen eigenen Abschnitt mit mündlichen Fragen und möglichen Antworten.

- **Notizen**: Wenn Ihnen während des Unterrichts noch was einfallen sollte, können Sie es hier notieren. Auch Fragen, die von Schülern gestellt wurden und die Sie vielleicht nur unzureichend beantworten konnten, oder andere Hinweise sollten Sie hier notieren.

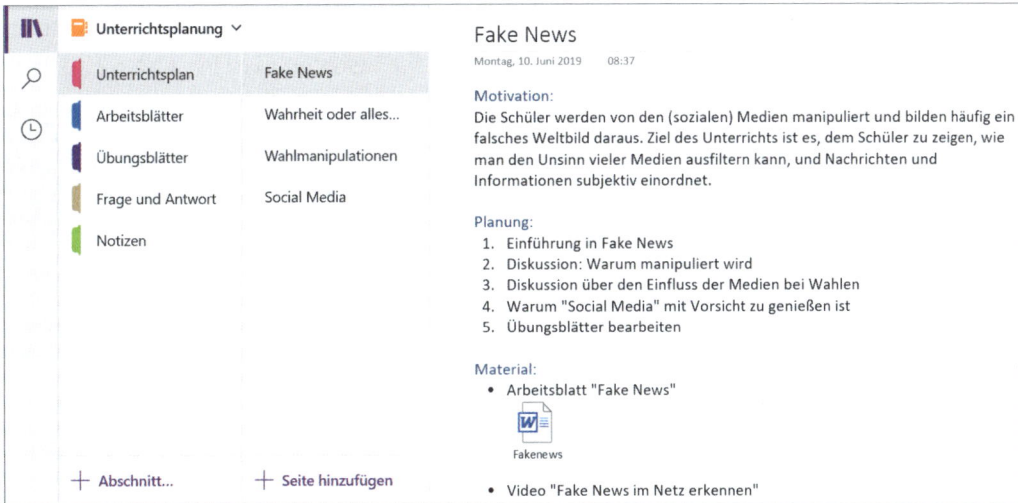

Abbildung 8.17 *Eine einfache Ablagestruktur für Lehrer, Seminar- oder Workshop-Leiter zur Planung und Ausarbeitung des Unterrichts*

Interaktiven Unterricht erstellen (für Lehrer, Seminar- und Workshop-Leiter)

Dass der Unterricht in Schulen, Workshops oder Seminaren in Zukunft interaktiver durchgeführt werden wird, liegt auf der Hand und ist unaufhaltsam. In einigen Schulen oder Workshops ist dies längst Standard. Andere Schulen wiederum werden noch ein wenig Zeit brauchen. Trotzdem lässt sich die Digitalisierung im Unterricht nicht aufhalten. Hierzu eine sinnvolle Aufteilung von Abschnitten, wie ein solches Notizbuch für einen interaktiven Unterricht aussehen könnte:

- **Unterricht**: Ausgehend davon, dass die Schüler nicht persönlich am Unterricht teilnehmen (können/wollen), sollten Sie hier den Unterrichtsplan entsprechend gestalten. Hierfür bieten sich Audioaufzeichnungen, Bilder und Grafiken, Videos und Internetlinks zu verschiedenen Artikeln an.
- **Arbeitsmaterialen**: Weiterführende Arbeitsmaterialen wie Arbeitsblätter zum Ausdrucken können Sie hier hinzufügen. Es bleibt den einzelnen Schülern überlassen, ob sie diese Extra-Materialien verwenden wollen oder nicht.
- **Hausaufgabe**: Unverzichtbar gerade bei einem interaktiven Unterricht sind die Hausaufgaben, um prüfen zu können, ob der Schüler das Gelernte überhaupt verstanden hat.
- **Klassennotizen**: Als Lehrer weiß man, wo die Tücken bei einem bestimmten Thema liegen, daher ist es nützlich, ein paar Anmerkungen und Notizen dazu in Stichpunkten zu notieren. Oder erstellen Sie eine Checkliste zum Abhaken für den Schüler, damit dieser auch Schritt für Schritt den interaktiven Unterricht umsetzt, so wie Sie es für sinnvoll erachten.

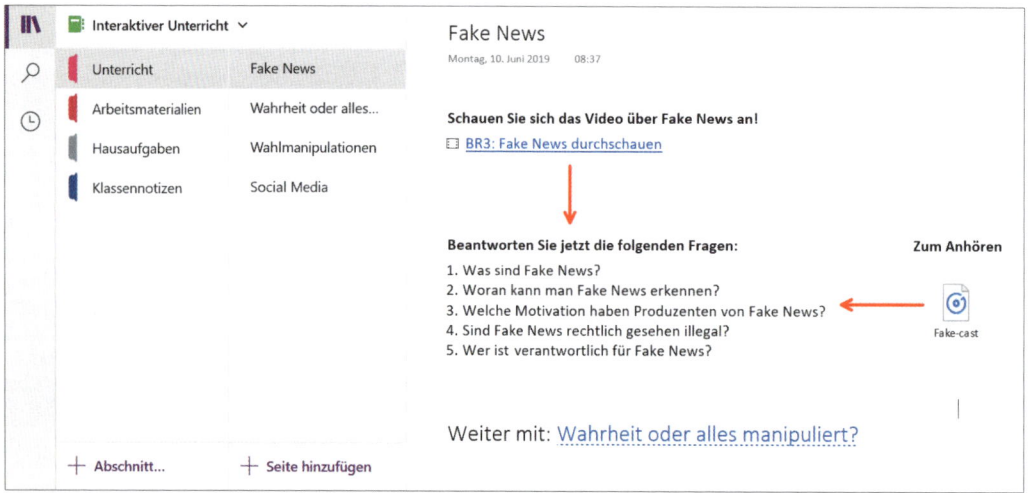

Abbildung 8.18 *Eine einfache Ablagestruktur für einen interaktiven Unterricht*

 Kursnotizbuch für Lehrer und Schüler

Bei den **Einstellungen** der OneNote-App unter Windows finden Sie ein Kursnotizbuch. Wenn Sie diese Option aktivieren, wird nach einem Neustart der App ein weiterer Menüeintrag **Kursnotizbuch** angezeigt. Dies ist

> ein spezieller Arbeitsbereich für die Zusammenarbeit von Lehrkräften und Schülern. Um diese Funktion verwenden zu können, wird eine gültige Schul-E-Mail-Adresse benötigt, die mit einem Office-365-Education-Konto verknüpft ist. Mehr Informationen dazu finden Schulen und Lehrkräfte auf der Website von Microsoft.

OneNote für die Finanzen

An der Stelle muss ich ein wenig weiter ausholen. Wenn Sie vorhaben, OneNote auch für Finanzen zu verwenden, dann bedeutet dies auch, dass Sie OneNote für die *digitale Dokumentenarchivierung* verwenden. Ich persönlich mache das schon länger so, auch wenn es leider noch nicht ganz funktioniert mit dem papierlosen Büro. Es gibt ja immer noch Unterlagen, die will oder muss man aufbewahren, und die meisten Dokumente landen ohnehin noch im Briefkasten.

Wer jetzt denkt, dass das Sammeln von Unterlagen in Papierform und das gleichzeitige Digitalisieren ja doppelte Arbeit ist, der mag vielleicht zunächst recht haben. Bei einem geeigneten und konsequenten Workflow ist es allerdings eine erhebliche Vereinfachung. So finde ich beispielsweise eine Rechnung vom heutigen Tag vor zwei Jahren binnen 10 Sekunden. Bei Bedarf auch die Papierform. In der folgenden Schritt-für-Schritt-Anleitung zeige ich Ihnen meinen allgemeinen Weg, wie ich ein digitales Dokumentenarchiv (nicht nur für Finanzen) verwende.

SCHRITT FÜR SCHRITT
OneNote als digitales Dokumentenarchiv

1. **Nummerieren Sie das Papier**

    Ja, Sie haben richtig gelesen. Als Erstes sollten Sie das Papier nummerieren, das Sie dem digitalen Dokumentenarchiv hinzufügen wollen. Hierfür gibt es sogenannte Paginierstempel, die sich mit jedem Stempeln um den Wert 1 erhöhen. Damit stellen Sie sicher, dass das Blatt eine eindeutige Nummer erhält. Natürlich können Sie auch von Hand eine aufsteigende Nummerierung zum Papier hinzufügen, aber häufig weiß man nicht mehr, welche

Nummer man zuletzt notiert hat, weshalb sich hierfür eben ein Paginierstempel lohnt.

2. **Dokument in OneNote »einscannen«**

Im nächsten Schritt verwende ich die Smartphone-App von OneNote und rufe dort die Fotofunktion auf, um das Dokument damit »einzuscannen«. Idealerweise legen Sie hierfür in einem Abschnitt eine neue Seite an. Mit dieser Funktion wird natürlich zunächst nur fotografiert, aber die Scanfunktion mit der Option **Dokument** arbeitet erstaunlich gut, richtet das Dokument automatisch aus und schneidet es zu. Auf die Funktion wurde in Kapitel 5 im Abschnitt »Bilder einfügen« mit der Schritt-für-Schritt-Anleitung »Bilder in OneNote hereinfotografieren« bereits umfassend eingegangen. Wenn alles geklappt hat, wurde jetzt das »abfotografierte« Dokument dem digitalen Dokumentenarchiv auf der aktiven Seite hinzugefügt. Ein weiteres Plus von OneNote ist es jetzt, dass dieses Dokument nicht nur einfach so abfotografiert wurde, sondern dank der Texterkennung können Sie alle eigescannten Dokumente im Volltext durchsuchen. Dies funktioniert erstaunlich gut. Und wenn nicht, dann können Sie auch hier noch mit dem Alternativtext nachhelfen.

3. **Papier archivieren**

Nachdem Sie das Dokument in OneNote archiviert haben, könnten Sie es praktisch vernichten. Wie bereits erwähnt, ist es leider nicht immer möglich, und es wird das Papier gebraucht. Ich bewahre daher das Papier lediglich in einem leeren Karton auf, wo ich nun alle abgestempelten Dokumente der Reihen nach ablege. An der Stelle dürfte jetzt auch klar geworden sein, warum ich das Papier mit einem Paginierstempel in aufsteigender Reihenfolge nummeriere. Wenn der Karton voll ist, schreibe ich die erste und die letzte Nummer darauf, die ich auf das Papier gestempelt habe. Wenn Sie jetzt tatsächlich doch mal ein Dokument in der Papierform benötigen, dann müssen Sie sich nur die aufgestempelte Nummer in OneNote merken, den entsprechenden Karton herausholen und dank sortierter Nummerierung dürfte es auch nicht lange dauern, bis Sie das Dokument parat haben.

Einnahme-Überschussrechnung für das Finanzamt

An der Stelle macht es wohl nicht allzu viel Sinn, ein umfassendes Beispiel zu zeigen, weil dies wohl bei jedem anders ausfällt und davon abhängt, was und wie man seinen Betrieb oder seine Selbstständigkeit haushaltet. Als Grundgerüst dürfte da allerdings jeder einen Abschnitt **Einnahmen** und einen Abschnitt mit **Betriebsausgaben** haben. Ich persönlich verwende diese beiden Bezeichner als Abschnittsgruppe, weil sich gerade bei den Betriebsausgaben viele unterschiedliche Bereiche mit Rechnungen auftun, die ich gerne in weitere Abschnitte sortiere. Allerdings ist das wiederum meine persönliche Präferenz. Wohlgemerkt, ich verwende diese Einnahme-Überschussrechnung vorwiegend nur dafür, um diese Dokumente digital zu archivieren.

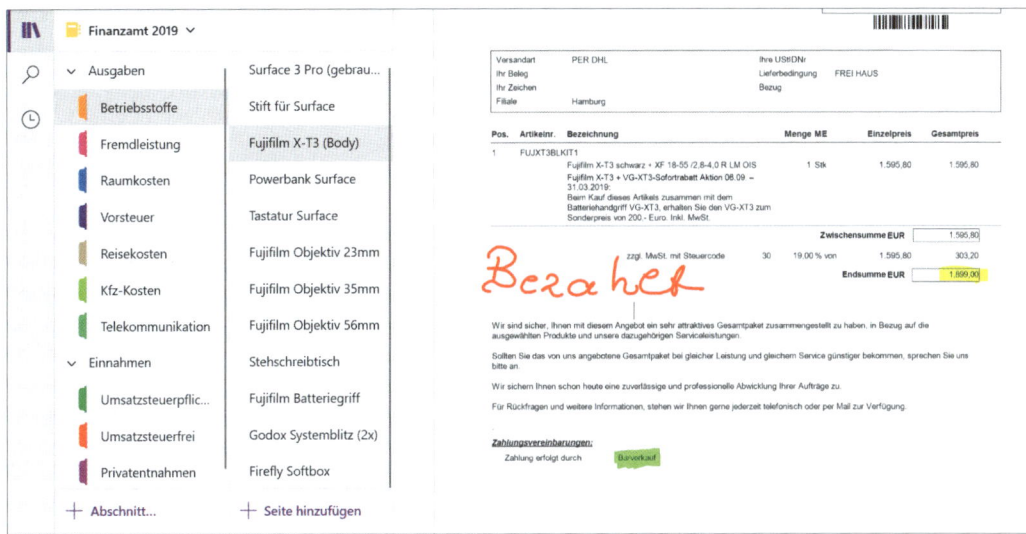

Abbildung 8.19 *Meine persönliche Ablagestruktur für meine jährliche Einnahme-Überschussrechnung für das Finanzamt*

Haushaltsplan

Ein nützliches Notizbuch für alle dürfte wohl eine Art Haushaltsplan sein. Persönlich verwende ich OneNote hier nicht direkt, um meinen Kontostand zu führen, sondern viele eher, um anfallende oder langfristige Erledigungen bzw. Anschaffungen rund um den Haushalt zu organisieren und vor allem den Überblick zu behalten. Mein Notizbuch hierbei enthält folgende Abschnitte, was wie immer den persönlichen Bedürfnissen angepasst werden sollte:

- **Versicherungen**: Um Versicherungen kommt man nicht herum. Einige sind Pflicht, andere wiederum sollte man haben. Damit ich nicht den Überblick über Laufzeit oder Kosten verliere, archiviere ich meine Versicherungen hier.

Zum einen habe ich so schnell eine Police zur Hand, wenn ich diese benötige, und zum anderen weiß ich, ob und wann ich eine Versicherung im Bedarfsfall kündigen oder wechseln kann. Erfahrungsgemäß ist man hier häufig überversichert.

- **Autoreparaturen**, **TÜV**, **Inspektionen**: Wenn Sie ein Auto haben, dann sollten Sie auch hier die Reparaturen protokollieren. Im Bedarfsfall wissen Sie, ob Sie noch Garantie darauf haben und wann ein Bauteil zuletzt gewechselt wurde. Gleiches gilt für den TÜV und die Inspektion. Auch diese Dokumente archiviere ich hier und weiß somit auch gleich, wann der nächste TÜV oder die nächste Inspektion fällig sind. Entsprechend können Sie dann gegebenenfalls anfallende Reparaturen am Auto durchführen lassen.

- **Reparaturen Haus oder Wohnung**, **Garten**: Hier gilt dasselbe wie beim Auto. Kosten für Reparaturen werden archiviert und anfallende Reparaturen oder Verschönerungen notiert. Bei Wohnungsgemeinschaften kommen hier z. B. gerne mal Verschönerungen, wie ein kompletter Anstrich der Fassade alle fünf Jahre hinzu. Auch die Gartenarbeiten nehme ich hier mit rein, weil hier häufig im Frühjahr und Herbst besondere Arbeiten und gelegentlich auch Kosten anfallen.

- **Entertainment**: Da es mittlerweile ein Überangebot an Unterhaltungsprogrammen wie verschiedenen Streaming-Diensten gibt, liste ich diese hier in einem extra Abschnitt auf. Schnell findet man so den einen oder anderen Dienst, den man eigentlich gar nicht mehr benötigt, aber immer noch bezahlt.

- **Telekommunikation**: Internet, Telefon und die mobile Kommunikation werden hier extra gesammelt. Hier haben Sie dann schnell die Kosten im Überblick und wissen auch gleich, wann ein Vertrag ausläuft und Sie kündigen oder wechseln können.

- **Ratenzahlungen**, **Leasing** und **Abos**: Ebenfalls einen eigenen Abschnitt bekommen Dinge, die monatlich bezahlt werden müssen, um die Laufzeiten und Kosten dazu ein wenig im Überblick zu haben.

- **Checkliste**: Zum Schluss findet man bei mir, wie so häufig, eine Checkliste, wo ich wichtige Termine (Vertrag kündigen, Hecke schneiden, Auto zum TÜV, Versicherung wechseln etc.) notiere, die ich noch erledigen muss bzw. die bereits erledigt wurden.

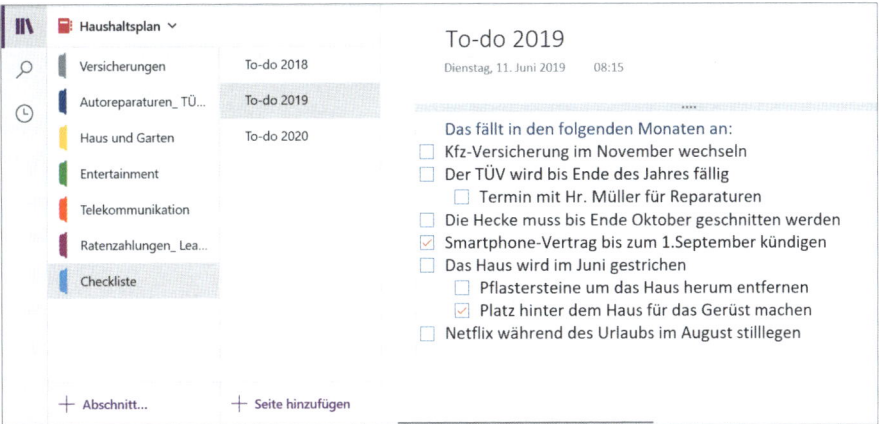

Abbildung 8.20 *Eine beispielhafte Ablagestruktur eines Haushaltsplans*

OneNote (nicht nur) für das Private

Es gibt noch viele weitere Anwendungsmöglichkeiten, um das Leben oder zumindest Teile davon in OneNote zu organisieren. Hier finden Sie noch weitere Anregungen, wie Sie OneNote im Privatleben und darüber hinaus verwenden können.

Rezepte für ein digitales Kochbuch

Wer gerne kocht und backt, der dürfte unzählige Rezepte in seiner Sammlung haben. Ich habe kürzlich angefangen, die Rezeptesammlung meiner Mutter für meine Zwecke zu digitalisieren und mit OneNote zu verwalten. Hierbei habe ich einige Rezepte in OneNote fotografiert und auch andere wiederum »manuell« eingetragen. Mittlerweile habe ich eine umfangreiche Sammlung von Kochrezepten. Da man ein Notizbuch auch freigeben und teilen kann, habe ich das Rezeptenotizbuch mit meiner Mutter und ein paar Freunden geteilt. Meiner Mutter habe ich hierfür ein altes Android-Tablet geschenkt, das Sie jetzt als digitales Kochbuch verwendet. Da man außerdem immer alle Rezepte bei sich hat, ist das auch praktisch beim Einkaufen mit der Mengenangabe. Auch die Suche nach Rezepten wird dank der großartigen Suchfunktion von OneNote zum Kinderspiel. In welche Abschnitte Sie die Rezeptesammlung einteilen, müssen Sie für sich selbst entscheiden.

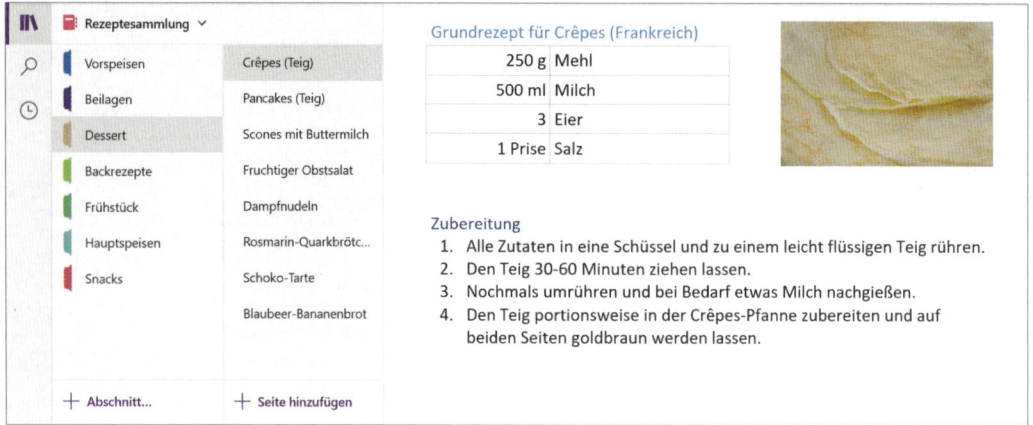

Abbildung 8.21 *OneNote ist perfekt geeignet als digitales Kochbuch.*

Urlaubsplanung

Wer verreist nicht gerne und will dabei möglichst viel sehen und erleben? Damit Sie sich nicht während des Urlaubs mit der Planung herumschlagen müssen, was Sie tun wollen, empfiehlt es sich, einen Reiseplan mit allen wichtigen Informationen zu erstellen. Für ein Reisenotizbuch haben sich bei mir folgende Abschnitte bewährt:

- **Buchungen**: Hier kommen alle Buchungen wie Flug, Zug, Mietauto, Hotels, Tagestouren und andere Bestätigungen hin, um diese bei Bedarf parat zu haben.

- **Tagesablauf**: Da ich sehr aktiv bin auf Reisen und viel unternehme, erstelle ich mir für jeden Tage einen Plan, was ich wo sehen will. Hierbei notiere ich auch die Adressen bei Bedarf dazu oder füge eine Karte mit der Routenplanung hinzu.

- **Dokumente**: Auf Reisen kann immer wieder mal etwas passieren. Daher habe ich hier meine wichtigsten Dokumente wie den Auslandskrankenschein, Kopien von meinem Reisepass oder Personalausweis abgelegt.

- **Recherchen**: Vor meinen Reisen mache ich umfassende Recherchen. In diesem Abschnitt sammle ich daher Weblinks, Onlinevideos oder Bilder von meinem künftigen Reiseziel, worauf ich bei Bedarf zurückkomme, wenn ich vor Ort bin.

- **Packliste**: Die Packliste zum Abhaken ist enorm wichtig für mich und außerdem sehr praktisch. Wenn Sie erst mal eine Packliste erstellt haben, können Sie diese häufig bei anderen Reisezielen wiederverwenden.
- **Kontakte**: Wichtige Notfallnummern zum Sperren der Kreditkarte, Bekannte, Freunde, Pannenhilfe, Notruf oder die Adresse des deutschen Konsulats im Reiseland notiere ich mir hier.

Abbildung 8.22 Meine Ablagestruktur für die Urlaubsplanung

Fotoprojekte mit OneNote planen und realisieren

Wenn Sie als (Hobby-)Fotograf ein Shooting organisieren wollen, dann finden Sie auch hier mit OneNote ein hilfreiches Werkzeug dafür. Ich habe beispielsweise kürzlich ein Modelshooting organisiert und war begeistert, wie einfach sich das Shooting gestaltet hat, weil alles vorab geplant wurde. Hier mein Notizbuch, das ich für das Shooting verwendet habe:

- **Idee**: Hier formuliere ich zunächst meine Idee. Wenn ich das Konzept oder mein Storyboard fertig habe, dann gehe ich zum nächsten Schritt über.
- **Personen**: Wenn Sie ein Modelshooting durchführen wollen, dann benötigen Sie Personen dazu. Besonders wichtig ist mir hierbei häufig ein Assistent, der mir mit dem Set hilft oder auch mal etwas halten kann. Je nach Shooting wird dann noch ein Make-up-Artist, ein Hairstylist und natürlich ein Model benötigt. Hier schreibe ich alle Namen und Kontaktmöglichkeiten auf.

- **Location**: Natürlich benötigen Sie auch einen Ort, an dem Sie das Shooting planen. Hier empfiehlt es sich, wenn möglich, den Ort vorher zu besuchen und zu überprüfen. Auch die Wettervorhersage sollten Sie nicht vernachlässigen. Hierbei ist es vielleicht auch wichtig, wie das Licht zur geplanten Tageszeit ausfällt. Wenn Sie in einem Studio fotografieren, dann ist der Zeitpunkt nicht so wichtig.
- **Technik**: Hier trage ich ein, was ich alles an Technik benötige. Natürlich meine ich hier nicht die Kamera und die Objektive, sondern vielmehr Systemblitze, Stative, Hintergründe, Windmaschinen, Rauch usw.
- **Kleidung**: Neben dem Make-up und den Haaren ist natürlich auch die Kleidung ganz wichtig. Hierbei müssen Sie sich natürlich mit dem Model absprechen, ob dieses auch gewillt ist, das anzuziehen, was Sie geplant haben. Auch notiere ich mir, woher und von wem ich mir Kleidung leihen kann bzw. wo ich diese abholen muss.
- **Requisiten**: Hier stelle ich mir eine Liste von Requisiten zusammen, die ich für das Shooting verwenden will. Entsprechend müssen auch hier die Requisiten vorher besorgt werden.
- **Tagesablauf**: Hier notiere ich den kompletten geplanten Tagesablauf des Shootings.
- **Checkliste**: Da für ein Shooting häufig sehr viele Gegenstände und Technik benötigt werden, darf eine Checkliste zum Abhaken nicht fehlen.

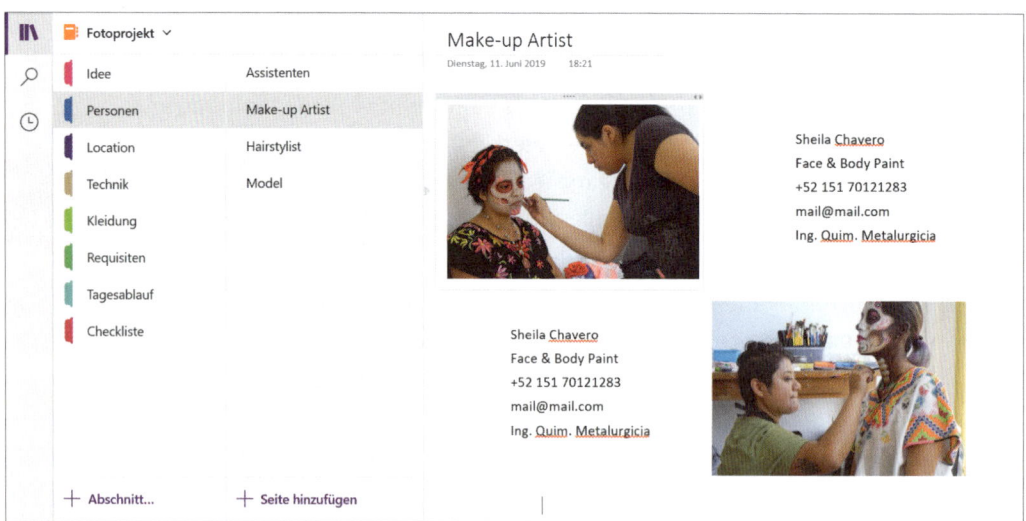

Abbildung 8.23 *Meine Ablagestruktur bei OneNote für ein Fotoshooting*

Tagebücher verschiedener Art

Natürlich eignet sich OneNote auch sehr gut dafür, ein Tagebuch zu führen. So verwende ich z. B. in der Praxis ein Erfolgstagebuch, um mein Leben bewusster, glücklicher, strukturierter und achtsamer zu führen. Ein solches Erfolgstagebuch dient natürlich nur einem selbst, um sich mehr auf das Leben, das Ziel, die Gedanken oder Werte des Lebens auszurichten. Hierfür formuliere ich ein Ziel, das ich erreichen will, den Sinn und die Motivation, das Ziel zu erreichen, und wie ich das Ziel erreichen kann. Dafür notiere ich viele Selbstreflexionen, um auch meine Persönlichkeit zu studieren und um mir bewusst zu werden, warum ich so denke. Ebenso notiere ich mir einmal täglich, wofür ich dankbar bin. Der Aufbau eines solchen Erfolgstagebuches kann beliebig sein. Ich verwende hierfür nur das klassische Prinzip: Jahr (Notizbuch), Monate (Abschnitte) und Tage (Seiten). Solche Tagebücher sind ungemein hilfreich, unbeirrt seinen eigenen Weg zu gehen und seine Ziele zu erreichen.

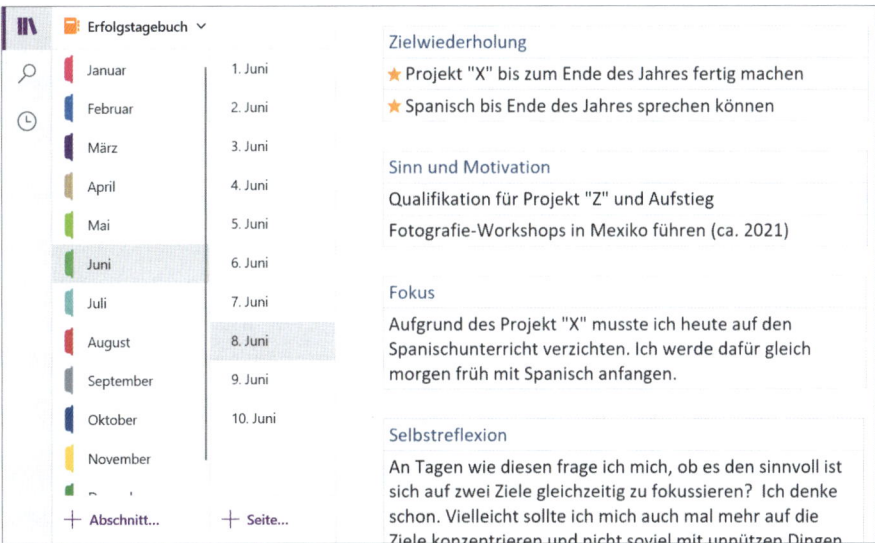

Abbildung 8.24 *Ein Erfolgstagebuch ist ungemein hilfreich, um mehr Achtsamkeit und Zielstrebigkeit im Leben zu erlangen.*

Natürlich kann es auch nur ein reines Tagebuch sein, in dem Sie Ihr tägliches Leben protokollieren. Da Sie OneNote ja auch überall dabeihaben, können Sie hier auch mal Sprachnotizen oder ein Bild mit dem Smartphone hinzufügen. Generell hilft das Führen von Tagebüchern viel dabei weiter, sich selbst besser kennenzulernen.

Verschiedene Listen

Wie Sie bereits festgestellt haben, bin ich ein großer Fan verschiedener Arten von Checklisten. Fast jedes Notizbuch enthält bei mir eine bestimmte Form einer Checkliste. Damit stelle ich sicher, dass ich nichts vergessen habe. Gängige Listen sind hierbei:

- **To-do-Liste**: Die häufigste Form dürfte wohl die einfache To-do-Liste für eine einfache Tages-, Wochen- oder Jahresplanung sein.
- **Bucket-Liste**: Auf die Bucket-Liste schreiben Sie alles, was Sie im Leben noch tun wollen, bevor Sie das Zeitliche segnen. Zugegeben, das hört sich etwas dramatisch an. Aber eine solche Liste kann ziemlich motivierend sein, wenn Ihnen das Leben mal wieder zu eintönig wird. Sie finden hier Inspirationen, was Sie als Nächstes für ein Abenteuer planen wollen, und können so zumindest schon mal in Gedanken vom Alltag fliehen und ein wenig in den Tag träumen.
- **Einkaufsliste**: Nein, ich benutze OneNote nicht für die Einkaufsliste. Dazu ist mein Einkauf von Lebensmitteln zu einfach. Aber ich sehe viele Personen, die dies mittlerweile auf digitalem Weg tun. Praktisch ist auch, dass eine solche Liste jederzeit wiederverwendet werden kann. Zusammen mit einer Rezeptsammlung in der Tasche kann man so bei Bedarf auch kurzfristig noch ein Gericht planen und gleich die Zutaten kaufen.
- **Film- oder Buchliste**: Es gibt so viele gute (und alte) Filme und Bücher, die noch gesehen oder gelesen werden wollen, aber man hat häufig nicht immer die Zeit dazu. Eine Liste mit Filmen, die man noch sehen, oder Büchern, die man lesen will, hilft Ihnen dabei, die Übersicht zu behalten und sich für die kalten und ungemütlichen Tage oder den Urlaub zu wappnen. Es spricht auch nichts dagegen, eine Liste von Filmen und Büchern anzulegen, die man bereits gesehen hat, um sich eine eigene kleine Datenbank dazu anzulegen.

Hier gibt es noch viele weitere Formen von Listen, die Sie sich anlegen können. Hierbei können Sie sich auch ein eigenes Notizbuch nur mit Checklisten anlegen. Damit stellen Sie zumindest sicher, dass Sie nichts mehr vergessen können.

OneNote (nicht nur) für das Private

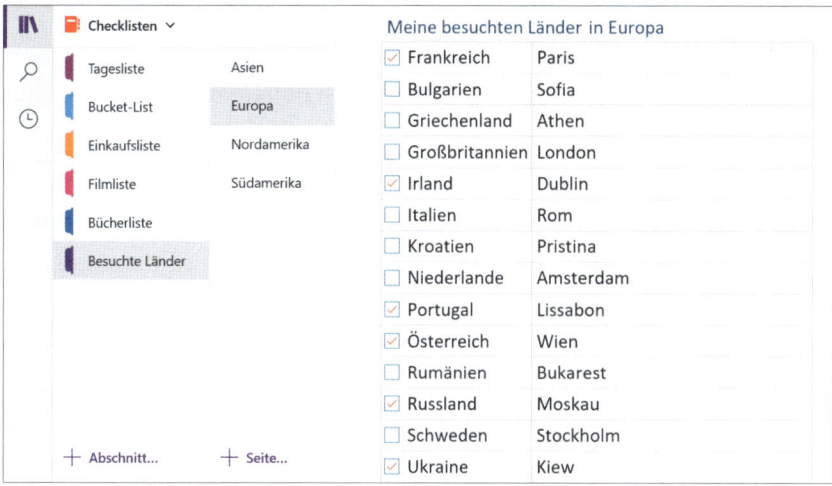

Abbildung 8.25 *Als Fan von Checklisten kann man für fast alles eine Liste erstellen.*

Fitness- und Ernährungsplan

Wenn Sie ambitioniert Sport treiben und auch auf eine gesunde Ernährung achten oder es tun wollen, dann bietet es sich an, Ihren Fitness- und Ernährungsplan mit OneNote zu organisieren und zu planen. Auch hier ist der Vorteil wieder, dass Sie den Trainings- und Ernährungsplan immer dabeihaben. Um Fitness und Ernährung mit OneNote zu verwalten, könnte folgende Ablagestruktur verwendet werden:

- **Ziele**: Hier werden die Ziele für Fitness und Ernährung notiert und nach welchem Plan diese erreicht werden sollen.

- **Fortschritt**: Den Fortschritt sollten Sie immer dokumentieren, um zu sehen, ab wann es stagniert. Sinnvolle Einträge wären hier z. B., das Körpergewicht und die Körpermaße einmal in der Woche zu notieren. Eventuell können hier auch die Anfangsgewichte beim Hanteltraining oder die Länge der Ausdauereinheit notiert werden.

- **Fitnessplan**: Hier würde sich eine grobe Zusammenfassung des wöchentlichen Fitnessplans für jeden Tag eignen. Ich notiere mir hier z. B., welche Muskelgruppe ich an diesem Tag trainiere und ob ich ein Ausdauertraining absolviere.

- **Ernährungsplan**: Der Ernährungsplan spricht für sich. Hier notiere ich mir zumindest meine Mahlzeiten, die ich zu mir nehme. Wie weit Sie hierbei gehen, müssen Sie für sich selbst entscheiden. Ich notiere mir die Kalorien nur für Zeiten, wenn ich eine Diät mache. Natürlich können Sie das Ganze auch viel akribischer betreiben und auch noch die Proteine, Kohlenhydrate und den Fettanteil pro Mahlzeit notieren.

- **Trainingsplan**: Hier füge ich den detaillierten Trainingsplan eines jeden Tages in OneNote hinzu. Dazu verwende ich für jeden Trainingstag eine eigene Seite.

- **Übungskatalog**: Da es viele verschiedene Übungen für das Training gibt, können Sie hier eine Sammlung mit Anleitungen zu verschiedenen Übungen anlegen. In Verbindung mit Weblinks und Onlinevideos können Sie hiermit eine schöne Datenbank anlegen und bei Bedarf einzelne Übungen zum Trainingsplan hinzufügen.

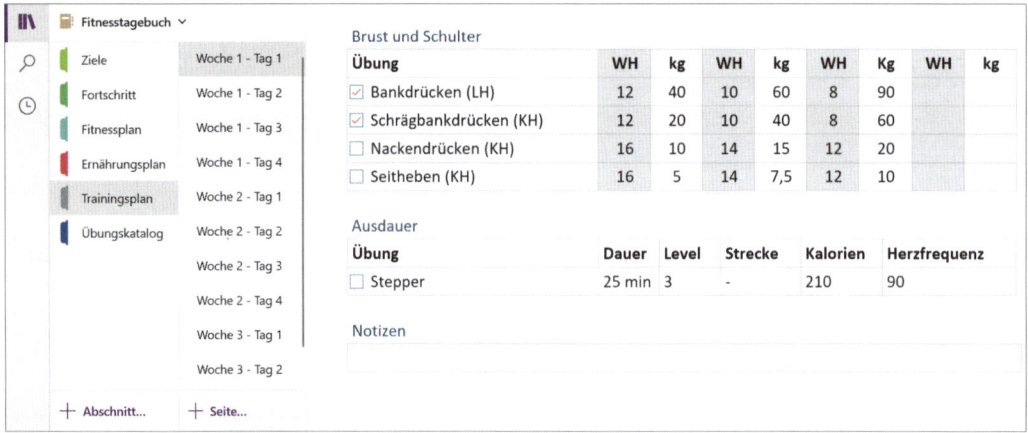

Abbildung 8.26 *OneNote eignet sich prima, um einen Fitness- und Ernährungsplan zu verwalten und planen.*

Blogeinträge verwalten und vorbereiten

Zugegeben, die heutigen Content-Management-Systeme wie WordPress machen es einem einfach, die Blogeinträge vorzubereiten oder zu verwalten.

Trotzdem gibt es immer wieder Zeiten, in denen man eben kein Internet hat, um seinen Content für den Blogeintrag vorzubereiten. Ich bin ehrlich gesagt ein Muffel, was das Schreiben von Blogeinträgen betrifft, aber es hat sich dank OneNote ein wenig gebessert. Hiermit kann ich jederzeit und überall meine Artikel für die Blogeinträge vorbereiten und habe zudem auch noch ein Backup für den Fall der Fälle. Will ich dann diese Einträge auch noch für andere Zwecke verwenden, dann habe ich diese auch gleich parat. Generell geht es mir hierbei zunächst darum, den textuellen Content vorzubereiten, daher hier meine Ablagestruktur mit OneNote hierzu:

- **Beiträge in Arbeit**: Hier sammle ich meine Beiträge, die ich noch nicht veröffentlicht habe. Dies sind bei mir z. B. noch nicht veröffentlichte Bücher, Reiseberichte oder andere Themen, mit denen ich mich eben beschäftige. Bilder und Grafiken füge ich hier zwar auch hinzu, aber diese dienen doch eher nur mir selbst, um zu sehen, welche Bilder ich hier verwenden will.
- **Veröffentlichte Beiträge**: Hier sammle ich die Beiträge, die ich bereits auf meinem Blog veröffentlicht habe. Dazu schiebe ich einfach nach der Veröffentlichung den Betrag von **Beiträge in Arbeit** per Drag & Drop in diesen Abschnitt.
- **Bilder**: Hier habe in gewisser Weise eine Art Bilderpool, in dem ich Bilder sortiere, die ich für meine Blogeinträge verwenden kann. In der Regel verwende ich hierzu allerdings einen Link auf meine Dropbox oder iCloud, wo ich die Bilder dann in bester Qualität gespeichert habe.
- **Grafiken**: Programmablaufpläne, Grafiken, die etwas veranschaulichen oder verschiedene grafische Statistiken sammle ich hier.
- **Recherche**: Nichts geht ohne Recherche. Zwar ist der Inhalt dieses Abschnitts für mich nur temporär, da ich hier nur Material für kommende Beiträge sammle, aber trotzdem ist es häufig unverzichtbar. Wenn ich hierbei fremde Inhalte bei meinem Beitrag verwende, dann habe ich hier auch gleich einen Verweis zu diesen Webseiten oder Artikeln, worauf in grundsätzlich in meinen Blogeinträgen hinweise.
- **Checkliste**: Und wie immer folgt am Ende ein Abschnitt mit einer Checkliste, damit ich auch ja nichts vergesse.

Abbildung 8.27 *Meine einfache Ablagestruktur, um meine Blogbeiträge mit OneNote vorzubereiten*

Hochzeitsplanung

Als ich kürzlich bei einem Bekannten zu einer Hochzeit eingeladen war, staunte ich nicht schlecht, als ich gesehen habe, dass dessen Vater die Hochzeitsplanung mit OneNote gemacht hat. Ich habe sein Notizbuch hier fast 1:1 mit folgenden Abschnitten übernommen:

- **Location**: Bei einer Hochzeit müssen die Örtlichkeiten geklärt werden. Hierzu gehört das Standesamt, die Kirche und wo anschließend gefeiert werden soll. Eventuell kann man hier auch noch die Hochzeitsreise hinzufügen. Auch in diesen Abschnitt sollten Sie den Transport des Paares packen, ob diese mit einer Kutsche, dem Oldtimer oder Luxusauto zu den Locations gefahren werden sollen usw.

- **Hochzeitsgäste**: Hier wird neben den Gästen, die zur Hochzeit eingeladen werden sollen, auch alles um die Gäste herum verwaltet. Hierbei ist es häufig sinnvoll, eine Sitzordnung anzulegen, damit nicht gleich zu Beginn die Gäste zusammenkommen, die sich total fremd sind. Auch hier kann man unter Umständen den Transport der Gäste mit einem Bus oder die Übernachtung in einer Unterkunft managen, falls dies bei der Hochzeit geplant ist.

- **Unterhaltung**: Ganz wichtig bei einer Hochzeit ist natürlich die Unterhaltung wie Musik (wann, wo, wer), lustige Hochzeitsspiele, wer darf Reden halten oder wer organisiert ein lustiges Hochzeitsmagazin für die Gäste.
- **Essen und Dekoration**: Hier muss der Speiseplan für die Hochzeit hin. Auch die Hochzeitstorte darf hier nicht fehlen, wie auch die Dekoration rund um die Hochzeit (wie beispielsweise Blumen).
- **Kleidung**: Das Hochzeitskleid, der Anzug, eine Kosmetikerin, der Friseur und noch viele andere Dinge müssen rund um das Hochzeitspaar organisiert werden. Auch die Kleidung für die Brautjungfern oder den Trauzeugen können hier aufgenommen werden.
- **Foto und Video**: Besonders wichtig für eine Hochzeit dürfte der Hochzeitsfotograf sein. Auch ein Videograf könnte hier aufgelistet werden. Generell sollten Sie jedem erlauben, Bilder bei der Hochzeit zu machen. Allerdings sollte es während der Trauung eine Person des Fachs übernehmen.
- **Checkliste**: Eine Checkliste bei der Hochzeit muss sein. Eventuell bringen Sie diese Checkliste gleich passend bei den anderen Abschnitten ein.

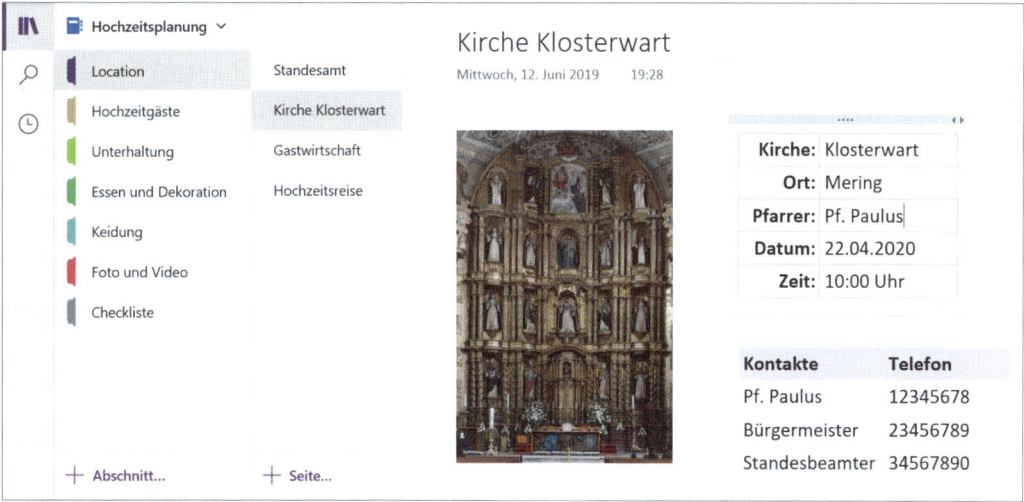

Abbildung 8.28 Ich bin zwar noch kein Hochzeitsplaner, aber wenn mich jemand fragt, bin ich schon mal mit einem Grundgerüst und OneNote ausgestaltet ;-)

Aufgabenmanagement

Ein Konzept, das sich in der Praxis bewährt hat und das ich auch gerne mit OneNote verwende, ist das Aufgabenmanagement. Meine bevorzugte Strategie basiert auf der GTD-Methode (steht für *Getting Things Done*) die von David Allen entwickelt wurde. Vereinfacht ausgedrückt ist das Ziel bei dieser Methode, den Kopf für wichtigere Aufgaben freizubekommen, indem man die vielen kleineren Dinge im Leben organisiert, die einem am produktiven Arbeiten hindern. Täglich kommen einem viele Gedanken wie:

- Ich muss noch die Planung für Projekt X machen.
- Mein Reisepass läuft bald ab und ich brauche unbedingt einen neuen.
- Ich muss meine Eltern mal wieder anrufen oder sie besuchen.
- Mein Systemblitz muss für die Wartung eingeschickt werden.
- Ich muss mein Visum für die nächste Reise nach China beantragen.
- Wegen Projekt Z muss ich unbedingt noch mit Frau Muster reden.
- Ich brauche eine neue Festplatte, um ein Backup zu machen.
- Wenn ich zum Elektromarkt gehe, muss ich eine Tastatur kaufen.

Solche Gedanken kommen einfach während des Tages und lenken uns dann leider auch ab von der eigentlichen und aktuellen Aufgabe und kreisen dann in unserem Gehirn, damit wir Sie nicht vergessen. Solange Sie diese Gedanken nicht bündeln, werden sie immer wiederkommen und sie ablenken. Sie werden weniger kreativ sein und auch weniger leisten. Kommen dann zu viele solcher Gedanken, während man eine dringende Aufgabe zu erledigen hat, fühlt man sich häufig überfordert oder verliert den Überblick. Um den Kopf eben von solchen immer wiederkehrenden Gedanken freizubekommen, kann ein Aufgabenmanagement helfen, diese losen Gedankenstränge zu erfassen. Auf diese Weise meldet sich Ihr Unterbewusstsein nicht mehr so häufig und stört Sie bei dem, was Sie gerade tun müssen.

Das Aufgabenmanagementsystem eignet sich für jedermann, egal, ob beruflich oder privat, der diese eben beschriebene Situation mit den losen und kreisenden Gedanken während der Ausführung einer Tätigkeit kanalisieren will. Aber auch hier gilt wie immer, dass Sie dieses System nicht 1:1 übernehmen müssen und es Ihren persönlichen Bedürfnissen anpassen können. So habe ich auch diese GTD-Methode ein wenig meinem persönlichen Workflow angepasst, der für mich so am besten funktioniert. Grundlegend basiert diese Methode auf den folgenden Schritten:

1. **Sammeln**: Dies ist der wichtigste Punkt, um den Kopf leer zu bekommen. Hier sammeln Sie alle losen Gedankenstränge, die Sie beschäftigen, auf einer extra Seite. Neben den Gedanken im Kopf können Sie hier natürlich auch herumliegende Unterlagen und Notizen hinzufügen, einfach alles, was Sie beschäftigt und ablenkt.
2. **Verarbeiten**: Hier entscheiden Sie, was Sie mit den gesammelten Informationen machen wollen. Hierbei gibt es verschiedene Möglichkeiten. Können Sie etwas in 2 Minuten erledigen, tun Sie es gleich. Wenn es mehr als eine Aktion ist, dann legen Sie ein Projekt an. Oder kann die Aufgabe delegiert werden? Natürlich sollte man hier auch noch die Frage stellen, ob man die Aufgabe überhaupt erledigen kann/soll.
3. **Organisieren**: Hier kommt OneNote ins Spiel. Ziel ist es, all diese Informationen außerhalb des Kopfes zu erfassen, wo diese dauerhaft sichtbar und erreichbar sind.
4. **Durchsehen**: Das beste Aufgabenmanagement bringt natürlich nichts, wenn es nicht aktualisiert und gepflegt wird. Daher ist eine regelmäßige Durchsicht unverzichtbar. Es empfiehlt sich, dieses System mindestens einmal täglich zu sichten.
5. **Erledigen**: Hier müssen Sie die Entscheidung treffen, was Sie als Nächstes tun. Haben Sie eine längere Liste gesammelt, müssen Sie entscheiden, welche der Aufgabe wichtiger ist.

> **GTD-Methode**
> An der Stelle dürfen Sie keine Einführung in das Aufgabenmanagement mit der GTD-Methode erwarten. Hierzu gibt es Fachbücher oder Seminare, die diese Methode viel umfassender behandeln. In dem Fall würde ich hierfür dann gleich das Buch von David Allen empfehlen, dem Erfinder der Methode.

Das Wichtigste an einem Aufgabenmanagementsystem ist häufig ein Ort, wo Sie alle diese Informationen bündeln und organisieren. Und genau hier kommt nun OneNote ins Spiel. Hier sehen Sie die Ablagestruktur, die für mich persönlich am besten funktioniert hat, ich habe hierzu ein Notizbuch GTD angelegt:

- **Sammlung**: Dieser Abschnitt ist der wichtigste Abschnitt für mich. Hier sammle ich alle möglichen Gedanken, die mir gerade durch den Kopf schießen und mich beschäftigen. Alle auf einmal zu sammeln wird wohl nicht immer funktionieren, aber wenn Ihnen während einer Tätigkeit mal wieder das Unterbewusstsein ins Gewissen reinredet, notieren Sie diesen Gedanken hier schon mal. Vielleicht liegen aber auch unerledigte Dokumente auf Ihrem Tisch, oder es kleben unbearbeitete Notizen am Kühlschrank. Fassen Sie alles hier zusammen, und kriegen Sie den Kopf frei. Selbst einfache Dinge wie »Ich muss mal wieder etwas mit meiner Familie unternehmen!« oder »Heute gibt es Mandelmilch günstiger bei LIDL.« dürfen hierhin – eben alles, was Sie beschäftigt oder ablenkt. Hier ist es häufig sinnvoll, für jeden Gedanken eine eigene Seite anzulegen. Die Seiten in diesem Abschnitt sind ohnehin nur temporär. Neue Informationen kommen dazu, die alten verschwinden.

- **Projekte**: Hier kommen bei mir aktuelle Projekte hin, an denen ich im Augenblick arbeite. Für mich gilt hier als Projekt alles, wofür ich mehr als einen Arbeitsschritt benötige. Somit ist praktisch auch die Beantragung eines Visums ein kleines Projekt, weil hierbei mehrere Schritte nötig sind, wie die Überprüfung des Reisepasses, Flug und Hotel buchen, Dokumente ausdrucken und die Dokumente versenden. Wenn ich mehrere Projekte oder kommende Dinge mit demselben Thema habe, dann packe ich diese zur besseren Übersicht gegebenenfalls in Unterseiten.

- **Aktionslisten**: In diesem Abschnitt kommen bei mir Aufgaben hin, die ich im nächsten Schritt erledigen will. Dabei gilt für mich, wenn die Aufgabe in weniger als 2 bis 3 Minuten erledigt werden kann, dann wird diese sofort erledigt und wird gar nicht erst hierhin verschoben.

- **Warten auf**: Aufgaben, die ich nicht selbst erledigen kann oder delegiert habe, kommen hierhin. Sie müssen hier nichts anderes tun, als auf die Fertigstellung oder das Ergebnis zu warten.

- **Irgendwann**: Ich verwende eine eigene Sektion für die Dinge, die nicht so wichtig sind und die ich vielleicht irgendwann mal vielleicht (oder auch nie) machen oder erledigen will, aber eben nicht sofort. Es gibt viele Dinge, die nicht dringend oder essenziell sind. Ich sehe den Bereich als: Hauptsache die Dinge sind notiert und raus aus dem Unterbewusstsein.

- **Ablage**: Hier lege ich Dinge ab, die überhaupt kein direktes Handeln benötigen, sondern lediglich Informationen darstellen. Dies können Dinge sein wie Telefonlisten, Anleitungen, Rechnungen, Übersicht über Portogebühren, abgeschlossene Reisen, gekaufte Gegenstände und noch vieles mehr. Bei dieser Ablage kommen eben nur die Informationen hin, die Sie aufbewahren und somit archivieren wollen.
- **Mülleimer**: Ich verwende diesen Abschnitt nicht, aber wer gerne erledigte Aufgaben sammelt, der kann sich diesen Abschnitt dafür anlegen. Ich persönlich halte mein GTD-Notizbuch schlank und lösche daher die Seite mit der Aufgabe komplett.

Abbildung 8.29 *Mein persönliches Aufgabenmanagementsystem richtet sich stark nach der GTD-Methode von David Allen.*

An dieser Stelle will ich Ihnen kurz zeigen, wie ich mit diesem Aufgabenmanagementsystem in der Praxis arbeite.

SCHRITT FÜR SCHRITT
Kopf frei, dank Aufgabenmanagement

1. **Informationen sammeln**

   Jeder Gedanke, der mir während einer Arbeit oder während eines Brainstormings kommt, den notiere ich mir im Abschnitt **Sammlung**. Ich verwende für jeden Gedanken eine eigene Seite. Sie können aber auch alles auf einer Seite in Stichpunkten notieren. Neben den losen Gedanken, um meinen Kopf frei zu bekommen, notiere ich auch unerledigte Dokumente, die eventuell auf meinem Schreibtisch liegen. Dank meiner Verwaltung mit OneNote gibt es allerdings kaum noch Dokumente auf meinem Schreibtisch.

2. Informationen verarbeiten

Ich habe es mir zu Gewohnheit gemacht, mindestens einmal am Tag den Abschnitt **Sammlung** durchzugehen. Mein Ziel ist es hierbei, wenn ich eine dieser Aufgaben anfange, dann wird diese auch durchgeführt und darf auf keinen Fall mehr zum Abschnitt **Sammlung** zurückkehren. Hierbei gibt es eine Regel, die ich mir auch zunutze gemacht habe. Kann ich eine Aufgabe innerhalb 2 bis 3 Minuten erledigen, dann tue ich es sofort, und die Seite wird nach der Fertigstellung der Aufgabe gleich wieder aus dem Abschnitt **Sammlung** gelöscht. Entscheidend ist jetzt, wenn Sie eine Aufgabe bei **Sammlung** vornehmen, was Sie damit tun wollen:

- Sie wollen gar nichts damit tun, dann löschen Sie den Eintrag im Abschnitt **Sammlung**. Heben Sie nur auf, was Sie wirklich irgendwann tun.
- Handelt sich um eine Aufgabe, die jetzt nicht so wichtig ist oder jetzt im Augenblick noch nicht von Interesse ist, dann verschiebe ich die Seite von **Sammlung** in den Ordner **Irgendwann**.
- Besteht die Aufgabe nicht direkt aus etwas, bei dem man überhaupt handeln muss, sondern handelt es sich eher um ein Referenzmaterial, wie beispielsweise eine Telefonliste oder Tastenkürzel für eine Software, dann müssen Sie an dieser Stelle lediglich entscheiden, ob Sie diese Information in die **Ablage** einsortieren oder sie verwerfen.
- Kann ich die Aufgabe nicht selbst durchführen oder habe ich diese delegiert, dann schiebe ich die Seite in den Abschnitt **Warten auf** und warte auf das Ergebnis.

– Wenn die Aufgabe noch nicht anderweitig einsortiert und oder gar gelöscht wurde, dann können Sie jetzt anfangen, diese Aufgabe zu starten. Hierzu verschiebe ich die Aufgabe von **Sammlung** in den Abschnitt **Aktionsliste**, um diese nun sobald wie möglich fertigzustellen. Mit dem @-Zeichen und dem Ort definiere ich auch immer, wo ich die Aufgabe erledigen muss. Im Beispiel mit @Computer eben am Computer.

3. Sonderfall »Projekte«

Es gibt Einträge in **Sammlung**, die sich nicht einfach so mit ein paar Schritten erledigen lassen und eventuell auch mehr Zeit in Anspruch nehmen. Solch umfangreichere Aufgaben verschiebe ich dann von **Sammlung** in den Abschnitt **Projekte**.

Im Gegensatz zu den **Aktionslisten** füge ich allerdings einzelne Aufgaben von einem Projekt zum Abschnitt **Aktionslisten** oder eben in den Abschnitt **Warten auf**, um die aktuelle Aufgabe eines Projekts abzuarbeiten oder abzuwarten. Konkret bedeutet dies, dass die einzelnen Schritte eines Projekts genauso abgehandelt werden, wie in Arbeitsschritt 2 beschrieben.

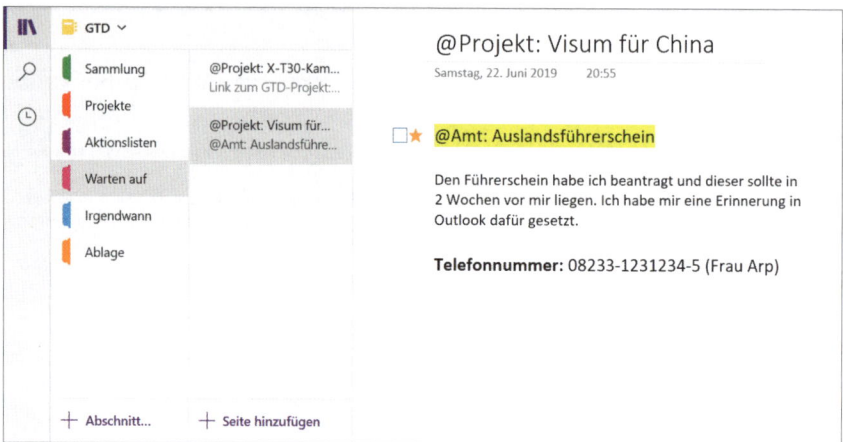

4. **Aufgabe terminieren**

Die Aufgaben, die zeitgebunden sind, notiere ich als Termin in meinem Zeitplaner wie Outlook oder eben der Kalender-App. Wenn ich die Aufgabe komplett abgeschlossen habe, lösche ich die Seite aus OneNote. Manche erledigten Aufgaben verschiebe ich in die **Ablage**, um diese bei Bedarf als Vorlage erneut verwenden zu können. Generell allerdings gilt für mich, wenn die Aufgabe erledigt ist, dann ist das Thema für mich abgeschlossen und benötigt keinen Platz mehr – weder in meinen Gedanken noch in meiner Cloud.

Weitere Ideen

Das waren jetzt nur einige von unzähligen Anwendungsbeispielen, wie Sie mit OneNote Ihren Alltag produktiver und organisierter gestalten können. Sicherlich war auch hier etwas für Sie dabei. Und wenn nicht, dann denke ich mir, dass Sie viele Anregungen mit ein paar kleinen Änderungen Ihren persönlichen Bedürfnissen anpassen können. Wenn Sie noch weitere Beispiele haben, von denen Sie meinen, diese dürften hier nicht fehlen, würde ich mich sehr über eine Nachricht von Ihnen freuen.

> **Weitere Dinge, die organisiert werden wollen**
> Es gibt noch unzählige weitere Dinge, die man über OneNote prima organisieren könnte. Da wäre z. B. eine Dokumentation oder der Bau eines Hauses, ein Umzug oder eine eigene Kartei von Arztbesuchen, um hier alles im Überblick zu haben.

Allgemeine Tipps zur Verwendung von Notizbüchern

Zum Schluss will ich Ihnen noch ein paar allgemeine Tipps mitgeben, die ich persönlich bei der Verwendung von Notizbüchern sehr hilfreich finde:

- **Anzahl der Abschnitte**: Übertreiben Sie es nicht mit den Abschnitten. Die beste Übersicht behalten Sie, wenn Sie nur so viele Abschnitte verwenden, wie in der Spalte mit Abschnitten dargestellt werden können. Oftmals ist hierbei weniger mehr.

- **Aussagekräftige Namen**: Vermeiden Sie Bezeichnungen in Abschnitten und Seiten wie »Sonstiges«, »Rest«, »Sammelsurium«, »Verschiedenes« etc. Verwenden Sie stattdessen Namen, bei denen Sie sofort erkennen können, was dieser Abschnitt oder diese Seite enthält.

- **Verschachtelung von Abschnitten**: Auch wenn es möglich ist, die Abschnitte in Gruppen zu verschachteln, verzichte ich weitgehend auf diese Option und verwende stattdessen lieber eine Seite mehr. Aber das ist eher eine persönliche Präferenz. Bei manchen Ablagestrukturen lässt sich hingegen ein Verschachteln kaum vermeiden, wenn man nicht unzählige Seiten anlegen will.

- **Ein Thema pro Seite**: Den Inhalt einer einzelnen Seite begrenze ich gewöhnlich auf ein Thema. Damit ist es einfacher, das gewünschte Thema anhand der Überschrift zu lokalisieren. Ich lege daher lieber für jedes Thema eine eigene Seite an.

- **Eigener Abschnitt für eine To-do-Liste**: Ich lege bei einem Notizbuch immer einen eigenen Abschnitt für eine To-do-Liste an, weil ich hierbei alle unerledigten Dinge an einer Stelle finde und nicht irgendeine Aufgabe auf einer der vielen Seiten übersehen wird. Daher findet man häufig in fast allen meinen Notizbüchern als ersten oder letzten Eintrag die To-do-Liste vor.

Starten Sie sofort mit OneNote

Das Schwierigste im Leben ist es, sich eine neue Gewohnheit anzugewöhnen und vor allem damit anzufangen. Sätze, die beginnen mit »Das werde ich mal ...« oder »Ich muss jetzt mal«, sind eher zum Scheitern verurteilt. Es gibt keine Ausreden, nicht gleich mit OneNote durchzustarten. Installieren Sie OneNote auf allen Geräten wie dem PC, Mac, Smartphone oder Tablet, auf denen Sie es verwenden, und machen Sie sich Gedanken, was Sie alles organisieren wollen. Wenn Sie mit OneNote noch nie vorher gearbeitet haben, sollten Sie vielleicht zunächst mit einem Notizbuch anfangen und nicht den Fehler machen, damit gleich alles verwalten zu wollen.

Auch empfehle ich Ihnen, den Umstieg mit Schnitt ab heute zu machen. Arbeiten Sie alle anderen analogen Dinge noch ab, und starten Sie dann mit der digitalen Organisation. Persönlich würde ich auch nicht hergehen und sämtliche Dinge oder Dokumente aus der Vergangenheit sofort archivieren. Da vergeht einem häufig die Lust. Der Umstieg geht am einfachsten von heute auf morgen, und die Vergangenheit bleibt, wie Sie ist.

Kapitel 9
Notizbücher freigeben und teilen

Bei gemeinsamen Projekten der Arbeit, Schule, des Studium, eines Workshop oder einer Reiseplanung ist es oft erwünscht, ein Notizbuch mit anderen zu teilen. Hierbei haben Sie die Möglichkeit, das Notizbuch nur zum Lesen freizugeben, oder Sie können zusammen mit anderen Teilnehmern gemeinsam daran arbeiten. Damit eröffnen sich viele neue unzählige Möglichkeiten für Lehrer, Schüler, Studenten, Workshop- und Seminarleiter, Mitarbeiter am selben Projekt oder Familienmitglieder, um nur einige Beispiele zu nennen. Viele der im Kapitel zuvor vorgestellten Notizbücher bieten sich geradezu an, sie mit mehreren Personen zu teilen oder daran zu arbeiten.

Notizbücher teilen

Notizbücher zu teilen ist in OneNote sehr einfach und mit wenigen Mausklicks erledigt. Wenn Sie ein Notizbuch mit einer Person teilen, die kein OneNote installiert hat, dann kann diese Person mit einem Webbrowser wie Chrome, Firefox, Safari oder Edge darauf zugreifen.

> **Einzelne Seiten teilen?**
> Zur Drucklegung war es nur möglich, ganze Notizbücher zu teilen. Zeitweise wurde das Teilen einzelner Seiten getestet, aber dann doch aus technischen Gründen wieder aufgehoben.

SCHRITT FÜR SCHRITT
Notizbuch mit Personen teilen

1. **Teilen-Funktion starten**

    Das aktuell geöffnete Notizbuch können Sie mit anderen Personen teilen, indem Sie auf die Teilen-Schaltfläche rechts oben im OneNote-Fenster klicken. Bei den Smartphone-Versionen müssen Sie in das Notizbuch wechseln und dann oberhalb über die drei Punkte den Befehl **Notizbuch freigeben** auswählen.

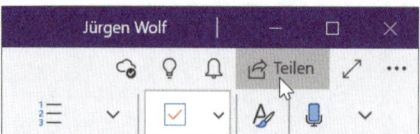

2. **Einzuladende Person eingeben**

   Im nächsten Schritt geben Sie bei **E-Mail-Einladung senden** die E-Mail-Adresse der Person ein, der Sie Zugriff auf das Notizbuch gestatten wollen. Hierbei können Sie darunter über die Dropdown-Liste entscheiden, ob die Person das Notizbuch bearbeiten darf (**Kann bearbeiten**) oder nicht (**Kann anzeigen**). Hier hängt es natürlich davon ab, was Sie teilen. Bei Schülern und Studenten werden Sie wohl eher nicht wollen, dass diese den Inhalt verändern können. Bei gemeinsamen Projekten ist es hingegen erwünscht, wenn jeder seinen Beitrag zum Notizbuch leistet. Über die Schaltfläche **Teilen** senden Sie die Einladung per E-Mail an die Person. Beim Mac und dem iPad müssen Sie hierbei einen Umweg über **Personen zum Notizbuch einladen** gehen, wenn Sie die Teilen-Schaltfläche angeklickt haben.

   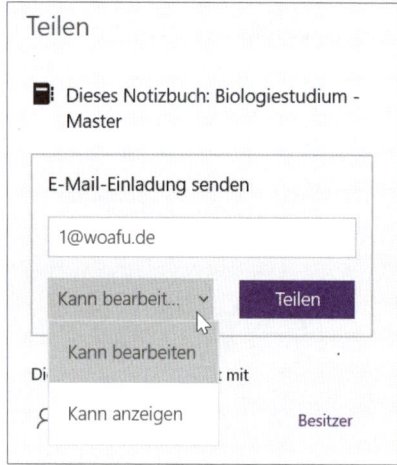

   Die Personen mit denen Sie ein Notizbuch teilen, werden dann in einer Liste über die Teilen-Funktion aufgelistet.

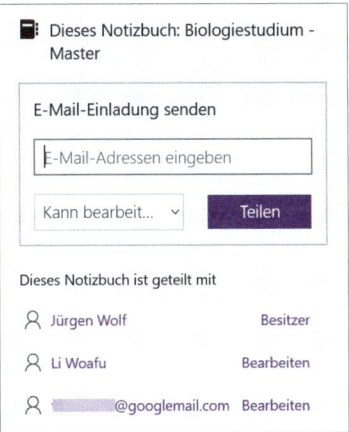

3. **Die eingeladene Person öffnet das Notizbuch**

   Dieser Schritt kann auch Ihr erster Schritt sein, wenn Sie von jemandem eingeladen werden, ein Notizbuch zum Lesen oder Bearbeiten zu öffnen. Wenn Sie jemandem Zugriff auf das Notizbuch gestatten, dann erhält dieser gewöhnlich einen Link, um das Notizbuch im Webbrowser auf OneDrive anzuzeigen. Klickt die eingeladene Person den Link an, kann diese je nach Zugriffsrecht, das Notizbuch im Webbrowser betrachten oder selbst bearbeiten.

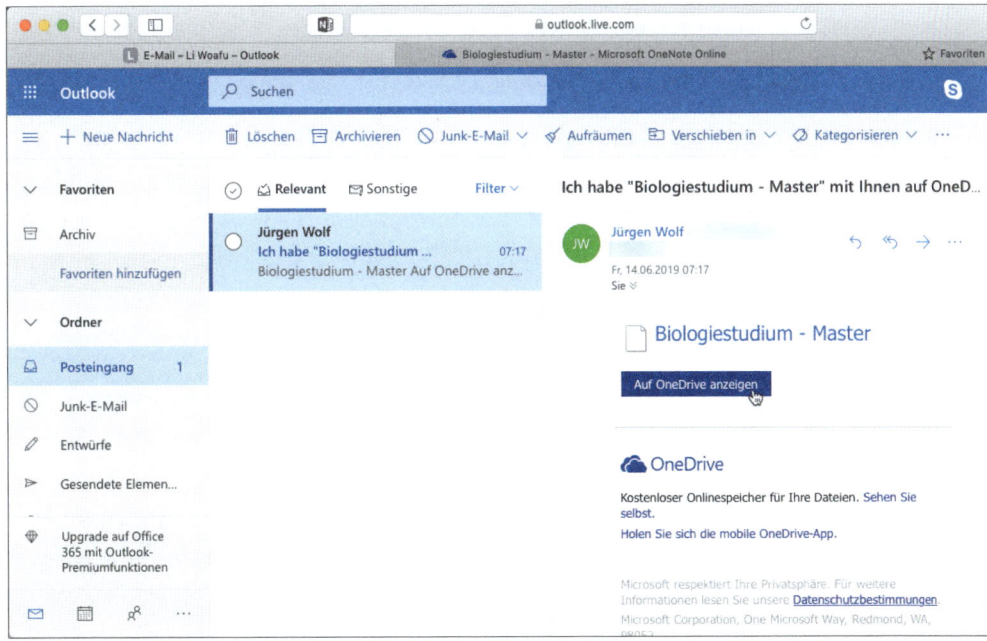

4. **Von OneNote Online zur OneNote-App**

Im Webbrowser findet die eingeladene Person oberhalb der OneNote-Onlineversion eine Schaltfläche wie **Notizbuch bearbeiten**, **Im Browser bearbeiten** oder **In Microsoft OneNote bearbeiten** vor. Klicken Sie die entsprechenden Befehle an, öffnet sich die OneNote-App, bzw. es wird um eine Genehmigung angefragt, dies tun zu dürfen. Daraufhin kann die Person ebenfalls das Notizbuch mit der OneNote-App bearbeiten oder betrachten (je nach vergebenem Zugriffsrecht). Ist keine App vorhanden, kann natürlich auch weiterhin OneNote Online verwendet werden.

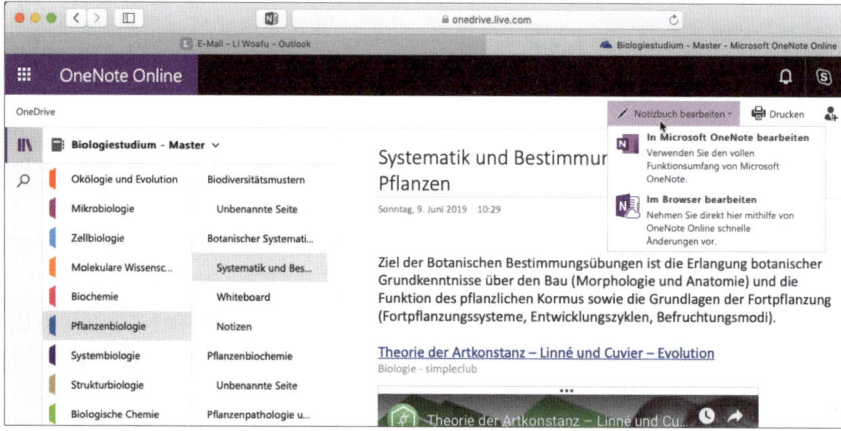

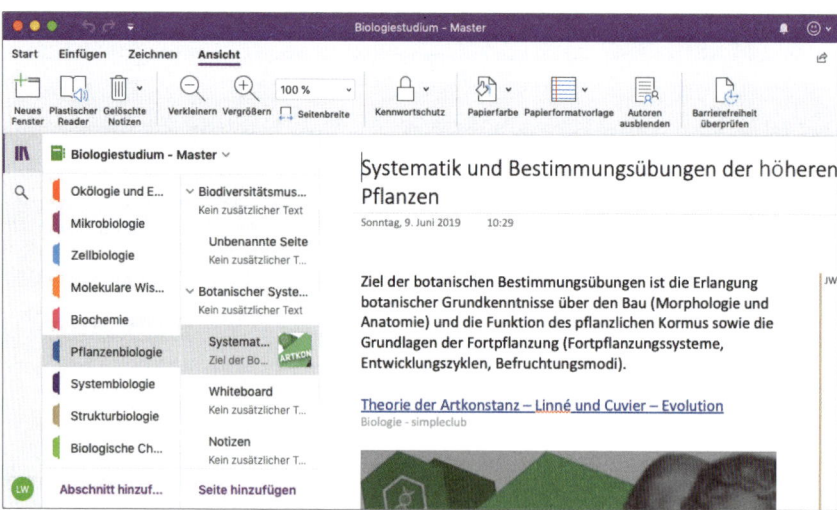

Wollen Sie hingegen nur eine statische Kopie der aktuell geöffneten Seite aus einem Notizbuch teilen, so ist dies ebenfalls über die Teilen-Funktion der OneNote-App möglich. Dort finden Sie eine Option **Kopie senden** (Windows) oder **Kopie der Seite senden** (Mac) zum Anklicken vor, über die Sie eben die Seite via E-Mail an eine Person senden können. Wie Sie es schon am Namen des Befehls herauslesen können, handelt es sich hierbei um eine Kopie der Seite, also eine Momentaufnahme. Änderungen, die Sie nachträglich an diese Seite in OneNote durchführen, werden beim Empfänger nicht automatisch aktualisiert.

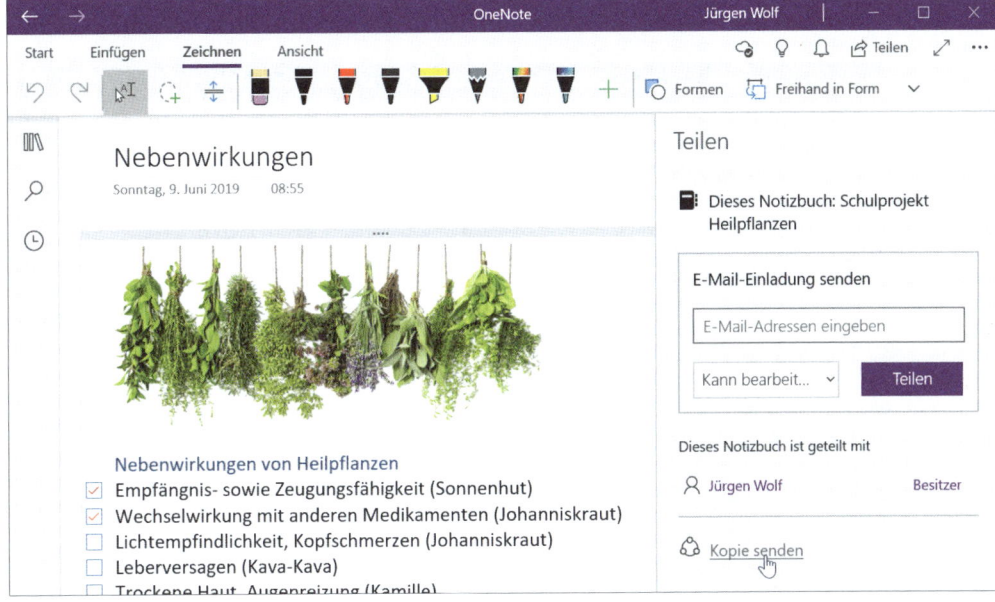

Abbildung 9.1 *Über die Teilen-Funktion können Sie mit »Kopie senden« (Windows) bzw. »Kopie der Seite senden« (Mac) auch nur eine Momentaufnahme der aktuellen geöffneten Seite an eine Person versenden.*

Es funktioniert auch mit OneNote 2016

Da die eine oder andere Person, mit der Sie ein Notizbuch teilen wollen, vielleicht noch (oder nur) OneNote 2016 verwendet, kann ich zwar zumindest bestätigen, dass das Teilen und die Zusammenarbeit auch hiermit problemlos funktionieren. Microsoft empfiehlt, künftig die neue OneNote-App zu verwenden, um Inkonsistenzen beim Datenaustausch zwischen den verschiedenen Systemen und Apps zu vermeiden. In dem Fall würde es sich dann anbieten, OneNote Online stattdessen zu verwenden.

Zusammen an einem Notizbuch arbeiten

Wenn mehrere Personen an einem Notizbuch arbeiten und daran Änderungen einbringen, sofern die Rechte dafür vorhanden sind, dann bietet OneNote eine Funktion an, um den oder die Autoren einzublenden, von dem oder denen ein neuer Textblock oder die Änderung stammt. Angezeigt werden hier gewöhnlich die Initialen der Person, die den Textblock verfasst hat. Standardmäßig ist diese Funktion aktiviert und kann über das Menü **Ansicht • Autoren ausblenden** bzw. **Ansicht • Autoren einblenden** jederzeit (de-)aktiviert werden. Stehen keine Initialen beim Textblock, dann haben Sie diesen selbst verfasst.

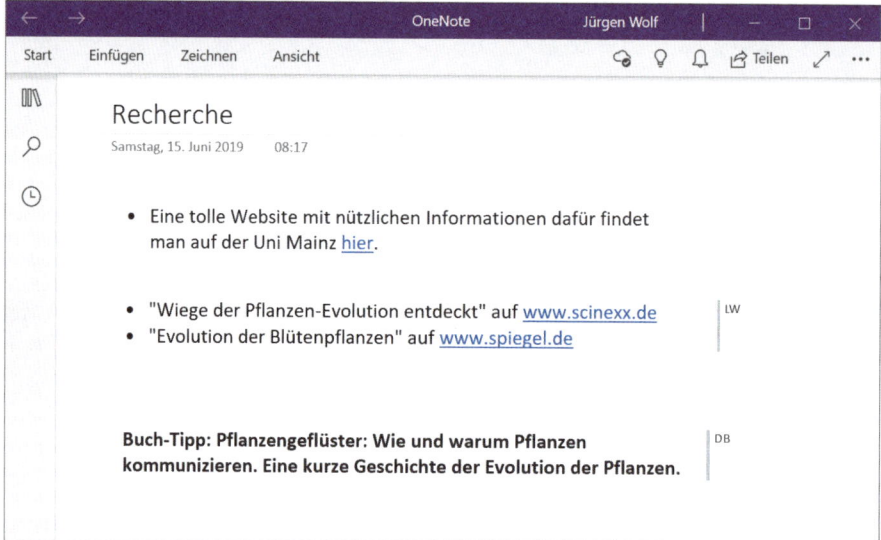

Abbildung 9.2 *Die Initialen beim Textblock, wie hier LW oder DB, zeigen an, dass jemand anders diesen Textblock geschrieben oder geändert hat.*

Eine Nachrichtenzentrale informiert die Personen, die sich das Notizbuch teilen, über Änderungen. Diese Nachrichten finden Sie rechts oben über das Glockensymbol. Hier wird gewöhnlich eine Zahl mit der Anzahl der Änderungen angezeigt. Klicken Sie das Glockensymbol an, können Sie die einzelnen Änderungen sehen und durch Anklicken der Einträge direkt anspringen und betrachten.

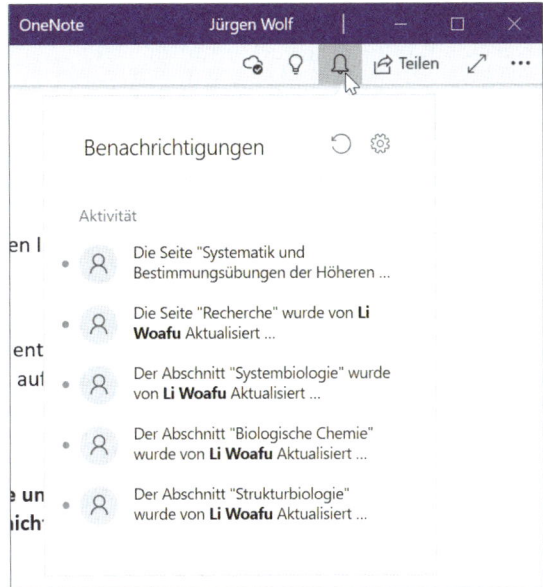

Abbildung 9.3 *Über das Glockensymbol können Sie die Nachrichtenzentrale aufrufen und sich über die zuletzt gemachten Änderungen eines geteilten Notizbuches informieren.*

Noch nicht gelesene Einträge in der Nachrichtenzentrale haben einen Punkt auf der linken Seite. Die einzelnen Einträge können Sie über das Mülleimersymbol (Windows) bzw. das x-Symbol (Mac) entfernen.

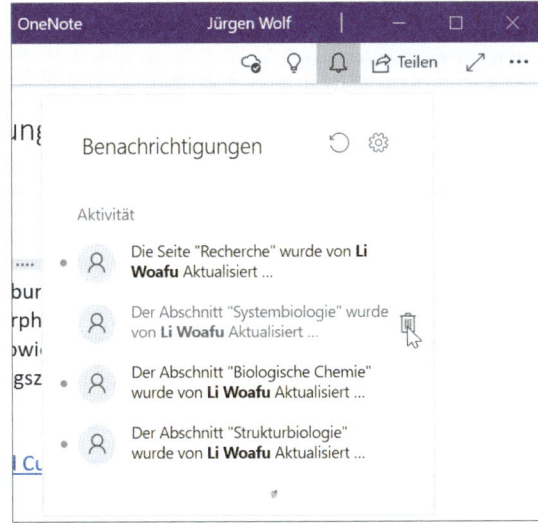

Abbildung 9.4 *Die Nachrichtenzentrale verwalten*

Den Autor, das Datum und die Uhrzeit der zuletzt gemachten Änderung können Sie mit einem rechten Mausklick auf dem Textblock ermitteln. Der letzte Eintrag zeigt diese Informationen dann an. Wenn Sie diese Informationen anklicken, können Sie diesen Text auch gleich dem Textblock hinzufügen. Ich finde diese Art der Protokollierung in der Gruppe nicht schlecht, weil man so sofort sieht, wer was wann geändert hat. Dies setzt allerdings dann wiederum eine konsequente Protokollierung eines jeden Einzelnen voraus. Beim Mac können Sie die zuletzt gemachten Änderungen eines Textblocks auch anzeigen lassen, wenn Sie mit dem Mauszeiger über den Initialen des Textblocks stehen bleiben.

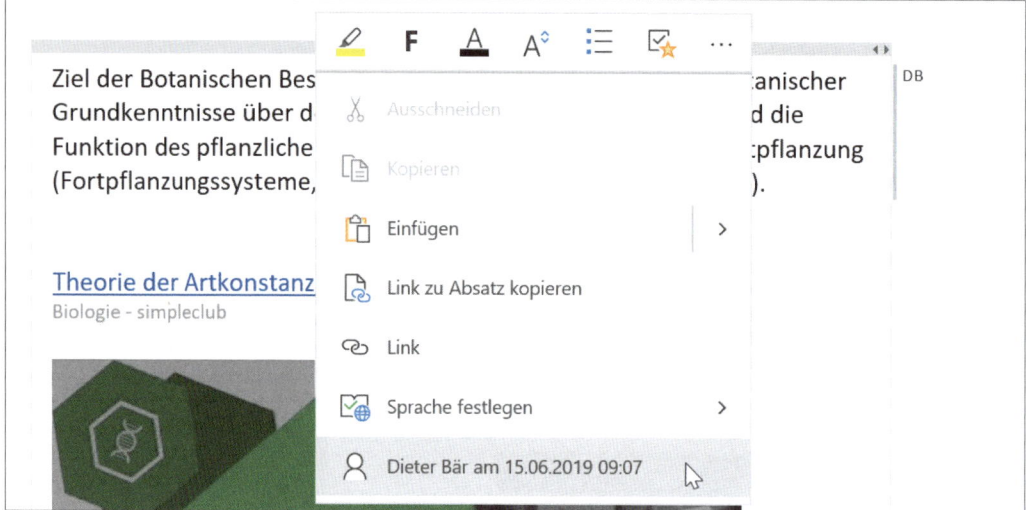

Abbildung 9.5 *Die Informationen, wer zuletzt am Textblock an welchem Tag und zu welcher Uhrzeit gearbeitet hat*

Zugriffsrechte an einem Notizbuch anpassen

Die Zugriffsrechte beim Teilen oder das Beenden können Sie ebenfalls wieder über die Schaltfläche **Teilen** rechts oben im Fenster durchführen. Klicken Sie hier im Bereich **Dieses Notizbuch ist geteilt mit** rechts beim Namen der Person auf **Bearbeiten**, öffnet sich ein Untermenü mit drei weiteren Befehlen. Beim Mac erreichen Sie diese Befehle, indem Sie die betreffende Person mit der rechten Maustaste anklicken.

Zugriffsrechte an einem Notizbuch anpassen

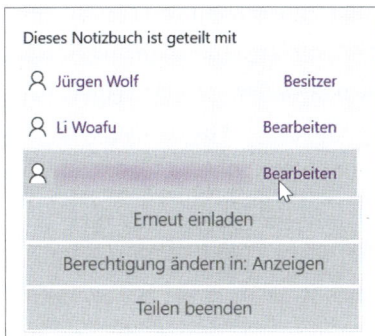

Abbildung 9.6 *Die Befehle, um die Zugriffsrechte des Notizbuches für die einzelnen Personen anzupassen*

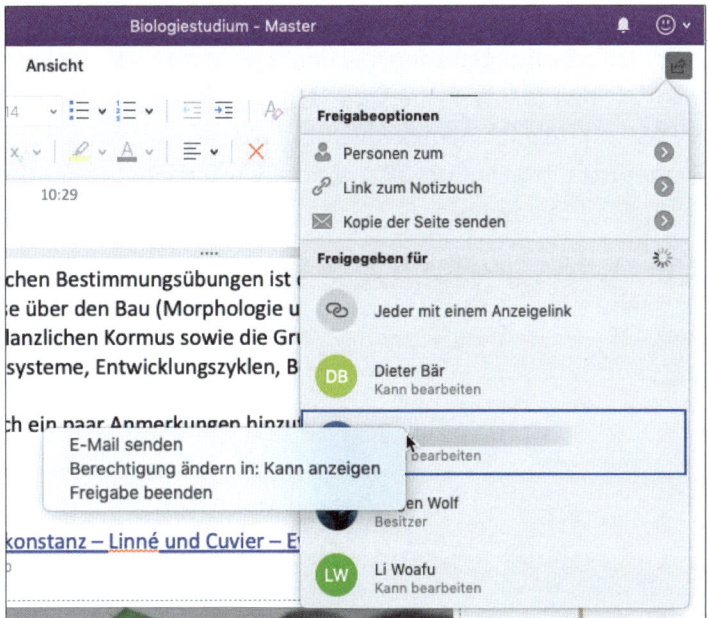

Abbildung 9.7 *Dasselbe gibt es auch bei der App für den Mac, nur muss hier die Person mit der rechten Maustaste angeklickt werden.*

Die möglichen Befehle hierfür sind:

- **Erneut einladen** bzw. **E-Mail senden**: Hat die eingeladene Person nicht reagiert, oder ist die E-Mail irgendwie untergegangen oder gar im Spam-Ordner gelandet, können Sie der betreffenden Person jederzeit erneut eine Einladung schicken.

- **Berechtigung ändern in**: Hier können Sie die Zugriffrechte auf das Notizbuch für die Person jederzeit ändern. Die Option hierbei sind **Anzeigen** bzw. **Kann anzeigen** oder **Bearbeiten** bzw. **Kann bearbeiten**. Mit **Anzeigen** bzw. **Kann anzeigen** erlauben Sie der Person, das Notizbuch nur zu lesen. Soll die Person auch aktiv am Notizbuch mitarbeiten dürfen, dann müssen Sie **Bearbeiten** oder **Kann bearbeiten** einstellen.

- **Teilen beenden** bzw. **Freigabe beenden**: Über diesen Befehl können Sie das Teilen mit der Person beenden. Die Person hat dann keine Berechtigung mehr, auf das Notizbuch zuzugreifen.

Kennwortschutz für einzelne Abschnitte verwenden

Neben der Möglichkeit, ob eine Person, mit der Sie ein Notizbuch geteilt habe, dieses nur lesen oder auch bearbeiten kann, haben Sie noch die Option, einen Abschnitt mit einem Kennwort zu versehen, um den Zugriff darauf etwas zu begrenzen. Wie Sie Abschnitte mit einem Kennwortschutz versehen, wurde bereits in Kapitel 3 im Abschnitt »Eigenschaften und Kennwortschutz von Abschnitten ändern« ausführlich beschrieben.

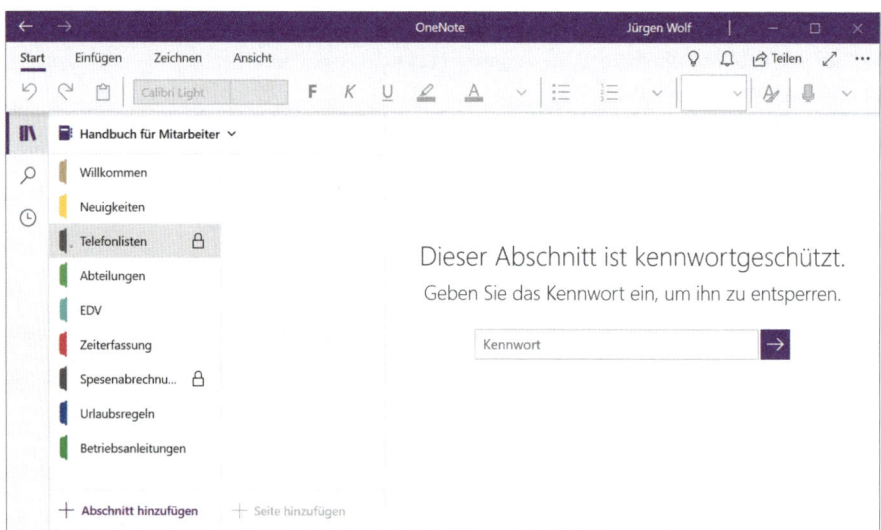

Abbildung 9.8 *Nicht immer will man bei einem Notizbuch alle Abschnitte teilen. In dem Fall hilft ein Kennwortschutz weiter.*

Sobald Sie einen Abschnitt mit einem Kennwortschutz versehen haben, können nur noch Personen darauf zugreifen, denen Sie das Kennwort gegeben haben. Da Sie für verschiedene Abschnitte auch verschiedene Kennwörter verwenden können, lassen sich hiermit verschieden Abschnitte gezielt absichern. Der Kennwortschutz gilt natürlich für alle Versionen von OneNote auf den unterschiedlichen Geräten.

Merken Sie sich das Kennwort
Wie schon in Kapitel 3, »Abschnitte und Seiten«, beschrieben, sollten Sie auf keinen Fall das Kennwort vergessen. Wenn Sie es vergessen sollten, gibt es keine Möglichkeit mehr, auf diesen Abschnitt zuzugreifen.

Anhang A
Einstellungen

Im Anhang finden Sie noch ein paar hilfreiche und nützliche Einstellungen, um OneNote an einige Stellen anzupassen. Wer außerdem OneNote bevorzugt mit der Tastatur verwendet, der findet hier auch noch eine Übersicht zu einigen nützlichen Tastenkürzeln.

Einstellungen in OneNote

OneNote bietet auch einige Einstellungen an, mit denen Sie das Verhalten der Software anpassen können. Bei der Windows-App erreichen Sie diese Einstellungen rechts oben über die drei Punkte und **Einstellungen • Optionen**. Auf macOS finden Sie diese Einstellungen über das Menü **OneNote • Einstellungen**. Auf dem Smartphone mit den Betriebssystemen iOS und Android erreichen Sie die Einstellungen über die drei Punkte rechts oben, die angezeigt werden, wenn Sie ein Notizbuch ausgewählt haben. Beim iPad hingegen finden Sie rechts oben ein Zahnradsymbol für die Einstellungen.

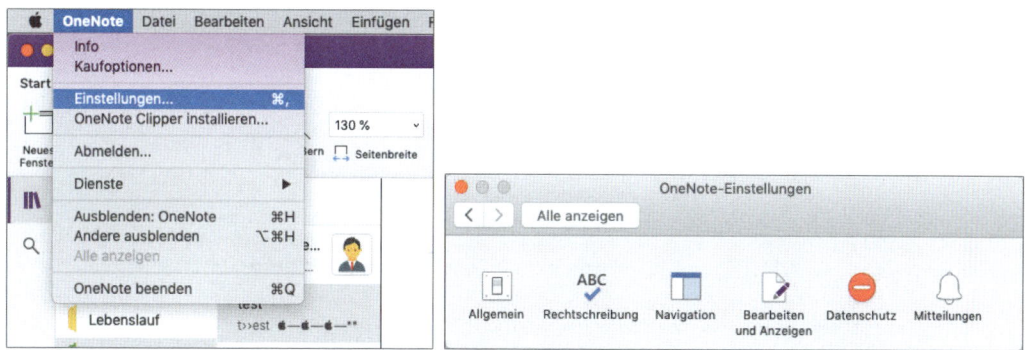

Abbildung A.1 *In der macOS-App rufen Sie die Einstellungen über das OneNote-Menü auf.*

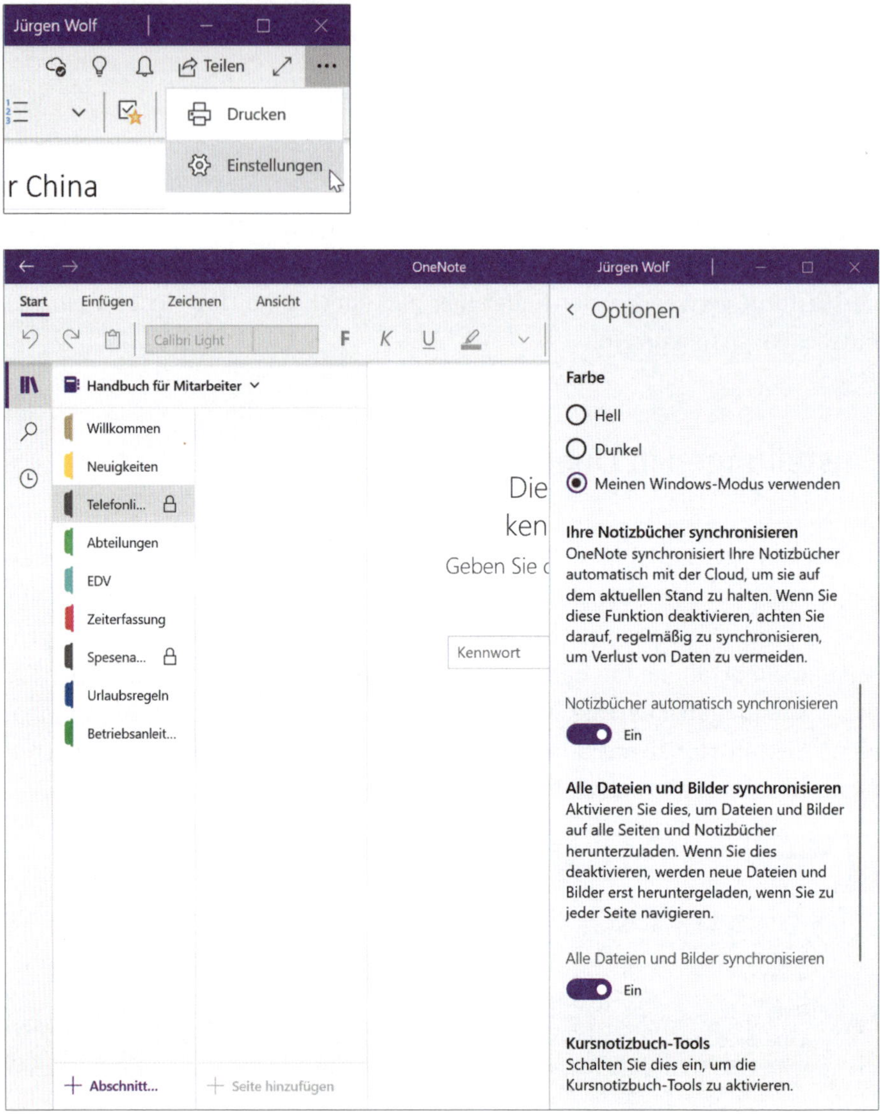

Anhang A Einstellungen

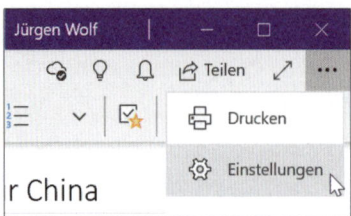

Abbildung A.2 *Rufen Sie die Einstellungen bei Windows auf, werden diese in einer Seitenleiste eingeblendet.*

Einstellungen in OneNote

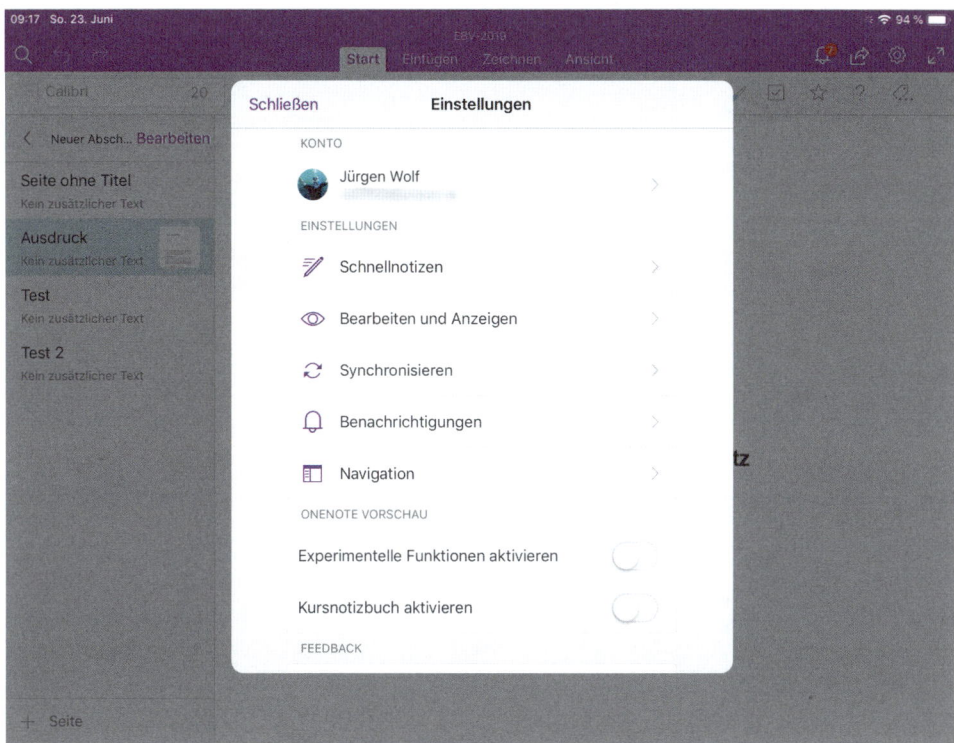

Abbildung A.3 *Auf dem iPad erreichen Sie die Einstellungen über das Zahnradsymbol.*

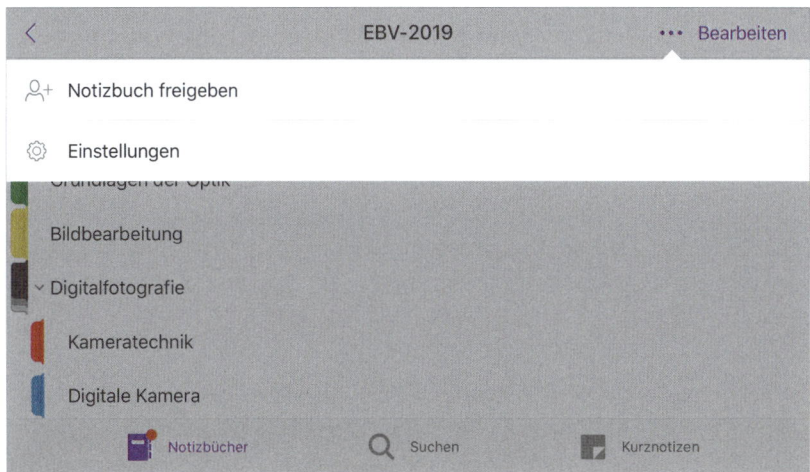

Abbildung A.4 *Einstellungen auf dem iPhone aufrufen*

Anhang A Einstellungen

Abbildung A.5 *Und hier können Sie die Einstellungen bei Android aufrufen.*

Farbe (nur Windows)

In der Standardeinstellung wird mit **Meinen Windows-Modus verwenden** der eingestellte Farbmodus des Betriebssystems verwendet. Mit **Hell** verwenden Sie OneNote mit weißem Hintergrund und schwarzer Schrift und mit **Dunkel** eben den Dunkelmodus mit schwarzem Hintergrund und weißer Schrift.

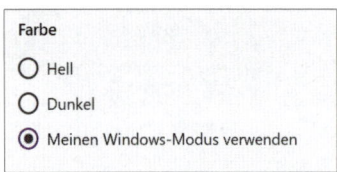

Abbildung A.6 *Die Option »Farbe« gibt es derzeit nur unter Windows.*

Einstellungen in OneNote

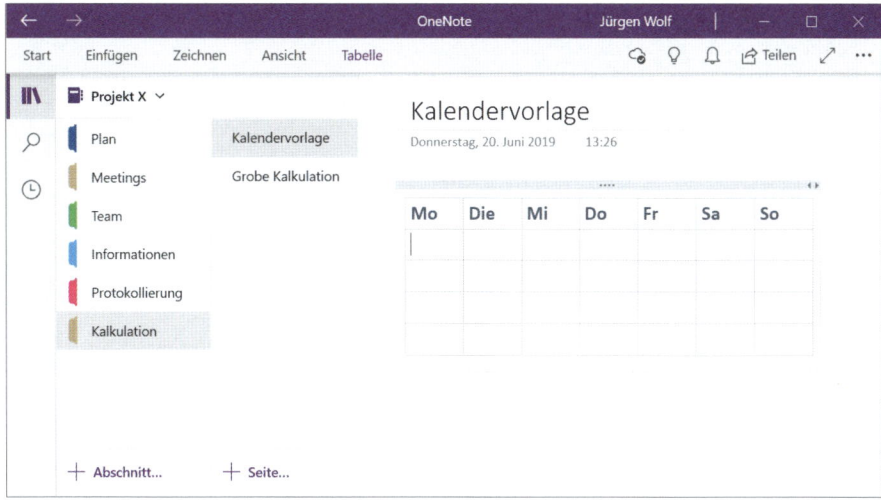

Abbildung A.7 *Der Farbmodus »Hell«*

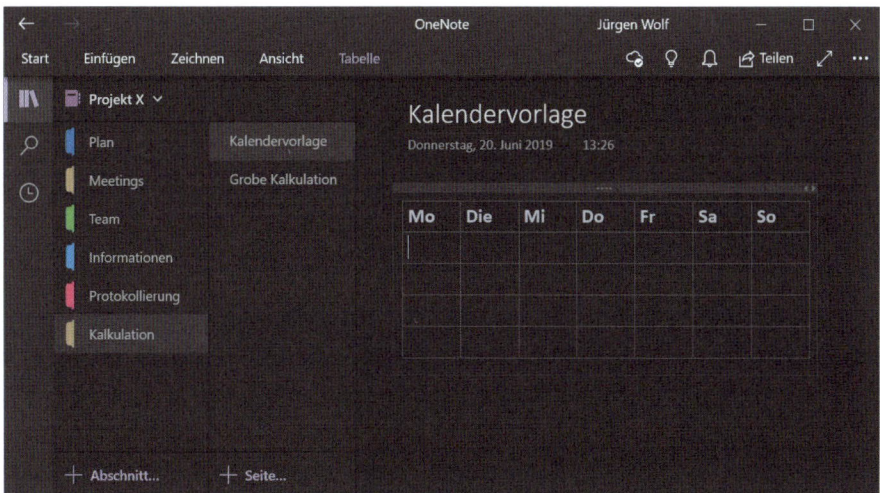

Abbildung A.8 *Der Farbmodus »Dunkel«*

Ihre Notizbücher synchronisieren (nur Windows)

Die Funktionsbeschreibung spricht hier eigentlich für sich selbst. Wenn Sie die Synchronisation von Notizbüchern deaktivieren, müssen Sie diese manuell durchführen. Ich deaktiviere diese Funktion z. B., wenn ich mit meinem mobilen Internet online gehe, um nicht unnötig mein begrenztes Datenlimit zu strapazieren.

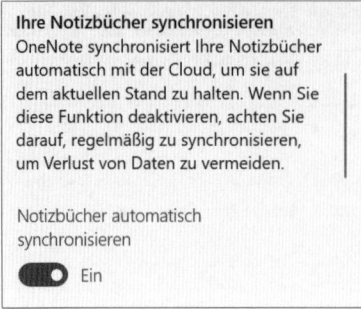

Abbildung A.9 *Deaktivieren Sie diese Option, müssen Sie die Synchronisation manuell anstoßen.*

Alle Dateien und Bilder synchronisieren

Auch hier gibt es, zumindest bei Windows, eine ordentliche Beschreibung zu dieser Option. Ich lasse diese Funktion immer aktiv, weil ich häufig mit einem Datenlimit unterwegs bin, und stelle daher sicher, dass nichts mehr separat heruntergeladen werden muss, wenn ich zu einer Seite navigiere. Bei den mobilen Geräten hingegen finden Sie diese Einstellung unter **Synchronisieren** mit **Anlagen automatisch synchronisieren**.

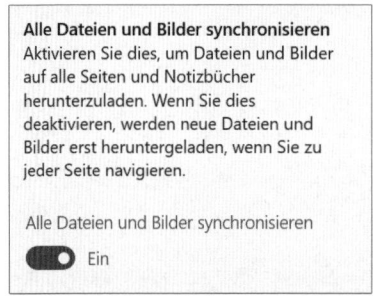

Abbildung A.10 *Bilder und Dateien synchronisieren*

Kursnotizbuch-Tools

Wenn Sie diese Option aktivieren, wird nach einem Neustart der App ein weiterer Menüeintrag **Kursnotizbuch** angezeigt. Dies ist ein spezieller Arbeitsbereich für die Zusammenarbeit von Lehrkräften und Schülern. Um diese Funktion verwenden zu können, wird eine gültige Schul-E-Mail-Adresse benötigt, die mit einem Office-365-Education-Konto verknüpft ist. Mehr Informationen dazu finden Schulen und Lehrkräfte auf der Website von Microsoft unter *www.onenote.com/classnotebook*. Bei macOS finden Sie die Option bei den Einstellungen im Bereich **Allgemein**.

Abbildung A.11 *Für die Kursnotizbuch-Tools wird ein Office-365-Education-Konto benötigt.*

Abbildung A.12 *Die Kursnotizbuch-Tools wurden hier aktiviert.*

Schnelle Notizen und Startkachel

Bis auf die macOS-Version bieten alle anderen Versionen die Option, eine schnelle Notiz zu erstellen. Bei Windows wählen Sie hierbei zunächst über **Schnelle Notizen** ein Notizbuch aus, wo Sie künftig eine schnelle Notiz hinzufügen wollen. Mit der Schaltfläche **Kachel "Neue Seite" an Start anheften**, tun Sie eben genau dies und können künftig neue schnelle Notizen über diese Kachel im Startmenü erstellen.

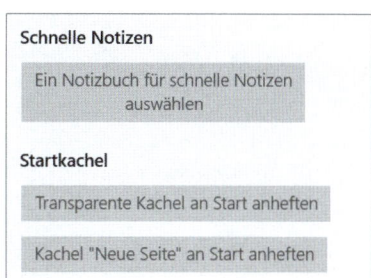

Abbildung A.13 *Ein Notizbuch für schnelle Notizen auswählen und eine Kachel dafür an den Start heften*

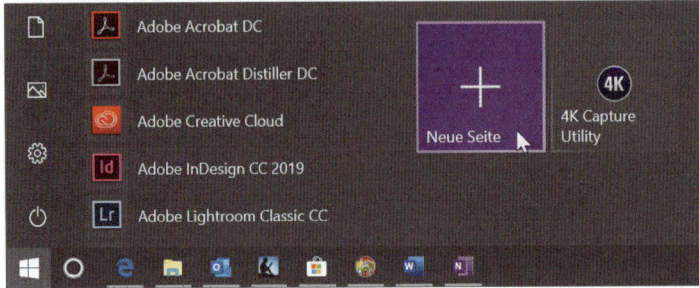

Abbildung A.14 *Klicken Sie im Startmenü jetzt auf »Neue Seite«, wird eine neue Seite im ausgewählten Notizbuch für schnelle Notizen hinzugefügt.*

Dasselbe gibt es auch für das iPad über die **Einstellungen • Schnellnotizen**, worüber Sie eine schnelle Notiz über die Ansicht **Heute** erstellen können. Auf den Versionen für das Smartphone (iOS und Android) hingegen finden Sie rechts unten die Schaltfläche **Kurznotizen** für solche Zwecke.

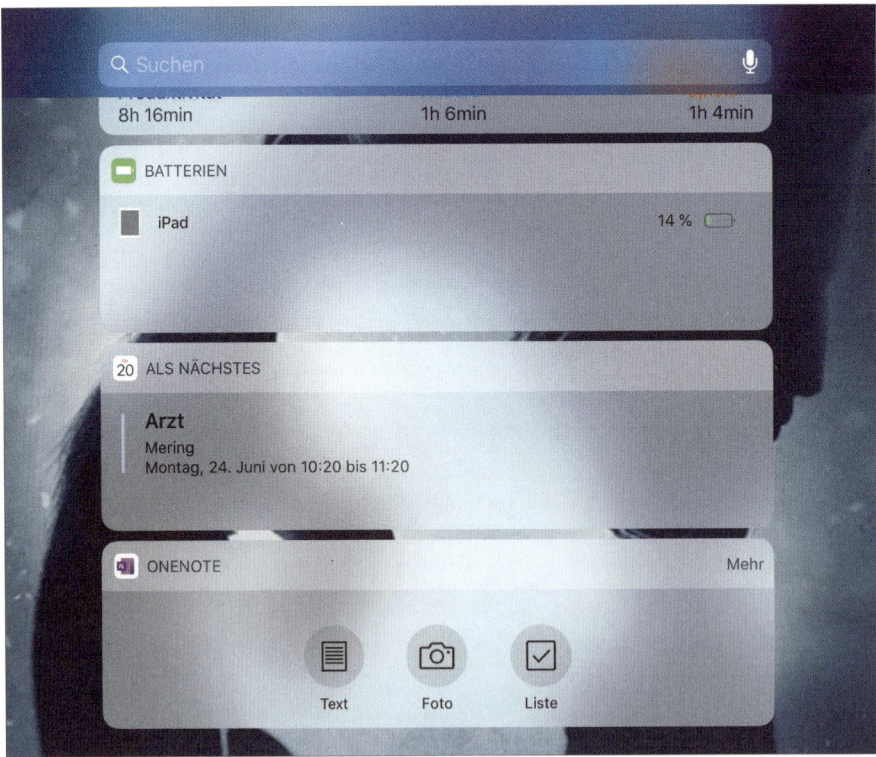

Abbildung A.15 *Schnellnotizen über die Ansicht »Heute« auf dem iPad*

Einstellungen in OneNote

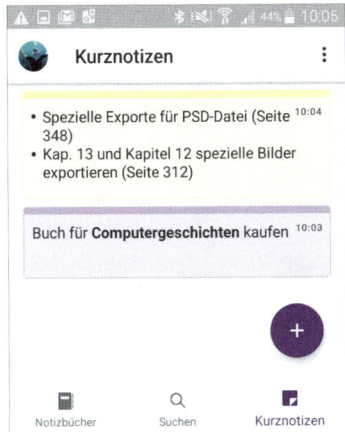

Abbildung A.16 *Auf dem Smartphone gibt es die Option der »Kurznotizen«, um schnell eine Notiz von etwas zu machen.*

Badge für Android-User

Android-User haben bei OneNote das bekannte Badge-Feature, das Sie hier bei den Einstellungen mit **OneNote-Badge zum Startbildschirm hinzufügen** aktivieren können. Wenn Sie diese Option aktiviert haben, steht Ihnen OneNote als Badge auf der rechten Seite des Bildschirms zur Verfügung. Tippen Sie die runde Schaltfläche mit dem OneNote-Logo an, können Sie schnell eine Notiz stellen. Die Schaltfläche können Sie jederzeit an eine andere Stelle ziehen.

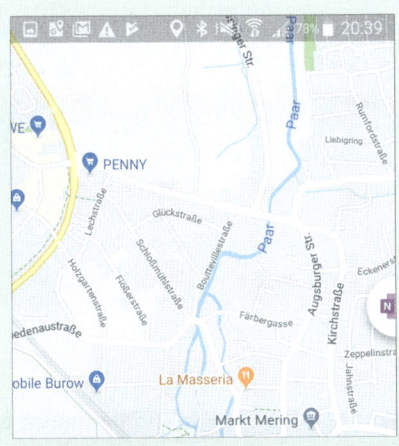 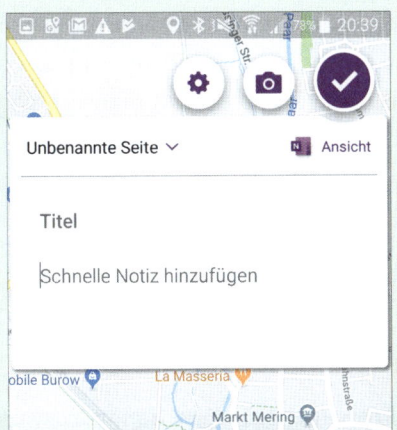

Abbildung A.17 *Eine neue Notiz durch Antippen des OneNote-Badges am rechten Bildrand hinzufügen*

Neue Seite erstellen

Über **Neue Seite erstellen** können Sie einstellen, wo eine neue Seite erstellt werden soll. Standardmäßig wird eine neue Seite immer unterhalb der ausgewählten Seite angelegt. Über die Option können Sie ebenso einstellen, dass eine neue Seite immer ganz oben oder ganz unten in der Seitenleiste erstellt werden soll. Bei macOS finden Sie diese Option bei den Einstellungen über **OneNote • Einstellungen • Navigation**. Beim Smartphone ist die Standardeinstellung hingegen, dass eine neue Seite am Ende der Seitenleiste platziert wird, und hier kann als Alternative nur noch der Anfang der Seitenleiste gewählt werden.

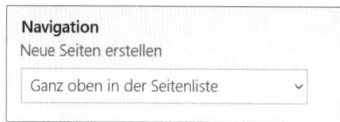

Abbildung A.18 *Hier stellen Sie ein, wo eine neue Seite in der Seitenleiste hinzugefügt werden soll.*

Standardschriftart

Die **Standardschriftart** wird immer verwendet, wenn Sie einen neuen Textblock erstellen und anfangen zu tippen und wenn Sie als Formatvorlage **Normal** wählen. Erfreulicherweise verwenden alle Geräte *Calibri* als Standardschriftart. Nur der Schriftgrad ist auf den Apple-Geräten auf 11 gestellt, was dann zu einem uneinheitlichen Bild führt, wenn Sie eine Notiz mit diesen Geräten erstellen und eine andere Notiz mit der Windows-App, wo der Schriftgrad 14 beträgt. Daher kann es ratsam sein, auf allen Geräten denselben Schriftgrad zu verwenden. Damit erspart man sich das lästige Nacharbeiten.

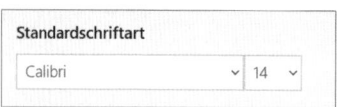

Abbildung A.19 *Einstellen der Schriftart und des Schriftgrades*

OneNote-Vorschau

Mit **Experimentelle Funktionen aktivieren** können Sie die Funktionen gleich in OneNote testen und verwenden, die noch kein offizieller Bestandteil der Software sind. Bei macOS finden Sie diese Funktion über **OneNote • Einstellungen • Allgemein**. Auch auf iOS-Geräten ist diese Option vorhanden.

Mit der Option **Seitenvorschau aktivieren** sorgen Sie dafür, dass eine Miniaturvorschau in der Seitenleiste angezeigt wird, wenn ein Bild oder eine Zeichnung auf der Seite vorhanden ist. Bei macOS und iPad finden Sie diese Einstellung im Bereich **Navigation**. Hierbei wird immer das erste verwendete Bild oder die erste Zeichnung auf der Seite als Miniaturbild verwendet.

Abbildung A.20 *OneNote-Vorschaufunktionen*

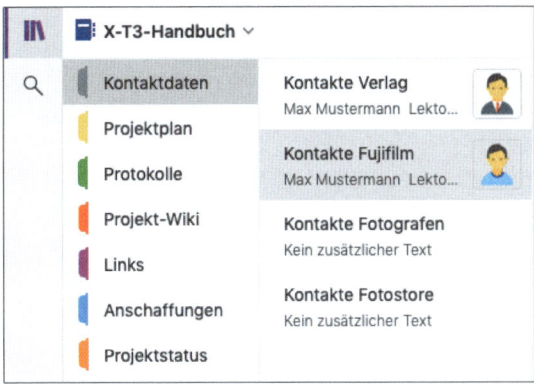

Abbildung A.21 *Auch kleine Miniaturbilder von Grafiken und Zeichnungen innerhalb einer Seite können als Vorschau in der Seitenleiste verwendet werden.*

Rechtschreibung und Autokorrektur

Es folgen ein paar Einstellungen für die Rechtschreibung und Autokorrektur. Bei Windows können Sie hierbei lediglich die Rechtschreibfehler ausblenden, womit praktisch der rote Unterstrich nicht mehr angezeigt wird. Des Weiteren können Sie einstellen, dass jeder neue Satz automatisch mit einem Großbuchstaben anfangen soll.

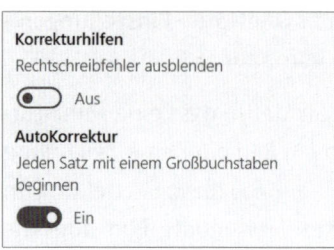

Abbildung A.22 *Einstellungen für die Rechtschreibung unter Windows*

Bei der macOS-App finden Sie weitreichendere Einstellungen dazu über **OneNote • Einstellungen • Rechtschreibung**.

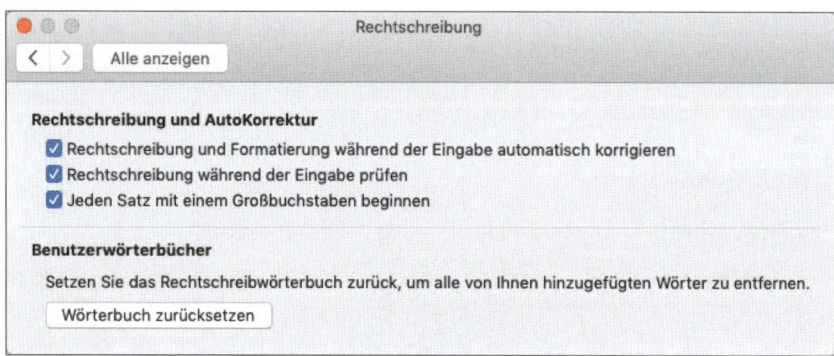

Abbildung A.23 *Einstellungen für die Rechtschreibprüfung und Autokorrektur bei der macOS-Version von OneNote*

Einfügeoptionen (nur Windows)

Wenn Sie häufiger etwas aus anderen Dokumenten wie Word oder von Websites in die Zwischenablage kopieren und den formatierten Text in eine OneNote-Seite einfügen, können Sie über die Dropdown-Liste von **Die Standardeinfügeaktion festlegen** einstellen, ob Sie die **Ursprüngliche Formatierung beibehalten** wollen (Standardeinstellung), die **Formatierung zusammenführen** oder **Nur den Text übernehmen** wollen. Des Weiteren können Sie hier noch eine Option (de-)aktivieren, ob Sie den Weblink zur Quelle beim Einfügen miteinfügen wollen, was standardmäßig aktiviert ist.

Einstellungen in OneNote

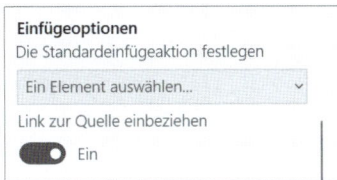

Abbildung A.24 *Einfügeoptionen für die Windows-App*

Mitteilungen

Bei Apple-Geräten mit den Betriebssystemen macOS und iOS finden Sie bei den Einstellungen zudem noch Optionen, um die Mitteilungen anzupassen, die bei geteilten Notizbüchern angezeigt werden. Hierbei können Sie einstellen, ob die Mitteilungen auch als Bannermitteilungen und/oder im OneNote-Icon angezeigt werden dürfen. Des Weiteren können Sie auch die Notizbücher auswählen, von denen Sie Mitteilungen erhalten wollen.

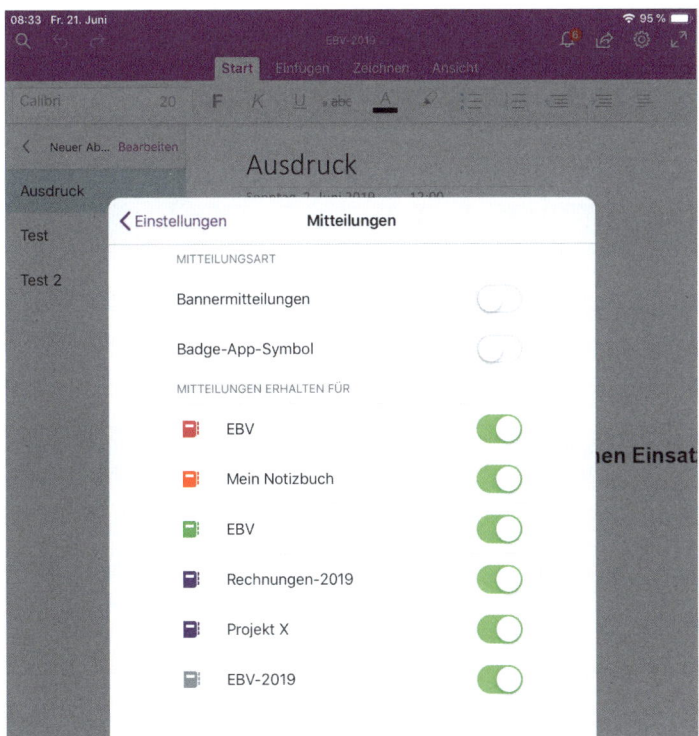

Abbildung A.25 *Auf Apple-Geräten gibt es weitere Optionen, über die Sie Einstellungen zu den Mitteilungen vornehmen können (hier: iPad).*

Anhang B
Tastenkürzel

Mit OneNote können Sie auf unterschiedliche Arten arbeiten. Je nach Gerät können Sie in OneNote mit der Maus, dem Touchscreen und der Tastatur arbeiten. Vielleicht gehören Sie auch zu der Gruppe von Anwendern, die mit einer externen Tastatur und Tastenkombinationen wesentlich effizienter arbeiten können. In den folgenden Abschnitten finden Sie Tabellen mit Tastenkombinationen zu OneNote.

Rund um das Notizbuch

Aktion	Windows	macOS
Neue Seite anlegen	Strg + N	cmd + N
Eine neue Unterseite unter der aktuellen Seite anlegen	Strg + ⇧ + Alt + N	—
Seite umbenennen	Strg + ⇧ + T	cmd + ⇧ + T
Seite verschieben nach	Strg + Alt + M	cmd + ⇧ + M
Seite kopieren nach	Strg + Alt + M	cmd + ⇧ + C
Neuen Abschnitt anlegen	Strg + T	cmd + T
Sperren aller kennwortgeschützten Abschnitten	Strg + Alt + L	cmd + alt + L
Neues Notizbuch anlegen	—	alt + cmd + N
Notizbuch öffnen	Strg + O	cmd + O
Notizbuch synchronisieren	Strg + S	cmd + S
Alle Notizbücher synchronisieren	—	cmd + ⇧ + S
Notizbuch teilen	Strg + ⇧ + E	—
Notizbuch schließen	—	cmd + ⇧ + W

Tabelle B.1 *Befehle rund um das Notizbuch und OneNote*

Aktion	Windows	macOS
Suchfunktion aufrufen (Aktuelle Seite)	`Strg` + `F`	`cmd` + `F`
Suchfunktion aufrufen (Alle Notizbücher)	`Strg` + `E`	`cmd` + `E`
Aktuelle Seite drucken	`Strg` + `P`	`cmd` + `P`
OneNote beenden	`Alt` + `F4`	`cmd` + `Q`

Tabelle B.1 *Befehle rund um das Notizbuch und OneNote (Forts.)*

Allgemeine Tastenkombinationen für Texte und andere Elemente

Aktion	Windows	macOS
Neues OneNote-Fenster öffnen	`Strg` + `M`	`ctrl` + `M`
Letzte Aktion rückgängig machen	`Strg` + `Z`	`cmd` + `Z`
Letzte Aktion wiederholen	`Strg` + `Y`	`cmd` + `Y`
Alle Elemente der aktuellen Seite auswählen	`Strg` + `A`	`cmd` + `A`
Ausschneiden des markierten Textes oder Elements	`Strg` + `X`	`cmd` + `X`
Kopieren des markierten Textes oder Elements	`Strg` + `C`	`cmd` + `C`
Einfügen des Inhalts aus der Zwischenablage	`Strg` + `V`	`cmd` + `V`
Einfügemarke um ein Wort nach rechts verschieben	`Strg` + `→`	`alt` + `→`
Einfügemarke um ein Wort nach links verschieben	`Strg` + `←`	`alt` + `←`
Text bei der Einfügemarke nach rechts markieren	`⇧` + `→`	`⇧` + `→`
Text bei der Einfügemarke nach links markieren	`⇧` + `←`	`⇧` + `←`

Tabelle B.2 *Allgemeine Tastenkombinationen für Text und Elemente*

Aktion	Windows	macOS
Wort bei der Einfügemarke nach rechts markieren	⇧ + Strg + →	⇧ + alt + →
Wort bei der Einfügemarke nach links markieren	⇧ + Strg + ←	⇧ + alt + ←

Tabelle B.2 *Allgemeine Tastenkombinationen für Text und Elemente (Forts.)*

Formatieren und Einfügen von Text

Aktion	Windows	macOS
Einen Link einfügen	Strg + K	cmd + K
Datum eingeben	–	cmd + D
Datum und Uhrzeit eingeben	Strg + ⇧ + M	ctrl + cmd + D
Formatierung des markierten Textes kopieren	Strg + ⇧ + C	alt + cmd + C
Formatierung des markierten Textes einfügen	Strg + ⇧ + V	alt + cmd + V
Markierten Text fett formatieren oder Formatierung entfernen	Strg + ⇧ + F	cmd + F
Markierten Text kursiv formatieren oder Formatierung entfernen	Strg + ⇧ + K	cmd + I
Markierten Text mit Unterstrich formatieren oder Formatierung entfernen	Strg + ⇧ + U	cmd + U
Markierten Text durchstreichen oder Formatierung entfernen	Strg + -	ctrl + cmd + -
Hochstellen von markiertem Text oder Hochstellung entfernen	Strg + ⇧ + +	–
Tiefstellen von markiertem Text oder Tiefstellung entfernen.	–	ctrl + cmd + ⇧ + 0

Tabelle B.3 *Tastenkombinationen zum Formatieren von Text*

Aktion	Windows	macOS
Aufzählungszeichen	`Strg` + `.`	`cmd` + `.`
Nummerierung	`Strg` + `,`	`⇧` + `cmd` + `7`
Text linksbündig ausrichten	`Strg` + `L`	`cmd` + `L`
Text rechtsbündig ausrichten	`Strg` + `R`	`cmd` + `R`
Überschrift 1 bis 6 der Formatvorlage verwenden	`Alt` + `Strg` + `1` bis `Alt` + `Strg` + `6`	`alt` + `cmd` + `1` bis `alt` + `cmd` + `6`
Standardschriftart anwenden (Normal)	`⇧` + `Strg` + `N`	`⇧` + `cmd` + `N`
Markierten Text hervorheben	`⇧` + `Strg` + `H`	`ctrl` + `cmd` + `H`

Tabelle B.3 *Tastenkombinationen zum Formatieren von Text (Forts.)*

Kategorien

Aktion	Windows	macOS
Markieren oder Entfernen der Kategorie »Aufgaben«	`Strg` + `1`	`cmd` + `1`
Markieren oder Entfernen der Kategorie »Wichtig«	`Strg` + `2`	`cmd` + `2`
Markieren oder Entfernen der Kategorie »Frage«	`Strg` + `3`	`cmd` + `3`
Markieren oder Entfernen der Kategorie »Für später«	`Strg` + `4`	`cmd` + `4`
Markieren oder Entfernen der Kategorie »Definition«	`Strg` + `5`	`cmd` + `5`
Markieren oder Entfernen der Kategorie »Idee«	`Strg` + `6`	`cmd` + `6`
Markieren oder Entfernen der Kategorie »Video«	`Strg` + `7`	`cmd` + `7`

Tabelle B.4 *Kategorien per Tastenkombinationen hinzufügen bzw. entfernen*

Stichwortverzeichnis

A

Absatz, Link erstellen 99
Absatztext zuklappen 96
Abschnitt
   erstellen 55
   gruppieren 64
   hinzufügen 56
   Kennwort entfernen 70
   Kennwort hinzufügen 68
   Kennwortschutz 278
   kopieren 60
   löschen 72
   Reihenfolge ändern 60
   umbenennen 56
   verschieben 60
Abschnittsgruppe 64
Als Ausdruck einfügen 150
Alternativtext 154, 169
Anlage öffnen 146
Ansicht-Menü 85
Audioaufnahme 166
Aufgabenlisten 115
Aufgabenmanagement 260
Aufkleber 171
Ausdruck öffnen 148
Autokorrektur 121

B

Badge 289
Barrierefreiheit prüfen 176
Besprechungsdetails 170
Bewerbungsmappe 236

Bilder einfügen 156
   aus Datei 156
   von Kamera 160
   von online 159
Blogeinträge 256

C

Cloud 30

D

Datei
   Anlage öffnen 146
   Ausdruck öffnen 148
   OneDrive 147
   PDF-Dokument 150
Datei einfügen 143
   als Anlage einfügen 144
   als Ausdruck einfügen 145
   hochladen und Link einfügen 144
Datenschutz 30
Diktatfunktion 222
Dokumentenarchive 245
Drucken 200
Dunkelmodus 88

E

Edge
   Teilen 202
   Webseitenotizen 204
Einfügen
   Formatierung beibehalten 119
   Formatierung zusammenführen 120
   nur den Text übernehmen 120
   Text 118
Einstellungen 281

Stichwortverzeichnis

F

Finanzen 245
Fitnessplan 255
Format entfernen 107
Format übertragen 107
Formatieren (Text) 105
Formatvorlagen 109
Formen zeichnen 186
Fotoprojekte 251
Freihand in Form 190
Freihand in Text 183

G

Gelöschte Notizen 72
Geschäftsreisen 236

H

Handgeschriebene Notizen 181
Hausaufgaben 240
Haushaltsplan 247
Hilfslinien 87, 181
Hochzeitsplanung 258

K

Kennwortschutz 68
Kochrezepte 249
Kopieren (Text) 118
Kursnotizbuch 244, 286
Kurznotizen 288

L

Lerntools 217
Link bearbeiten 148
Link zu Absatz 99

M

Markierung 110
  erstellen 112
  hinzufügen 111, 190
  löschen 112
  suchen 114
Mathematik 192
Mathematischer Ausdruck 102
Menüleiste 25
Mitbarbeiterhandbuch 237

N

Nachschlagen 122
Navigation 27
Neues Fenster 48
Notizbuch
  erstellen 37
  Farbe 44
  inklusive Abschnitte 58
  löschen 52
  Name 44
  navigieren 27
  öffnen 45
  Reihenfolge ändern 50
  schließen 48
  synchronisieren 40, 285
  teilen 269
  wechseln 46
  Zugriffsrechte 276
  Zusammenarbeit 274

O

OneDrive 30
  Dateien 147
  Notizbuch verwalten 52
OneNote 2016 23
  Migration 31

OneNote Web Clipper 208
OneNote-Versionen 21
Onlinevideo 164
Outlook-Besprechung protokollieren 170

P

Passwort 68
PDF-Dokument
  Anmerkungen hinzufügen 152
  einfügen 150
  erstellen 201
Personalmanagement 229
Plastischer Reader 218
Platz einfügen 184
Praxisbeispiele 225, 260
  Bewerbungsmappe 236
  Blogeinträge 256
  Dokumentenarchive 245
  Einnahme-Überschussrechnung 246
  Fehlerprotokoll 238
  Finanzen 245
  Fitnessplan 255
  für Firmen 227
  Geschäftsreisen 236
  Hausaufgaben 240
  Haushaltsplan 247
  Hochzeitsplanung 258
  Kochrezepte 249
  Lehrerplanung 241
  Listen 254
  Mitarbeiterhandbuch 237
  Personalmanagement 229
  Projektmanagement 225
  Schulprojekte 240
  Tagebuch 253
  Teamarbeit 233
  Unterricht 239
  Unterricht organisieren 242

Urlaubsplanung 250
Vorlagenspeicher 235
Wissensdatenbank 231

R

Radierer 181
Recherche 173
Rechnen 102
  zeichnen 192
Rechtschreibprüfung 121

S

Schnellnotizen 288
Schulprojekte 240
Seite
  ausschneiden 81
  einfügen 81
  erstellen 74
  gruppieren 82
  hinzufügen 74
  kopieren 78, 81
  löschen 89
  Reihenfolge ändern 77
  verschieben 78
Seitenansicht anpassen 85
Seitenfarbe 86
Sicherheit 30
Spitzname für Notizbuch 44
Standardschriftart 108, 290
Startkachel 287
Start-Menü 105
Stifte 179
Suchfunktion 197
Symbole 171
Synchronisieren 40
  deaktivieren 43

Stichwortverzeichnis

T

Tabelle
  anlegen 129
  gestalten 135
  sortieren 138
  Spalte hinzufügen 132
  Spalte löschen 134
  Spaltenbreite anpassen 137
  Tablet 140
  verschachteln 139
  verschieben 138
  Zeile hinzufügen 132
  Zeile löschen 134
Tagebuch 253
Tags 110
  erstellen 112
  hinzufügen 111
  löschen 112
  suchen 114
Tastenkürzel 295
Teamarbeit 233
Teilen 202
  Kennwortschutz 278
  Notizbuch 269
Text
  einfügen 118
  formatieren 105
  kopieren 118
  übersetzen 123
Text aus Bild kopieren 155
Textauswahlwerkzeug 183
Textcontainer 91
  Reihenfolge ändern 95
  Verlinken 99
  zusammenführen 94
Textmarker verwenden 190
Trigonometrische Funktionen 103

U

Übersetzen 123
Unterricht 239
Unterricht organisieren 242
Unterseite erstellen 82
Urlaubsplanung 250

V

Verlinken 99
Video einfügen 164
Virtueller Drucker 214
Visitenkarte einscannen 163
Vorlagenspeicher 235

W

Web Clipper 208
Webseitennotizen 204
Wiedergeben 215
Wissensdatenbank 231

Z

Zeichnen 179
  Formen 186
  Platz einfügen 184
  rechnen 192
Zeitstempel 126

Alles, was Sie in Office wirklich brauchen!

Chaos im Büro, heilloses Durcheinander auf der Festplatte und der nächste Geschäftsbrief steht an. Wie sollen Sie das jetzt alles schaffen? Mareile Heiting und Carsten Thiele kennen die täglichen Herausforderungen im Büroalltag. In diesem Ratgeber im Hosentaschenformat haben sie kompakte Tipps und Tricks zusammengestellt. Damit Sie Ihre Kaffeepause bald wieder genießen können.

254 Seiten, gebunden
in Farbe, 19,90 Euro
ISBN 978-3-8421-0426-6

www.rheinwerk-verlag.de

Alle Bucher auch als E-Book und im Bundle!